中国旅游教育蓝皮书

2017-2018

China Tourism Education Blue Book

中国旅游协会旅游教育分会 编

中国旅游出版社

《中国旅游教育蓝皮书 2017—2018》
编委会

谨此感谢旅游教育分会理事会成员单位对蓝皮书的全力支持；感谢各位专家作者在繁重的教学科研任务下勇于承担、精益求精，确保蓝皮书具有较高的质量水准；感谢中国旅游出版社的专业服务。

我所理解的大学教育和人才培养

——中山大学旅游学院的实践（代序）

保继刚[①]

大学教育的目标，是建立共同的文化根基和精神基础；大学教育应作为社会头脑领着社会走，而不是做市场的奴隶被动地跟着社会走；换句话说，大学要培养的是真正的“人”，培养有人格底线的人。

上大学前的15年（包括幼儿园），应试教育已经把中国学生的思维固化，面对思维固化的学生，培养不出有创新意识的研究者和企业家；而社会环境的问题，我们大学毕业了大量的“精致的利己主义者”。如何通过大学学习，让初入大学的学生们转变思维、知行合一，追求自我成长，形成独立的人格与思想，多年来，中山大学旅游学院为学生做的一切，为的就是这个人才培养目标。

应试教育是目前解决公平问题的好办法，但它也限制了学生的思维。让最好、最有经验的教授给大学一年级学生上课是一种改变定式思维、提升学习效率的有效途径，希望学生读的是大学一年级，而不是高中四年级。不久前，去年入学的一年级新生跟我讲，旅院的老师要求很高，布置大量的个人作业和团队作业，要做大量的阅读和思考才能完成。同时，老师总是耐心通过课后和邮件回答问题。不到一年，与考上其他大学或其他学院的同学比，包括考分比自己高的同学，独立思考能力和自我学习能力超过很多同学。有幸选择了中山大学旅游学院！

除了课堂教学，学院通过院长午餐会、教授午餐会，与学生面对面，解决学生的疑惑。所有这些努力，都是为了我们的人才培养目标。

在我看来，知识不是最重要的，因为具体的知识会过时，但观念、学习方法、思维方式这些却是让人终身受益的。大学四年若能把学生的这个问题解决了，就是大学教育最大的成功。

全球化是当今世界不可逆转的大势，更加开放是中国的国策。为国家培养有国际化视野的人才，是我们的责任。

---

① 保继刚（1964-　），男，云南个旧人，教授，博导，长江学者特聘教授，中山大学旅游发展与规划研究中心主任，中国旅游协会旅游教育分会会长，研究方向为旅游地理和旅游规划，E-mail: eesbjg@mail.sysu.edu.cn。

旅游管理作为一个非常国际化的学科，老师、学生都要有国际化眼光。我们的师资非常国际化，有澳大利亚、德国、韩国、英国的老师，也有中国香港、中国澳门的老师；有在国外取得学位的老师，同样也有国内培养的老师。这样多元组合的师资能让同学们接受多元文化的熏陶，对开拓大家的眼界非常有益。我们的学生培养也强调国际化办学。在国际合作方面，充分借鉴吸收国际著名旅游学院的教学管理办法、课程体系设置和教学资源，通过 2+2、3+1、4+1、3+1+1 模式，让旅游、会展、酒店、休闲运动等专业与国际著名院校联合培养学生。

书本的知识是有老师教的，而人生的课程却是要自己去自修完成的，其中有很重要的一课，就是要学会面对人生中的失败和挫折。做最好的自己，就意味着要不断地挑战自己，不要妄自尊大，也不要妄自菲薄；不惧困难和失败，不故步自封。

我曾在旅游学院 2018 届毕业生致辞中说过四句话，也是共勉：

第一句话：不要将希望建立在另一个希望之上。做好当下，展望未来，规划未来，而不是“明日复明日”，本科读不好，寄希望于研究生，自己做不好，寄希望于下一代。当你们面对困难而想放弃，寄希望于下一件事时，想想这句话：不要将希望建立在另一个希望之上！

第二句话：If you want to go fast, go alone. If you want to go far, go together. 独行者走得快，结伴者行得远。学会独立工作，更要学会合作。要做到 1+1 > 2，利益分享很重要，在利益面前学会后退半步，你会与结伴者走得更远。

第三句话：做水涨船高的平台建设者，不要做水落石出的个人英雄。水涨船高成高原出高峰，水落石出为平地立山头。中山大学的旅游和休闲管理学科在全球排第 10 名，旅游学院在其中起到最重要作用，是中山大学唯一进入前 10 名的学科。作为院长最大的感受和体会就是一个好的院长一定要找资源、建平台给大家，水涨船高，而不是找资源、建平台给自己，水落石出。我们每个人，都应该把个体的追求与整个社会的利益或更广的世界相连接，这样才能不断提升和超越自己。

第四句话：Learning is a long journey, not a race. 学习是一项终身的长途跋涉，而不是一场比赛，需要不停地终身学习。

目录 CONTENTS

第三部分　理论研究

第四部分　专题报告

第五部分 典型案例

Part 1

第一部分

总报告

改革的先声：我国旅游高等教育缘起和最初十年发展

张凌云①

1978 年是我国现代社会发展的一个重要转折点，结束了十年动乱，走上了改革开放之路。一般认为，以 1978 年作为现代中国旅游业发展元年是因为当年 12 月中共中央召开了十一届三中全会，做出了将全党工作重点转移到社会主义经济建设上来的战略决策。但事实上，旅游业改革开放是在十一届三中全会之前，1978 年 3 月 5 日中共中央批转《外交部党组〈关于发展旅游事业的请示报告〉》，即中发〔1978〕8 号文件。“请示报告”的主要内容有 3 条，其中第 3 条指出：“……建议将目前的中国旅行游览事业管理局改为直属国务院的中国旅行游览事业管理总局，简称旅游总局。由外交部代管。……建议将北京第二外国语学院划归旅游总局领导，改为旅游学院，培训旅游业务干部、翻译和各行服务人员。”这是粉碎“四人帮”后，第一个关于旅游业的中央文件，除提出了旅游管理体制改革外，还对旅游院校建设提出了具体意见。（1981 年 10 月 17 日，国务院办公厅发出《关于国务院侨办和中国旅行游览事业管理总局由国务院直接领导的通知》，即这两个机构不再由外交部代管，改由国务院直接领导。1982 年 8 月 23 日，全国人大常务委员会作出《关于批准国务院直属机构改革实施方案的决议》，将“中国旅行游览事业管理总局”更名为“中华人民共和国国家旅游局”，简称“国家旅游局”。2018 年 3 月，根据第十三届全国人民代表大会第一次会议批准的国务院机构改革方案，合并成立文化和旅游部。而“北京第二外国语学院”改为“旅游学院”却由于种种原因，未能完全实现。）

1978 年 10 月 9 日，邓小平同志在会见美国泛美航空公司董事长西威尔前后与旅游总局（国家旅游局的前身）、民航总局的领导谈话时说：（民航、旅游）用管理经济的办法来管理，要抓利润，利润不是“帅”，也是“将”嘛。此外，同年 12 月 10 日，陈云

① 张凌云，北京第二外国语学院教授，北京联合大学旅游学院副院长，教授；《旅游学刊》执行主编。中国旅游改革发展咨询委员会委员、中国旅游研究院学术委员、中国旅游研究院旅游学术评价研究基地首席研究员、中国社会科学院旅游研究中心特约研究员；兼任西南财经大学和华侨大学博士生导师、暨南大学讲座教授；人大报刊复印资料《旅游管理》执行编委、国家标准技术评估专家、全国旅游标准化技术委员会（SAC/TC 210）委员、全国休闲标准化技术委员会（SAC/TC 498）委员等。

同志在中央工作会议东北组的发言中，提出要重视旅游事业的发展：现在的旅游事业，是行政管理，还不是业务管理。旅游收入，比外贸出口收入要来得快、来得多。在此之前，发展旅游业（入境旅游）的着眼点主要在于政治宣传，并没有将其作为经济事业来发展。正是小平和陈云同志的讲话成为我国现代旅游业转型的发号令。

一、第一个吃螃蟹的教育部院校

我国旅游业是从发展入境旅游起步的，主要是为了解决国家经济建设中的外汇短缺。但当时旅游还是一项新生事物，人才匮乏，旅游教育也是白手起家，尤其是对于旅游是不是一门科学（或学问），社会上和学术圈内对此都存在着很大争议。旅游是不是一门学科关系到能否拿到在高校立足的身份证，而旅游成为一门学科进入高等学府经历了一番曲折的过程。1979 年，南开大学历史系著名现代史专家魏宏运去北京看望老同学席潮海，席潮海时任中国旅行游览事业管理总局（国家旅游局的前身，以下简称旅游总局）办公室主任兼政策研究室主任，当谈及我国旅游事业发展的前景时，席当时就建议母校南开大学设立旅游专业，以应国家急需。魏对此很感兴趣，因旅游是与文化历史联系在一起的，魏回校后，向著名经济学家滕维藻校长陈述并申请办一个新专业。南开要办旅游专业的消息一经传出，引发了关心南开发展的校内外人士的不少非议，有人认为："旅游不就是打个小旗，带着游客去游山玩水吗？""这种导游在中专办个专业，学一两年就可以了。"有的提出"办个短期培训班就行了"。认为"旅游不是学问""更谈不上是学科"，南开作为全国重点大学"办旅游是自降身价"。这些议论，有的来自官场的老校友，有的是经济学家，甚至还有一位北京很著名的学者专门为此事写信给滕校长，反对设立旅游系。这些议论引起了滕校长的高度重视，也带来了不小的压力。滕校长本着兼听则明的民主作风，也倾听来自旅游部门的意见，并进行了充分的调研，得出的结论是：旅游将发展成为一项产业，旅游有国外和国内两个市场，旅游企业需要经营管理人才，旅游景点需要规划管理人员，导游需要多种外语并懂得文化历史，旅游应该是一门学科。在充分调查研究之后，这位早在 20 世纪 60 年代就翻译出版了弗里德里希・哈耶克名著《通往奴役之路》的国内研究跨国公司权威，以其敏锐和前瞻性的战略眼光，敢于担当的使命感，力排众议与娄平副校长一起拍板决定在全国重点大学中率先创办旅游专业，今天旅游专业不仅有本科生，还有硕士生和博士生。这在当时是难以想象的。但当南开上报教育部，申办旅游经济和旅游英语专业时，碰到了很大的难题，这就是在教育部当时制定的专业目录上，没有这两个专业。在教育体制的改革还没有深入到改革专业目录的情况下，南开是无权设置新专业的。尤其是在教育部内部相关的司局领导同样持有"旅游不是学科，不必在高校办此专业"的看法，这更是难上加难了。如得不到教育部的批准，那合作办学就只能半途而废了。幸运的是，教育部综合教育司财经政法处王泽农处长是一位有识之士，热心支持新事物，他是教育部的老人，与一些司局长是“文革”前的同事，能直接找部领导，经他与有关司局领导沟通商讨，终于会签同意后，报部领导批准。1981 年 5 月 4 日，教育部向南开大学发出《关于你校增设旅游专业的批复》，同意增设旅游专业，学制 4 年，从 1981 年开始招生。经过一年多的反复酝酿，并经教育部批准设立旅游专业后，在老校友席潮海的引荐下，旅游总局教育司司长陈淑辛来南开与李万华、王大璲、李国骥多次商谈。1981 年 6 月 17 日，旅游总局和南开大学签署《关于建立旅游专业协议书》，这是南开大学有史以来第一个合作办学协议，也开创了南开与教育部以外的中央部门合作办学的第一例，这在教育部部属高校中也属首例。协议的主要内容是：南开大学建立旅游专业，旅游总局为帮助南开大学创办旅游专业，给予一次性投资 440 万元；1981 年起开始招收学生，南开大学每年为国家输送旅游管理专门人才和翻译导游各 50 名，设旅游英语和旅游经济两个本科专业（1998 年后，因教育部本科目录中将旅游专业从经济学门类中调整到管理学门类，旅游经济专业也随之改称为旅游管理专业，下同），首届毕业生中就有现任文化和旅游部党组成员杜江、中国驻曼谷旅游办事处主任张新红。1981 年 9 月，新生开学上课。旅游专业最初设在历史系，1982 年 4 月正式成立旅游学系，何自强教授为首任旅游学系主任。1983 年，南开经济研究所鲍觉民教授和其西南联大时期的弟子何自强教授首批招生旅游地理方向的硕士研究生，我有幸成为首批三位开门弟子之一，毕业后留旅游学系任教，从此走上了旅游学术研究道路。申葆嘉、林南枝两位先生为南开旅游学科和旅游学系的创建发挥了重要作用，早期的中青年骨干教师有：李维树、沈桓、马振玲、吴清心、吴士民、郭惠远、沈瀛、杜江、向萍、韦荣臣、李天元、江月启、王凌云、徐虹、甘朝友、喻小航、孙超、张凌云等。

二、旅游部门参与下的早期旅游教育发展格局

除南开大学外，旅游总局还与其他几所院校合作创建旅游专业。1980 年 1 月 9 日，经教育部批准，杭州大学政治系设置旅游经济专业，学制 4 年，面向全国招生。1980 年，创建了全国旅游经济本科专业（现任北京第二外国语学院酒店管理学院院长谷慧敏教授是该校的首届毕业生），并于 1984 年开始招收培养硕士研究生。1987 年，旅游经济专业扩展成旅游系。1993 年，杭州大学旅游学院正式成立。创始人陈纲教授是全国首个旅游的“海归”博士，曾留学南斯拉夫贝尔格莱德大学（现属塞尔维亚）。陈纲教授与吕建中、傅文伟、邹益民、周进步等当时的中青年骨干创立了杭州大学旅游学科。1998 年，杭州大学整体并入浙江大学，改称浙江大学西溪校区。

1981 年 5 月 20 日，教育部向陕西省高教厅发出《关于西北大学设置旅游经济专业报告的批复》，同意西北大学增设旅游经济专业，学制 4 年，从 1981 年开始向全国招生。旅游总局和西北大学商定投资 120 万元，在校长郭琦和政治理论系主任何炼成、系党总支书记李德江等人的大力支持下，在经济系下设旅游经济专业，专业下设三个教研

室。1981 年 9 月，开始招收第一批旅游管理本科生，并同时聘任毕业于南开大学的朱玉槐教授为旅游管理专业主任。1981 年，朱玉槐教授带领几位刚毕业的青年教师冯宗苏、张辉、李树民、郝索、张晓明、罗莉、胡阳舟等人组成了创建团队，朱玉槐教授为此倾注了大量心血。1985 年，经济系扩展为经济管理学院，旅游经济专业也随之升格为旅游经济系，仍设三个教研室。1985 年，国家旅游局又投资 240 万元在西北大学设立旅游会计专业，自此旅游经济系下设两个专业，三个教研室。朱玉槐教授为第一任系主任，冯宗苏担任旅游经济管理教研室主任（20 世纪 80 年代后期来京工作，曾任国家旅游局政策法规司司长、中国国际旅游信托投资公司董事长等职），冯宗苏调离后，张辉接任旅游经济教研室主任。1992 年，张辉接任旅游经济系主任工作，徐芳任外语教研室主任，张晓明任会计教研室主任。

此外，1979 年旅游总局还与大连外国语学院（2013 年更名为大连外国语大学）合作，在该院筹建日语导游翻译专业。1980 年 3 月 22 日，经教育部正式批准，大连外国语学院增设日语翻译导游专业，并于 1980 年面向全国招生，统一分配，学制 4 年；1986 年年初，国家旅游局又委托西安外国语学院（2006 年改名为西安外国语大学）在该院的旅游系（1985 年成立）内开设英语、日语翻译导游大专班，学制 2 年（后改成 3 年），面向全国招生，统一分配；同年国家旅游局又委托长春外国语专科学校（1987 年并入长春大学）开办日语翻译导游专业系，学制 2 年，面向全国招生。

除与中央和地方院校合作共建旅游专业和旅游系外，国家旅游局曾有过自己的直属本科院校。早在 1978 年，中央〔1978〕8 号文件批转外交部党组《关于发展旅游事业的请示报告》提出“建议将北京第二外国语学院（以下简称‘二外’）划归旅游局领导，改为旅游学院”。这一文件后经教育部、北京市和旅游总局研究后达成几点意见，主要内容是：建议二外仍由教育部和北京市双重领导，以教育部为主，要培养外语翻译人才，校名不变；考虑到国家旅游事业的发展需要大量外语人才，教育部根据国家计委（国家发改委的前身）下达的毕业生分配计划进行调配时，将照顾旅游总局的需要，尽可能从二外的毕业生中选调。并拟增设旅游干训班，开办干训班和外语进修班，培训旅游干部和翻译（首届于 1979 年 3 月 1 日开班，学制一年。国家旅游局市场司原副司长徐汎、陕西旅游集团有限公司原董事长张小可等都是 1980 年入学的第二届学员）。旅游总局除了承担干训班的办学经费外，对二外在办学中的实际困难也将尽可能地提供帮助。对于是否保留“北京第二外国语学院”的校名，有关部门曾专门向中央请示。时任国务院副总理耿飚批示：“拟同意（保留原校名）。请邓、李（先念）副主席，各位副总理审批。”当时在京的副总理方毅、王震、谷牧、康世恩均表示同意，最后由邓小平副主席圈阅定案。1981 年 2 月 11 日，教育部向北京第二外国语学院发出《关于你院增设专业的批复》，同意二外增设导游翻译和旅游经济管理两个专业，学制 4 年，从 1981 年开始向全国招生。同年二外设立了旅游系，首任系主任钱忠。并开始招生旅游经济专业本科生，1985 年首届旅游经济专业毕业生中就有现任世界旅游联盟秘书长刘士军、现任美国洛杉矶旅游局中国区首席代表常红等。

由于旅游业发展的形势需要，二外的归属问题再次被提上议事日程，为了能顺利交接，时任教育部副部长彭珮云专程到二外听取时任院长唐恺的意见。1983 年 2 月 1 日经时任国务院副总理万里批准，二外划归国家旅游局，成为国家旅游局唯一直属本科院校。1983 年 11 月 21 日，时任国务院总理赵紫阳签发了国务院任命书，任命张道一为北京第二外国语学院院长。1986 年，国家旅游局向张道一院长传达要将“北京第二外国语学院”更名为“中国旅游学院”的意见。这个消息在全院外语教师中引发了不少争议。张道一院长在院长办公会上提出了一个折中方案：同时挂“北京第二外国语学院”和“中国旅游学院”两块牌子，并得到了与会人员的一致赞同。为此，张道一院长以个人名义向国家旅游局起草报告汇报了这一方案，并得到了国家旅游局的认可，故有旅游界的“黄埔军校”之誉。1987 年 1 月，张道一院长已年满 60 周岁，同年 4 月，时任国家旅游局局长韩克华来二外召开院党委扩大会议，在会上宣布了张道一院长退休离职，他本人代理院长，1989 年 1 月李先辉接任院长，1991 年 8 月国家旅游局人事教育司司长常殿元转任院长。划归国家旅游局主管后，学校开始转型重点建设旅游学科，提出了以外语为基础，旅游为特色的发展战略。出现了一批全国早期研究旅游的学者，如庄玉海（曾留学于美国康奈尔大学饭店管理学院）、吴正平、王志佑（留学德国）、罗结珍（留学法国）、杜学、王立纲（后调任国家旅游局政策法规司副司长、司长）、张宝玉、孙仲明、蒋桂良、林乐腠、庞规荃、阎长城、王兴斌等，以及青年学者王柯平、张辉（由西北大学调入，后又调入北京交通大学）、邹统钎、谷慧敏、郑扬、殷敏、王富德、张吉林（调离去光明日报社，后入国家旅游局，曾任国家旅游局规划财务司司长），这些学者中一部分是以前的外语教师，还有些是新入职的专业教师，他们为二外的旅游学科发展奠定了良好的基础。为了提高校领导班子的专业化、年轻化水平，国家旅游局与天津市和南开大学主管副校长商调引进南开大学国际商学院副院长、旅游学系主任杜江教授。1998 年 12 月 25 日，国家旅游局任命杜江为二外副院长。1999 年 12 月 16 日，国家旅游局党组通知：“免去常殿元同志北京第二外国语学院党委书记兼院长职务，回局办理退休手续；……任命杜江同志为北京第二外国语学院院长……”由此开启了二外旅游发展的“黄金十年”。这一时期，先后引进了厉新建、秦宇、李宏、范业正、戴斌（后调任中国旅游研究院副院长、院长）、张凌云、刘大可等，师资整体实力已超过当时的一些 985 和 211 院校。在 2000 年，随着高校体制改革，二外由国家旅游局划归北京市教委市属院校。2006 年 4 月，杜江院长调任北京市旅游局局长，二外在度过了整整两年没有校长的“空窗期”后，开始重新洗牌，调整了既定的发展战略。

以上这四所院校，由于在旅游本科专业创建过程中相继都得到了旅游总局（1982 年 8 月后改称国家旅游局）的资金支持和业务指导。长期以来，被全国旅游教育界尊称为“老四家”。在廖承志先生大力支持下，1983 年直属国务院侨办的华侨大学开始筹建旅游系，周达人教授出任系主任。1984 年，开始招收导游和旅游管理两个方向的大专生，1986年开始招收本科生。2004年，旅游系升格为旅游学院，郑向敏任创院院长，专业教师有肖洪根（后留学加拿大，现在香港理工大学酒店及旅游业管理学院任职）、黄远水、李祝舜、程立初、池进、李洪波、陈雪琼、杨文琪等。

1986年9月25日，国家旅游局与中山大学签署协议，开办旅游酒店管理专业，并在教学设备和教材等方面给予资助，学制4年。1987年招生20人，从1988年起，每年招生40人，面向全国统一招生，统一分配。而后旅游酒店管理专业发展成为酒店管理系，设在中山大学管理学院，专业带头人是从上海旅游专科学校赴美康奈尔大学攻读酒店管理博士的汪纯本（亦名汪纯孝）教授。2004年4月又成立了由保继刚教授领衔的旅游学院。

在大专层面，全国第一所培养旅游高级专门人才的高等专科学校是创立于1979年9月的上海旅行游览专科学校，隶属上海市外办，首任校长由时任上海市外事办公室主任齐维礼兼任。1980年教育部批准更名为“上海旅游专科学校”。1984年4月，划归上海市旅游局、高教局双重领导（校长改由时任上海旅游局局长严廷昌兼任）。1986年，划归国家旅游局领导，1991年2月更名为“上海旅游高等专科学校”。2000年，划归上海市教委领导，2003年划归上海师范大学管理。早期中青年骨干教师有：周志炯、汪纯本、尉文树、屠如骥、何建民、刘纯、梁保尔等。

据统计，20世纪80年代初，国家旅游局先后投资了2654万元，与杭州大学、南开大学、西安外国语学院、西北大学、中山大学、长春外国语专科学校（后并入长春大学）、大连外国语学院7所院校，联合开办了旅游系或翻译导游专业。

在上述这些与国家旅游局合作的院校之外，全国最早的旅游本科院校是始建于1978年10月的北京第二外国语学院分院，首任院长是当时的二外副院长李越然。1979年开始首次招生英语、法语和日语专业本科生。1980年12月，在该分院的基础上筹建北京旅游学院，1983年分院脱离二外成为独立法人单位，直属北京旅行游览事业管理局（先后更名为北京市旅游事业管理局、北京市旅游局和北京市旅游发展委员会）。廖承志先生还为“北京旅游学院”题写了校名。1980年，设立旅游经济系，王洪滨出任创系系主任，他和李明德先生都是从二外调任到分院后，才改行从事旅游教学研究的。首届入学外语专业学生转入旅游专业，按语种共分五个班级（两个英语班、两个法语班和一个日语班）。从大三起，增补高等数学、线性代数、工业会计、旅游地理、装饰装潢艺术和音乐欣赏等课程。由于是从在校外语本科生中直接转入旅游专业的，因此筹建中的北京旅游学院比当时几乎同时设立旅游系或旅游专业的院校拥有更早的毕业生。1983年，首届毕业生中就有曾任北京国贸饭店总经理辛涛、曾任北京台湾饭店总经理王英杰等。这是全国最早毕业的旅游专业本科生（经济学学士），当时授予的是二外分院毕业生文凭，后又通知毕业生换发北京联合大学旅游学院毕业文凭。当时学院聚集了一批国内早期旅游研究的先行者，除了上述提及的两位学者外，还有张践、刘振礼、杨乃济、蔡万坤、张汝昌、刘德谦、邢道隆、孙本爱、王湘、宁泽群、赵晓燕等中青年学者。在历任学院领导中，朱葆琛教授后来曾任国旅总社副总经理、国家旅游局综合业务司司长；吴统慧教授曾任北京市旅游局局长；孙维佳教授曾任北京市旅游发展委员会副主任、外交部新闻司副司长等职。美国中佛罗里达大学罗森酒店管理学院副院长王有成教授在负笈美国之前，也曾是筹建中的北京旅游学院外事处处长。1985 年 4 月，经教育部批准，正式定名为北京联合大学旅游学院，主管部门也随之改为北京市教委。至此，筹建了 5 年之久的“北京旅游学院”无功而返。由于该院具有独立的法人地位，在较长的一段时间内，仍将北京旅游学院作为北京联合大学旅游学院的简称来使用，造成真假难辨，更因受办学思路和定位上的困惑，这所国内最早筹建的旅游学院一度被边缘化。北京联合大学高度重视发展旅游学科，加大对于旅游学院的投入和人才引进，近年来，先后引进的应届博士毕业生、海归博士、高层次人才达 20 多名，专任教师已达 150 多人，教学实验室和教学环境都有很大的提升，旅游学科建设也取得了长足的进步。

1985 年 11 月，广西壮族自治区桂政函〔1985〕164 号文件批复同意成立桂林旅游专科学校，隶属桂林市领导和管理，原桂林市副市长袁凤兰出任校长。1986 年起，利用国家旅游局和自治区政府财政预算拨改贷资金兴建教学楼、学生宿舍楼等工程项目。1988 年，开始招收首届旅游专业大专生。1994 年 2 月，国家计委〔1994〕35 号文批复，学校更名为桂林旅游高等专科学校。2015 年 4 月 28 日，教育部批准学校升格为桂林旅游学院。

还有一些地方政府或旅游企业根据自己的需求，采取委托办学方式，投资地方院校联合培养旅游人才。如湖南省旅游局与长沙大学联合开办了旅游系，广东珠江酒店管理公司与广州大学联合开办了酒店管理专业，山东省旅游局与山东师范大学联合开办了翻译导游大专班等。另据《中国旅游年鉴（1991）》所载除上述提及的高等院校外，还有西安交通大学饭店管理专业、暨南大学旅游经济管理专业、上海交通大学管理学院旅馆管理系、天津商学院文旅企业管理系、丹东师范专科学校旅游系（辽东学院旅游管理学院）、青岛大学旅游系、杭州商学院餐饮与旅馆管理专业、广州财贸管理干部学院旅游管理专业和烹饪专业、桂林冶金地质学院经济管理与旅游系（现更名升级为桂林理工大学旅游学院）、昆明大学旅游系等。

除旅游全日制高等教育外，这一时期还为旅游在职干部和员工设立了全国和地方的旅游培训基地。1984 年 11 月 8 日，国家旅游局批准二外、上海旅专和《中国旅游报》以及国家旅游局教育司联合成立“中国旅游函授大学”；1986 年 10 月 23 日，国家旅游局副局长程文栋和天津市政府顾问毛昌五正式签署关于建立中国旅游培训中心的协议。协议规定该培训中心 1987 年年底竣工，1988 年开学。1987 年 9 月，经国家教委批准成立中国旅游管理干部学院，与中国旅游培训中心一体，为国家旅游局在津直属单位，实行国家旅游局与天津市政府双重领导，以国家旅游局领导为主的体制。2010 年，经教育部、国家旅游局批准，该院整建制划转南开大学，与南开大学旅游学系联合组建成立旅游与服务学院。1989 年 2 月，经国家教委批准成立南京金陵旅馆干部学院，该学院的主要任务是面向全国旅游行业饭店管理在职干部开展岗位培训和成人大学专科教育，学院与“南京金陵旅馆培训中心”是两块牌子一套人马。

此外，还有几位最早从事旅游研究和研究生培养的个人和团队分别是中国科学院地理研究所（现更名为地理与资源研究所）郭来喜研究员和北京大学陈传康教授，以及中国社会科学院张广瑞研究员和上海社会科学院黄辉实等一些专家学者。

1979 年年底，中国科学院地理研究所正式组建了旅游地理学科组，郭来喜任组长，成员有杨冠雄、宋力夫等。这是我国成立最早的旅游研究组织。郭来喜研究员被推崇为我国旅游地理学的创始人。旅游地理学科组成立之初的工作主要是考察长城及其沿线旅游资源和桂林旅游风景区，并对旅游地理学的性质与任务，我国旅游资源的开发、利用和保护，中国特色的旅游事业发展道路等课题做了探索研究。并为北京旅游学院（筹）开设了“中国旅游地理”基础课，为二外旅游干部培训班开设了“旅游地理专题讲座”。1982 年，旅游地理学科组将三年来的研究成果汇编成《旅游地理文集》，虽然该文集是内部发行，但在当时的旅游地理学术圈内颇具影响力。北京旅游学院筹办处编辑的《旅游资源的开发与观赏》文集，也是内部发行，同样具有很大影响力。论文作者都是相关领域的著名学者，如中国科学院地理研究所的吴传钧、郭来喜、杨冠雄，北京大学的陈传康、谢凝高，清华大学的何重义、曾昭奋，北京林学院（现北京林业大学）的孟兆帧，南京大学的吴友仁、苏世郡，同济大学的陈从周，杭州大学（现已并入浙江大学）的周复多，以及北京旅游学院（筹）的刘振礼等。

陈传康教授早在 20 世纪 70 年代在大学本科自然地理教学中就开设了旅游地理专题。1980 年，全国高校综合自然地理教师研讨班上，主讲“建筑景观学”和“旅游地理”专题。同年发表了《天然风景组成及其构景》《建筑与景观》《园林建筑景观》等文章，陈传康教授是我国旅游地理学的拓荒者和奠基人。

中国社会科学院财贸物资经济研究所外贸旅游室乔玉霞、张广瑞、魏小安等是较早从事旅游经济研究的学者。1988 年年底，魏小安调入国家旅游局政策法规司政研处工作，参与了国务院发展研究中心副主任孙尚清主持的国家哲学社会科学“七五”重点课题“中国旅游经济发展战略”，提出了“旅游业是永远的朝阳产业”等非常具有前瞻性的论点，这个成果为后来国家旅游局一系列的宏观决策和政策制定提供了坚实的理论基础。

上海社会科学院部门经济研究所黄辉实研究员领导的团队（成员有沈杰飞、吴志宏、王大悟、范家驹等）在国内最早从事旅游经济理论研究，他与王大悟主编的《旅游经济学》（上海社会科学出版社，1985），是国内第一本旅游经济学教材。

中国科学院和中国社科院这两个国家级的研究机构虽然不属于教学单位，但都承担培养博士、硕士研究生的任务，其中中国科学院地理所的郭来喜和中国社科院财贸所的张广瑞是指导旅游学科博士生最多的导师，旅游学科虽然在教育部系统内不怎么被认可，而两大国家级的最高科研学术机构（中科院和社科院）对此却非常重视。

从上述对我国早期旅游教育发展的梳理中可以看出，20 世纪 80 年代初，在多家最早开设旅游专业和旅游系的院校中，北京旅游学院（筹）、杭州大学、大连外国语学院都是于 1980 年设立旅游专业的，其中北京旅游学院（筹）在 1980 年就成立了旅游经济系，又由于采取了弯道超车的做法，直接从在校的大三外语专业本科生（77、78 届）转专业而来，从而成为全国最早拥有旅游专业本科毕业生的院校；南开大学 1981 年设立旅游专业，1982 年成立旅游学系，这是教育部院校中最早设立旅游系的；虽然，早在中发〔1978〕8 号文件中已经就二外更名为“旅游学院”提出了建议，但直到 1981 年二外才设立了旅游专业和旅游系。1983 年，二外划归国家旅游局，成为国家旅游局直属院校，校门口同时挂有“北京第二外国语学院”和“中国旅游学院”两块牌子。也是在 1983 年那一年，二外分院独立为法人单位，继续筹建“北京旅游学院”。遗憾的是，这两所北京早期独立的“旅游学院”都没能完整地保留下来。但在国家旅游局和相关学科众多学术前辈的共同努力下，旅游学科还是在 20 世纪 80 年代初应运而生了，从此旅游教育在本科高校中有了立足之地。最早从事旅游教育的教师都是来自不同的学科背景，为了我国旅游教育事业，半路出家，开疆拓土，“教中学”与“学中教”，第一代教师与第一代学生教学相长，共同成长为当年旅游教育界一道独特的风景线，杜江博士将其称为旅游教研的“泛一代”。

三、不惑之年的历史回望

旅游业和旅游教育都曾经开改革开放风气之先，除上述提及的中发〔1978〕8 号文件外，当时的中央领导非常关心旅游业在改革开放中的试验示范作用。1983 年 3 月 3 日时任国务委员的谷牧在听取国家旅游局的工作汇报后指出：“旅游部门要走在各行业的前列。因为工业部门很多是几十年的老摊子，而你们旅游部门是年轻的，从一开始，你们就应该有一套新的制度，不搞论资排辈。你们的改革走在前面，就可能会影响、推动其他的方面，这就叫后来者居上”；1986 年 6 月 9 日，中央书记处听取旅游工作汇报时，谷牧在关于抓好旅游教育的培训谈话中提到“现在已经决定办两个正规大学，若干个中等专业”，当时二外已经划归国家旅游局主管了，北京旅游学院也停止筹建划归北京联合大学了。尽管现在已经无从得知当时谷牧所指的“决定办两个正规大学”的具体规划内容，但从讲话的语境看，显然当时已有的二外和北京联大旅游学院以及其他拥有旅游系的院校都不属于谷牧所说的“正规大学”。1988 年 4 月 21 日，谷牧在全国旅游工作会议上的讲话中又提到“……最后，我再补充讲几句，就是要努力抓好旅游人才的培养和教育工作，这个问题，国家旅游局要把它放到重要的位置上继续抓好。我们的旅游业要走向世界，还要注意学习和借鉴国外的经验，参照实行国外的惯例。旅游教育问题，不能老‘打游击’了，不能老办一些训练班，而要有正规的学校，正规的教材，培养一批又一批合格人才”。在这段讲话中，谷牧再一次提出要有“正规的学校”，这说明直到 1988 年，在主管旅游的中央领导看来，当时仍然缺少旅游正规学校（大学）。此后北京市领导在 2003 年和 2010 年先后两次提出要办北京旅游大学，甚至在《北京市国民经济和社会发展第十二个五年（简称“十二五”，2011—2015 年——作者注）规划纲要》中都提出了“适应城市发展需要，适时组建旅游大学等特色院校”。但由于种种原因，创建北京旅游大学一事最后也不了了之。而在旅游资源丰富的西部地区却在“十二五”期间有两所旅游院校实现了“专升本”。2012 年 3 月 29 日，经教育部批准，由四川烹饪高等专科学校与四川省农业管理干部学院合并筹建四川旅游学院；2013 年 4 月 18 日，教育部下发《教育部关于同意四川烹饪高等专科学校与四川省农业管理干部学院合并建立四川旅游学院的函》（教发函〔2013〕58 号）正式批准建立四川旅游学院；2015 年 4 月 28 日，教育部以教发函〔2015〕75 号文件函复广西壮族自治区人民政府，同意桂林旅游高等专科学校升格为桂林旅游学院。同年 6 月 1 日，自治区人民政府以桂政发〔2015〕24 号文下发《广西壮族自治区人民政府关于在桂林旅游高等专科学校基础上建立桂林旅游学院的通知》。相比之下，北京是起个大早，连个晚集都没赶上。尽管如此，在改革开放初期，我国的旅游教育事业还是取得了很大的发展。我国旅游教育起步可追溯到 1978 年十一届三中全会之前，到 1990 年全国有北京第二外国语学院（中国旅游学院）、北京联合大学旅游学院（北京旅游学院）、上海旅游专科学校、桂林旅游专科学校 4 所高等旅游院校，设有旅游专业的高校 47 所，共设有旅游经济、饭店管理和旅游外语等 6 个主干专业，在校学生 8263 人。仅“七五”期间（1986—1990 年），国家旅游局对于教育的投资达到了 1.93 亿元，占同期国家旅游局基建投资总额的 9.3%，1990 年国家旅游局教育投资 2000 多万元，占当年安排的基建拨款总额的 50% 以上。旅游教育呈现“剃头挑子一头热”的景象，由于旅游行业行政管理部门对人才需求殷切，主动委托一些高校或合作创建旅游学科和旅游院系。高校工作的主要任务是：人才培养、学科建设、科学研究和社会服务四项基本内容。其中核心是学科建设，以学科建设带动人才培养和科学研究，再将研究成果推广应用于经济社会建设。但旅游学科并非如此，而是逆序发展，是由人才培养和社会服务（行业需求）推动科学研究，继而带动学科建设。形成了由行业需求和科学研究来倒逼学科建设这一逆向发展路径。在旅游学科的建设中，旅游管理部门和科研机构表现都要比教育主管部门更为积极和主动，这也是长期以来“老四家”院校在全国旅游院校中享有较高地位的原因。但因此也为旅游学科的发展埋下了隐患，早期鉴于旅游人才的匮乏，旅游部门办教育有其自身的路径依赖，主要着眼于干部培训和职业教育，也就是谷牧所说的“打游击”和“办训练班”的办学模式，对于旅游学科的认识也偏向于实践性和应用性，对基础理论研究和学科建设没有给予充分的重视，与教育主管部门在办学思路上存在一定的认知差异。基础理论研究的薄弱和旅游学科体系的松散是旅游学科在大多数双一流、985 和 211 大学中被边缘化的主要原因，也是旅游大学难产的关键因素。现在回想起来，南开大学滕维藻校长当年能下决心成立旅游学系（而非旅游系），真可谓独具慧眼，远见卓识。

四十而不惑，回望改革开放 40 年，旅游主管部门从中国旅行游览事业管理局、中国旅行游览事业管理总局、国家旅游局到文化和旅游部走过了一个轮回，而旅游已经成为一种普遍的经济社会现象，旅游行业对于复合型人才的需要，旅游学科与相关学科以及信息技术的跨界融合为旅游教学和科研提出了新的任务和要求。同时，也给旅游学科的建设带来了新的机遇和发展空间。了解过去是为了把握未来，往事成烟云，来日犹可追。40 年后的今天，旅游学科的繁荣和发展寄希望于新一代旅游学人和旅游学术共同体成员不忘初心，继往开来，共同为旅游学科赢得应有的知识尊严和学术地位而努力。

感谢朱玉槐、杜江、魏小安、肖潜辉、刘士军、徐汎、厉新建、辛涛、陈岩英、钟泓等为本文提供的帮助。

参考文献：

[1] 何光暐 . 中国改革开放全书（1978—1991）旅游业体制改革卷［M］. 大连：大连出版社，1992.

[2] 张玉玑 . 旅游经济工作手册［M］. 北京：中国大百科全书出版社，1990.

[3] 中国大百科全书编委会 . 中国旅游百科全书［M］. 北京：中国大百科全书出版社，1999.

[4] 国家旅游局 . 中国旅游年鉴（1990）［M］. 北京：中国旅游出版社，1991.

[5] 国家旅游局 . 中国旅游年鉴（1991）［M］. 北京：中国旅游出版社，1992.

[6] 钱玉麟 . 滕维藻教授是南开大学的开创型校长——纪念滕维藻校长逝世五周年［EB/OL］. http：//blog.sina.com.cn/s/blog_af2f01310102x39b.html.

[7] 张道一 . 对二外办学道路的回顾［A］. 二外四十年（编委会编）［C］. 北京：中国青年出版社，2004.

[8] 许宝发，付星君 . 写在二外 40 周年校庆将临之际［A］. 二外四十年（编委会编）［C］. 北京：中国青年出版社，2004.

[9] 蔡万坤 . 传奇人生［M］. 北京：团结出版社，2016.

[10] 朱葆琛 . 旅游人生［M］. 北京：中国旅游出版社，2011.

[11] 程文栋 . 旅游教育的发展与思考［A］. 中国旅游年鉴（1990）. 北京：中国旅游出版社，1990.

[12] 董衡，肖潜辉，陈志学 . 沿着专业化、规范化、制度化方向发展的旅游教育事业［A］. 中国旅游年鉴（1991）［C］. 北京：中国旅游出版社，1991.

[13] 张凌云 . 我国旅游高等教育缘起和早期发展［N］. 中国旅游报，2017-10-10（3）.

[14] 张凌云 . “我国旅游高等教育缘起和早期发展”一文的更正和增补［N］. 中国旅游报，2017-10-17（3）.

2016 年全国旅游教育培训统计

国家旅游局

一、全国旅游教育基本情况

2016 年，全国开设旅游管理类本科专业的普通高等院校 604 所，开设旅游管理类高职高专专业的普通高等院校 1086 所，开设旅游类专业的中等职业学校 924 所。

（一）研究生教育

2016 年，全国旅游相关专业（方向）博士研究生招生 360 人，毕业 311 人，在校 1403 人。全国旅游相关专业（方向）硕士研究生招生 1679 人，毕业 1390 人，在校 4481 人。

（二）本科教育

2016 年，招生的本科旅游管理专业包括旅游管理、酒店管理、会展经济与管理、旅游管理与服务教育、旅游管理类专业 5 个专业。全国共招生 5.8 万人，毕业 4.9 万人，在校 22.1 万人。

其中开设旅游管理专业的院校 498 所，全国共招生 3.4 万人，毕业 4.1 万人，在校 14.8 万人。开设酒店管理专业的院校 202 所，全国共招生 1.5 万人，毕业 3885 人，在校 4.6 万人。开设会展经济与管理专业的院校 103 所，全国共招生 5054 人，毕业 2828 人，在校 1.8 万人。

（三）高职高专教育

2016 年，招生的高职高专旅游管理类专业包括旅游管理，酒店管理，会展策划与管理，休闲服务与管理，景区开发与管理，旅行社经营与管理共 7 个专业，全国共招生 11.6 万人。其中开设旅游管理专业的院校 864 所，全国共招生 5.6 万人。开设酒店管理专业的院校 668 所，全国共招生 4.5 万人。开设会展策划与管理专业的院校 166 所，全国共招生 7893 人。开设导游专业的院校 93 所，全国共招生 4046 人。开设休闲服务与管理专业的院校 49 所，全国共招生 1233 人。开设景区开发与管理专业的院校 45 所，全国共招生 1015 人。开设旅行社经营与管理专业的院校 31 所，全国共招生 795 人。

（四）中职教育

2016 年，中职旅游类相关专业全国共招生 10.4 万人，毕业 8 万人，在校 23.2 万人。其中高星级饭店运营与管理专业全国共招生 2.0 万人，毕业 1.7 万人，在校 5.4 万人。旅游服务与管理专业全国共招生 4.6 万人，毕业 3.4 万人，在校 10.6 万人。旅游外语专业全国共招生 3279 人，毕业 3832 人，在校 6778 人。导游服务专业全国共招生 5886 人，毕业 5700 人，在校 9120 人。会展服务与管理专业全国共招生 440 人，毕业 387 人，在校 1003 人。其他旅游类专业全国共招生 2.8 万人，毕业 1.8 万人，在校 5.5 万人。

二、行业从业人员教育培训基本情况

2016 年，旅游行业从业人员教育培训总量为 474.5 万人次，分为岗位培训和成人学历教育两大类，岗位培训 442.4 万人次，成人学历教育 32.2 万人次。岗位培训中，资格类培训 40.8 万人次，技术等级类培训 54.7 万人次，适应性培训 346.9 万人次。成人学历教育中，中等教育 13.8 万人次，高等教育 18.4 万人次。

全年旅游饭店从业人员教育培训 250.9 万人次，旅行社从业人员教育培训 104.8 万人次，旅游景区从业人员教育培训 82.0 万人次，旅游车船公司从业人员教育培训 13.6 万人次，旅游行政部门人员教育培训 9.1 万人次，其他人员教育培训 14.1 万人次。

2017 年全国旅游教育培训统计

文化和旅游部

一、全国旅游院校基本情况

2017 年，全国开设旅游管理类本科专业（主要包括旅游管理、酒店管理和会展经济与管理 3 个专业）的普通高等院校 608 所，开设旅游管理类高职专业（主要包括旅游管理、导游、旅行社经营管理、景区开发与管理、酒店管理、休闲服务与管理、会展策划与管理 7 个专业）的普通高等院校 1086 所，开设旅游相关专业（主要包括高星级饭店运营与管理、旅游服务与管理、旅游外语、导游服务、会展服务与管理 5 个专业）的中等职业学校 947 所。

（一）研究生教育

2017 年，全国旅游相关专业（方向）博士研究生招生 336 人，硕士研究生招生 2832 人。

（二）本科教育

2017 年，全国旅游管理类本科专业共招生 5.9 万人。其中开设旅游管理专业的院校 501 所，全国共招生 3.5 万人。开设酒店管理专业的院校 222 所，全国共招生 1.4 万人。开设会展经济与管理专业的院校 105 所，全国共招生 5121 人。

（三）高职教育

2017 年，全国旅游管理类高职专业共招生 11.3 万人。其中开设旅游管理专业的院校 869 所，全国共招生 5.5 万人。开设导游专业的院校 90 所，全国共招生 4000 人。开设旅行社经营与管理专业的院校 27 所，全国共招生 616 人。开设景区开发与管理专业的院校 38 所，全国共招生 983 人。开设酒店管理专业的院校 669 所，全国共招生 4.5 万人。开设休闲服务与管理专业的院校 49 所，全国共招生 1176 人。开设会展策划与管理专业的院校 160 所，全国共招生 6831 人。

（四）中职教育

2017 年，全国旅游类中职专业共招生 10.2 万人。其中高星级饭店运营与管理专业全国共招生 2.2 万人。旅游服务与管理专业全国共招生 4.7 万人。旅游外语专业全国共招生 2122 人。导游服务专业全国共招生 5766 人。会展服务与管理专业全国共招生 647 人。其他旅游类专业全国共招生 2.4 万人。

二、全国旅游系统职工教育培训基本情况

2017 年，全国旅游系统职工教育培训总量为 586.5 万人次，分为岗位培训和成人学历教育两大类，其中岗位培训 562 万人次，成人学历教育 24.5 万人次。

其中旅游饭店岗位培训 304.9 万人次，成人学历教育 11.6 万人次。旅行社岗位培训 125.3 万人次，成人学历教育 7.3 万人次。旅游景区（点）岗位培训 95.9 万人次，成人学历教育 4.1 万人次。旅游行政部门岗位培训 9.4 万人次，成人学历教育 0.4 万人次。其他旅游企事业单位岗位培训 26.5 万人次，成人学历教育 1 万人次。

Part 2

第二部分

分报告

中国旅游研究生教育年度报告（2016—2017）

关　晶　张朝枝[①]

伴随中国旅游业的发展与进步，旅游教育的规模和培养体系也在不断壮大。中国旅游教育经过30多年的发展，已经形成中等职业教育、专科（含高职）、本科、研究生（博士研究生、硕士研究生及MTA）4个不同层次的培养体系。

研究生是行业的引领者，研究生教育是院校学科水平的重要衡量依据，同时也在一定程度上代表了相应院校专业毕业生的社会认可度。1990年，浙江大学成立我国第一个旅游经济硕士点（现为旅游管理硕士点），2000年中山大学管理学院成立我国第一个旅游管理博士点以来，国务院学位委员会又于2010年3月批准设置旅游管理硕士专业学位（MTA）。经过20多年的发展，中国的旅游研究生教育已经取得了令人瞩目的成就。据国家旅游局人事司的统计数据显示，2017年全国旅游相关专业（方向）博士研究生招生336人，硕士研究生招生2832人。

本报告首先总结了中国旅游研究生培养的基本情况，其次结合2017年“世界大学学术排名（ARWU）”的世界一流学科中的旅游休闲管理排行榜，分析排名前20名的国外（境外）知名旅游院校的研究生培养模式，在以上基础上对中国旅游研究生教育的发展提出了若干建议。

一、旅游相关专业（方向）研究生培养情况

根据对中国研究生招生信息网全国硕士研究生招生专业目录及部分高校2017年的硕士研究生招生目录查询可以发现，2017年我国共有143所高校（院所）具有旅游管理专业（或相关方向）硕士招生资质（不含港澳台地区，下同）。全国范围内，除宁夏回族自治区、西藏自治区暂未设立旅游研究生授予点之外，其他省份（自治区、直辖市）均有旅游相关专业（方向）研究生培养单位。具体情况如表1所示。

---

① 关晶（1984— ），男，中山大学旅游学院博士生；张朝枝（1973— ），男，中山大学旅游学院教授，博士生导师。

表 1 各区域旅游高等院校数量分布统计

区域	所属省份	院校总数
华东	上海市、江苏省、浙江省、安徽省、福建省、山东省、江西省	36
华中	河南省、湖北省、湖南省	17
华北	北京市、天津市、河北省、山西省、内蒙古自治区	21
华南	广东省、广西壮族自治区、海南省	13
西南	重庆市、四川省、贵州省、云南省、西藏自治区	21
东北	辽宁省、吉林省、黑龙江省	17
西北	陕西省、甘肃省、青海省、宁夏回族自治区、新疆维吾尔自治区	18

资料来源：http：//yz.chsi.com.cn/zsml/queryAction.do①

保继刚等认为 2007—2015 年是学科发展的稳步增长阶段，在未来，授予点的数量不会有大幅的变动。2017 年的相关统计数据显示，旅游相关专业（方向）研究生培养单位情况与上一阶段相比变化不大。在我国的旅游相关专业研究生培养中，很多高校往往会依托自己学科优势开展旅游研究生教育，因此，旅游相关专业的研究生分属于不同的学院。根据对国务院学位办印发《学位授予和人才培养学科目录（2011 年）》的整理，可将旅游相关专业（方向）的学科门类归属到管理学、经济学、理学、工学、农学、历史学，具体情况如表 2 所示。

表 2 旅游相关专业（方向）设置情况

学科门类	一级学科	二级学科	研究方向	代表高校
管理学	工商管理、管理科学与工程	旅游管理、企业管理、农林经济管理	旅游地理与产业规划、旅游目的地管理、旅游规划与营销、旅游服务管理与连锁经营、旅游规划、生态旅游、文化及遗产旅游、旅游景区管理、旅游管理、旅游资源管理、会展经济与管理研究、旅游度假区管理、饭店管理与创新、信息化与智慧旅游、旅游经济、节事旅游与会展管理、旅游与宗教文化、旅游开发管理与区域经济战略、旅游企业管理等	北京交通大学、中国社会科学院、南开大学、东北财经大学、中山大学等
经济学	应用经济学、理论经济学	产业经济学，人口、资源与环境经济学，中国少数民族经济学	旅游产业经济与规划、生态旅游经济、西南民族地区旅游经济发展、民族地区生态旅游与资源经济	华东师范大学、湖北大学、西南民族大学

① 按照“管理学－工商管理－旅游管理（酒店管理）－全日制”为条件进行专业目录查询。由于个别高校如安徽师范大学、西安财经学院、新疆师范大学等院校的旅游研究生招生未在此目录内，则根据相关信息登录院校网站进行查询。表中数据不包含单独的 MTA 培养单位，如信阳师范学院等高校。

续表

学科门类	一级学科	二级学科	研究方向	代表高校
理学	地理学、地质学、环境科学	自然地理学、人文地理学、生态地质学	旅游与城市游憩空间规划、旅游开发与管理、旅游功能区规划与设计、旅游地理与旅游规划、旅游与文化地理、生态旅游与景观地质学、区域旅游规划、遗产地保护与旅游可持续发展等	北京大学、南京师范大学、安徽师范大学、中国地质大学（北京）、中山大学、南京大学、北京师范大学等
工学	城乡规划学、风景园林学	资源产业经济	旅游与游憩规划设计理论，风景旅游规划设计与理论、生态与旅游经济	天津大学、北京林业大学、中国地质大学（武汉）
农学	林学	森林游憩与公园管理	森林游憩	中南林业科技大学
历史学	中国史	中国近现代史	中国近现代旅游文化史、文化资源与文化产业（旅游、传媒、艺术等）	湖南师范大学、山东大学
法学	社会学	人类学	旅游人类学	厦门大学

（一）旅游相关专业（方向）硕士研究生培养单位情况

在我国的研究生教育体系中，学术型学位（学术理论研究）及专业型学位（注重操作实际能力）两种教育并轨，并且我国于 2017 年取消“在职研究生”，研究生入学考试纳入统考。旅游相关专业（方向）硕士研究生亦分为学术型硕士学位和专业硕士学位。国内培养旅游相关专业学术型硕士研究生的单位情况如表 3 所示。

表 3　2017 年旅游相关专业（方向）硕士研究生培养单位情况

省（自治区直辖市）	高校（院所）名单	数量
北京市	北京大学、北京交通大学、北京工商大学、北京林业大学、首都师范大学、北京第二外国语学院、中央财经大学、首都经济贸易大学、中央民族大学、中国社会科学院研究生院	10
天津市	南开大学、天津商业大学、天津财经大学	3
河北省	河北大学、石家庄经济学院、燕山大学、河北经贸大学	4
山西省	山西大学、山西财经大学	2
内蒙古	内蒙古大学、内蒙古财经大学	2
辽宁省	辽宁大学、大连理工大学、沈阳工业大学、辽宁石油化工大学、沈阳农业大学、辽宁师范大学、沈阳师范大学、渤海大学、东北财经大学、沈阳大学	10
吉林省	延边大学、东北师范大学、北华大学	3
黑龙江省	黑龙江大学、东北林业大学、哈尔滨商业大学、哈尔滨理工大学	4
上海市	复旦大学、上海海事大学、东华大学、华东师范大学、上海师范大学、上海财经大学、上海对外经贸大学、上海大学、上海工程技术大学、上海社会科学院	10
江苏省	苏州大学、东南大学、南京农业大学、南京师范大学、南京财经大学、扬州大学	6
浙江省	浙江大学、浙江工商大学、宁波大学	3

续表

省（自治区直辖市）	高校（院所）名单	数量
安徽省	安徽大学、安徽师范大学、安徽财经大学	3
福建省	厦门大学、华侨大学、福建农林大学、福建师范大学	4
江西省	南昌大学、江西农业大学、江西师范大学、江西财经大学、江西科技师范大学	5
山东省	山东大学、中国海洋大学、山东师范大学、曲阜师范大学、青岛大学	5
河南省	郑州大学、中原工学院、河南大学、河南师范大学、河南财经政法大学	5
湖北省	武汉大学、中国地质大学（武汉）、武汉轻工大学、华中师范大学、湖北大学、中南财经政法大学、中南民族大学	7
湖南省	吉首大学、湖南师范大学、湖南商学院、湖南工业大学、中南林业科技大学	5
广东省	中山大学、暨南大学、华南理工大学、华南师范大学、广东财经大学、广州大学、广东外语外贸大学、华南农业大学	8
广西壮族自治区	广西大学、桂林理工大学、广西师范大学、广西师范学院	4
海南省	海南大学	1
重庆市	重庆交通大学、西南大学、重庆师范大学、重庆理工大学、重庆工商大学	5
西川省	四川大学、成都理工大学、四川农业大学、四川师范大学、西南财经大学、西南民族大学、成都学院	7
贵州省	贵州大学、贵州师范大学、贵州财经大学	3
云南省	云南大学、昆明理工大学、西南林业大学、云南师范大学、云南财经大学、云南民族大学	6
陕西省	西北大学、西安科技大学、西安石油大学、陕西科技大学、长安大学、陕西师范大学、西安外国语大学、西安财经学院、西北大学	9
甘肃省	兰州大学、西北师范大学、兰州财经大学、甘肃政法学院	4
青海省	青海大学、青海民族大学	2
新疆维吾尔自治区	新疆大学、新疆师范大学、新疆财经大学	3

资料来源：http：//yz.chsi.com.cn/zsml/queryAction.do

（二）旅游相关专业（方向）博士研究生培养单位情况

具有博士研究生招生资格，在一定程度上能够反映出一所大学的综合实力和学科影响力。伴随旅游相关专业本科及研究生教育规模的扩大，高等院校对旅游类专业博士的需求量也在增大，但是目前我国旅游相关专业（方向）博士研究生培养单位的数量及规模还远不能满足现实需求（见表 4）。2017 年，旅游相关专业（方向）博士研究生招生仅有 336 人，据不完全统计，被授予旅游管理博士的毕业生每年不足百人，博士生培养规模呈现大量缺口。2017 年，旅游相关专业（方向）博士研究生培养单位共有 54 家。

表 4　2017 年中国旅游相关专业（方向）博士研究生培养单位

省（自治区直辖市）	高校（院所）名单	数量
北京市	北京大学、北京师范大学、首都师范大学、中国科学院大学、对外经济贸易大学、北京林业大学、北京交通大学、中国社会科学院研究生院	8
上海市	华东师范大学、复旦大学、上海财经大学、上海师范大学	4
天津市	南开大学、天津大学	2
江苏省	南京大学、南京师范大学、南京航天航空大学	3
浙江省	浙江大学、浙江工商大学	2
陕西省	陕西师范大学、西北大学、西安建筑科技大学、长安大学	4
广东省	中山大学、华南师范大学、暨南大学、华南理工大学	4
安徽省	安徽师范大学、合肥工业大学	2
山东省	山东大学、中国海洋大学	2
湖北省	湖北大学、中南财经政法大学、中国地质大学（武汉）、武汉大学	4
湖南省	湖南师范大学、中南林业科技大学、中南大学	3
福建省	厦门大学、福州大学、华侨大学	3
重庆市	重庆大学	1
四川省	四川大学、西南财经大学、西南民族大学、西南交通大学	4
辽宁省	大连理工大学、东北财经大学、辽宁师范大学	3
云南省	云南师范大学、昆明理工大学、云南财经大学、云南大学	4
甘肃省	兰州大学	1

资料来源：中国研究生招生信息网 2013 年旅游管理专业目录查询，结合具体高校研究生院（处）2017 年招生专业查询。

根据国务院学位办、教育部《关于印发〈学位授予和人才培养学科目录（2011年）〉的通知》（学位〔2011〕11号）和2011年发布的《学位授予和人才培养学科目录》，我国旅游相关专业博士招生院所中，涉及管理学、理学、工学、农学和经济学等学科门类。在一级学科“工商管理”和“管理科学与工程”下，在二级学科“旅游管理”“企业管理”和“农林经济管理”设有与旅游研究相关博士点方向的高校（院、所）有 27 家；在一级学科“地理学”和“地质学”下，在二级学科“自然地理学”“人文地理学”和“生态地质学”设有与旅游研究博士点相关方向的高校有 14 家；在一级学科“城乡规划学”“风景园林学”下，其二级学科“资源产业经济”设有旅游相关博士点方向的高校 3 家；在一级学科“林学”下，在二级学科“森林游憩与公园管理”设有旅游相关博士点方向的高校有 1 家；在一级学科“应用经济学”“理论经济学”中，在二级学科“产业经济学”“人口、资源与环境经济学”和“中国少数民族经济”设有旅游相关博士点方向的高校有 3 家；在一级学科“历史学”其下的二级学科“中国史”下设有与旅游相关博士点方向的高校有 2 家。旅游相关专业博士培养机构不成体系，高度分散，具体情况见表 5。

表 5 旅游相关专业（方向）博士生招生情况表

学科门类	一级学科	二级学科	研究方向	高校（院所）名单
管理学	工商管理、管理科学与工程	旅游管理、企业管理、农林经济管理	旅游产业运行管理，旅游目的地管理，旅游移动性与旅游交通，旅游经济与管理，旅游与现代服务业，旅游营销，服务营销，品牌管理，旅游产业经济，旅游竞争力研究，旅游规划与旅游景区管理系统研究，旅游与区域经济发展，旅游管理，旅游体验，旅游景区管理，旅游经济管理，旅游企业经营管理，旅游管理与文化，旅游经济与产业管理，旅游资源管理，旅游企业与旅游产业研究，会展经济与管理研究，旅游目的地研究，旅游经济与管理创新，旅游规划与管理，旅游产业管理，饭店管理与创新，旅游度假区管理，现代旅游服务业商业模式创新，城市休闲与乡村度假旅游产业发展战略规划，旅游理论与市场，旅游开发与企业管理，旅游企业管理，休闲与娱乐管理，区域旅游发展战略，旅游与宗教文化，旅游开发管理与区域经济战略，旅游与服务管理，旅游规划与管理，旅游与社会发展，旅游工程研究，旅游开发与管理研究，文化遗产与景区管理，旅游规划与开发，旅游行为与组织研究，旅游开发与市场分析，旅游规划与数字旅游，旅游经济运行与危机管理，都市旅游与休闲，旅游开发与景观保育，旅游资源开发与管理，生态休闲与乡村度假旅游管理，旅游营销管理，现代酒店集团管理，旅游服务质量管理，服务管理与创新，信息化与智慧旅游，旅游经济，旅游规划、可持续发展与旅游管理，节事旅游与会展管理	北京交通大学、中国社会科学院、南开大学、天津大学、大连理工大学、东北财经大学、云南大学、复旦大学、上海财经大学、浙江大学、厦门大学、华侨大学、中国海洋大学、中山大学、暨南大学、四川大学、西南财经大学、西北大学、陕西师范大学、重庆大学、中南财经政法大学、武汉大学、中南大学、昆明理工大学、浙江工商大学、华南理工大学
理学	地理学、地质学、环境科学	自然地理学、人文地理学、生态地质学	资源管理与区域（旅游）开发、旅游与城市游憩空间规划、旅游功能区规划与设计、旅游开发与管理、旅游地理与旅游规划、旅游与文化地理、生态旅游与景观地质学、区域发展与旅游规划、旅游地质与地址遗迹、旅游资源开发与管理、区域与旅游规划、旅游区域效应与旅游规划、旅游地理与生态环境、遗产地保护与旅游可持续发展、可持续旅游与环境管理、城市旅游、旅游地理、区域旅游发展与管理、区域发展与旅游规划	北京大学、辽宁师范大学、南京师范大学、安徽师范大学、中国地质大学（北京）、中山大学、昆明理工大学、兰州大学、南京大学、上海师范大学、中国科学院、云南师范大学、华南师范大学
工学	城市规划学、风景园林学	资源产业经济	旅游与游憩规划设计理论、风景旅游规划设计与理论、生态与旅游经济	天津大学、北京林业大学、中国地质大学（武汉）
农学	林学	森林游憩与公园管理	森林游憩	中南林业科技大学

续表

学科门类	一级学科	二级学科	研究方向	高校（院所）名单
经济学	应用经济学、理论经济学	产业经济学，人口、资源与环境经济学，中国少数民族经济学	旅游产业经济与规划、生态旅游经济、西南民族地区旅游经济发展、民族地区生态旅游与资源经济	华东师范大学、湖北大学、西南民族大学
历史学	中国史	中国近现代史	中国近现代旅游文化史、文化资源与文化产业（旅游、传媒、艺术等）	湖南师范大学、山东大学

（三）中国旅游研究生教育的积极探索

中国的旅游研究生教育在培养方向、培养模式、培养目标方面都取得了富有成效的成果。在新的社会背景及学术发展趋势下，国家旅游局及中国旅游协会旅游教育分会在旅游研究生培养方面做了有效的探索，其中“万名旅游英才计划”和“中国旅游管理博士学术训练营”这两个项目影响力最大。

1. 万名旅游英才计划

国家旅游局以造就行业英才为目标，以产学研结合为导向，以任务驱动为主要方式，以项目资助为主要手段，提出从 2015 年起利用 3 年时间分批遴选、培养 10000 余名旅游相关专业的教师、学生，以及旅游企业拔尖骨干管理人才和高级技术技能型人才。在研究生层次，该项目计划提出“以培养旅游相关领域研究能力为重点，面向重点院校遴选资助旅游相关专业研究生，支持开展课题研究，提供每人一次性 5000 元研究经费，进行为期 1 年的项目研究”。

“万名旅游英才计划”自 2015 年开始实施以来，每年面向院校旅游相关专业硕士和博士研究生，遴选资助 100 人，支持开展旅游相关基础理论研究或应用研究。自 2015 年以来，全国 MTA 教指委秘书处共收到超过 90 所院校共计 1000 多份研究型英才培养项目申报材料，在进行公平公正地遴选后，共有 400 多个项目获得立项资格。

“万名旅游英才计划”在优化旅游人才求学成才、引导旅游教育人才培养方向、激发旅游研究生科研热情等方面发挥了重要作用，并在全行业推动形成了“人才强旅、科教兴旅”的内涵式发展格局。

2. 中国旅游管理博士学术训练营

“中国旅游管理博士学术训练营”（以下简称“训练营”）最早由中山大学和香港理工大学倡议和策划，并由中国旅游协会旅游教育分会、中山大学旅游学院与香港理工大学酒店及旅游业管理学院联合发起。“训练营”于 2014 年开始由中山大学旅游学院和香港理工大学酒店及旅游业管理学院联合轮流承办，平均每年近百名经选拔后的博士（研究生）进营训练，如今已成为国内最具影响力的旅游高层次研究人才训练项目之一。

“训练营”的主要学术活动包括旅游研究学术训练系列讲座、博士生的研究设计指导、旅游研究热点及难点问题的圆桌讨论、典型旅游目的地及企业和现场调研技术示范、实地考察等。每年的“训练营”都有明确的主题，2014—2017年的研究主题分别为：“旅游研究方法论”（中山大学）、“促进旅游与酒店业学术研究”（香港理工大学）、“旅游基础理论与研究方法创新”（中山大学）及“利用先进研究方法提高学术能力”（香港理工大学）。

“训练营”利用发起方在旅游学科上的科研优势、雄厚的师资力量及丰富的国际学术资源，对全国旅游管理专业（含港澳地区）博士生及热衷于中国旅游研究的海外博士生进行集中式的学术训练。通过训练营，使国内外旅游学界的研究生更好地把握现代旅游的学术发展动态和最新研究成果，在一定程度上拓宽了学生的国际学术视野，并有效提高了博士生的研究创新能力。“训练营”是我国旅游专业博士研究生培养中富有成效的探索路径。

二、全球知名高校旅游相关专业研究生培养模式介绍

为进一步分析比较全球旅游院校研究生培养情况，本报告选取2017年“世界大学学术排名（ARWU）”中旅游与休闲管理专业全球排名前20位的院校（见表6）为样本，对其硕士研究生培养情况分别进行收集整理与比较分析。

表6　“世界大学学术排名”旅游与休闲管理排行榜前20名（2017年）

排名	学校（简称）	国家（地区）
1	香港理工大学（HKPU）	中国香港特别行政区
2	格里菲斯大学（GU）	澳大利亚
3	昆士兰大学（UQ）	澳大利亚
4	宾夕法尼亚大学–大学城（UPenn）	美国
5	拉夫堡大学（LU）	英国
6	萨里大学（Surrey）	英国
7	普渡大学（PUWL）	美国
8	弗吉尼亚理工学院（VT）	美国
9	伯恩茅斯大学（BU）	英国
10	伯明翰大学（UoB）	英国
11	庆熙大学（KHU）	韩国
12	佛罗里达大学（UF）	美国
13	坦普尔大学（TU）	美国

续表

排名	学校（简称）	国家（地区）
14	奥塔哥大学（Otago）	新西兰
15	德州农工大学（TAMU）	美国
16	怀卡托大学（Waikato）	新西兰
17	利兹城市大学（LMU）	英国
17	中山大学（SYSU）	中国
19	詹姆斯库克大学（JCU）	澳大利亚
20	中佛罗里达大学（UCF）	美国

（一）培养类型

目前研究生培养主要分授课型硕士和学术型硕士两种类型，但具体的操作稍有区别：

香港理工大学的旅游与酒店管理硕士研究生分两种，授课型硕士（Taught Postgraduate）和研究型硕士（Research Postgraduate）。授课型硕士不需要进行学术研究和学位论文，以项目研究（Project）加修读课程的形式为主。研究型硕士旨在培养长期致力于科研事业的研究型人才或申请更高层次的博士生，该类型研究生以科研为主、修课为辅。

澳大利亚与新西兰的 5 所大学硕士研究生分两种，即课程型硕士（by course）和研究型硕士（by research），课程型硕士培养专业人士，主要通过课程学习，完成作业及考试来获得学位。研究型硕士旨在培养学生的科研创新能力，采用的是学术研究型的培养模式，入学后在导师的指导下，根据制订的研究计划从事研究。

美国学校的硕士研究生分两种：学术型硕士（academic）和专业硕士（professional）。专业硕士旨在培养行业的应用型高层次人才；学术型在美国会进一步分为论文方向和非论文方向，论文方向是旨在培养追求 Ph. D 学位的学生，非论文方向是培养行业的高层次人才。

英国学校的硕士研究生分两种：授课型硕士（Taught Course）和研究型硕士（Research degrees）。授课型课程主要以课程讲授、专题讨论、考试及学位论文等为主。研究型硕士则是在导师的指导下，选定研究课题开展研究。英国高校在硕士研究生阶段较少设立研究型硕士。

韩国的硕士研究生培养实行“三院制”：普通研究生院培养研究型人才；专门研究生院主要培养职业型和应用型人才；特殊研究生院与专门研究生院相似，为在职员工开设。庆熙大学开设的是专门研究生院和特殊研究生院，旨在培养优秀的应用型人才。

（二）录取方式

除中山大学外的 19 所高校入学要求遵循开放式录取体制，通过相关规定材料的提交即可，录取形式有三个特点。

第一，关注旅游相关背景和非旅游相关背景的人才培养模式的差异。专业型硕士研究生是向各类人士开放的深造课程，为保证学生能够较好地理解学习内容，研究生的学业水平不存在较大差距，HKPU、Otago 与 UCF 强调申请者本科的相关学科背景，GU 与 UQ 等院校虽然在入学要求上没有提到相关学科背景，但不具有相关学科背景的学生需要多修学科学分来提高个人学习能力。

第二，采用主体三位一体，实现“招考分离”。国外（境外）院校的招生选拔机制涉及招生单位、申请者以及专业考试机构，实现招考分离，提高了入学制度的效率，设立专门的考试机构，每年多次的考试形式，让学生有更多的机会。

第三，注重本科阶段的 GPA 成绩。各大学在招生录取上，对学生的 GPA 都设立了最低的门槛，如果本科阶段的 GPA 成绩高，是录取的加分项，设立 GPA 的录取标准，一定程度上保证了入学研究生的质量。

（三）培养年限

全球各国院校对旅游研究生的培养年限不尽相同，主要呈现出以下特点：

首先，弹性修学方式。除美国的 6 所学校外，其余 13 所知名院校对研究生培养年限都设立了基本的培养年限和最大培养年限。美国的知名院校较少设立基本的培养年限，只设立最大培养年限，要求学生在期间内合理安排课程，修满学分即可。

其次，以 1~2 年学制为主。各院校的培养年限并不统一，1~3 年不等，直至修满学分。主要集中在 1~2 年内，修学年限短，这对学生申请专业时有较大吸引力。

最后，全日制和非全日制并存的培养方式。香港理工大学、萨里大学、伯恩茅斯大学、伯明翰大学、利兹城市大学等院校的部分旅游相关专业既开设了全日制课程，也开设了非全日制课程，从而满足了不同群体的学习要求。

三、中国旅游研究生教育发展建议

（一）硕士研究生培养的改革

第一，关于选拔方式。国内旅游管理硕士入学形式目前仍旧是单一的“统考”模式，但纵观全球的旅游研究生入学形式，通常是以“资格式”审查为主，“资格式”的入学形式灵活性大，院校可以根据其培养目标提出恰当的入学条件，并且侧重于对学生科研能力和处理问题能力的考查。对于国内旅游研究生的培养，可以逐步采取“统考”和“资格式”相结合的招生办法。

第二，关于培养方式。从全球其他知名院校的情况来看，旅游专业硕士研究生的学制一般为 1~2 年，以 1.5 年为主，课程设置上比较灵活，并且注重学生实践能力的培养。

国内旅游专业的研究生培养大多以理论学习为主，缺乏对研究生实践能力的培养。研究生培养不仅要重视理论学习，也要培养学生对行业本身的关注，对于旅游行业而言，实践能力更是不可或缺。通过理论与现实的对接，培养富有社会责任感和历史使命感的旅游专业研究生。因此，在未来应把“基于理论框架”的学习与“基于实践问题”的实践应用进行有效结合，采取灵活的学制、学分及课程内容对学生进行培养。

（二）博士研究生培养的规范

由于学校类型及导师学术背景差异较大，不同学校培养出来的旅游管理博士在学术规范、方法体系、问题意识等方面差别很大。一方面，这可以被认为是各校博士生的培养特色，但另一方面，从学科建设、学术话语权及学术共同体的构建等方面来看，这并不利于长期发展，因为不同院校培养出来的博士经常无法开展同一研究范式内的学术交流。不同学科背景的研究虽然研究问题不同、方法不同，但方法论价值体系应该可以相互理解，因此，学界应该探讨共同的学术规范与方法论价值体系，并有必要促进不同学科背景、不同院校间博士研究生的学术交流与对话，为学科发展壮大奠定基础。

分析也发现，博士研究生培养与硕士研究生培养相似，逐渐分出实践型和学术型，如香港理工大学将博士研究生分为哲学博士和管理博士，“酒店及旅游管理哲学博士学位课程”以学术研究为导向，授予哲学博士学位（Ph.D.），同时也开设针对业界人员的酒店及旅游管理专业博士学位课程（授予“Doctorate of Hotel and Tourism Management”学位）。将博士培养分为两类，分别按相应的体系进行规范培养，也不失为一种路径。

（三）研究生培养方案改革

根据目前研究生培养情况，各校可以结合自身情况，对研究生培养方案进行改革，主要包括以下几个方面：

学制与学分。各校可以结合自身的实际情况，适当地压缩学制、降低必修课学分数，改革英语课的授课模式，提升研究生培养方案中专业课程的质量。特别是要加强方法论课程的把关，提高学生研究方法运用能力。

开题与答辩。各校可以结合自身的实际情况，对研究生的开题环节进行改革，可以考虑借鉴西方国家的经验，增设正式进入论文写作阶段前的文献答辩环节，加强对学位论文的前期监督。同时改革答辩环节，规范答辩流程与质量监督。

导师与团队。各校可以结合自身的实际情况，将单一的导师负责制与学术团队负责制结合，即研究生的培养从入校开始，应该建立稳定的导师主席牵头的导师委员会负责制，学生的培养方案、选题审查、中期考核、预答辩、答辩均由固定的导师组共同完成，以保证培养质量。

中国旅游管理类本科教育年度报告（2016—2017）

田　里　吴信值[①]

当前，我国旅游产业在持续发展中加速转型升级，由此对旅游人才培养提出了更高要求。培养具有国际视野、创新意识、创业精神、实践能力、社会责任的高素质复合型、应用型人才已成为旅游高等教育的当务之急。对此，作为旅游高等教育体系中的重要组成部分，旅游本科教育既面临着良好的发展机遇，也面临着巨大的挑战。在当前我国高等教育正大力推进"双一流"建设背景下，本报告通过教育部、文化和旅游部、教育部"阳光高考"信息平台、各大高校的官方网站等获取的权威数据资料并进行整理分析，再结合一定数量的样本和案例，从总体上透析我国旅游管理类本科教育的发展现状；在此基础上，对旅游管理类本科教育发展进行"把脉问诊"；最后，就旅游管理类本科如何办好一流教育提出若干思路供旅游教育界同行参考。

一、旅游管理类本科教育发展基本情况

（一）招生工作

1. 招生规模

根据目前的专业设置，旅游管理类本科包括 4 个专业，分别是旅游管理、酒店管理、会展经济与管理以及旅游管理与服务教育，其中旅游管理与服务教育为特设专业。从近几年的情况来看，全国旅游管理类本科招生总规模在持续增长（见图 1）。文化和旅游部人事司公布的统计数据显示，2016 年全国旅游管理类本科专业共招生 5.8 万人，其中旅游管理专业招生 3.4 万人，酒店管理专业招生 1.5 万人，会展经济与管理专业招生 5054 人；2017 年全国旅游管理类本科专业共招生 5.9 万人，其中旅游管理专业招生

① 田里：教授、博士生导师，云南大学工商管理与旅游管理学院书记，中国旅游协会旅游教育分会副会长，任国家社科基金委评委、国家级教学名师、教育部旅游管理类教学指导委员会主任、全国 MTA 教育教学指导委员会委员、全国 MBA 教育教学指导委员会委员、中国旅游研究院学术委员。吴信值：云南大学工商管理与旅游管理学院博士研究生。

3.5 万人，酒店管理专业招生 1.4 万人，会展经济与管理专业招生 5121 人。

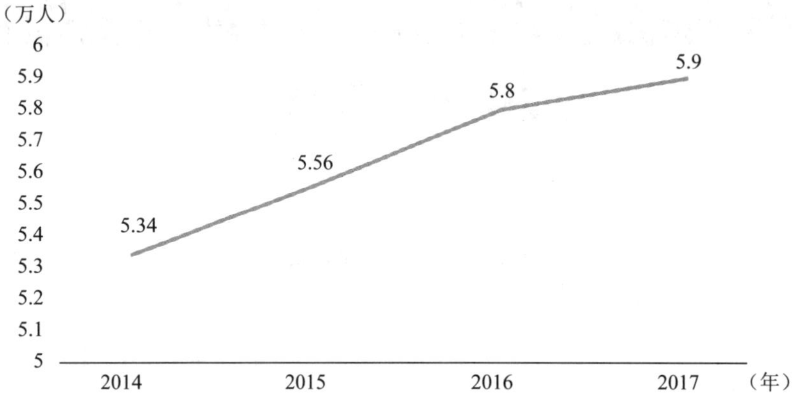

图 1　2014—2017 年我国旅游管理类本科招生情况

2. 招生单位

根据教育部“阳光高考”信息平台及各高校发布的招生信息，2017 年全国共有 569 所本科院校招收旅游管理类本科专业（见附录 1），比 2016 年多 4 所，增长幅度有所减缓。除此之外，全国还有部分高职高专院校以联合培养的方式招收旅游管理类本科专业。但因本报告主要研究本科院校的旅游教育情况，故未将这部分院校纳入分析框架。

（1）招生单位分布。2017 年，旅游管理类本科专业的招生单位遍布全国 31 个省（自治区、直辖市），其中东部占 225 所，比上年多 2 所；中部占 181 所，比上年少 2 所；西部占 163 所，比上年多 4 所[①]。总体而言，东部地区的招生单位总量仍然排在第一位，而西部地区的招生单位尽管在数量上靠后，但呈现出增长态势（见图 2）。

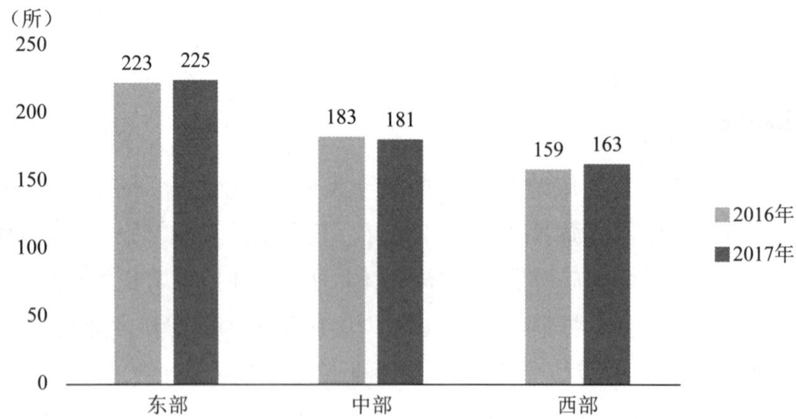

图 2　2016—2017 年旅游管理类本科招生单位的地区分布情况

① 东部包括辽宁、北京、天津、河北、山东、江苏、上海、浙江、福建、广东、海南 11 个省（直辖市）；中部包括山西、吉林、黑龙江、安徽、江西、河南、湖北、湖南 8 个省；西部包括内蒙古、陕西、甘肃、青海、宁夏、新疆、四川、重庆、广西、云南、贵州、西藏 12 个省（自治区、直辖市）。

（2）招生单位类型。从院校隶属来看，在 2017 年 569 所旅游管理类本科招生单位中，隶属于教育部及其他中央部委的高校有 33 所，占 5.80%（见图 3）。部属高校在数量上跟上年持平，但所占比例下降了 0.04 个百分点；隶属于地方的高校有 536 所，占 94.20%，在数量上仅比上年多 4 所。

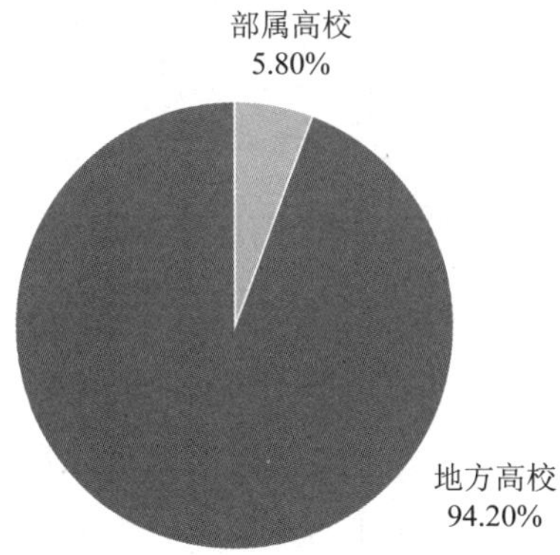

图 3　2017 年旅游管理类本科招生单位隶属情况

从办学类型来看，上述 569 所招生单位中，205 所为大学，占 36.03%；364 所为学院（独立学院），占 63.97%（见图 4）。在这 205 所大学中，被列入“双一流”建设高校的有 54 所，占招生单位总数的 9.49%。2017 年招收旅游管理类本科专业的“双一流”建设高校跟 2016 年相比差别不大，唯一的变化是中央民族大学在去年停招一年后又恢复招收旅游管理（藏语实验班）专业。

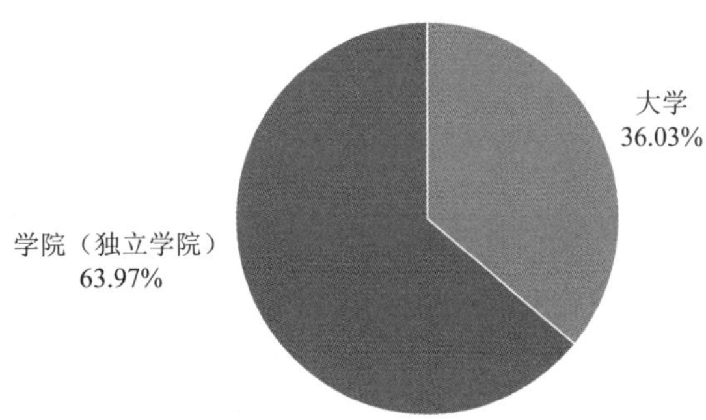

图 4　2017 年旅游管理类本科招生单位的办学类型结构

从院校类型来看，这 569 所招生单位分属于综合、师范、工科、财经、农业、语言、民族、林业、医药、艺术和体育 11 种类别。其中，综合 186 所，师范 137 所，工科 99 所，财经 74 所，农业 26 所，语言 19 所，民族 14 所，林业 7 所，医药 4 所，艺术 2 所，体育 1 所。经统计，综合、师范、工科、财经院校分别占到 32.70%、24.10%、17.40% 和 13.00%，其他类型的院校仅占 12.80%（见图 5）。

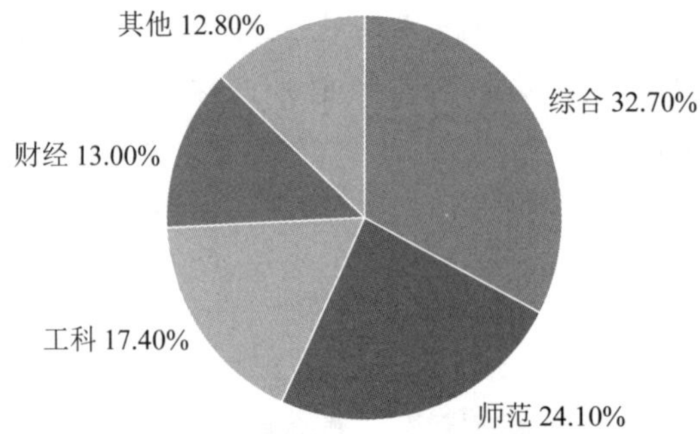

图 5　2017 年旅游管理类本科招生单位的院校类型结构

3. 招生方式

从近两年的招生情况来看，全国普通高校本科的招生方式大体上可分为两种：一种是按具体专业招生；另一种是按学科大类招生。目前，旅游管理类本科专业的招生方式以第一种为主，但采用第二种招生方式的高校正逐渐增多，尤其是在东部地区。

（1）按专业招生。2017 年，全国共有 420 所本科院校招收旅游管理专业，186 所招收酒店管理专业，78 所招收会展经济与管理专业，15 所招收旅游管理与服务教育专业。很明显，旅游管理占据主导地位，其次是酒店管理，招生旅游管理与服务教育专业的高校则非常少。与此同时，招生专业的结构较为单一，多数招生单位仅招一个专业。其中，仅招旅游管理的有 272 所，仅招酒店管理、会展经济与管理、旅游管理与服务教育的分别为 63 所、20 所和 10 所。还有部分高校同时招收两个或两个以上专业，其中招收旅游管理和酒店管理两个专业的高校有 81 所。

（2）按大类招生。按学科大类招生又可分为两种情况：一种是本学科大类招生，即将旅游管理类的具体专业组合起来后进行招生。2017 年，按照旅游管理类来招生的高校有 36 所，比去年多 6 所。另一种是跨学科大类招生，即将旅游管理类的具体专业与其他学科的专业打包起来后再进行招生，其招生名称为“工商管理类”“经济管理类”“公共管理类”“社会学类”“经济管理试验班”“社会科学试验班”等（见表 1）。

表 1　2017 年部分高校旅游管理类跨学科大类招生情况

招生名称	包含专业	招生单位
工商管理类	工商管理、人力资源管理、市场营销、管理科学、电子商务、旅游管理、酒店管理	厦门大学
	工商管理、会计学、市场营销、公共事业管理、旅游管理、农林经济管理	东北林业大学
	工商管理、财务管理、旅游管理	上海海事大学

续表

招生名称	包含专业	招生单位
工商管理类	工商管理、会计学、旅游管理、会展经济与管理、信息管理与信息系统、房地产开发与管理	华东师范大学
	审计学、工商管理、市场营销、人力资源管理、旅游管理	西安财经学院
经济管理类	国际经济与贸易、国际商务、投资学、物流管理、会展经济与管理、旅游管理	浙江树人学院
经济与管理类	会计学、财务管理、工商管理、市场营销、电子商务、旅游管理、国际经济与贸易、公共事业管理、城市管理	浙江农林大学暨阳学院
公共管理类	旅游管理、行政管理、历史学（师范）	湖州师范学院
社会学类	法学、旅游管理、公共事业管理、社会学、农村区域发展	南京农业大学
历史学类	历史学、旅游管理、文物与博物馆学	复旦大学
经济管理试验班	工商管理、财务管理、管理科学、信息管理与信息系统、会计学、市场营销、统计学、旅游管理、数据科学与大数据技术等	复旦大学
文科试验班类（郭秉文班）	政治学与行政学、社会学、汉语言文学、旅游管理、哲学等	东南大学
社会科学试验班	经济学、教育学、旅游管理、农林经济管理、法学等	浙江大学

资料来源：各高校招生简章。

（二）人才培养

为了从总体上把握全国旅游本科人才的培养情况，本报告经广泛调研并结合资料数据（包括各高校近期的专业建设情况、人才培养方案、人才培养模式、师资队伍建设等）的可获取性，确定30所高校作为调研样本进行重点分析。在选取样本时，既考虑地区差异，又考虑到不同高校的办学层次和类型（见附录2）。与此同时，为便于对不同高校进行比较，此处主要分析旅游管理专业的培养情况。

1. 培养单位

此处的培养单位，指的是高校中主要负责旅游管理类人才培养的具体院系。在30个调研样本中，培养单位单独以“旅游”或“旅游管理”命名的有8个，占26.67%；培养单位以旅游及其他学科命名的有6个，占20%，如内蒙古大学的历史与旅游文化学院，青岛大学的旅游与地理科学学院，安康学院的旅游与资源环境学院等；培养单位名称不涉及旅游的有16个，占53.33%，如中国海洋大学的管理学院，南京农业大学的人文与社会发展学院，中南财经政法大学的工商管理学院，井冈山大学的商学院等（见图6）。培养单位的命名情况，在一定程度上反映出旅游管理类专业在该校的地位。

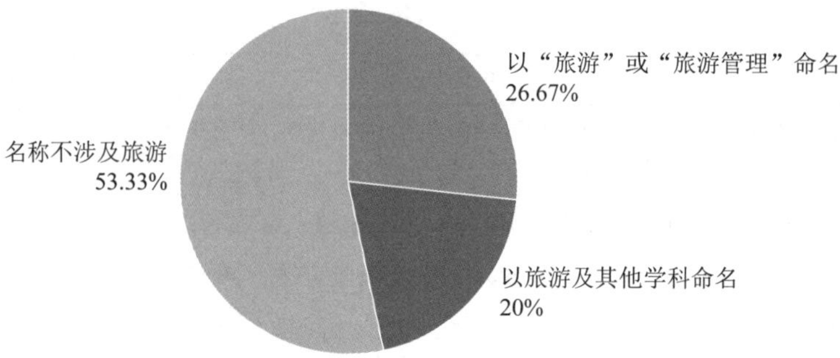

图 6　30 所高校旅游管理专业人才培养单位的命名情况

2. 培养目标

旅游专业具有实践性和应用性强的特点，这可从各高校的人才培养目标中获得印证（见图 7）。在 30 个调研样本中，有 26 所高校在最新的人才培养方案中明确提出培养应用型人才的目标，占调研样本的 86.67%。其余 4 所高校尽管没有在人才培养方案中提及“应用型”人才的培养目标，但提出具有较强实践能力等方面的培养要求。有 19 所高校在人才培养方案中明确提出培养复合型人才的目标，占调研样本的 63.33%。提出复合型人才培养目标的多为大学类院校，尤其是“双一流”建设高校。在上述高校中，其中有 16 所提出同时培养应用型和复合型人才的目标，占调研样本的 53.33%。

通过分析人才培养调研样本，本报告发现“国际视野”“创新创业”“实践能力”“社会责任”等是人才培养目标中较为常见的关键词（见图 8）。在 30 个调研样本中，有 12 所高校提出国际视野方面的要求，占调研样本的 40%；有 21 所高校提出创新和（或）创业方面的要求，占调研样本的 70%；有 14 所高校明确提出实践能力的要求，占调研样本的 46.67%；有 9 所高校明确提出社会责任的要求，占调研样本的 30%。

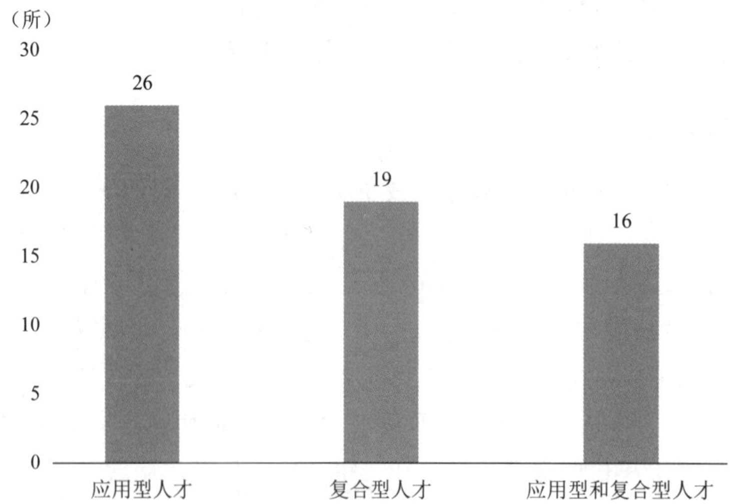

图 7　30 所高校旅游管理专业人才培养目标的设置情况

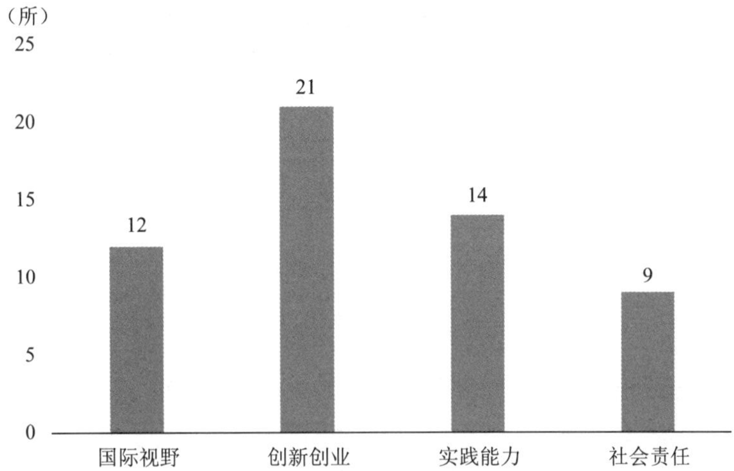

图 8　30 所高校旅游管理专业人才培养目标关键词

3. 培养方向

培养方向是培养单位根据社会对人才的实际需求情况以及学生自身的兴趣爱好，以选修课的方式分若干个专业方向进行人才培养。在 30 个调研样本中，有 13 所高校在人才培养方案中提出明确的培养方向，占 43.33%（见图 9）。例如，青岛大学在 2017 级人才培养方案中提出旅游目的地与项目管理、会展经济与管理、旅行企业管理三个培养方向；集美大学在 2017 级人才培养方案中提出邮轮与海洋旅游管理、酒店管理两个培养方向。

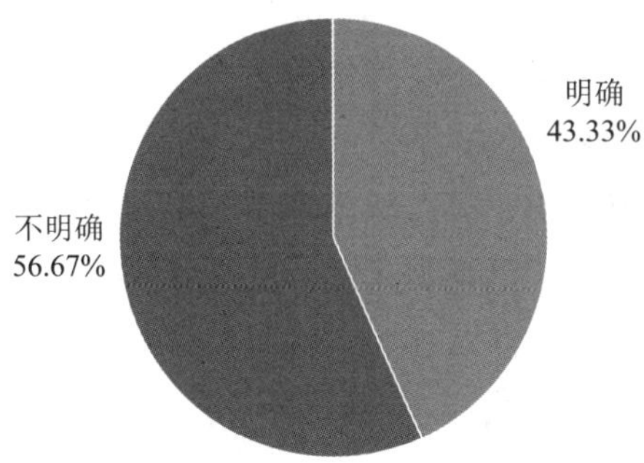

图 9　30 所高校旅游管理专业人才培养方向的情况

4. 课程设置

根据 30 个调研样本的人才培养方案，各高校旅游管理专业的课程设置在结构体系方面存在一定差异，但大致可分为通识教育课程、学科基础课程、专业领域课程和集中实践教学环节 4 个模块（见表 2）。同时，各高校普遍实行学分管理制度，给每一门课程设定相应的学分。

表 2　30 所高校旅游管理专业的课程体系

	模块组成	学分	占总学分的比例
课程结构	通识教育课程	44~62	28%~37%
	学科基础课程	16~45	10%~30%
	专业领域课程	30~55	18%~38%
	集中实践教学环节	15~35	10%~25%

注：各项课程学分及其所占比例代表的是大多数调研样本。

（1）通识教育课程。通识教育课程主要依托学校平台开设，通常包括思政类、外语类、计算机类、军体类、创新创业类[①]等几种类型的必修课程。除了必修课之外，各大高校一般还为学生提供若干门通识教育选修课程。例如，中国海洋大学在 2016 级人才培养方案中设置“科学精神与科学技术”“社会发展与公民教育”“经典阅读与人文修养”“艺术与审美”“海洋环境与生态文明”5 门通识教育课程供学生选修。在 30 个调研样本中，各高校通识教育课程的学分在 44~62，其所占总学分比例集中在 28%~37%。

（2）学科基础课程。学科基础课程主要依托院系平台开设，通常包括数学[②]、经济学、管理学等学科的基础课程。在 30 个调研样本中，多数高校学科基础课程的学分在 16~45，其所占总学分比例集中在 10%~30%。

（3）专业领域课程。专业领域课程主要围绕旅游管理类具体的专业进行设置，可分为专业核心课（必修）、专业方向课（限选）、专业拓展课（任选）等不同类别[③]。就旅游管理专业而言，各高校经常开设的专业课程包括旅游学概论、旅行社管理、饭店管理、旅游景区管理、旅游规划与开发、旅游市场营销、旅游文化学、旅游地理学、旅游心理学、旅游经济学、旅游政策法规、导游业务等。从 30 个调研样本的课程设置情况来看，大多数高校专业领域模块的学分在 30~55，其所占总学分比例集中在 18%~38%。

（4）集中实践教学环节。集中实践教学环节（不包含理论课程中的实践教学部分）主要是指集中性开展的实践教学活动课程，一般包括军事训练、专业见习、专业实习、毕业实习、毕业论文（设计）等。从 30 个调研样本的课程设置情况来看，大多数高校集中实践教学环节的学分在 15~35，其所占总学分比例集中在 10%~25%。

5. 学分要求

目前，各大高校普遍实行学分管理制度，要求学生修满一定学分作为准予毕业的重要前提条件。在 30 个调研样本中，各高校所对课程学分的最低要求在 146（太原师范学院）至 193（东北石油大学），平均值为 163。除了课程学分之外，一些高校还对素

① 部分高校将创新创业类课程列为选修课。

② 部分高校将数学类基础课程设置在通识教育模块。

③ 部分高校将一些旅游专业基础课程设置在学科基础模块。

质教育方面的学分提出要求。例如，安康学院在最新的人才培养方案中，除了要求学生修满 191 个课程学分之外，还要求学生通过参加课外素质拓展与创新实践项目，最低获得 6 学分；攀枝花学院也对 2016 级旅游管理专业本科生的毕业学分提出如下要求：学生必须修满培养方案所规定的 160 个课程（环节）学分以及 10 个素质拓展学分。

6. 培养创新

近几年来，有部分高校从修业年限、培养模式、培养手段等方面入手，加大旅游管理类本科人才培养的改革创新力度。

（1）修业年限改革。跟其他专业一样，旅游管理本科专业的基本修业年限为 4 年。但如今有部分高校开始实行弹性修业年限，允许学生在 3~6 年不等的年限内完成学业，有的高校（如青岛大学）学习年限甚至长达 8 年。经统计，在 30 个调研样本中，目前已实行弹性修业年限的高校有 13 所，占 43.33%。

（2）培养模式创新。在培养模式创新方面，随着通识教育理念逐渐深入人心，有许多高校正尝试推行大类培养模式。以青岛大学为例，该校要求学生在入学第一学年内按照大类培养方案修读相应课程，在第二学年再按照个人意愿和学分绩点确定主修专业：旅游管理专业或者酒店管理专业。有的高校则积极发展独具特色的人才培养模式。例如，依托学校所在地的区位优势，广西民族大学旅游管理专业实行“3+1”人才培养模式，即开设越南语、泰语等语言方向，派出学生到对象国学习 1 年。

（3）培养手段创新。在培养手段创新方面，围绕应用型人才的培养目标，部分高校正不断强化实践教学环节，以便有效提升毕业生的实践能力。以安康学院为例，该校为了提高学生解决行业实际问题的能力以及旅游岗位的操作技能，系统开设实践类课程，实践课程学分占到总学分的 30% 以上。围绕复合型人才的培养目标，部分高校积极推行个性化教学，努力做到因材施教。例如，浙江大学旅游管理专业采用的是“3+1”特色教学模式，即 3 年课堂学习加上 1 年个性化培养。围绕培养具有国际化视野的人才这一目标，上海师范大学等一些高校积极推进国际交流与合作，并设立海外实习基地；复旦大学等一些高校则推出专业课全英文教学，进一步提升学生的外语水平和国际交流能力。

7. 师资队伍

众所周知，师资队伍是人才培养的重要保障，其学历水平、职称高低、专业素养等对人才培养质量有重要影响。10 年前，我国旅游本科教育普遍存在专业教师高级职称比例偏低（以中级和初级职称为主）等方面的问题①。如今，10 年过去了，这一状况有

① 保继刚，朱峰．中国旅游本科教育萎缩的问题及出路——对旅游高等教育 30 年发展现状的思考［J］．旅游学刊，2008，23（5）：13-17.

无变化？通过广泛调研加上样本分析，本报告发现情况已有所改观。在中东部高校尤其是大学类院校，如中国海洋大学、南京农业大学、复旦大学、浙江大学、上海师范大学、集美大学等，旅游管理专业教师的高级职称所占比例都超过 50%（见表 3）。在这些高校中，专业教师的学历层次也普遍较高，如南京农业大学的专业教师均具有博士学位或在职攻读博士学位。

表 3　部分高校旅游管理专任教师高级职称数量及其所占比例

院校名称	专任教师总数（人）	高级职称数量（人）		高级职称所占比例（%）
		教授 / 研究员	副教授 / 副研究员	
中国海洋大学	15	3	6	60
南京农业大学	13	2	5	53.8
复旦大学	14	3	5	57.1
浙江大学	18	4	8	66.7
上海师范大学	15	3	8	73.3
集美大学	5	——	3	60
黄山学院	18	3	6	50
太原师范学院	13	4	3	53.8

资料来源：各高校官网。

但是，在西部高校特别是新近成立的地方本科院校，专业师资队伍仍表现出以下特点：在职称结构上以中低级职称为主，在学历结构上硕士研究生占多数。例如，攀枝花学院目前有旅游管理专业教师 11 人，其中教授 1 人，副教授 3 人，讲师 7 人；从学历来看，博士研究生（含在读）3 人，硕士研究生 7 人，本科 1 人。中级职称、硕士研究生学历均分别占到所有专业教师的 63.6%。

与此同时，从全国范围来看，无论是地方本科院校还是大学类院校（包括“双一流”建设高校），旅游管理专业的师资队伍建设仍然面临着“双师型”教师比较匮乏的窘境。

（三）专业评价

一个专业办得如何，作为受教育者的本校学生是最有发言权的，学生的评价也显得更加真实。为了客观地评价我国旅游管理类本科专业的办学情况，本报告通过教育部“阳光高考”信息平台收集到专业满意度的相关数据并进行整理分析。这些数据由学生对本校本专业进行实名投票得出（通过实名注册的学生才具有投票资格）。专业满意度分为综合满意度和分项满意度，其中分项满意度又包括办学条件、教学质量、就业情况 3 个方面的满意度。各项满意度的评分表均由 5 个等级（1~5 分）构成。此外，系统自动显示投票较多的部分专业，投票人数较少的专业暂时不显示。

2018 年 7 月 15—16 日，共收集到 417 所高校旅游管理专业，47 所高校酒店管理专业，46 所高校会展经济与管理专业，以及 14 所高校旅游管理与服务教育专业的专业满意度调查数据。经过系统梳理，得出以下结果。

1. 总体评价

综合满意度反映出学生对所学专业的总体评价。经统计，旅游管理、酒店管理、会展经济与管理、旅游管理与服务教育的综合满意度平均值分别为 3.95、3.91、3.92 和 3.96（见图 10）。如果以 3.00 为及格线，则旅游管理类这 4 个专业的综合满意度都比较高，均超过 3.9，其中旅游管理与服务教育的评分最高。

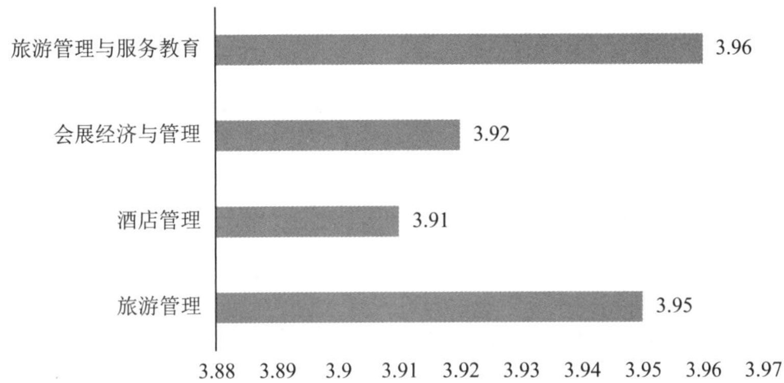

图 10　旅游管理类本科各个专业综合满意度平均值

2. 分项评价

（1）办学条件。在办学条件满意度评价方面，旅游管理、酒店管理、会展经济与管理、旅游管理与服务教育的满意度平均值分别为 3.80、3.76、3.79 和 3.87，均超过 3.7，其中旅游管理与服务教育的评分最高（见图 11）。

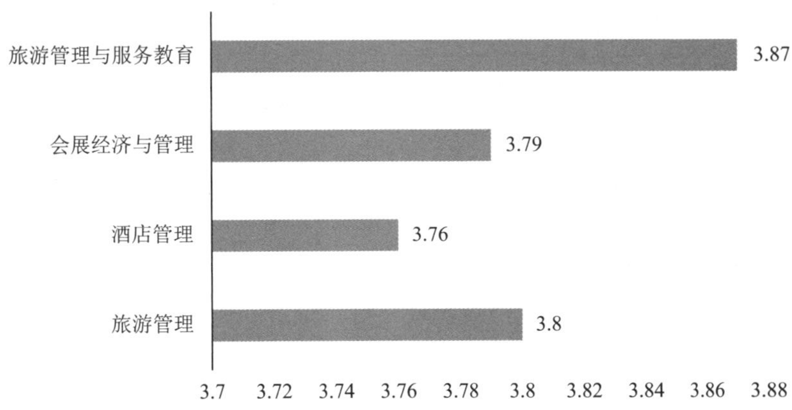

图 11　旅游管理类本科各个专业办学条件满意度平均值

（2）教学质量。在教学质量满意度评价方面，旅游管理、酒店管理、会展经济与管理、旅游管理与服务教育的满意度平均值分别为 3.83、3.78、3.74 和 3.99，均超过 3.7，其中旅游管理与服务教育的评分明显高于其他专业（见图 12）。

（3）就业。在就业满意度评价方面，旅游管理、酒店管理、会展经济与管理、旅游管理与服务教育的满意度平均值分别为 3.56、3.62、3.51 和 3.53，均超过 3.5，其中酒店管理的评分最高。值得注意的是，这 4 个专业的就业满意度平均值均比其他项的满意度平均值低（见图 13）。

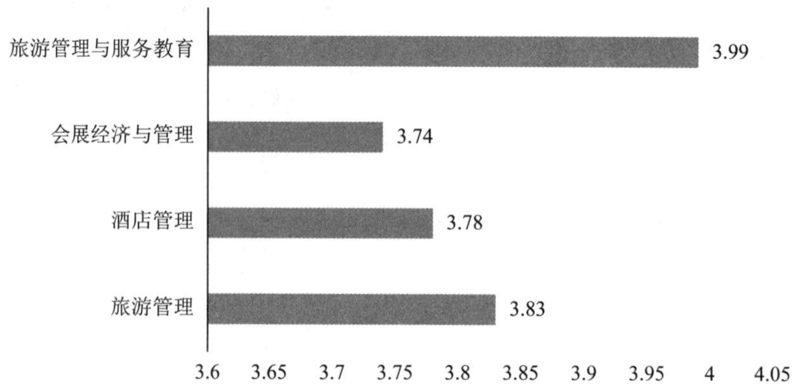

图 12　旅游管理类本科各个专业教学质量满意度平均值

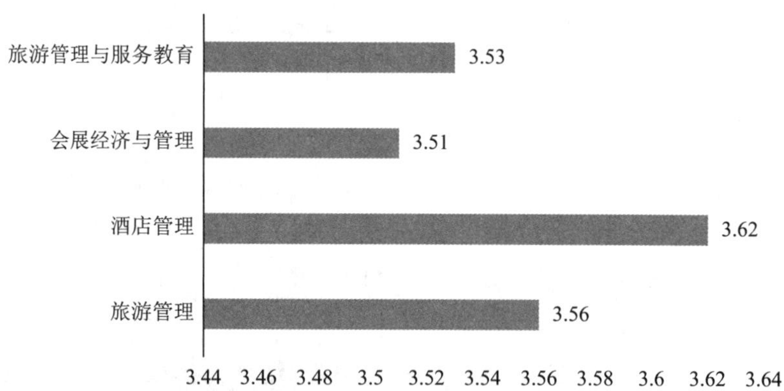

图 13　旅游管理类本科各个专业就业满意度平均值

3. 比较分析

以旅游管理专业为例，本报告特别对“双一流”建设高校的情况进行了考察，并将其与全部高校（417 所）的情况进行比较分析，得出以下结果：可收集到相关数据的“双一流”建设高校共 50 所，各高校的旅游管理专业综合满意度介于 3.1~4.7，平均值为 3.87；办学条件满意度介于 2.9~4.5，平均值为 3.77；教学质量满意度介于 2.7~4.6，平均值为 3.78；就业满意度介于 2.6~4.3，平均值为 3.35。很明显，“双一流”高校旅游管理专业各项满意度的平均值均低于全部高校（417 所）的平均水平。

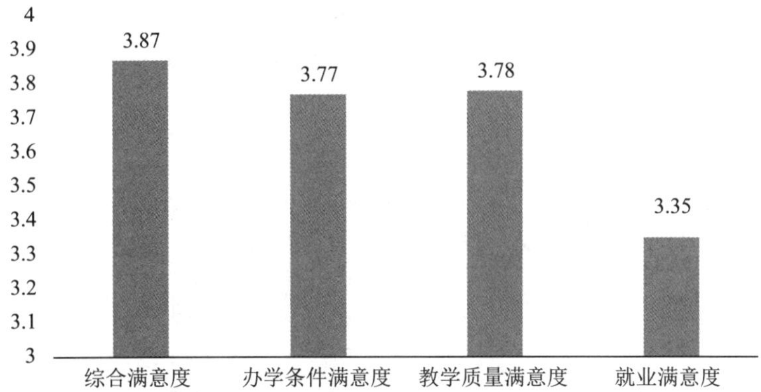

图 14　“双一流”高校旅游管理专业各项满意度平均值

二、旅游管理类本科教育发展特征与问题诊断

（一）教育发展规模巨大，但内涵式发展不足

1981 年，经教育部批准，南开大学等 8 所院校最先开办旅游本科教育[①]。如今，30 多个春秋过去了，我国旅游管理类本科教育发生了翻天覆地的变化，已形成巨大的教育发展规模。近 4 年来，全国旅游管理类本科专业每年的招生总数均超过 5 万人，占当年旅游高等院校招生（包括研究生、本科和高职高专）的 1/3，且呈现出逐年增长态势；在校生人数每年均超过 20 万人，毕业生人数每年均在 4.5 万人以上。从招生培养单位来看，目前开设旅游管理类本科专业的普通高等院校已突破 600 所。这些院校除了以本科院校为主体之外，还包括少部分以联合培养方式开设的高职高专院校。

但毋庸置疑的是，我国旅游管理类本科教育的内涵式发展不足，发展水平还有待提升。所谓内涵式发展，指的是以事物的内部因素作为动力和资源的发展模式，着眼于结构优化、质量提高、效益提升、实力增强，它是与外延式发展相对应的概念[②]。从整体上看，当前我国旅游管理类本科教育发展仍较为粗放，无论是教育思想、办学理念、校园文化、制度建设，还是专业建设、知识体系、课程设置、教学方式、师资队伍等，都还没达到内涵式发展的要求。

---

① 保继刚，朱峰．中国旅游本科教育萎缩的问题及出路——对旅游高等教育 30 年发展现状的思考［J］．旅游学刊，2008，23（5）：13-17.

② 卢晓中．质量文化：一种高等教育内涵式发展的价值建设［J］．中国高教研究，2018（7）：4-5.

（二）学科地位逐步提升，但专业建设仍然滞后

在我国，旅游管理起步较晚，是一门非常年轻的学科。尽管如此，经广大旅游教育工作者共同努力，旅游管理的学科地位得到了逐步提升。2012 年，根据教育部新修订的《普通高等学校本科专业目录》，旅游管理成为管理学门类下单独设立的一级大类专业并下设旅游管理等 4 个专业，而不再是工商管理专业大类下的二级专业。与此同时，近几年来，旅游管理的学科队伍正逐步壮大，科研成果不断产出，学科基地（研究基地、实习基地、实训室、模拟实验室等）建设成效初显。所有这些，对促进旅游管理学科地位的逐步提升起到了重要作用。

但是，旅游管理类专业建设仍然比较滞后，与学科发展形成了鲜明的对比。专业是一个与学科既有密切联系又有一定区别的概念。专业是学科建设承载的实现人才培养功能的平台和表现形式，跟学科致力于发现知识、创新知识和产出成果这一发展目标相比，它更侧重于根据社会和市场需求进行合格专业人才的培养[①]。目前，我国旅游管理类的专业建设面临不少问题，具体表现在这几个方面：一是专业独立性不强。多数高校还没有为旅游管理类专业单独建立学院（系），而是把它挂靠在别的院系，这导致本专业往往处于弱势地位。二是专业结构单一。尽管旅游管理类本科包括 4 个专业，但实际上多数高校只开设旅游管理或酒店管理一个专业，能同时开设两个或两个以上专业的不多。三是课程设置不够规范。在课程设置上，究竟哪些课应该列入学科基础课程，哪些课应该列入专业领域课程，哪些为旅游专业的核心课，目前尚未得到规范。四是招生专业稳定性不足。部分院校单纯以就业率为导向，随意增减招生专业，影响到专业建设的稳定性。

（三）培养模式日益多样，但培养水平有待提高

近年来，越来越多的高校积极探索旅游管理类本科专业的人才培养模式，如校企合作培养模式、订单式培养模式、大类专业培养模式、个性化培养模式、国际化培养模式等，其中又以校企合作培养模式最为流行。日渐增多的人才培养模式，对进一步深化我国旅游管理类本科教育改革而言无疑具有积极的意义。

同时也要看到，不少高校所开创的人才培养模式更多地停留在形式上，未能对提高人才培养质量起到应有的作用。以校企合作培养模式为例，由于不少高校与企业缺乏长期稳定的合作关系或者未能形成共同培养的良好机制，学生在校外的实习、实训要么是做端茶倒水之类的杂活，要么是像放羊一样的“散养”，其实践能力并没有得到实质性的提升。除此之外，部分高校校内实训场所建设滞后、“双师型”教师匮乏、教学手段落后等因素也会对人才培养质量产生消极影响。

① 钟秉林，李志河．试析本科院校学科建设与专业建设［J］．中国高等教育，2015（22）：19-23.

（四）机制改革力度加大，但“一流”之路任重道远

当前，各大高校逐步加大旅游管理类本科教育机制改革。例如，在招生方式上，不少高校积极创新招生方式，推进专业大类招生；在修业年限上，部分高校实行弹性学习年限，给学生更多的自主学习的选择权；在课程设置上，许多高校适当增加通识教育和素质教育方面的课程，努力提升学生的综合素质；在教学手段上，有的高校强化实践教学环节，有的高校积极采用信息技术进行教学，有的高校则大力推广互动式、探究式、案例式等有效的教学方法。

但是，教育机制改革毕竟是一个复杂的系统工程，涉及招生就业、课程设置、教学管理、质量监控等方方面面，可谓牵一发而动全身。从全国范围来看，鉴于当前我国旅游管理类本科教育还存在不少亟须解决的难题，通过改革创新来办好一流旅游本科教育、培养一流旅游本科人才，将具有极其重要的意义，但需要走很长一段路。

三、“双一流”背景下旅游管理类本科教育发展的路径选择

（一）树立育人全新理念，坚持以生为本

世界一流大学和一流学科即“双一流”建设是近期我国就高等教育发展做出的重大战略决策。2017 年 9 月，教育部、财政部、国家发展改革委联合公布我国“双一流”建设高校及建设学科名单。同年 10 月，党的十九大报告明确提出，加快一流大学和一流学科建设，实现高等教育内涵式发展。在当前我国正大力推进“双一流”建设背景下，旅游管理类本科教育需要树立起全新的育人理念：坚持以生为本。

坚持以生为本，就要把人才培养当作旅游管理类本科教育的首要任务。为此，在进行教育过程中，必须处理好三个方面的关系：一是教学与科研之间的关系。要通过改革评价体系等手段切实扭转过去那种重科研轻教学的局面，做到科研、教学两手抓，两手都要硬，加大教师评价中的教学评价比重。二是理论学习与实践教育之间的关系。既要通过加强课堂教学以夯实学生的理论基础，又要通过丰富的社会实践和系统的创新训练，加强知识的学习与应用，培养学生的创新精神和实践能力[①]，强化实践教学的科学设计与实践效果评价。三是学会做人与学会学习的关系。既要注意立德树人，又要注重学习能力培养，尤其应将人品塑造、道德情操、社会责任教育置于重要位置，造就一批具有国际视野、创新意识、创业精神、实践能力、社会责任的高素质复合型、应用型人才。

① 陈骏．一流人才与一流本科教育：理念、问题与方向［J］．中国高教研究，2018（3）：4-7.

（二）协同推进专业建设，着力打通堵点

我国许多高校在旅游管理类本科教育过程中往往会面临一些难题，如专业小弱，得不到所在院系的扶持发展；人才培养目标定位过于笼统、不切实际，因而难以实现；毕业生就业期望值过高，希望从管理岗位做起，但又不具备行业所要求的工作经验和管理能力，等等。所有这些难题都成为各高校办好一流旅游本科教育的“堵点”。

为了打通上述“堵点”，需要对校内、校外各种办学资源进行有效整合，协同推进专业建设和人才培养工作。一要整合校内现有的教学资源，根据旅游行业对人才的需求情况适时增设新专业，并尽可能将旅游管理类专业设置在管理 / 经济学院（系），有条件的高校应专门成立旅游学院（系）。二要积极推进实质性的校企合作。校企双方通过签订长期稳定的合作协议，共同研究制定人才培养计划和人才评价体系，确保人才培养方案真正得到落实。同时积极实施教师个人发展计划，鼓励中青年专业教师到企业去参加培训，为“双师型”教师队伍建设创造条件。三要加强国际化交流与合作，通过派出专业教师到国外学习等途径来充分利用海外丰富的学术资源；有条件的高校还可以通过签订合作协议在海外设立实践教学基地。

（三）创新人才培养模式，提升培养质量

不断提升人才培养质量，是我国各高校办好一流旅游本科教育的必由之路。为此，需要积极创新人才培养模式，大力实施人才培养工程。一是梳理构建旅游管理类知识体系，以提升旅游管理类独立的专业学科地位。高校所传授给学生的是系统的专业知识体系，旅游管理类专业需要建立旅游消费者、旅游目的地、旅游接待业的知识系统，这既是为提升旅游学科地位奠定基础，也是为学生未来职业生涯竞争奠定基础，而不仅仅是某种职业技能、某种谋生技巧。二是确立旅游管理类核心课程体系，以传授给学生其他专业无法替代的专业知识。按照《教育部旅游管理类专业教学质量国家标准》，确立“4+3”核心课程，“4”为大类旅游学概论、旅游消费者、旅游目的地、旅游接待业，“3”在各个专业为旅游经济学、旅游资源管理、旅游法规（旅游管理专业）、酒店管理概论、酒店运营管理、酒店客户管理（酒店管理专业）、会展管理概论、会展项目管理、会展策划与设计（会展经济与管理专业）、教育学、心理学、教学方法论（旅游管理与服务教育专业），以规范专业培养属性与特质。

（四）逐步完善保障体系，形成保障合力

要办好一流旅游本科教育，还需要逐步完善保障体系，形成保障合力。从教育流程来看，保障体系主要涉及招生、培养、就业三大环节；从要素投入来看，保障体系又主要涉及人员、资金、智力等方面。

逐步完善保障体系，应重点做好以下几个方面的工作：一是提高生源质量，把好人

才培养的入口关，尽可能地挑选那些适合在旅游行业发展的苗子。二是加强师资队伍建设。通过鼓励中青年教师参加学习培训、聘请行业专家参与教学指导等多种途径打造一支高素质的师资队伍。三是改善办学条件。要多渠道增加教育投入，尤其要加大校内实训或实验场所的投入，以便满足模拟导游、酒店服务、餐饮服务、旅游电子商务等课程的实践教学需要。四是强化创新创业教育。除了开设创新创业相关课程或培训之外，还应积极聘请业内专家定期到校园开展交流活动，并要求学生必须修满相应的学分。

附录 1　2017 年全国旅游管理类本科专业招生单位名单

所在地	招生单位	数量（所）
辽宁	东北财经大学、辽东学院、辽宁大学、辽宁科技学院、辽宁师范大学、大连海事大学、大连外国语大学、鞍山师范学院、渤海大学、大连民族大学、沈阳航空航天大学、沈阳师范大学、沈阳大学、大连大学、沈阳农业大学、沈阳城市学院、辽宁理工学院、大连财经学院、辽宁师范大学海华学院、大连艺术学院、辽宁对外经贸学院、沈阳工学院、辽宁科技大学	23
北京	北京林业大学、首都师范大学、中央民族大学、北京联合大学、首都经济贸易大学、北京第二外国语学院、北京农学院、北京石油化工学院、北京第二外国语学院中瑞酒店管理学院、北京城市学院、中国劳动关系学院、首都师范大学科德学院、中华女子学院	13
天津	南开大学、天津财经大学、天津商业大学、天津商业大学宝德学院、天津财经大学珠江学院、天津农学院、天津师范大学、天津外国语大学、天津科技大学、天津外国语大学滨海外事学院	10
河北	河北大学、燕山大学、河北经贸大学、河北师范大学、石家庄学院、唐山师范学院、河北师范大学汇华学院、河北经贸大学经济管理学院、燕山大学里仁学院、河北农业大学现代科技学院、北京交通大学海滨学院、河北地质大学、河北农业大学、河北民族师范学院、邯郸学院、河北科技师范学院、廊坊师范学院、河北北方学院、沧州师范学院、唐山学院、华北理工大学轻工学院、张家口学院、保定学院	23
山东	山东大学（包括威海分校）、中国海洋大学、青岛大学、山东师范大学、聊城大学、山东财经大学、泰山医学院、临沂大学、潍坊学院、济南大学、山东协和学院、山东财经大学燕山学院、齐鲁理工学院、山东师范大学历山学院、山东女子学院、山东农业大学、曲阜师范大学、泰山学院、鲁东大学、山东工商学院、烟台南山学院、枣庄学院、济宁学院、青岛滨海学院、山东青年政治学院、山东交通学院、青岛黄海学院、青岛恒星科技学院	28
江苏	南京财经大学、常熟理工学院、南京林业大学、苏州大学、南京师范大学、南京农业大学、无锡太湖学院、盐城师范学院、苏州大学应用技术学院、江苏理工学院、盐城工学院、南京师范大学中北学院、扬州大学广陵学院、江苏师范大学科文学院、江苏科技大学苏州理工学院、扬州大学、江苏科技大学、苏州科技大学、南通大学、江苏师范大学、淮阴师范学院、南京晓庄学院、金陵科技学院、徐州工程学院、三江学院、常州工学院、南京工业大学浦江学院、苏州科技大学天平学院、东南大学、泰州学院、南京航空航天大学金城学院、江苏第二师范学院	32
上海	上海杉达学院、东华大学、上海师范大学、上海对外贸易大学、上海商学院、上海建桥学院、上海外国语大学贤达经济人文学院、上海师范大学天华学院、上海工程技术大学、上海理工大学、上海第二工业大学、复旦大学、上海海事大学、华东师范大学、上海应用技术大学	15

续表

所在地	招生单位	数量（所）
浙江	宁波大学、浙江师范大学、湖州师范学院、浙江工业大学、浙江工商大学、浙江海洋大学、台州学院、浙江大学城市学院、浙江大学宁波理工学院、杭州师范大学钱江学院、宁波大学科学技术学院、浙江工商大学杭州商学院、浙江工业大学之江学院、浙江农林大学暨阳学院、浙江师范大学行知学院、浙江外国语学院、浙江农林大学、杭州师范大学、丽水学院、浙江越秀外国语学院、浙江万里学院、浙江传媒学院、浙江大学、浙江树人学院、上海财经大学浙江学院	25
福建	福建农林大学、华侨大学、莆田学院、福建师范大学、集美大学、闽南师范大学、武夷学院、厦门大学嘉庚学院、福建农林大学东方学院、福建农林大学金山学院、闽江学院、龙岩学院、宁德师范学院、三明学院、福建师范大学协和学院、阳光学院、厦门理工学院、厦门华厦学院、厦门大学、福建商学院	20
广东	中山大学、暨南大学、华南师范大学、广东海洋大学、广东工业大学、广州大学、韶关学院、韩山师范学院、嘉应学院、吉林大学珠海学院、肇庆学院、五邑大学、惠州学院、中山大学南方学院、广州商学院、中山大学新华学院、广东海洋大学寸金学院、广东财经大学华商学院、广东外语外贸大学南国商学院、佛山科学技术学院、华南农业大学、广东财经大学、华南理工大学、广东技术师范学院、北京师范大学珠海分校、广东金融学院、仲恺农业工程学院、广东培正学院、电子科技大学中山学院、广东第二师范学院、广州航海学院	31
海南	海南大学、海南师范大学、三亚学院、海口经济学院、海南热带海洋学院	5
山西	山西大学、山西财经大学、山西大同大学、长治学院、太原师范学院、晋中学院、忻州师范学院、山西师范大学、山西农业大学、运城学院、山西工商学院、山西大学商务学院、太原学院、山西应用科技学院	14
吉林	东北师范大学、吉林师范大学、吉林华桥外国语学院、吉林工商学院、北华大学、长春大学、吉林工程技术师范学院、长春师范大学、通化师范学院、吉林农业大学、长春光华学院、长春财经学院、长春科技学院、东北师范大学人文学院、吉林师范大学博达学院、长春大学旅游学院、白城师范学院、吉林财经大学、延边大学	19
黑龙江	东北农业大学、哈尔滨师范大学、黑河学院、哈尔滨学院、哈尔滨理工大学、佳木斯大学、黑龙江工程学院、哈尔滨商业大学、黑龙江大学、黑龙江工程学院昆仑旅游学院、东北石油大学、大庆师范学院、绥化学院、黑龙江东方学院、黑龙江外国语学院、黑龙江财经学院、齐齐哈尔大学、东北林业大学	18
安徽	黄山学院、安徽师范大学、安徽大学、安徽农业大学、安庆师范学院、巢湖学院、安徽外国语学院、安徽师范大学皖江学院、阜阳师范学院、池州学院、滁州学院、皖西学院、淮北师范大学、宿州学院、河海大学文天学院、安徽财经大学、合肥学院、安徽农业大学经济技术学院	18
江西	江西财经大学、南昌大学、江西农业大学、井冈山大学、九江学院、宜春学院、赣南师范大学、南昌大学科学技术学院、江西农业大学南昌商学院、江西财经大学现代经济管理学院、江西科技师范大学理工学院、南昌师范学院、南昌工程学院、江西师范大学、上饶师范学院、江西科技师范大学、江西科技学院、华东交通大学理工学院、景德镇学院、江西应用科技学院	20
河南	郑州大学、河南城建学院、河南大学、河南科技学院、河南师范大学、河南科技大学、信阳师范学院、安阳师范学院、河南财经政法大学、南阳师范学院、洛阳师范学院、郑州工业应用技术学院、河南大学民生学院、安阳学院、河南师范大学新联学院、河南科技学院新科学院、信阳学院、郑州升达经贸管理学院、河南理工大学、河南工业大学、河南农业大学、许昌学院、黄淮学院、郑州航空工业管理学院、平顶山学院、洛阳理工学院、中原工学院、郑州工商学院、郑州科技学院、新乡学院、信阳农林学院、河南牧业经济学院	32

续表

所在地	招生单位	数量（所）
湖北	中国地质大学（武汉）、华中师范大学、中南财经政法大学、三峡大学、中南民族大学、江汉大学、湖北文理学院、湖北汽车工业学院、湖北经济学院、湖北科技学院、武汉东湖学院、湖北大学知行学院、三峡大学科技学院、武汉工商学院、江汉大学文理学院、湖北民族学院科技学院、湖北文理学院理工学院、湖北大学、武汉轻工大学、黄冈师范学院、湖北民族学院、湖北师范大学、武汉晴川学院、湖北第二师范学院、武汉商学院、武汉学院、武汉生物工程学院、武昌工学院、湖北商贸学院	29
湖南	湖南师范大学、湖南科技大学、吉首大学、湖南第一师范学院、湘南学院、湖南理工学院、衡阳师范学院、湖南商学院、湖南城市学院、中南林业科技大学、湖南人文科技学院、湖南师范大学树达学院、湖南商学院北津学院、中南林业科技大学涉外学院、湖南科技大学潇湘学院、湘潭大学兴湘学院、湖南文理学院芙蓉学院、吉首大学张家界学院、湖南工程学院应用技术学院、衡阳师范学院南岳学院、湘潭大学、湖南文理学院、湖南工程学院、怀化学院、湖南科技学院、邵阳学院、长沙学院、湖南女子学院、湖南涉外经济学院、湖南工学院、长沙师范学院	31
内蒙古	内蒙古大学、内蒙古民族大学、内蒙古财经大学、内蒙古师范大学、赤峰学院、集宁师范学院、呼伦贝尔学院、内蒙古师范大学鸿德学院、内蒙古农业大学	9
陕西	西安文理学院、陕西师范大学、延安大学、长安大学、陕西理工大学、安康学院、宝鸡文理学院、西安外国语大学、西安财经学院行知学院、西安科技大学高新学院、西北大学、西安科技大学、咸阳师范学院、榆林学院、西安欧亚学院、西安外事学院、西安翻译学院、西京学院、延安大学西安创新学院、陕西国际商贸学院、西安财经学院	21
甘肃	西北民族大学、兰州财经大学陇桥学院、兰州财经大学长青学院、西北师范大学、河西学院、兰州财经大学、兰州城市学院、兰州文理学院、甘肃民族师范学院、天水师范学院、兰州交通大学博文学院	11
青海	青海大学、青海民族大学、青海师范大学	3
宁夏	北方民族大学、宁夏大学	2
新疆	新疆农业大学、伊犁师范学院、新疆大学、新疆师范大学、石河子大学、塔里木大学、新疆大学科学技术学院、新疆农业大学科学技术学院、新疆财经大学商务学院、喀什大学、新疆财经大学、昌吉学院	12
四川	成都信息工程大学银杏酒店管理学院、成都理工大学、绵阳师范学院、四川师范大学、西南财经大学、四川农业大学、四川大学、西南民族大学、西华师范大学、成都体育学院、攀枝花学院、乐山师范学院、成都信息工程大学、成都理工大学工程技术学院、成都文理学院、四川大学锦城学院、西南财经大学天府学院、四川理工学院、西昌学院、四川民族学院、宜宾学院、成都学院、四川旅游学院、四川文理学院、四川工业科技学院、西南石油大学、四川外国语大学成都学院、四川文化艺术学院、阿坝师范学院	29
重庆	西南大学、重庆工商大学、重庆理工大学、四川外国语大学、重庆师范大学、重庆交通大学、重庆三峡学院、重庆师范大学涉外商贸学院、重庆工商大学融智学院、重庆工商大学派斯学院、重庆第二师范学院、长江师范学院、重庆文理学院、重庆人文科技学院、四川外语大学重庆南方翻译学院、重庆科技学院	16
广西	广西大学、桂林理工大学、广西师范大学、广西师范大学漓江学院、桂林理工大学博文管理学院、广西民族大学相思湖学院、广西大学行健文理学院、梧州学院、百色学院、钦州学院、广西民族师范学院、河池学院、广西师范学院、玉林师范学院、广西财经学院、广西民族大学、贺州学院、桂林航天工业学院、桂林旅游学院、广西外国语学院	20

续表

所在地	招生单位	数量（所）
云南	云南大学、云南师范大学、云南民族大学、玉溪师范学院、昆明学院、云南财经大学、大理大学、云南大学旅游文化学院、云南大学滇池学院、云南师范大学商学院、云南师范大学文理学院、云南农业大学、西南林业大学、楚雄师范学院、昆明理工大学、曲靖师范学院、红河学院、昆明理工大学津桥学院、普洱学院、文山学院、保山学院	21
贵州	贵州大学、遵义师范学院、贵州民族大学、贵州大学科技学院、贵州民族大学人文科技学院、贵州师范学院、贵州师范大学、黔南民族师范学院、安顺学院、凯里学院、铜仁学院、贵阳学院、贵州财经大学、六盘水师范学院、贵州商学院、贵阳医科大学神奇民族医药学院、贵州师范大学求是学院	17
西藏	西藏大学、西藏民族大学	2
合　计		569

资料来源：教育部“阳光高考”信息平台及各高校招生简章（注：少数以联合培养方式招收旅游管理类本科专业的高职高专院校未列入本表）

附录 2　30 个旅游管理类本科专业人才培养调研样本

序号	院校名称	所在地	院校类型	培养单位（挂靠院系）	备注（院校特性）
1	中国海洋大学	山东	综合	管理学院	“双一流”建设高校
2	南京农业大学	江苏	农业	人文与社会发展学院	“双一流”建设高校
3	复旦大学	上海	综合	复旦学院（本科生院）和旅游系	“双一流”建设高校
4	浙江大学	浙江	综合	管理学院	“双一流”建设高校
5	华南师范大学	广东	师范	旅游管理学院	“双一流”建设高校
6	东北师范大学	吉林	师范	历史文化学院	“双一流”建设高校
7	郑州大学	河南	综合	旅游管理学院	“双一流”建设高校
8	中南财经政法大学	湖北	财经	工商管理学院	“双一流”建设高校
9	内蒙古大学	内蒙古	综合	历史与旅游文化学院	“双一流”建设高校
10	青海大学	青海	综合	财经学院	“双一流”建设高校
11	首都经济贸易大学	北京	财经	工商管理学院	专业性大学
12	青岛大学	山东	综合	旅游与地理科学学院	综合性大学
13	扬州大学	江苏	综合	旅游烹饪（食品科学与工程）学院	综合性大学
14	上海师范大学	上海	师范	旅游学院	专业性大学
15	集美大学	福建	综合	工商管理学院	综合性大学
16	东北石油大学	黑龙江	工科	经济管理学院	专业性大学
17	井冈山大学	江西	综合	商学院	综合性大学
18	西北师范大学	甘肃	师范	旅游学院	专业性大学
19	重庆理工大学	重庆	工科	管理学院	专业性大学

续表

序号	院校名称	所在地	院校类型	培养单位（挂靠院系）	备注（院校特性）
20	广西民族大学	广西	民族	管理学院	专业性大学
21	辽东学院	辽宁	财经	旅游管理学院	地方本科院校
22	河北师范大学汇华学院	河北	师范	经济管理学部	地方本科院校（独立学院）
23	浙江工商大学杭州商学院	浙江	财经	管理学院	地方本科院校（独立学院）
24	肇庆学院	广东	综合	旅游与历史文化学院	地方本科院校
25	黄山学院	安徽	师范	旅游学院	地方本科院校
26	太原师范学院	山西	师范	管理系	地方本科院校
27	湘南学院	湖南	工科	旅游管理学院	地方本科院校
28	安康学院	陕西	综合	旅游与资源环境学院	地方本科院校
29	攀枝花学院	四川	综合	人文社科学院	地方本科院校
30	黔南民族师范学院	贵州	师范	旅游与资源环境学院	地方本科院校

中国旅游高等职业教育年度报告（2016—2017）

李成军　俞　盈　夏　天①

一、全国旅游高职教育概况②

（一）院校数量及分布

2017年，全国共有1224所院校（含招收高职旅游类专业的本科院校）招收高职旅游类专业（以下简称旅游高职院校），其中开设高职高专旅游大类专业③的院校有1112所，较2015年院校数分别增加了3.82%和4.12%。④

就省域分布来看，河南省较2015年数据增幅最大，达20.83%，旅游高职院校共87所，数量超过广东省跃居全国第一。西藏自治区仅3所，数量全国最少。全国共21个省份其旅游高职院校数较之两年前有所增加，唯陕西省不变（见表1）。

表1　全国旅游高职院校省域分布及增减统计表

院校数（所）	省域分布
0~9	西藏（3，+1）、宁夏（6，+1）、青海（8，+1）
10 ~19	海南（13，+1）、天津（16，–2）、甘肃（16，–4）
20~29	新疆（23，+2）、上海（24，–4）、北京（25，–4）、重庆（26，–1）、贵州（27，+6）、吉林（29，+6）、云南（30，+4）
30 ~39	浙江（32，+2）、内蒙古（34，+3）、陕西（34，0）、黑龙江（35，+2）、辽宁（36，–3）、福建（38，–1）、山西（39，+4）
40~49	广西（46，+4）、湖南（49，–5）

① 李成军：博士、副教授，浙江旅游职业学院工商管理系副主任，浙江省旅游发展研究中心人力资源开发研究所所长。俞盈：硕士，浙江旅游职业学院工商管理系讲师。夏天：硕士，浙江旅游职业学院工商管理系讲师。

② 本报告由浙江旅游职业学院院级青年科研项目（2018JGYB01）资助。

③ 《普通高等学校高等职业教育专科（专业）目录（2017年）》中旅游大类包括6401旅游类、6402餐饮类、6403会展类

④ 中国旅游协会旅游教育分会．中国旅游教育蓝皮书2016年［M］．北京：中国旅游出版社，2016：73.

续表

院校数（所）	省域分布
50~59	江西（53，+1）、河北（54，-3）
60 ~69	安徽（65，+2）、湖北（67，-5）
70~79	四川（71，+3）、江苏（74，+2）、山东（78，+4）
80~89	广东（86，+5）、河南（87，+15）

资料来源：2017 年高等职业教育专业设置备案结果。

从区域分布来看，华东有高职旅游院校 364 所，数量为全国最多，华中为 203 所，华北和华南分别有 168 所和 145 所，西南、东北和西北分别为 157 所、100 所、87 所。西南和华南较 2015 年院校数增加较多，分别增加了 13 所和 10 所，华东、华中、东北和西北的院校数量也均有不同程度增加，只有华北有所减少（见表 2）。

表 2　各区域旅游高职院校数量分布统计表

区　域	所属省份	院校数	增减情况
华　东	上海市、江苏省、浙江省、安徽省、福建省、山东省、江西省	364所	+6
华　中	河南省、湖北省、湖南省	203所	+5
华　北	北京市、天津市、河北省、山西省、内蒙古自治区	168所	-2
华　南	广东省、广西壮族自治区、海南省	145所	+10
西　南	重庆市、四川省、贵州省、云南省、西藏自治区	157所	+13
东　北	辽宁省、吉林省、黑龙江省	100所	+5
西　北	陕西省、甘肃省、青海省、宁夏回族自治区、新疆维吾尔自治区	87所	+8

资料来源：2017 年高等职业教育专业设置备案结果。

（二）专业开设及分布

2015 年 11 月，教育部颁布《普通高等学校高等职业教育（专科）专业目录（2015 年）》（以下简称新《目录》），自印发之日起实施，原有《目录》废止。2017 年旅游高职院校根据新《目录》招生。根据 2017 年高等职业教育专业设置备案结果，2017 年高职高专旅游管理类招生专业如下：

1. 旅游类（专业类 6401），包括旅游管理（专业代码 640101）、导游（专业代码 640102）、旅行社经营管理（专业代码 640103）、景区开发与管理（专业代码 640104）、酒店管理（专业代码 640105）、休闲服务与管理（专业代码 640106）；

2. 餐饮类（专业类 6402），包括餐饮管理（专业代码 640201）、烹调工艺与营养（专业代码 640202）、营养配餐（专业代码 640203）、中西面点工艺（专业代码

640204）、西餐工艺（专业代码 640205）；

3. 会展类（专业类 6403），包括会展策划与管理（专业代码 640301）；

4. 其他类，包括空中乘务（专业代码 600405）、国际邮轮乘务管理（专业代码 600302）、旅游英语（专业代码 670204）、旅游日语（专业代码 670207）、高尔夫球运动与管理（专业代码 670405）。

另外，新《目录》撤销了原航空服务、国际邮轮乘务、邮轮服务与管理、食品加工与营养配餐、营养配餐、历史文化旅游、高尔夫场地管理、高尔夫球场服务与管理、高尔夫服务与管理、高尔夫运动技术与管理、焙烤食品加工技术、酒店物业管理、旅游服务与管理、涉外旅游、餐饮管理与服务、餐饮管理、运动休闲服务与管理、英语导游、休闲旅游共计 19 个专业名称。

从专业布局来看，全国开设旅游管理、酒店管理和空中乘务 3 个专业的院校数量较多，分别为 885 所、676 所和 406 所，所占比例分别为 72.30%、55.23% 和 33.17%（见表 3）。其中，新增空中乘务专业的院校数量最多，较两年前增加了 286 所，占比增加了 23%；旅游管理、酒店管理分别新增了 59 所和 8 所；旅游英语专业减幅最大，共减少了 31 所院校，占比下降 3%。

表 3　旅游高职院校专业开设情况统计表

序号	专业	院校数[①]（所）	占比（%）	序号	专业	院校数（所）	占比（%）
1	旅游管理	885（120）	72.30	10	中西面点工艺	22（1）	1.80
2	导游	91（11）	7.44	11	西餐工艺	24（2）	1.96
3	旅行社经营管理	27（1）	2.21	12	会展策划与管理	163（2）	13.32
4	景区开发与管理	38（2）	3.11	13	空中乘务	406（34）	33.17
5	酒店管理	676（83）	55.23	14	国际邮轮乘务管理	91（5）	7.44
6	休闲服务与管理	49（3）	4.00	15	旅游英语	150（3）	12.26
7	餐饮管理	39（1）	3.19	16	旅游日语	21（1）	1.72
8	烹调工艺与营养	136（25）	11.11	17	高尔夫球运动与管理	39（2）	3.19
9	营养配餐	8	0.65				

资料来源：2017 年教育部高等职业教育专业设置备案结果。

（三）学生规模及比较

2017 年，全国旅游管理类高职专业共招生 11.3 万人，其中旅游管理专业 5.5 万人，导游专业 4000 人，旅行社经营与管理专业 616 人，景区开发与管理专业 983 人，酒店管理专业 4.5 万人，休闲服务与管理专业 1176 人；会展策划与管理专业 6831 人。[②]

① 括号内数值为 3+2、五年一贯制或虽暂停招生但未撤销专业

② 文化和旅游部，《2017 年全国旅游教育培训统计》，http：//www.sohu.com/a/229280130_425901

本报告通过对各省旅游高职院校数量与旅游业发展情况进行比较后发现，旅游高职院校数量排名前六名的省份分别为河南、广东、山东、江苏、四川、湖北，但其旅游业发展规模同样为前六名的仅有广东、江苏、山东。2017 年，旅游业规模排名靠前的浙江、四川、贵州，其旅游高职教育规模分别为第 18 名、第 5 名、第 21 名。旅游高职教育规模排名靠前的河南、湖北两省其旅游业规模明显靠后。

二、主要旅游高职院校办学情况

本报告以全国 24 所独立建制旅游高职院校为主要对象展开分析，为研究 2017—2018 年全国旅游高职院校办学情况提供参考。

（一）区域分布

全国 24 所独立建制旅游高职院校区域分布如表 4 所示。

表 4　独立建制旅游高职院校名单

序号	省份	院校名称	办学性质
1	河北	河北旅游职业学院	公办
2	山西	山西旅游职业学院	公办
3		太原旅游职业学院	公办
4	黑龙江	黑龙江旅游职业技术学院	公办
5	上海	上海旅游高等专科学校	公办
6	江苏	南京旅游职业学院	公办
7		江苏旅游职业学院	公办
8		扬州中瑞酒店职业学院	民办
9	浙江	浙江旅游职业学院	公办
10		浙江舟山群岛新区旅游与健康职业学院	公办
11	安徽	安徽旅游职业学院	民办
12	江西	江西旅游商贸职业学院	公办
13	山东	山东旅游职业学院	公办
14		青岛酒店管理职业技术学院	公办
15	河南	郑州旅游职业学院	公办
16		郑州商贸旅游职业学院	公办
17	湖北	三峡旅游职业技术学院	公办
18	湖南	湖南高尔夫旅游职业学院	民办
19		长沙商贸旅游职业技术学院	公办
20	广东	广东酒店管理职业技术学院	民办

续表

序号	省份	院校名称	办学性质
21	海南	三亚航空旅游职业学院	民办
22	重庆	重庆旅游职业学院	公办
23	云南	云南旅游职业学院	公办
24	陕西	陕西旅游烹饪职业学院	民办

资料来源：2017 年教育部高等职业教育专业设置备案结果。

由表 4 可知，华东院校数量最多，共 10 所，华中 5 所，华北 3 所，华南和西南各 2 所，西北和东北各 1 所。新增加扬州中瑞酒店职业学院和江苏旅游职业学院。扬州中瑞酒店职业学院为一所民办旅游类院校，2016 年开始独立招生，江苏旅游职业学院为公办院校，2015 年在江苏省扬州商务高等职业学校基础上筹建，2017 年定名为江苏旅游职业学院，2018 年将独立招生。

（二）专业建设

1. 示范专业建设

文化和旅游部积极推动旅游示范专业建设。2017 年 10 月，根据《教育部办公厅国家旅游局办公室关于遴选全国职业院校旅游类示范专业点的通知》（教职成厅函〔2017〕5 号），教育部、文化和旅游部共同确定 73 个专业点为全国职业院校旅游类示范专业点。其中，独立建制旅游高职院校共 12 所入围，涉及 16 个旅游类示范专业点。上海旅游高等专科学校、浙江旅游职业学院、郑州旅游职业学院、长沙商贸旅游职业技术学院均有两个专业立项（见表 5）。

表 5 全国高职院校旅游类示范专业点名单

序号	省（市、区）	院校	专业
1	北京	北京财贸职业学院	导游
2		北京经济管理职业学院	旅游管理
3	天津	天津青年职业学院	旅游管理
4		天津职业大学	酒店管理
5	河北	河北旅游职业学院	旅游管理
6	山西	太原旅游职业学院	导游
7	辽宁	辽宁现代服务职业技术学院	旅游管理
8	吉林	长春职业技术学院	酒店管理
9	黑龙江	黑龙江旅游职业技术学院	旅游管理
10	上海	上海旅游高等专科学校	酒店管理
11		上海旅游高等专科学校	会展策划与管理

续表

序号	省（市、区）	院校	专业
12	江苏	苏州旅游与财经高等职业技术学校	旅游管理
13		南京旅游职业学院	酒店管理
14		无锡城市职业技术学院	酒店管理
15	浙江	浙江旅游职业学院	导游
16		浙江旅游职业学院	景区开发与管理
17	安徽	安徽工商职业学院	酒店管理
18		安徽商贸职业技术学院	旅游管理
19	福建	福州职业技术学院	旅游管理
20		厦门城市职业学院	旅游管理
21		漳州职业技术学院	旅游管理
22	江西	江西工业贸易职业技术学院	酒店管理
23		江西旅游商贸职业学院	酒店管理
24	山东	青岛酒店管理职业技术学院	旅游管理
25		山东旅游职业学院	酒店管理
26		山东外贸职业学院	旅游管理
27	河南	河南职业技术学院	旅游管理
28		郑州旅游职业学院	旅游管理
29		郑州旅游职业学院	酒店管理
30	湖北	恩施职业技术学院	旅游管理
31		武汉城市职业学院	酒店管理
32		武汉职业技术学院	酒店管理
33	湖南	长沙商贸旅游职业技术学院	旅游管理
34		长沙商贸旅游职业技术学院	会展策划与管理
35	广东	广东轻工职业技术学院	酒店管理
36		广州番禺职业技术学院	旅游管理
37		深圳职业技术学院	旅游管理
38	广西	南宁职业技术学院	酒店管理
39	海南	海南职业技术学院	旅游管理
40	四川	成都职业技术学院	酒店管理
41		绵阳职业技术学院	旅游管理
42	贵州	黔东南民族职业技术学院	旅游管理
43	云南	云南旅游职业学院	导游
44	陕西	陕西职业技术学院	旅游管理
45	新疆	乌鲁木齐职业大学	会展策划与管理

2. 课程建设

目前 24 所独立建制旅游高职院校立项国家级职业教育专业教学资源库 4 个，省级职业教育专业教学资源库 4 个，建成国家级精品资源共享课 8 门，省级精品资源共享课 23 门，国家级精品课程 11 门，省级精品课程 131 门（见表 6）。

表 6　独立建制旅游高职院校课程建设情况汇总（部分）

序号	院校名称	国家级教学资源库（个数）	省级教学资源库（个数）	国家级资源共享课（门数）	省级资源共享课（门数）	国家级精品课程（门数）	省级精品课程（门数）
1	河北旅游职业学院	—	—	1	1	1	5
2	山西旅游职业学院	—	—	5	—	—	7
3	太原旅游职业学院	—	—	—	5	1	8
4	黑龙江旅游职业技术学院	2	—	—	—	—	7
5	上海旅游高等专科学校	—	—	—	—	1	6
6	南京旅游职业学院	—	—	—	—	—	3
7	江苏旅游职业学院	1	—	—	—	—	—
8	浙江旅游职业学院	—	—	2	—	3	19
9	江西旅游商贸职业学院	—	—	—	—	3	19
10	山东旅游职业学院	—	1	—	8	1	13
11	青岛酒店管理职业技术学院	—	2	—	7	—	32
12	郑州旅游职业学院	—	—	—	2	—	1
13	郑州商贸旅游职业学院	—	—	—	—	—	1
14	三峡旅游职业技术学院	—	—	—	—	—	1
15	湖南高尔夫旅游职业学院	—	—	—	—	—	1
16	长沙商贸旅游职业技术学院	—	—	—	—	—	1
17	三亚航空旅游职业学院	1	—	—	—	—	7
18	重庆旅游职业学院	—	1	—	—	—	—
19	陕西旅游烹饪职业学院	—	—	—	—	1	—
	合计	4	4	8	23	11	131

资料来源：各院校官网及 2017 年高等职业教育质量年度报告。

3. 实训基地建设

24 所独立建制旅游高职院校目前拥有各级财政支持示范性实训基地数量如表 7 所示。其中浙江旅游职业学院有省级财政支持实训基地 13 个，数量最多，其次太原旅游职业学院有 8 个。中央级财政支持实训基地河北旅游职业学院、太原旅游职业学院、江西旅游商贸职业学院都有 2 个。

表 7 独立建制旅游高职院校中央级、省级实训基地汇总表

单位：个

序号	院校	中央级	省级
1	河北旅游职业学院	2	—
2	山西旅游职业学院	1	2
3	太原旅游职业学院	2	8
4	黑龙江旅游职业技术学院	—	1
5	南京旅游职业学院	1	2
6	江苏旅游职业学院	—	3
7	浙江旅游职业学院	1	13
8	浙江舟山群岛新区旅游与健康职业学院	—	3
9	江西旅游商贸职业学院	2	2
10	青岛酒店管理职业技术学院	1	1
11	郑州旅游职业学院	—	2
12	三峡旅游职业技术学院	1	—
13	三亚航空旅游职业学院	—	1

资料来源：各高校官网信息。

4. 校企合作

其一，校企合作示范基地建设。

2017 年 12 月，文化和旅游部组织旅游职业教育校企合作示范基地申报工作，确定 50 所院校入选全国旅游职业教育校企合作示范基地。其中，有 12 所独立建制旅游高职院校入选文化和旅游部旅游职业教育校企合作示范基地（见表 8）。

表 8 文化和旅游部旅游职业教育校企合作示范基地名单

序号	省份	学校
1	河北省	河北旅游职业学院
2	山西省	太原旅游职业学院
3	黑龙江省	黑龙江旅游职业技术学院
4	上海市	上海旅游高等专科学校
5	江苏省	南京旅游职业学院
6	浙江省	浙江旅游职业学院
7	江西省	江西旅游商贸职业学院
8	山东省	山东旅游职业学院
9		青岛酒店管理职业技术学院
10	河南省	郑州旅游职业学院

续表

序号	省份	学校
11	湖南省	长沙商贸旅游职业技术学院
12	云南省	云南旅游职业学院

其二，校企合作育人。

2017 年，一些旅游高职院校在校企合作育人方面作出了新探索。黑龙江旅游职业技术学院与宋城集团共同建设播音主持实验班。宋城集团安排专业优秀教师通过远程视频等形式进行教学，安排各线下平台为学生开放实训、实习基地，校企联手建设线上及线下旅游演艺综合型人才培养基地。2017 年 4 月，南京旅游职业学院烹饪与营养学院与蓝蛙餐饮管理（上海）有限公司正式签署五年校企深度合作协议，启动现代学徒制育人模式。2017 年，浙江旅游职业学院和乌镇旅游公司合作，将乌镇旅游现代学徒班打造成有示范作用的现代学徒制典范。

其三，校企合作实训基地建设。

2017 年，青岛酒店管理职业技术学院烹饪学院与青岛福冈工贸有限公司校企共建“校中店”——“笑蕾食品青岛酒店管理学院店”，在专业建设、课程改革、师资培养、学生实习、文化建设等方面紧密协作，为学生提供优质实训、就业平台。2017 年，郑州旅游职业学院和内乡宝天曼生态文化旅游区签署战略合作协议，将宝天曼生态文化旅游区命名为“学习教育实践基地”。

5. 招生情况

各院校招生资料显示，24 所独立建制旅游高职院校 2017 年共计招生 50338 人，较 2015 年增加了 16.20%，其中民办院校招生 13955 人，公办院校招生 36383 人。从省域分布看，河南、浙江、山东、陕西招生人数较多（见表 9）。

表 9　独立建制旅游高职院校招生人数汇总表

序号	院校名称	所属省份	办学性质	招生情况（人）
1	河北旅游职业学院	河北	公办	3998
2	山西旅游职业学院	山西	公办	1853
3	太原旅游职业学院	山西	公办	2200
4	黑龙江旅游职业技术学院	黑龙江	公办	2582
5	上海旅游高等专科学校	上海	公办	1350
6	南京旅游职业学院	江苏	公办	1852
7	江苏旅游职业学院	江苏	公办	—
8	扬州中瑞酒店职业学院	江苏	民办	1625
9	浙江旅游职业学院	浙江	公办	4482

续表

序号	院校名称	所属省份	办学性质	招生情况（人）
10	浙江舟山群岛新区旅游与健康职业学院	浙江	公办	800
11	安徽旅游职业学院	安徽	民办	550
12	江西旅游商贸职业学院	江西	公办	1218
13	山东旅游职业学院	山东	公办	2150
14	青岛酒店管理职业技术学院	山东	公办	2072
15	郑州旅游职业学院	河南	公办	3600
16	郑州商贸旅游职业学院	河南	民办	2478
17	三峡旅游职业技术学院	湖北	公办	1311
18	湖南高尔夫旅游职业学院	湖南	民办	800
19	长沙商贸旅游职业技术学院	湖南	公办	3100
20	广东酒店管理职业技术学院	广东	民办	4493
21	三亚航空旅游职业学院	海南	民办	2480
22	重庆旅游职业学院	重庆	公办	1265
23	云南旅游职业学院	云南	公办	2550
24	陕西旅游烹饪职业学院	陕西	民办	1529

资料来源：各高校招生官网及阳光高考招生网站。

（三）科学研究

1. 省部级及以上课题立项情况

本报告以 2017 年国家社科基金、教育部人文社科基金、国家自然科学基金、全国旅游科学研究项目等主要人文社科类省部级及以上项目立项名单为依据，分析 2017 年独立建制旅游高职院校科研水平。2017 年，南京旅游职业学院崔英方《黔西南过去 2000 年高分辨率气候变化的洞穴石笋记录》获得 2017 年国家自然科学基金青年项目资助；云南旅游职业学院符继红《规制经济学视角的旅游“零负团费”形成机理、影响及治理研究》获得国家社科基金年度一般项目立项；浙江旅游职业学院刘君《基于中介字深度数据库的外国学生汉字习得与认知演化研究》获得教育部人文社科基金青年基金项目立项。在 2017 年中国旅游科学年会上，浙江旅游职业学院傅林放的论文《导游职业资格许可的问题及应对》获论文二等奖，但旅游高职院校在文化和旅游部旅游科研项目中无立项。总体来说，2017 年全国高职院校上述省部级以上项目立项数总计 150 项，独立建制旅游高职院校立项数占 2%。

在 2017 年各省哲学社会科学规划课题立项方面，共有 5 所院校获得 7 项课题立项。具体名单如表 10 所示。

表 10　独立建制旅游高职院校省哲社规划课题立项数统计表

院校名称	立项数	立项项目
太原旅游职业学院	1	《文化旅游视域下的会展旅游开发——以山西文化遗产类节事旅游资源的开发为例》
浙江旅游职业学院	1	《基于WSR方法论的浙江海洋体育旅游开发模式研究》
浙江舟山群岛新区旅游与健康职业学院	2	《大数据视域下的政府统计创新研究》 《舟山海洋旅游政策体系构建研究》
长沙商贸旅游职业技术学院	2	《“教体结合”视域下湖南省中小学校园足球可持续发展研究》 《“互联网+”背景下农村土地承包经营权流转模式创新研究》
三亚航空旅游职业学院	1	《大数据背景下海南农业三产融合推进供给侧结构性改革的实践与研究》

2. 中国知网有关教科研论文情况

本报告以中国知网为数据来源，以作者单位为关键词搜索，对 24 所独立建制旅游高职院校在 2017 年发表论文进行分析统计（见表 11）。

表 11　独立建制旅游高职院校 CNKI 中论文数汇总表

单位：篇

学校名称	论文总数	旅游相关论文数
河北旅游职业学院	116	15
山西旅游职业学院	43	9
太原旅游职业学院	46	3
黑龙江旅游职业技术学院	27	6
上海旅游高等专科学校	31	7
南京旅游职业学院	191	53
江苏旅游职业学院	139	17
扬州中瑞酒店职业学院	1	0
浙江旅游职业学院	244	72
浙江舟山群岛新区旅游与健康职业学院	31	8
安徽旅游职业学院	0	0
江西旅游商贸职业学院	147	17
山东旅游职业学院	36	13
青岛酒店管理职业技术学院	75	6
郑州旅游职业学院	149	36
郑州商贸旅游职业学院	0	0
三峡旅游职业技术学院	18	5
湖南高尔夫旅游职业学院	33	1
长沙商贸旅游职业技术学院	212	16

续表

学校名称	论文总数	旅游相关论文数
广东酒店管理职业技术学院	12	0
三亚航空旅游职业学院	86	10
重庆旅游职业学院	61	16
云南旅游职业学院	60	19
陕西旅游烹饪职业学院	0	0

资料来源：CNKI。

由表 11 可见，河北旅游职业学院、南京旅游职业学院、浙江旅游职业学院、江西旅游商贸职业学院、郑州旅游职业学院、长沙商贸旅游职业学院这些院校 2017 年发表论文 100 篇以上。值得一提的是浙江旅游职业学院、长沙商贸旅游职业学院、南京旅游职业学院，这三所学校 CNKI 中发表论文数均超过 190 篇，有关旅游相关论文数在全国旅游高职院校中居于前列。当然，也有 3 所院校未见有关学术论文发表。

另外，本报告还对 24 所独立建制旅游高职院校在《旅游学刊》《旅游科学》《旅游论坛》三种期刊上发表的有关旅游学科论文进行统计。① 结果显示，2017 年度中国知网共收录《旅游学刊》论文 231 篇，仅浙江旅游职业学院发表 1 篇文章。《旅游论坛》2017 年收录论文 86 篇，仅南京旅游职业学院、浙江旅游职业学院、山东旅游职业学院发表 3 篇文章，占全年刊发文章总数的 3.49%。《旅游科学》2017 年收录论文 46 篇，无独立建制旅游高职院校发表文章。

（四）社会服务

1. 行业培训

独立建制旅游高职院校人才培训的层次不断提高，影响力不断增加。

其一，承担了行业重要培训。

黑龙江旅游职业技术学院举办了 2017—2018 年黑龙江省导游继续教育培训班。2017 年，南京旅游职业学院举办江苏省机关事业单位餐厅、客房服务技师培训班、第 53 期房务部经理岗位培训班、青海省海南州全域旅游专题培训班。青岛酒店管理职业技术学院则举办 2017 年全国高职院校酒店管理专业骨干教师培训班，培训高职院校骨干教师 60 余人。山东旅游职业学院受山东省公务员局和山东省旅游发展委委托，举办了 2017 年全省旅游业综合改革高级人才培训班。上海旅游高等专科学校举办了 2017 年全国旅游管理专业师资培训班、全国高职高专教育教师培训联盟“高级礼仪师”骨干教

① 这三种期刊分别为 CSSCI 目录或拓展版目录期刊。

师培训班。此外，不少旅游高职院校还受企业委托开展培训，如山东旅游职业学院举办了山东阿胶股份有限公司旅游业务技能提升培训班，郑州旅游职业学院则举办了西安瓦库品牌文化传播有限公司中高级管理人员培训班等。

其二，承担旅游扶贫培训。

2017—2018 年度，旅游高职院校积极响应国家扶贫政策，努力承担扶贫社会责任。如河北旅游职业学院承办了 2018 年度深度贫困地区旅游扶贫专题系列管理人员培训；南京旅游职业学院举办了东西部扶贫协作——西宁市乡村旅游专题培训班；山东旅游职业学院圆满完成青海海北州旅游服务技能培训项目；陕西旅游烹饪职业学院启动与宁强职教中心特色扶贫项目等。

其三，承担涉外培训。

黑龙江旅游职业技术学院举行商务部援外人力资源开发合作项目——“2018 年肯尼亚发展现代旅游业研修班”；云南旅游职业学院于 2017—2018 年相继举办了柬埔寨旅游官员及企业高管培训班、云南—缅甸合作论坛、云南—老挝政府旅游官员及旅游企业高管交流培训班等活动。

2. 行业智力支持

2017 年，浙江旅游职业学院与金华市旅游局签署校地战略合作协议，利用学院科研平台为金华提供课题研究、发展调研、规划策划等咨询服务。浙江旅游职业学院积极响应省委省政府号召，2017 年启动了百个师生团队助力全省 A 级景区村庄创建的活动，师生工作团队发挥专业特长和自身优势，结合各创建村落的实际需要开展助建工作；2018 年度浙江旅游职业学院继续助力全省大花园及万村景区建设。此外近几年，浙江旅游职业学院连续举办五届旅游局长沙龙活动，共同探讨乡村振兴战略下的乡村旅游发展过程中出现的创新实践和特色，对于促进行业发展具有重要的推动作用。

总之，以五星联盟为代表的独立建制旅游高职院校社会服务能力得到提升，在推动旅游业发展方面的作用越来越突出，其影响力也逐渐增大。其中浙江旅游职业学院连续两年入选 2017 年高等职业院校“服务贡献 50 强”名单。

（五）教育国际化

1. 国际化办学有所突破

24 所独立建制旅游高职院校中，半数以上院校与境外高校有着良好合作关系。在鼓励学生赴海外学习同时，旅游高职院校还招收留学生。从招收类型上看，留学生教育主要有汉语语言培训、学位课程、进修生、团体短期研修等类型。

2017 年，国际化办学一个重要突破就是浙江旅游职业学院与俄罗斯国立旅游与服务大学设立中俄旅游学院。这是中俄两国首个在旅游职业教育领域设立的合作办学机构，面向俄罗斯高校招生，同时为俄罗斯旅游从业人员及中国文化爱好者提供汉语教学与旅游专业教育与培训服务。

2. 国际交流层次不断提升

2017 年，国内召开了三场高层次有较大影响力的国际旅游职业教育论坛。2017 年 4 月，由世界酒店 & 旅游业教育培训协会（UNWEO AMFORHT）倡议，浙江旅游职业学院与先之教育共同主办的首届旅游服务业教育培训创新发展国际论坛（FETI）在浙江旅游职业学院举行。世界酒店 & 旅游业教育培训协会主席、FTC 创始人兼 CEO Philippe 先生，来自行业、高校、产业界等近 300 人参加了此次论坛。2017 年 10 月，由教育部职业教育与成人教育司指导，中国烹饪协会和全国餐饮职业教育教学指导委员会主办的 2017 年第三届中国酒店及餐饮业职业教育国际论坛在重庆举行。本届论坛主题为“凝聚职教共识，培育餐饮人才”，吸引了全国近百所中、高职院校近 200 人参加。2017 年 10 月，由美国饭店业协会、世界旅行及旅游合作组织、中国教育国际交流协会倡议，浙江旅游职业学院、美国纽约理工学院、先之教育共同主办的 2017 首届“旅游教育与旅游业可持续发展”国际论坛——“创新实现餐旅行业可持续发展：全球视角”国际学术研讨会在杭州举办。来自美国、加拿大、澳大利亚、意大利、新加坡、中国香港、中国台湾等国家和地区以及全国 50 多家旅游院校、旅游企业约 200 名专家、学者和高管参会。

3. 国际人才培训不断拓展

云南旅游职业学院作为云南省唯一的“中国—东盟旅游人才教育培训基地”，在服务东南亚国家旅游业人才培训方面做出了重要贡献。2017 年共培训斯里兰卡旅游官员、高管 38 人；2017 年完成 28 名老挝政府旅游官员及旅游企业高管培训；2018 年 6 月完成“柬埔寨旅游从业人员培训项目”，培训 54 名旅游从业人员；2018 年 6 月完成斯里兰卡旅游人才培训等。

总体而言，近几年旅游高职院校在旅游教育国际化方面做出了大量探索，其中云南旅游职业学院、青岛酒店管理职业技术学院、河北旅游职业学院、浙江旅游职业学院入选 2016 年高等职业院校“国际影响力 50 强”名单，云南旅游职业学院、浙江旅游职业学院入选 2017 年高等职业院校“国际影响力 50 强”名单。

（六）职业能力

24 所旅游高职院校高度重视学生职业能力发展建设，主要体现在参与国际、国家、省级等竞赛及积极参与各项实践活动。

1. 竞赛获奖

24 所独立建制旅游高职院校参与竞赛类别除旅游大类外，还涉及语言大类、财经大类、电子信息大类、体育大类。学生获奖人数较多，层次较高（见表 12）。

表 12　旅游高职院校竞赛获奖统计表

院校名称	国家级获奖数	省级获奖数
河北旅游职业学院	8	12
山西旅游职业学院	4	6
太原旅游职业学院	9	8
黑龙江旅游职业技术学院	15	24
上海旅游高等专科学校	11	17
南京旅游职业学院	11	8
江苏旅游职业学院	1	1
浙江旅游职业学院	19	15
浙江舟山群岛新区旅游与健康职业学院	1	2
安徽旅游职业学院	—	—
江西旅游商贸职业学院	6	13
山东旅游职业学院	8	8
青岛酒店管理职业技术学院	6	6
郑州旅游职业学院	3	7
郑州商贸旅游职业学院	—	—
三峡旅游职业技术学院	6	1
湖南高尔夫旅游职业学院	1	3
长沙商贸旅游职业技术学院	8	8
广东酒店管理职业技术学院	—	—
三亚航空旅游职业学院	1	2
重庆旅游职业学院	1	2
云南旅游职业学院	1	8
陕西旅游烹饪职业学院	—	—

资料来源：数据仅根据各高校网站资料整理。

部分院校还承担了全国旅游类职业大赛。如南京旅游职业学院承办了全国职业院校技能大赛高职组“导游服务”比赛；浙江旅游职业学院承办了“鼎盛诺兰杯”全国旅游院校服务技能（导游服务）大赛；青岛酒店管理职业技术学院承办了“巽震杯”第九届全国旅游院校服务技能（饭店服务）大赛。另外还有不少旅游高职院校承接了省市职业大赛的承办工作。

2. 万名英才实践项目

2017—2018 年，各旅游高职学院共申请实践服务英才培养项目 64 项，双师型教师培养项目 54 项。其中以南京旅游职业学院、浙江旅游职业学院、山东旅游职业学院、郑州旅游职业学院 4 所院校立项较多。

表 13　2017—2018 年万名英才项目立项统计表

单位：项

学院名称	双师型教师培养项目	实践服务型英才培养项目	院校合计
河北旅游职业学院	2	2	4
山西旅游职业学院	2	5	7
太原旅游职业学院	5	4	9
黑龙江旅游职业技术学院	5	5	10
上海旅游高等专科学校	5	4	9
南京旅游职业学院	5	6	11
浙江旅游职业学院	5	6	11
浙江舟山群岛新区旅游与健康职业学院	0	0	0
安徽旅游职业学院	0	0	0
江西旅游商贸职业学院	2	2	4
山东旅游职业学院	6	5	11
青岛酒店管理职业技术学院	3	1	4
郑州旅游职业学院	6	5	11
郑州商贸旅游职业学院	0	0	0
三峡旅游职业技术学院	1	1	2
湖南高尔夫旅游职业学院	0	0	0
长沙商贸旅游职业技术学院	0	0	0
广东酒店管理职业技术学院	0	1	1
桂林旅游学院	2	5	7
三亚航空旅游职业学院	0	0	0
重庆旅游职业学院	4	6	10
云南旅游职业学院	3	6	9
陕西旅游烹饪职业学院	0	0	0

数据来源：文化和旅游部网站。

（七）社会影响

本报告主要从项目、荣誉的获得情况对独立建制旅游高职院校的社会影响进行分析。在 24 所独立建制旅游高职院校中，目前有 1 所国家示范性高职院校、1 所国家骨干高职院校、9 所省级示范院（骨干）校及优质院校、2 所院校通过联合国世界旅游组织旅游教育质量认证、4 所被批准为教育部职业教学现代学徒试点单位、2 所被批准为省（市）级职业教学现代学徒试点单位（见表 14）。

表 14　独立建制旅游高职院校主要项目（荣誉）获得情况汇总表

院校名称	项目（荣誉）
河北旅游职业学院	河北省示范性高等职业院校
	全国“高等职业院校国际影响力50强”（2016年入选）
山西旅游职业学院	教育部首批职业教学现代学徒试点单位
	全国餐饮职业教育优秀单位（2017年新增）
太原旅游职业学院	山西省示范性高等职业院校
黑龙江旅游职业技术学院	黑龙江优秀骨干高职院校
	国家商务部援外官员培训基地
	黑龙江省首批现代学徒制试点单位（2017年新增）
上海旅游高等专科学校	国家示范性高职院校
	教育部首批职业教学现代学徒试点单位
	中国旅游院校“五星联盟”院校
南京旅游职业学院	江苏省示范性高等职业院校
	中国旅游院校“五星联盟”院校
	UNWTO旅游教育质量认证旅游院校（2017年新增）
浙江旅游职业学院	旅游类国家示范性骨干高职院校
	国家旅游标准化示范院校
	UNWTO旅游教育质量认证旅游院校
	教育部首批教育信息化试点单位
	中国旅游院校“五星联盟”院校
	全国“高等职业院校服务贡献50强”（2016年、2017年入选）
	全国“高等职业院校国际影响力50强”（2016年、2017年入选）
	教育部第二批现代学徒制试点单位（2017年新增）
	浙江省高职优质校建设单位（2017年新增）
江西旅游商贸职业学院	江西省示范性高等职业院校
	中华全国供销合作总社示范性高职院校
	省人民政府和国家部委确定的省部共建优秀院校
	江西省首批应用技术型本科人才培养院校
	全国大学生KAB创业教育基地（2017年新增）
山东旅游职业学院	美国优质服务科学学会颁发的世界服务业最高奖——国际五星钻石奖
	山东省省级示范性高等职业院校建设单位
	山东省高等教育名校建设工程首批立项单位
	全国职业教育先进单位
	中国旅游院校“五星联盟”院校
	山东高校最佳社会声誉奖与最具影响力官微（2017年新增）

续表

院校名称	项目（荣誉）
青岛酒店管理职业技术学院	全国职业教育先进单位
	中国商业职业教育先进单位
	山东省职业教育先进单位
	山东省首批技能型人才培养特色名校立项建设单位
	全省重点建设的高素质技能型人才培养示范基地
	教育部首批教育信息化试点单位
	中美高素质技能型应用型人才联合培养百千万交流计划
	全国“高等职业院校国际影响力50强”（2016年入选）
郑州旅游职业学院	河南省职业教育品牌示范院校
	中国旅游院校“五星联盟”院校
长沙商贸旅游职业技术学院	湖南省示范性（骨干）高等职业技术学院
	湖南省卓越高等职业技术学院建设单位
	第二批湖南省高校大学生创新创业孵化示范基地（新增）
三亚航空旅游职业学院	教育部第二批现代学徒制试点单位（2017年新增）
重庆旅游职业学院	重庆市旅游职业教育现代学徒制人才培养模式试点单位
	重庆市大学生创新创业训练计划项目院校
云南旅游职业学院	中国—东盟旅游人才教育培训基地
	全国“高等职业院校国际影响力50强”（2016年、2017年入选）

资料来源：各高校网站。

三、旅游高职教育新探索

2017 年以来，旅游高职院校在深化思想政治教育，推进教学诊断和创新创业教育等方面做出了一些新的探索。

（一）深化思想政治教育

2016 年 12 月，在全国高校思想政治工作会议上，习近平总书记指出，高校思想政治工作关系高校培养什么样的人、如何培养人以及为谁培养人这个根本问题，并强调要把立德树人作为中心环节，把思想政治工作贯穿教育教学全过程，努力开创我国高等教育事业发展新局面。旅游高职院校为了贯彻全国高校思想政治工作会议的精神，从不同方面进行了探索。

1. 深化思政教育改革

一是设立马克思主义学院。浙江旅游职业学院于 2017 年 9 月在全国旅游高职院校中率先设立马克思主义学院，对于加强学院党委对思想政治教育的领导，提高思政课程教学质量具有重要推动作用。二是推动思政课程改革。上海旅游高等专科学校推进思政教学改革试点，其中“美丽中国”思政选修课系列即重要举措之一。三是思政教学改革。长沙商贸旅游职业技术学院2017级学生对《思想道德修养与法律基础》课程教学进行了探索，将学生“家风故事”微电影大赛作为实践教学内容之一。学生通过调研、走访，原创或改编剧本创作拍摄，对家训家规家风有了更深入的了解。

2. 推进德育与思政融合

为落实全国高校思想政治工作会议精神，发挥专业教师在立德树人工作中的作用，上海旅游高等专科学校于2018年4月实施班导师制度，为学生配备班导师。班导师负责在学术引导、学业指导、心理疏导、生活辅导、成才向导等方面对学生加强引导。班会课程化是太原旅游职业学院2017年全面推行的一项德育亮点工程。班会课程的主题、形式以及活动目标由学院统一制定，每个班级每周举办一次相关主题班会，旨在把学生的德育工作、辅导员班级管理工作紧密结合，构建起一个完整课程体系。其他如郑州旅游职业学院为了进一步加强师生思想道德建设，助力学院精神文明建设，举办系列“道德讲堂”活动等。

（二）启动教学诊断工作

为推动职业院校建立常态化自主保证人才培养质量的机制，教育部推动建立职业院校教学工作诊断与改进制度。2015年，教育部发布了《关于建立职业院校教学工作诊断与改进制度的通知》（教职成厅〔2015〕2号）、《关于印发〈高等职业院校内部质量保证体系诊断与改进指导方案（试行）〉启动相关工作的通知》（教职成司函〔2015〕168号）；2016年发布《关于确定职业院校教学诊断与改进工作试点省份及试点院校的通知》（教职成司函〔2016〕72号）；2017年6月，教育部发布《关于全面推进职业院校教学工作诊断与改进制度建设的通知》。

根据这些文件要求，各省启动本地职业院校教学工作诊断与改进制度建设。在这种背景下，一些旅游高职院校开始启动本校教学诊断工作。2017年4月，江西商贸旅游职业学院学校召开诊改工作推进会。会议介绍了诊改理念和背景、工作意义、国家诊改工作整体进展情况和该校诊改工作情况；并就该校诊改体系设计的目标和思路进行了阐述。2017年5月，山西旅游职业学院召开教学诊断与改进工作动员会，会议从诊改的概念、教学诊改的指导思想、教学诊改的基本原则、教学诊改的思路与目标、教学诊改的体系建设、诊改运行、诊改的保障措施和工作要求七个方面对山西旅游职业学院教学诊断与改进工作进行了动员部署。

2018年5月，河北旅游职业学院开展教学质量监控与诊断平台建设培训会；云南旅游职业学院召开内部质量保证体系诊断与改进工作领导小组会议。2018 年 6 月，浙江旅游职业学院召开教学诊断与改进工作部署会，就该校教学诊改工作提出了“统一思想”“克服评估情结”“转变思维”“克服困难”“加大考核”等具体要求，推动让每位教师参与到教学诊改工作之中。

总体而言，旅游高职院校教学诊断相关工作主要体现在动员部署、前期调研、诊断平台设计和讨论、诊断制度建设等方面。由于可借鉴的成熟经验不多，大部分院校对于如何结合本校实际建设教学诊断体系仍处于探索阶段。

（三）推动创新创业教育

2015 年 5 月，国务院办公厅颁布《关于深化高等学校创新创业教育改革的实施意见》（国办发〔2015〕36 号），提出“加快培养规模宏大、富有创新精神、勇于投身实践的创新创业人才队伍”的要求，并提出到 2020 年“建立健全课堂教学、自主学习、结合实践、指导帮扶、文化引领融为一体的高校创新创业教育体系”的目标。① 为了落实国务院文件精神，教育部出台了一系列加强高校创新创业教育的举措，主要有举办中国“互联网 +”大学生创新创业年度大赛、开展深化创新创业教育改革示范高校认定、建设全国万名优秀创新创业导师人才库等。

各省教育部门也出台了措施加强高校创新创业教育。旅游高职院校对于加强创新创业教育非常重视，2017 年 1 月至 2018 年 6 月，各院校开始增设创新创业类课程，设立创业学院等举措②；另外，在推广创新创业教育方面采取了一些举措，如积极举办校级创新创业大赛、参与各级创新创业大赛、举办各类创新创业培训等，取得了一定的成效（见表 15）。

表 15　2017—2018 年主要旅游高职院校创新创业教育活动汇总表

院校	创新创业教育活动	其他
河北旅游职业学院	2019年度毕业生创业培训，2016级旅游管理学生互联网+创业基础训练培训，2015级各专业创业培训	京东电商创业基地、承德市创业培训定点基地
长沙商贸旅游职业学院	2018年校级育邦杯创新创业大赛决赛， 2018年“挑战杯——彩虹人生”湖南省职业学校创新创效创业大赛中三等奖2项	第二批湖南省高校大学生创新创业孵化示范基地
黑龙江旅游职业技术学院	举办了首届“互联网+”大学生创新创业大赛	大学生KAB创业基地——大学生服务社开业

① 国务院关于深化高等学校创新创业教育改革的实施意见［Z］. http：//www.gov.cn/zhengce/content/2015-05/13/content_9740.htm

② 由于资料有限，尚未找到相关院校人才培养方案中创新创业教育课程设置情况以及开设创业学院情况。

续表

院校	创新创业教育活动	其他
江西商贸旅游职业学院	2018年“挑战杯——彩虹人生” 江西省职业学校创新创效创业大赛三等奖6项， 2018年“创青春”江西省大学生创业大赛1个银奖3个铜奖，校第四届“互联网+”、第三届“创青春”大学生创新创业大赛；创业导师、创业课程专业教师40余人参加校级培训，第三届中国“互联网+”大学生创新创业大赛获铜奖2项，创业项目获江西省第三届大学生创业公开课二等奖	江西省全国“双创50强”候选高校、全国大学生KAB创业教育基地
南京旅游职业学院	第二届“互联网+”大学生创新创业大赛，全校教师创新创业课程设计大赛	—
山东旅游职业学院	校首届创新创业大赛，第十届山东省大学生科技节创新创业沙盘模拟经营大赛获得二等奖三等奖各一项，2018年全国高校商业精英挑战赛创新创业竞赛山东总决赛两个二等奖，“互联网+”创新创业指导讲座	—
山西旅游职业学院	“建行杯”第三届中国互联网+大学生创新创业大赛山西赛区省级复赛两项1等奖	—
上海旅游高等专科学校	SIT2018“创梦无界·梦圆旅专”创业活动月，第三届中国“互联网+”大学生创新创业大赛铜奖，举办“创业·我先行”创新创业训练营	—
浙江旅游职业学院	成立大学生创新创业基金会，推动成立省中高职院校旅游类专业创新创业发展联盟	—
青岛旅游职业技术学院	举办校第八届“互联网+”大学生创新创业计划大赛	—

（四）重视文化素质教育

2015 年，教育部颁布《关于深化职业教育教学改革，全面提高人才培养质量的若干意见》（教职成〔2015〕6 号），提出：“职业教育要注重学生文化素质、科学素养、综合职业能力和可持续发展能力培养，为学生实现更高质量就业和职业生涯更好发展奠定基础。”① 根据该文件精神，职业教育不仅仅要重视综合职业能力发展，还要重视文化素质、科学素养和可持续发展能力培养。这种观点对于旅游类高职院校克服片面强调技能和职业能力培养具有重要指导意义。在教育部推动下，旅游高职院校对于加强文化素质教育的重视程度有所提高。

1. 重视普及传统文化

各旅游高职院校在开设传统文化相关课程之外，针对学生特点，还采取了知识竞赛、诵读活动以及讲座等活动形式推广传统文化教育。

① 教育部关于深化职业教育教学改革全面提高人才培养质量的若干意见，2015 年［Z］. http：//www.moe.edu.cn/srcsite/A07/moe_953/201508/t20150817_200583.html

一是开展传统文化知识竞赛。2017 年 12 月，山东旅游职业学院举办第二届中华传统文化知识竞赛；2018 年 6 月，举办“经典诵读暨诗词大会”比赛；2018 年 6 月，太原旅游职业学院举办 2018 年国学知识竞赛等。

二是传统文化经典诵读活动。2018 年 4 月，为弘扬中国传统文化，推动学生争做传统文化的传播者，浙江旅游职业学院举办以“传送诗文，弘扬经典，我为中华而骄傲”为主题的“中华经典诗歌文诵读会”；2018 年 4 月，山西旅游职业学院举办“传承中华文化，弘扬民族精神”第二届中华经典诗词诵读比赛活动；2018 年 5 月，江西商贸旅游职业学院为弘扬祖国优秀传统文化，积极推动经典诵读活动进课堂、进校园等。

三是传统文化讲座。2017 年，浙江旅游职业学院工商管理系“工商学堂”之“走进传统文化”开设了《国学之风雨百年》等 6 场系列讲座，对于促进学生了解传统文化具有重要推动作用。

2. 重视非遗文化传承

2017 年 6 月，浙江旅游职业学院与国家级非遗龙泉青瓷传承人徐朝兴、国家级非遗黄杨木雕传承人高公博合作建立大师工作室，推动更多非遗传承大师走进校园，为学生提供更丰富的非遗课程和讲座，促进非遗文化传承。2018 年 5 月，江西商贸旅游职业学院和非遗大师张小红合作建立技能大师工作室，以现代学徒制模式建立和完善高技能人才绝技绝活代际传承和推广机制，展示、传承、创新夏布刺绣技艺和产品，进一步发展和推广夏布刺绣艺术。

2016 年，南京旅游职业学院成为文化和旅游部、教育部“中国非物质文化遗产传承人群研修研习培训计划”首批参与高校。2018 年 4 月，该校举办第二批“中国非物质文化遗产传承人群研修研习培训计划”宁夏剪纸培训班。通过专家授课、参观考察观摩、旅游文化创意设计训练和旅游商品产业转化及其专业教师指导等方式，培训 35 名剪纸非遗传承人。

（五）拓展旅游教育交流

1. 拓展五星联盟校际交流

一是校领导层面交流。2017 年 12 月，中国旅游院校五星联盟书记论坛在广西河池市巴马瑶族自治县举行。论坛就“旅游院校如何学习贯彻落实党的十九大精神，推进落实高校意识形态工作责任，助力贫困地区经济发展”进行了深入讨论。二是学生层面交流。根据校际交流协议，2017 年南京旅游职业学院与浙江旅游职业学院各选派 10 名学生开展为期一个月的交流学习活动。

2. 拓展旅游高职院校校际交流

太原旅游职业学院为进一步落实 2017 年度对标一流、创建一流示范院校的工作任务，2017 年 5 月选派第一批管理人员赴浙江旅游职业学院开展对标学习；9 月派出 10 名大二学生赴浙江旅游职业学院交流；11 月派各部门领导干部 14 人组成的第 2 批管理人员赴浙江旅游职业学院进行对标学习。

（六）提升行业引导作用

1. 全国旅游行指委的作用进一步深化

2017—2018 年，全国旅游行指委（以下简称“行指委”）积极推动旅游高职教育发展，具体如下：

一是推动旅游高职教育研究。2017 年“行指委”评选并公布 22 项 2017 年科研项目立项名单。2017 年 6 月，在苏州召开 2017 全国旅游产教对话活动暨“百川”论坛。会上举行了《2016 中国旅游职业教育回顾与展望》《酒店行业人才需求预测与人才培养规格研究》《全国 MTA 教育发展报告》等成果发布；随后就全域旅游背景下旅游校企合作教育模式的创新与发展、旅游院校办学特色与地方服务的融合、多层次旅游人才的培养与衔接等专题进行研讨。

二是推动旅游职业技能竞赛。2017 年 5—6 月，“行指委”申办的 2017 年全国职业院校技能大赛旅游服务赛项分别在山东、广西、江苏等分赛区圆满收官。

三是推动旅游职业教育教材建设。为了配合文化和旅游部推进的中国旅游职业教育专业教学改革，“行指委”召开了中国旅游职业教育教材建设（第一批）工作会，重点就教材编写大纲进行了深入探讨。

四是推动师资培训。“行指委”于 2017 年 9—11 月举办了 5 期全国职业院校旅游类专业骨干教师培训班，来自全国 28 个省（直辖市、自治区）的 97 所高职院校、36 所中职学校的 330 余名骨干教师参加培训。

2. 中国旅游协会旅游教育分会的影响力进一步发挥

一是推动旅游职业技能竞赛。2018 年 5 月 10—13 日，由中国旅游协会旅游教育分会和浙江省旅游局联合主办，浙江旅游职业学院承办的“鼎盛诺蓝杯”第十届全国旅游院校服务技能（导游服务）大赛成功举办，来自全国 31 个省、自治区、直辖市的 371 所高等院校和中职学校 1160 名选手参赛。

二是推动师资培训。2018 年 3 月，由教育部学校规划建设发展中心与中国现代教育研修中心主办，中国旅游协会旅游教育分会与桂林旅游学院和广西旅游职业教育集团共同承办的《关于深化产教融合的若干意见》系列研修班第四期（旅游院校产教融合方向）在桂林旅游学院成功举办，来自全国49所单位的94位学员参加培训。

三是推动旅游教育国际交流。2017年11月30日到12月1日，由中国旅游协会旅游教育分会主办、中山大学旅游学院承办的国际旅游教育研讨会在广州举办。此次研讨会是国内第一次成规模邀请全球知名旅游院校院长及相关系科负责人参与的国际会议，共吸引来自美国、英国、法国、德国、澳大利亚等18个国家与地区、292个学校和机构、615名旅游专家人士参会。

四、旅游高职教育热点思考

（一）教学管理中如何激发教师主动性

在教学管理过程中，我们经常看到，涉及个人利益分配的管理制度尽管制定比较麻烦，但利益分配一旦确定，且能维护教职员工利益，其执行相对容易。但是推进课程建设、专业建设、学生管理、教学改革，由于结果难以量化检查，其实施过程存在形式化、走过场现象。这类教学管理，其过程往往就像拳头打向棉花一样，无所适从。这就提出了一个根本性问题，即：如何推动课程建设、专业建设、教学改革？我们认为，教师的教学、科研及学生管理工作有一个很大特点，即灵活性和个性化比较突出。而教学、科研和学生管理需要教师投入大量时间和精力，对于教师自主性和积极性要求比较高，命令式管理难以奏效。

结合教学管理的特点，我们认为，教学管理的核心不在于“管”，而在于“助”，即帮助形成教师自我约束、良性竞争的教学氛围和学术氛围、教学生态和学术生态。由“管”到“助”，并不是说“管”并不重要或不需要“管”，而是教学管理思想的根本变化，即教学管理由直接干预转变为间接干预，转为以辅助建设教师教学和学术生态为主，以形成教师自主约束机制为主，并由此激发教师的主动性和积极性。具体来说应注意以下几方面：

1. 尊重教师的主体作用

教师积极性的关键问题之一在于受到充分尊重。一般以为尊重教师就是教学管理过程中多征求老师意见，尊重民主程序。实际上，仅仅这些并没有解决根本问题。所谓尊重教师，根本就在于尊重教师专业话语权和教化权力。教师专业话语权是高校教师作为高学历专业人员的基本权力。如果不尊重教师的专业话语权无异于将教师当作知识工人，管理者以行政权力随意压制、干预教师专业话语权，导致外行领导内行。教化权力是教师作为教育者由各类教育法所赋予的基本权力。教师具有行使教化权力的自由，其权力边界就在于不得违反国家各类法律，乃至学校规章制度。但是，在教学管理实践中，管理者经常基于各种理由干预、阻碍教师教化权力的自由实施。在这种环境中，教师如何激发主动性，如何发展专业，如何开展教学和科研工作呢?

从这个意义上说，所谓尊重教师需要在教学管理中思考一个基本问题，即：高职院校教师是一个知识工人还是一个专业人士，甚至是专家?

2. 教学资源的自主调配

教师积极性的关键问题之二在于教学资源怎样分配。目前一般高职院校中对于教学资源按实际需求状况自主调配能力并不高。我们以课程建设为例进行分析。一方面，学生对于上什么课、怎么样上课并没有多少选择空间。尽管现在高职院校都有选课制，除公共选修课有一定机会在全校范围内选修课程外，一般专业选修课限于专业范围内。也就是说，整体而言，学生对课程的需求并不能反映到课程建设上去。另一方面，尽管有较为明显的授课方向，一般教师对于课程并无明确归属权。一旦有课程建设任务下达，根据需要临时组织团队申报，教学管理部门根据申报情况分配资源。总体而言，教学资源的分配以配给为主，竞争性争取为辅。即使是竞争性争取，也未必能反映教学资源的实际需求状况。在这种机制中，无论是学生还是教师对教学资源的需求并不能直接反映到教学资源的直接分配中，这种状况不利于提高教学资源配置的效益，也难以提高教师的积极性。

而要改变这种现状需要一定的制度改革。就目前实际情况而言，进行全校范围的选课制有助于在一定程度上改变状况，并形成良好教师生态。一般认为选课制是保障学生选择权的教学制度。其实，选课制在一定程度上还可以是一种教学资源调节制度，受学生欢迎的课程可以享受更多资源，并在一定程度上提升教师的教学资源调动能力。当然其前提是选课制要满足几个要求：一是课程负责人制。每门课程或课程模块都应有负责人。课程负责人对课程的教学质量和课程建设负责。一切与该课程相关之课程建设任务理所当然就由该负责教师承担。如果选课人数众多，课程负责人可以组织课程团队，并对课程团队教学质量负责。二是优课优先推广。经过实践证明优质的课程，受学生欢迎的课程不管专业必修课还是选修课，课程负责人有权决定是否在全院开设选修课，并根据实际条件决定开设规模。三是课程负责人有权根据学生选课情况在制度框架内决定增加或调整课程设置。

3. 基于自律的教学管理

教师积极性的关键问题之三即基于自律的教学管理。高职院校在推进课程建设、专业建设、教学改革时，往往碰到这样的困境，即管理者制定了完备的制度，教师按照制度要求去做并验收合格了，可结果就是，实质性的建设成效往往并没有达成。问题出在哪里？我们认为，问题出在教学管理方式上。依据现有教学管理方式，会做材料的人在各类教学项目或评估验收的时候往往容易通过，真正扎扎实实做实事的人材料不一定能做得好，反而不容易通过验收，这样形成一个恶性循环。因为一般的验收或评估主要看材料，而材料的关键就看各种指标、数据。从大的方面来讲，教育部门考核高职院校有千分考，考核教学质量有就业率、专业对口率等各种数据。从小的方面来讲，专业剖析看专业各种指标和数据，教师课堂教学质量看学评教等，哪一样能离开数据？繁复的数据已经很难让一线的教师清晰辨识教学管理的初心到底是什么，教师在很大情况下为了数据而数据，为了量化而量化，其积极性又从何谈起？

这种管理方式在很大程度上借鉴了现代工厂等企业管理思想和方法。工厂的生产管理，无疑可以用各种各样的 KPI 指标进行量化管理，使得管理过程更为规范，结果更具可测量性。在教学管理中，KPI 数据和量化管理尽管很重要，对于推进教学管理的规范化具有重要意义。但是，值得反思的是，教学管理毕竟不一样。教学活动和课程、专业建设活动的主体是教师，这些活动尽管可以在一定程度上进行量化，但这些活动面对的对象最终都是人，需要大量时间、精力投入。这些从根本上说是无法量化的。如对于不遵守纪律的学生，教师与学生谈话，是谈一次好还是谈两次好？关键不在于次数，而在于是否用心，是否到位。

进一步分析，可以发现，为量化管理所困之领域大多为课程、专业、教改等领域，即需要教师深度参与，精力和时间高度投入的领域，或者说这是教学管理的积极领域。要克服这种困境，我们认为需要基于教师自律进行管理。基于教师自律的教学管理有以下特点：一是以树立教师的主人翁精神为根本出发点，以教师的主动积极性、以对教师的信任为制度实施的基本前提。二是形成校内健康公共舆论，塑造良好教学氛围和竞争环境，形成对教师进行约束的外在舆论环境等。

（二）旅游企业需要什么样的优秀学生

对于高职学生素质要求，一直以来，高职教育界有一个基本观点，即高职院校主要应培养学生的职业技能和能力。高职院校人才培养目标习惯性被定位为技能型人才。为了与中职相区别，高职被定位为培养高技能人才。如 2006 年，教育部发布《关于全面提高高等职业教育教学质量的若干意见》就高职院校人才培养目标提出：“以服务为宗旨，以就业为导向，走产学结合发展道路，为社会主义现代化建设培养千百万高素质技能型专门人才。”① 之后，2014 年，国务院在《关于加快发展现代职业教育的决定》中提出：“加快现代职业教育体系建设，深化产教融合、校企合作，培养数以亿计的高素质劳动者和技术技能人才。”②

按照文件要求，高职院校一般非常重视技能培养。主要表现在对实践教学和实训室建设的重视上。很多院校在编制人才培养方案时要求实践教学课时不得少于 50%。为了

① 教育部关于全面提高高等职业教育教学质量的若干意见（教高〔2006〕16 号）［Z］. http：//old.moe.gov.cn//publicfiles/business/htmlfiles/moe/moe_1464/200704/21822.html.

② 国务院关于加快发展现代职业教育的决定（国发〔2014〕19 号）［Z］. http：//old.moe.gov.cn//publicfiles/business/htmlfiles/moe/moe_1778/201406/170691.html.

强化实践能力的培养，高职院校被要求一方面加强实训室等实践教学条件的建设，另一方面尽量"课证融合、双证融通"。其一，就实训室建设而言，由于全真岗位工作环境是完全真实的职业环境，在此环境中进行实践训练，当然能够培养学生完全适应工作需要的职业能力。可以说，在当前主流职业教育理念中，按照全真标准建设实训室是最高理想，退而求其次的话，也尽量要达到仿真标准。其二，所谓"课证融合、双证融通"，即课程内容最好服务于职业资格证书考证，学生毕业时能拿到大专文凭和职业资格证书两个证书。与之相应，技能人才培养的理想状态是，能培养出完全适应工作环境和熟悉工作流程的零距离就业工作人员。

作为高职教育，重视实践能力的培养，重视学生工作适应能力的提升，对于改变过去高等教育注重理论教学，不重视实践教学无疑具有重要现实意义。但值得反思的是，在教育教学实践过程中，对于技能培养强调过了头，厚此而非彼，导致了新问题的产生。其问题就在于，尽管学生能很好适应刚毕业时的工作岗位，但是缺乏发展的后劲，可持续发展能力明显不足。对于高职学生而言，初始就业岗位一般为一线技能性工作岗位，就旅游业而言，学生刚毕业一般从事前厅、客房、前台等服务员工作岗位。故此，旅游类技能训练有助于很快找到工作，并适应工作环境，因而对于初始就业具有重要的积极意义。但旅游业一线服务员工作岗位完全不需要接受大学教育，一个中学毕业生接受一定时间的训练即可完全胜任，实际上，服务员岗位从业人员也大多为中学学历。可以说，高职院校毕业生在后续职业发展生涯中，往往需要脱离一线技能性岗位，就旅游业而言，往往需要从服务员晋升为主管或以上管理岗位。从这个意义上考虑，旅游高职院校培养人才过度关注技能培养远远不够。

那么从需求来看，企业到底需要什么样的人才素质呢？有高职院校专门进行过相应的调查，结果发现，企业最关注的学生素质排序依次为：工作的兴趣和热情（87%）、责任感（85%）、职业道德（81%）、吃苦耐劳（78%）、上进心（75%）、诚实守信（67%）、主动性（64%）、敬业奉献（60%）、遵纪守法（55%）、创造性（51%）；而企业看中的学生能力排序依次为：沟通能力或语言表达能力（86%）、人际交往能力（84%）、实践能力（81%）、解决问题能力（77%）、执行力（73%）、团队合作能力（68%）、持续学习能力（65 %）、适应能力（57%）、创新能力（45%）。[①] 这个结论与笔者在旅游企业所进行调查的结论大致相同。对于旅游企业而言，好的学生首先意味着工作态度端正，乐于学习、主动学习，善于沟通、乐于沟通；其次意味着具有一定学习能力和解决问题能力，具有较强执行力等。对于专业能力，旅游企业一般的观点是如果学生具有上述能力的话，很容易就能在工作实践当中掌握相应岗位工作能力。这些素质要求，超脱于行业和专业，是进入一般行业工作都应具备的基本素质。而专业能力或技能的培养则以这些基础素质为前提。

① 李小娟 . 高职学生素质能力评价研究［J］. 教育研究，2013（5）.

可以说，高职院校如果过于强调技能培养不太能适应企业对于高职人才的需要。这种状况应该值得高职教育界反思。就旅游高职教育而言，一方面，当然技能还是很重要，不能放弃；另一方面，需要进一步思考的是如何加强学生的基础素质，乃至文化素质等方面的培养。

（三）为什么要引进高层次科研型人才

从 2017 年开始，一场人才抢夺大战悄然开始。2017 年 6 月，长沙市发布《建设创新创业人才高地的若干措施》，对各类人才引进在资金和住房方面给予补贴，其中为了吸引高精尖人才，采取的政策措施是："未来五年，围绕优势主导产业和战略性新兴产业，重点引进培养 10 名国际顶尖人才、50 名国家级产业领军人才、200 名省市级产业领军人才。对上述新引进培育的三类领军人才，分别给予 200 万元、150 万元、100 万元奖励补贴，同时分别按 200、150、100 平方米标准以区域同期市场均价给予全额购房补贴。"[①]2018 年 1 月，南京市政府发布《市政府关于进一步加强人才安居工作的实施意见》（宁政发〔2018〕1 号）[②]、杭州市出台《关于加快推进杭州人才国际化的实施意见》，武汉、济南、郑州、西安及北上广等一线城市也加入进来。

本科院校是这场人才争夺大战的主力之一。很多本科院校，对于院士级别的人才引进给予"竭尽所能创造优质的工作、生活环境"，对于国家自然科学基金杰出青年科学基金获得者等高层次人才也动辄几十万元乃至上百万元年薪，还有百万元乃至上百万元的住房补贴；对于不超过 35 周岁的知名院校毕业，有较强科研能力的博士也提供较高年薪和住房补贴予以吸引；等等。本科院校的人才抢夺政策对于高职院校形成很大压力。

与本科院校侧重高学历、高职称略有不同，高职院校所谓高层次人才既包括高学历和高职称人才，还包括具有丰富行业工作经历的人才，即所谓行业名师或大师。高职院校在引进行业高层次人才方面相对比较积极，而在引进高学历、高职称人才方面动力相对不足。因为，高职院校以教学为主，对于教学型人才和行业人才需求相对较多，而对偏重科研能力的高学历和高职称人才的需求相对较少。而且高职院校在引进高学历、高职称人才方面具有一定劣势：一是科研平台不如本科院校。高职院校高层次人才数量少，科研团队组织困难，组织高层次课题研究难度较大；很多学术期刊对于高职院校稿件有某种程度的歧视，高职院校老师发表论文相对更难。二是高职院校教学、班主任、社会服务等非科研任务较之本科院校要重得多，科研的时间和精力要少得多。

尽管如此，我们认为，高职院校，尤其是独立建制旅游高职院校引进高层次人才有

① 长沙市建设创新创业人才高地的若干措施［Z］. http：//www.changsha.gov.cn/xxgk/yqhkfqxxgkml/lyzzcyjd/fggw_5185/flfg_5186/201706/t20170630_1984573.html

② 南京市政府关于进一步加强人才安居工作的实施意见［Z］. http：//www.nanjing.gov.cn/xxgk/szf/201801/t20180105_5227132.html

现实需要：其一，本科院校旅游专业一般在管理学科范围内设置，学科局限较大，而独立建制旅游高职院校开展旅游社会学、旅游经济学、旅游人类学、旅游发展史等方面跨学科研究较之于本科院校受限更少；其二，本科院校研究由于科研评价机制的限制，理论研究多，而应用研究局面打不开。大部分省份并没有独立的旅游本科院校，一般本科院校旅游类专业招生规模相对较小，旅游科研力量发展受到局限。而随着旅游业的快速发展，新事物、新问题层出不穷，旅游企业和行业在旅游应用研究方面的大量需求没有得到满足，这为开展旅游应用研究提供了大片空间。这也是独立建制旅游高职院校吸引高层次人才开展旅游应用研究的现实基础；其三，相当多的旅游高职院校，如五星联盟院校，通过多年校企、校地合作，已经建立起与各地各级政府以及旅游部门、旅游行业与企业非常紧密的深度合作关系，这为旅游应用研究的开展提供了坚实的现实基础，也为相关应用研究的开展提出了新的更高需求。

可见，旅游高职院校，尤其是独立建制旅游高职院校尽管存在一些劣势，但也存在一般本科院校所不具备的竞争优势。当然要很好地吸引高层次科研型人才，还要想办法克服高职院校吸引高层次人才的劣势。由此，我们认为，旅游高职院校，尤其是独立建制旅游高职院校要吸引高层次人才，除在薪资待遇和住房补贴方面提高吸引力外，还可以借鉴本科院校设立高等研究院的做法，另设立专门旅游研究机构，或利用现有研究机构作为高层次人才的管理实体，给予相应科研自由，以应用性旅游研究和旅游业社会服务为主要工作内容。另外，高层次人才引进还要考虑学科融合的需要，鼓励引进法学、经济学、社会学、心理学、管理学等各学科人才开展旅游研究，为跨学科、跨专业研究打下基础。

中国旅游中等职业教育年度报告（2016—2017）

四川省旅游学校课题组①

根据教育部发布的《中国职业教育发展情况介绍》称：目前全国职业院校共开设近千个专业、近10万个专业点。中职毕业生就业率连续10年保持在95%以上，高职毕业生半年后就业率超过90%。职业院校毕业生成为支撑中小企业集聚发展、区域产业迈向中高端的生力军。与此相应的是，我国旅游中等职业教育也快速发展，培养了大批技术技能型人才和管理服务人才，为提高旅游从业人员素质、推动旅游经济发展和促进旅游就业做出了重要贡献。但同时也要看到，当前旅游中等职业教育与旅游业发展要求还有一定差距，专业布局和结构不尽合理，校企合作不够深入，国际化水平不高，办学保障有待加强，质量有待提高。因此，推动旅游中职教育持续、稳定发展任重而道远。

一、总体情况

（一）发展背景

近年来，伴随着我国旅游业的快速发展，中国旅游中职教育也迎来了发展的春天。国务院在2016年12月7日印发的第70号文《“十三五”旅游业发展规划》中明确指出：要“将旅游人才队伍建设纳入地方重点人才支持计划”，要“加强对旅游职业教育改革发展的统筹指导和综合保障，加快建立适应旅游产业发展需求、产教深度融合、中高职有机衔接、布局结构更加合理的现代旅游职业教育体系”。由此可以看出，国家已经认识到旅游职业教育的重大作用，其中的旅游中职教育也正扮演着重要的角色。旅游中职学校开设的旅游相关专业对我国旅游业的发展贡献了积极的力量，为旅游市场培养和输送了大批的优秀人才。但同时，旅游中职教育教学还存在一些不足之处，主要表现在：

① 课题组负责人：赵晓鸿，撰稿人：刘延超、张宏敏。赵晓鸿，男，经济学教授，硕士研究生导师，四川省旅游学校党委书记、校长，中国旅游协会旅游教育分会副会长，国家社科基金项目主持人，研究方向为旅游规划、区域旅游发展。刘延超，男，博士，四川省旅游学校科研与发展规划处副主任。张宏敏，女，讲师，四川省旅游学校科研与发展规划处副主任。

专业培养目标模糊，与旅游市场衔接不足；实践教学重视不够，效果有待提高；师资水平有待提高，“双师型”教师数量有限；资金投入不足；等等。旅游中职教育界也普遍认识到存在的问题，正不断地抓住发展的契机，很多旅游中职学校正积极地改变教育理念，改善教学环境，努力提升自身的教学水平，提高教育质量，努力地为社会提供更多的合格旅游人才。

（二）发展现状

1. 总体规模

2016 年，全国开设旅游类专业的中等职业学校 924 所（数据来源：国家旅游局人事司，2017 年 7 月 10 日《2016 年全国旅游教育培训统计》）。比 2015 年度增加 135 所，相对于之前的回落，有较大涨幅，与 2014 年基本持平。2016 年，全国中职旅游类相关专业全国共招生 10.4 万人，毕业 8 万人，在校 23.2 万人。数据较上年年度有回升，招生比 2015 年增加了 1.1 万人，在校生规模比 2015 年增加 0.6 万人（数据来源：国家旅游局人事司，2017 年 7 月 10 日《2016 年全国旅游教育培训统计》）。

2017 年，开设旅游相关专业（主要包括高星级饭店运营与管理、旅游服务与管理、旅游外语、导游服务、会展服务与管理 5 个专业）的中等职业学校 947 所。比 2016 年增加了 20 所。2017 年全国旅游类中职专业共招生 10.2 万人。比 2016 年减少 2000 人（数据来源：国家旅游局人事司，2018 年 4 月 17 日《2017 年全国旅游教育培训统计》）。

2017 年全国旅游类中职各专业旅游专业招生专业点共 1860 个。毕业生数 80115 人，在校生数 281952 人。与 2016 年相比，从专业点数、毕业生、招生数、在校生总数对比中专业点数增加 38 个，在校生数增加 5 万。毕业生数变化不大（数据来源：教育部职成司中职德育与学校管理处内部信息：全国中职旅游服务与管理专业规模）。

表 1　2017 年各专业毕业人数

（单位：万人）

对比项	2016 年度	2017 年度	增减人数
专业点数	0.1822	0.1860	+0.038
毕业生数	8	8	0
招生数	10.4	10.2	–0.2
在校生数	23.2	28.2	+5

2. 专业分布

2.1 不同专业招生情况

2016 年高星级饭店运营与管理专业全国共招生 2.0 万人，毕业 1.7 万人，在校 5.4

万人。旅游服务与管理专业全国共招生 4.6 万人，毕业 3.4 万人，在校 10.6 万人。旅游外语专业全国共招生 3279 人，毕业 3832 人，在校 6778 人。导游服务专业全国共招生 5886 人，毕业 5700 人，在校 9120 人。会展服务与管理专业全国共招生 440 人，毕业 387 人，在校 1003 人。其他旅游类专业全国共招生 2.8 万人，毕业 1.8 万人，在校 5.5 万人。总体而言，各专业占比情况与 2015 年相比没有太大变化。

2017 年全国旅游类中职专业情况与 2016 年相比，整体变化不大，各专业招生人数有变动（见表 1）。2017 年共招生 10.2 万人。其中高星级饭店运营与管理专业全国共招生 2.2 万人，比 2016 年增加 0.2 万人；旅游服务与管理专业全国共招生 4.7 万人，比 2016 年增加 0.1 万人；旅游外语专业全国共招生 2122 人，比前一年减少 1157 人。导游服务专业全国共招生 5766 人，与 2016 年变化不大。会展服务与管理专业全国共招生 647 人，增加 207 人，招生人数略微增长。其他旅游类专业全国共招生 2.4 万人，总数减少 4000 人（数据来源：国家旅游局人事司，2018 年 4 月 17 日《2017 年全国旅游教育培训统计》）。

表 2　2016 年度、2017 年度全国旅游类中职各专业招生情况对比图

（单位：万人）

旅游中等职业招生对比	2016 年度	2017 年度	增减人数
高星级饭店运营与管理	2.0	2.2	+0.2
旅游服务与管理	4.6	4.7	+0.1
旅游外语	0.3279	0.2122	−0.1157
导游服务	0.5886	0.5766	−0.012
会展服务与管理	0.044	0.0647	+0.0207
其他旅游类专业	2.8	2.4	−0.4
合计	10.4	10.2	−0.2

2.2 不同专业在校生和毕业生情况

根据对 2016 年旅游中职教育各专业在校生和毕业生进行调研，可以看出，旅游服务与管理专业规模都稳居第一，其次是高星级饭店运营与管理专业，两大专业无论是在校生数量，还是毕业生数量，分别占比近 70%。这一方面反映出旅游中职专业建设趋同现象较为明显，另一方面也表明各专业建设的不平衡性仍将较长时期存在，对顺应行业发展新趋势的一些新专业尚有较大挖掘潜力和空间，如会展服务与管理专业在校生人数才 1000 人（见图 1）（数据来源：国家旅游局人事司，2017 年 7 月 10 日《2016 年全国旅游教育培训统计》）。

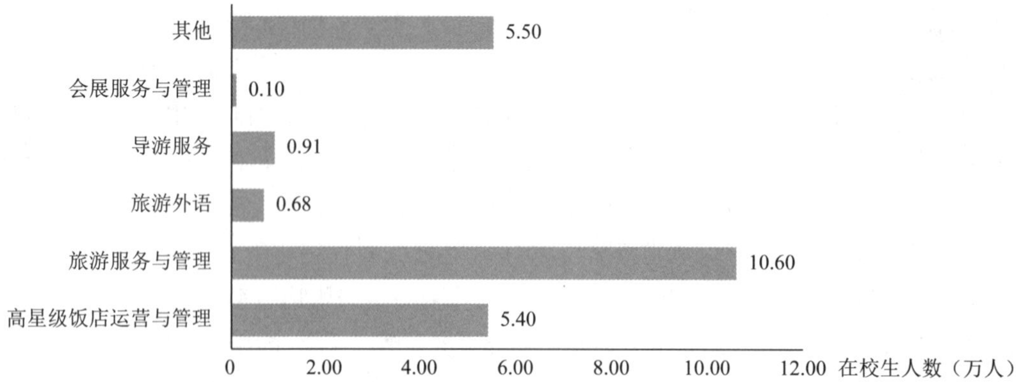

图 1 2016 年各专业毕业人数

在调研过程中，2017 年各专业在校生和毕业生数没有查到精确数据。但是根据广东、四川、沈阳、北京、海南、山东等几个省的调查问卷、座谈等调研结果显示，各专业在校生和毕业生数 2017 年和 2016 年差异不大。旅游服务与管理专业仍然是在校生毕业生占比重最大的。因为旅游服务与管理专业除了专门的旅游学校开设有这个专业，其他大量地区的综合型中职学校和职教中心，由于师资和办学条件等原因，开设的旅游专业就是旅游服务与管理专业。但是这些旅游服务与管理专业具有较强的包容性，除了有的学校有高星级饭店运营与管理，更多的旅游服务与管理专业就涵盖高星级饭店运营与管理、旅行社服务与管理、导游服务、景区服务与管理相关专业。

在调查中发现，以培养技能型、劳动密集型人才为主要目的旅游中职教育中，作为旅游中职学校的主干专业，高星级饭店运营与管理专业和旅游服务与管理专业在培养合格人才、推动旅游产业发展中发挥着独特作用，应在质量稳步提升的基础上，培育和支持新兴专业的进一步发展。

3. 生源质量

十多年前，旅游中职学校和旅游相关专业还是“香饽饽”，所以“招生难”问题还不是那么显著。近些年来，由于中职学校招生体制、政策的影响和家长与学生观念的变化，以及旅游行业就业环境的影响，旅游中职学校生源质量下滑是不争的事实，旅游中职学生大面积的厌学、弃学、旷课、退学等现象屡见不鲜。主要体现在：一是生源思想品德较差。相当部分家庭父母感情不和、教养不当，学生入学前的行为习惯、学习动机、个性心理等方面存在不少缺点。这些不良因素直接影响了校风、班风、学风。二是行为习惯较差。旅游中职生大多为十五六岁的年龄，在家里受到娇惯，兴趣广泛，同时又个性张扬、逆反，这些都影响到生源的质量。三是学习积极性不高。旅游中职学生大多在中学时学习成绩不好，升学无望。在入校前就对不及格、挨批评习以为常，迫于家长的压力和自身实际情况的压力，而选择旅游中职学校就读，以达到就业的目的。因此，他们缺乏学习信心，学习积极性普遍不高，但同时，他们思维比较活跃，愿意接受新鲜事物。

4. 过程质量

当前，随着职业教育和旅游业的发展，旅游中职教育的办学理念、师资力量、财政投入、教材、专业设置、教学实践与实践实训等方面虽然有了改观，但是在这些方面仍然存在诸多问题，严重制约了旅游中职教育质量的进一步提高。表现在：一是办学理念陈旧，一些旅游中职学校仍停留在重当前功利，轻长远利益的急功近利的发展观上，重数量轻质量、重视经济效益轻社会效益、重理论轻实践，造成培养人才与社会、行业需要相脱节的情况，影响了旅游中职教育的质量。二是师资力量薄弱，生师比率较高，引进人才较困难，教师素质水平有待提高，“双师型”的教师数量偏低，实践能力有待加强。高素质人才相对较缺乏，本科以上学历的教师比重不高，研究生学历的教师更少。三是投入不足，尤其是财政投入不足，这直接导致专业设施配备无法适应新技术发展的需求，学习条件差，不能满足学生实验、实践的需要，专业建设步履缓慢，从而影响到旅游中职学校的长远发展。四是教材建设未能与时俱进，滞后于旅游产业发展。五是专业设置不合理，一些旅游中职学校不考虑自身实际，盲目开设一些所谓热门专业，造成教育资源的浪费。一些学校仍然保留已不能适应新形势、新时代培养人才要求的传统旧专业，缺乏相应吸引力。六是教学实验、实训条件落后，影响到旅游中职生的专业技能和实践能力的提高。以上存在的问题都需要在教育教学过程中予以克服、改善和提高。

5. 结果质量

2016 年，旅游中职教育能按照教育规律办学，适应学生素质、技能提高的要求，以促进就业、服务旅游产业发展为宗旨，在理论学习、专业学习、实习实训、校园文化与社团活动、校园安全、毕业生就业等方面总体保持较好的水平。旅游中职学校能够科学确定人才培养规格和专业培养目标，制订专业培养方案，重构课程体系和确定课程标准，遵循学生的认知规律及职业成长规律，真正形成融合学生人文素养、专业知识、职业技能、职业态度和职业素养的培养体系，其中包含通过校内实训、校外实训和顶岗实习递进式的系统的专业实践教学体系，积极进行现代学徒制试点，实现高技能人才培养。同时，旅游中职学校能够与旅游企事业紧密结合，设计旅游企事业发展所需要的课程，通过课程中的项目任务锻炼学生的职业能力和学习、工作迁移能力，切实为产业发展和社会需要服务。正是如此，总体来看，全国的旅游中职学校毕业生受到用人单位的好评，并保持较高的就业水平，大多数专业就业率在 90% 以上。

6. 服务社会质量

旅游中职教育以服务旅游产业发展为宗旨，以培养较高素质的技术技能型人才为目标，以促进就业为导向，注重学校的品质、内涵、特色、创新发展，突出创新驱动，着力培养学生综合职业能力和就业竞争力，在服务社会质量上得到稳步提高。一是学校与旅游行业、企业积极开展订单式人才培养，为企业培训和输送了大批技能型人才，成为旅游行业人才培养、培训基地。二是旅游中职学校高度重视技术应用与智力服务工作，旅游专业师资和实训基地对社会各界开放，开展对旅游行业的管理、技术服务和送培下乡，提升服务社会民生和区域经济发展的能力。积极开展为旅游企事业单位服务工作和产学研工作，为农村劳动力转移培训、旅游企事业单位在职员工培训和旅游管理、服务水平提升培训等做出积极的贡献。三是积极发挥职业技能鉴定的服务功能，为本地区酒店业、餐饮业等提供职业技能鉴定，为旅游企业培训合格员工。旅游中职学校还充分发挥自身特色，积极开展对口支援帮扶工作，利用自身教学资源和智力优势，为贫困地区旅游业发展服务，以增强当地脱贫致富的自我“造血”功能。

二、面临的主要问题及对策

（一）产教融合发展受到制约

教育部颁发的《关于深化职业教育教学改革全面提高人才培养质量的若干意见》，突出强调要坚持产教融合，并设专章提出推进产教融合的具体工作要求。当前旅游中等职业教育产教融合、校企合作中还存在着政府主导职能不强、行业指导能力薄弱、企业主体作用缺失、学校育人机制不完善等瓶颈问题。在产教融合方面，旅游中职教育目标、教育理念、课程设置、教育方法等方面存在与旅游产业发展不相适应的情况。旅游中等职业学校人才目标的定位上普遍存在偏高和偏杂的现象，要处理好培养目标定位为一线服务岗位和基层管理人员与培养管理人才之间的关系，又要处理好管理型人才和技能型人才培养之间的关系。在课程设置上，要增强旅游产业性课程的设置比重，增加特色专业技能课，使学生能够一专多能，以适应产业发展，拓宽毕业生就业范围。要引导旅游中职学校“紧贴市场、紧贴产业、紧贴职业科学合理设置专业，围绕区域产业转型升级，努力形成与区域产业分布形态相适应的专业布局”，同时在课程建设层面强调，“对接最新职业标准、行业标准和岗位规范，紧贴岗位实际工作过程，调整课程结构，更新课程内容，深化多种模式的课程改革”。这将进一步提高旅游中职学校人才培养工作的针对性，增强其服务旅游产业发展和地方经济的能力。

（二）服务地方经济继续突破

为保证旅游中职学校的教育教学质量，要培育和建立与产业发展相匹配的区域性品牌专业，以结合本区域旅游产业发展实际，形成主次分明、优势突出的专业集群，以达到每个专业对接区域旅游产业相应环节，从而带动区域经济发展。但应看到，目前，由于旅游中职学校办学时间普遍不长，而且因社会评价、政府投入等多方面因素影响，虽然在服务地方经济社会和旅游产业发展上发挥了积极作用，但与国家对旅游中职学校办学功能的预期以及区域发展对旅游中职学校的要求相比仍然有较大差距。旅游中职教育适应区域经济发展的趋势，既要把握现在，又要把目光投向未来，使办学与市场需求相衔接，切实发挥旅游中职教育服务地方经济的功能。学校要转变办学观念，主动出击，与旅游企事业单位建立广泛和深入的联系，根据他们的需求及预测分析确定专业设置，培养目标和教学内容，与用人单位签订培养合同，实行“订单教育”，按照旅游企事业单位的要求进行教育、培训，形成稳定的校企关系和就业渠道。同时，旅游中职教育要积极融入市场，建设品牌专业，全面提高教育教学质量和办学水平，培养面向市场的高素质劳动者和专门人才，增强服务区域经济建设和社会发展的能力。

（三）毕业生行业内稳定率有待提升

由于中职旅游教育的学生毕业后大多投身于旅游行业从事实践工作，容易出现低端旅游人才泛滥、中高端旅游人才匮乏的尴尬局面。社会上的偏见和歧视也影响到中职教育的学生在行业内就业的热情。在社会的人才观念中，轻视职业教育和服务行业的心态仍然存在，学历崇拜、轻视技能在很多单位的招聘中仍很常见，一些人不愿意从事劳力者的职业。一些地方政府更关注普通教育或高职教育，所有这些都导致了旅游中职毕业生社会地位较低，中等职业教育的吸引力不强。再加上旅游中职毕业生在旅游企事业单位中的竞争力不强，以致升迁不易，导致旅游人才纷纷跳槽或转行，形成旅游中职教育资源的巨大浪费。这种现状直接影响到毕业生在旅游行业内的就业难以稳定的恶性循环。

（四）创新创业教育任重道远

早在 2008 年，国家教育部就下发了《教育部关于进一步深化中等职业教育教学改革的若干意见》，要求中职学校在职业生涯教育和职业指导中加强创业教育，突出对学生创业精神、创业意识和创业实践能力的培养。至此，中职学生的创新创业教育在社会上引起了广泛的关注。据相关调查显示，学历并没有成为中国百姓创业的门槛，不同学历的人都有着创业的愿望。值得注意的是，学历越高创业意愿却反而越低，本科及以上学历的受访者有创业意愿的只占 18.3%，中学及中专学历的受访者是创业愿望最强的群体，有创业意愿的达到 41%。因此，中职生的创业教育不应该成为被遗忘的角落，中职学校必须有所作为。与普通中学生相比，中职生是有专业的，他们有专业意识，知道自己的未来会与专业为伴、靠专业谋生。因此，围绕专业开展的各种学习、活动，是他们愿意接受的。但是，目前旅游中职教育在创新创业教育建设水平上还相对落后。现阶段，旅游中职教育模式仍存在“重理论、轻实践，重课堂、轻课外”的倾向。实训课程与企业实践接轨不紧密，一旦到了工作岗位，一些工作内容都得从头学起。学校虽有校企合作模式，但合作模式并不健全，学生的实践岗位操作能力还有待提高，这不利于学生进行岗位创新、技术创业。另外，旅游中职学校大多数还没有开设创新创业课程。即使有个别学校开设了，但并未有效结合旅游专业的现状和特色开展有效、有机的教学。

对于学生来说，不只是要学习课程，更重要的是学习完该课程后所发散出的使用性和实效性，真正做到创新创业的课程与专业、学科、实践等方面的有效结合。

三、未来的发展趋势

（一）专业建设进入结构优化期

随着旅游产业的快速发展，行业对高素质的技能型人才的需求日益旺盛。因此，要适应形势的需要，调整优化旅游中职学校专业结构，培养和旅游企业接轨的人才。要结合产业发展、旅游企业需要灵活设置中等职业学校专业，形成结构优化、布局合理、覆盖面广、特色鲜明的专业体系，增强旅游中等职业教育服务产业化、信息化、城镇化和农村现代化的能力。要确定和强化旅游中职教育的重点专业，推动学校专业布局结构调整优化；选择一批基础条件好、特色鲜明、就业质量高、在产学结合等方面优势突出的旅游中职教育专业进行重点建设。针对地方经济发展方向和趋势，及时调整旅游中职教育专业结构和专业课程，采取“中、长、短”相结合的办法，吸引学生选择，满足学生个性特长需求。

（二）办学类型进入日益丰富期

在当今教育市场中，中等职业教育学校的办学类型日益丰富。按中等职业学校的性质可以分为普通中专学校、成人中专学校、职业高中学校等；按其举办主体分为中央部门、地方部门（教育部门、非教育部门）、民办等类型；按其培养目标可以分为技术型、就业型、“成人托儿型”和升学型；按招收学生的地域可划分为城镇型、农村型；从学生的经济状况可划分为小康型、温饱型、贫困型。从不同的角度可以有不同的划分，再将这些类型组合，就形成自己的办学类型。同理，旅游中职学校也存在不同的类型，例如烹饪职业学校就属于技能型。旅游中职学校的办学类型不同，其相应的专业设置、培养目标、课程设置、教学组织等方面就存在较大的差异。

（三）实践教学进入加速成熟期

目前，中等旅游职业教育的定位仍趋向于主要培养学生成为技术型、服务型的员工和基层管理者，培养的学生是否能够适应社会、满足旅游产业发展的需求是衡量旅游中职教育的一种标准，因此，实践教学备受重视。不能搞好实践教学，学生在校期间不能掌握专业的一两项关键技能，就很难满足旅游企业对各岗位职业技能的要求，在这种新的形势下，提高学生的职业技能就是提高就业竞争能力的保障。要提高旅游中职学生的职业技能，关键就是提高实践教学质量，在实践教学管理、实践教学基地建设、提高实践动手能力、加强实践课教学质量的评估等方面进行努力。

（四）行业指导进入逐渐强化期

旅游中职教育的一个明显的发展趋势是行业指导不断得到强化，各种行业指导组织机构如雨后春笋，积极指导各项工作，取得了良好成效。职业教育的功能定位决定了它必须密切联系行业企业，实行产教结合、校企合作的办学模式。行业是连接教育与产业的桥梁和纽带，在促进产教结合，密切教育与产业的联系，确保职业教育发展规划、教育内容、培养规格、人才供给适应产业发展实际需求等方面发挥着不可替代的作用。相关机构紧紧围绕旅游职业教育中心工作，团结带领旅游行业、企业、职业院校、科研单位及有关专家，积极发挥研究咨询和指导服务作用，大力推进政府主导、行业指导、企业参与的办学机制建设，在加强自身建设、推进教育教学改革、推动产教融合等方面不断探索和实践，为推动我国旅游职业教育科学发展做出了积极贡献。因此，加强旅游行业指导，是推进旅游中职教育办学机制改革的关键环节，是提高旅游职业教育服务经济发展方式转变能力的必然要求。

（五）信息化建设进入成效初显期

为贯彻落实教育部《关于加快推进职业教育信息化发展的意见》（教职成〔2012〕5号）文件精神，近些年来，全国旅游中等职业教育信息化建设工作取得了明显成效，学校校园网建设不断完善、使用效果不断提高，互联网接入率持续增加，数字化教育教学资源日益丰富，教学与管理的信息化应用逐步拓展，对旅游职业教育攻坚工作和中等旅游职业学校的改革发展起到了积极作用。各级教育行政部门、各旅游中等职业学校要继续增强加快旅游中等职业教育信息化建设工作的紧迫感和责任感，深化对教育信息化重要性的认识，转变思想观念，把信息化建设作为旅游职业教育基础能力建设的重要任务，加快信息化基础设施建设，推进数字化教育教学资源开发与应用，引导网络学习空间建设，提高中等职业教育信息化管理水平，提升中等职业学校教师的信息技术应用能力，提高中等职业学校学生信息技术应用水平，建立健全促进信息化建设的体制机制，形成推动信息化建设的工作环境。

四、结语

旅游业的高速发展离不开旅游职业教育的发展，同时，旅游业的大发展为旅游职业教育的发展提供了难得的机遇。而只有真正顺应旅游业发展潮流、市场行情的旅游中职教育，才能培养符合市场需求的、综合职业能力较高的旅游业服务、管理人才。因此，提高旅游中职教育的质量和水平，不断挖掘旅游中职教育自身的潜力，走富有特色的办学之路，立足于服务地方经济，立足于培养旅游业的合格从业人才，立足于不断进取、改革、创新，是旅游中职教育发展的方向。

中国旅游管理硕士专业学位（MTA）教育项目年度发展报告（2016—2017）

白长虹　妥艳媜[①]

2016—2017年，我国MTA教育持续良性发展，努力实现由规模扩张向内涵发展的转变，MTA教育各项工作取得良好成绩。到2017年，MTA教育已走过七年发展历程，MTA学位授权点数量和招生规模迅速扩大，师资水平得到明显提高，教学方式和方法创新取得成效，教学质量、学位论文质量和毕业生社会认可度显著提升。2017年，我国MTA授权点单位达到97个，MTA招生人数达到1102人，在校人数已达到2500人。随着MTA培养规模的不断扩大和培养质量的逐渐提升，我国旅游高层次应用型人才储备供给将进一步加强，有利于推动"十三五"期间旅游人才发展目标的实现，为新时代我国从高速旅游增长阶段转向优质旅游发展阶段提供有力的人才保障。

一、2016—2017年MTA教育发展整体情况

（一）MTA授权点数量和招生规模迅速扩大

自2010年MTA教育项目启动以来，旅游管理硕士专业学位授权点从最初的全国57所院校增长到后来的66所，2017年年底新增31个授权点，目前MTA授权点院校达到97所，覆盖了除西藏以外的我国大陆整个地区。招生人数持续稳步增长，报到人数从2011年的319人增加到2017年的1102人。2017年成为中国旅游管理硕士专业学位（MTA）教育发展历程中具有重要意义的一年。

（二）师资水平不断提高

2016—2017年，MTA教指委仍坚持每年举办MTA核心课程的师资培训班，培

---

① 白长虹，全国MTA教育指导委员会秘书长，南开大学商学院院长、教授；妥艳媜，博士，全国MTA教育指导委员会秘书处办公室主任，南开大学旅游与服务学院讲师。

训班授课教师均为本课程领域的国内外权威专家和行业资深人士。培训设计不断优化，课堂教学与现场教学有机结合，注重理论与实践相融合。到目前为止，MTA 教指委在已完成全部 7 门专业核心课的师资培训工作后，并于 2017 年开始了新一轮 MTA 核心课程培训。参加培训 MTA 专业教师将近 500 人，有效地提升了 MTA 核心课程的师资水平。

（三）坚持教学方式方法创新

坚持倡导 MTA 案例教学，成功举办了“第三届全国 MTA 案例开发与案例教学”师资培训班，70 多位 MTA 骨干教师在案例开发和教学方面获得了水平提升。认真组织优秀案例编写工作，连续两年举办“全国优秀 MTA 教学案例的募集工作”，评选出了 17 个优秀案例进行了推广。注重 MTA 与产业、实践融合，强化实践基地建设。培养单位依托实践基地展开了教学方式的创新，采用课堂学界教师的案例教学、业界精英大讲堂、实践单位观摩交流、围绕专项主题的实践调研四种形式，不断推动 MTA 教学方式和方法上的变革。

（四）学位论文质量和毕业生社会认可度持续提升

为提高旅游管理专业学位（MTA）教育质量，2016 年和 2017 年展开了“优秀学位论文评选”工作。从近两年来上报的学位论文初审情况和专家评审反馈意见表明，MTA 论文质量明显提高，优秀学位论文评选工作起到了很好的示范促进作用。2016—2017 年的毕业生人数不断扩大，MTA 毕业生旅游管理相关能力和素质得到显著提高，达到了预期的人才培养目标和效果；毕业生就业质量（就业率、就业职级、平均薪资）较高，毕业生普遍得到用人单位认可和肯定。 MTA 教育项目得到旅游业界广泛认可，MTA 专业的社会认同度不断提高。

（五）MTA教指委充分发挥平台和指导作用

MTA 教指委通过完善一系列的工作机制、工作制度、管理标准，大力推动实践基地建设及 MTA 教育全方位改革，充分发挥 MTA 教指委平台和指导作用，切实引导和保障全国 MTA 教育的健康发展。进一步明确了对全国各培养单位的指导模式，创新教指委工作的开展方式，不断完善例行的工作制度。根据国务院学位办和《全国专业学位教育指导委员会工作规程》的要求，MTA 教指委秘书处不断充实秘书处的组织机构，安排了专业骨干教师作为秘书处工作人员，保障了教指委日常工作的有序进行。

二、2016—2017年MTA招生总体情况

（一）MTA招生规模

1. 总体规模

从 2011 年至 2017 年的总体招生情况来看，全国 MTA 招生呈稳步增长的态势，2011 年实际报到人数 319 人，2012 年实际报到人数 471 人，较 2011 年增长 47.6%，2013 年实际报到人数 567 人，比 2012 年增长 20.3%，2014 年实际报到人数 608 人，较 2013 年增长 7.2%，2015 年总报到人数 659 人，较 2014 年增长 8.4%，2016 年总报到人数 716 人，比 2015 年增长 8.6%，2017 年报到人数 1102 人，比 2016 年增长 53.9%（见图 1）。

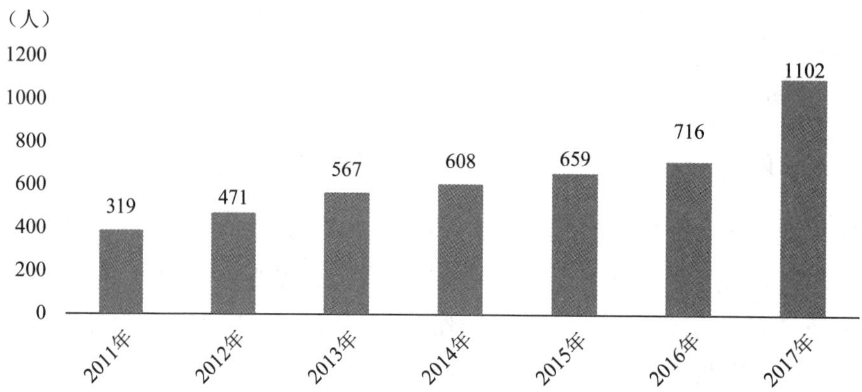

图 1　2011—2017 年 MTA 实际报到人数

从总报名人数上来看，2017 年的总报名人数是 2511 人，创历史新高，比 2016 年报名人数 2126 人增加了 385 人，相较于前两年平稳的报名趋势，2017 年的报名人数有了较为大幅的上涨，这说明 MTA 在社会上的影响力和知名度又有进一步扩大和提高（见图 2）。

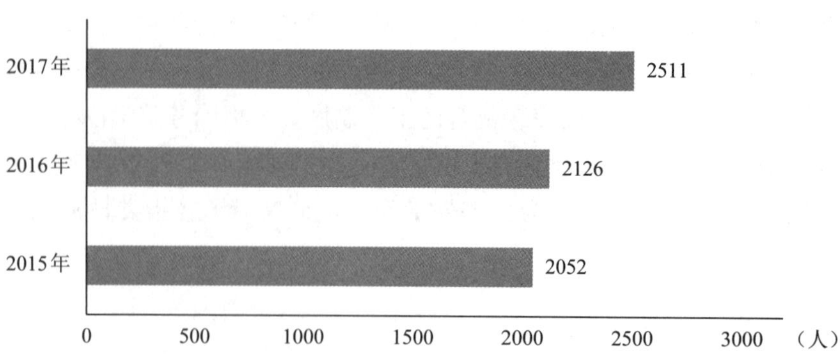

图 2　2015—2017 年 MTA 报名情况

2. 各院校规模

从各单位的招生情况来看，招生规模差距较大。在2017年实际统计的63所院校中，录取人数在20人以上（包括20人）的院校有16所，与2016年的9所相比，数量上有所提升。其中广西师范大学依然是招生人数最多的院校，2016年共录取83人，2017年共录取97人。这16所院校共录取学生人数677人，占全部录取人数的61.4%。2017年录取人数在10人以上的院校共有36所，占全部实施招生院校的54.5%，相较于2016年（24所）增加了12所院校。

各院校实际报到人数与2016年相比，共有51所院校报到人数增加，8所院校实际报到人数略有下降，4所院校报到人数保持不变。2016年和2017年报到人数排名前十名的院校见表1。

表1　2016—2017年MTA报到人数排名前十名院校

2016年MTA报到人数排名前十名院校					
序号	培养单位	2016年报到人数	序号	培养单位	2016年报到人数
1	广西师范大学	80	6	南开大学	32
2	厦门大学	45	7	中国海洋大学	26
3	海南热带海洋学院	42	8	桂林理工大学	25
4	西北师范大学	39	9	海南大学	20
5	复旦大学	33	10	广西大学	18

2017年MTA报到人数排名前十名院校					
序号	培养单位	2017年报到人数	序号	培养单位	2017年报到人数
1	广西师范大学	97	6	海南大学	43
2	西北师范大学	69	7	华侨大学	40
3	南开大学	56	8	海南热带海洋学院	40
4	厦门大学	55	9	桂林理工大学	38
5	复旦大学	53	10	青岛大学	36

（二）报名录取率

从全国各院校的实际报名人数和第一志愿录取人数的对比来看，2017年录取率仅为27%，与2016年17%的录取率相比有所上升，与2015年的录取率基本持平，总体来讲这一录取比例不高。根据我们向全国各培养单位了解的情况，这一录取比例主要是源于报名生源在初试联考阶段无法通过考试分数线。可见，很多旅游业内人士虽然实践经验丰富，但由于工作繁忙，且离开学校时间多在3年以上，因此并不擅长书面考试，目前的考试制度一直是很多潜在生源难以跨越的门槛（图3和图4）。

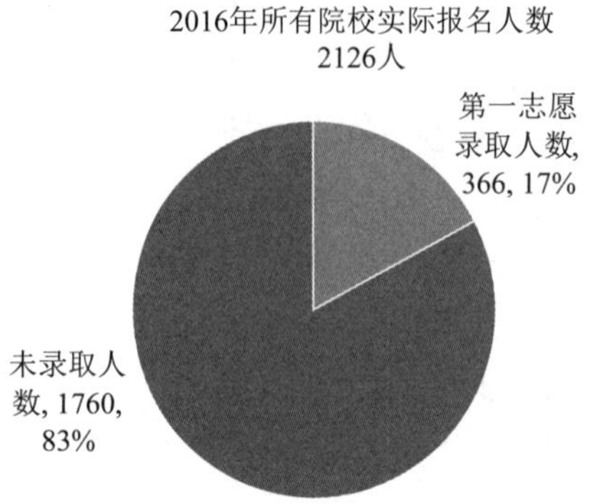

图 3　2016 年 MTA 授权点院校第一志愿录取人数

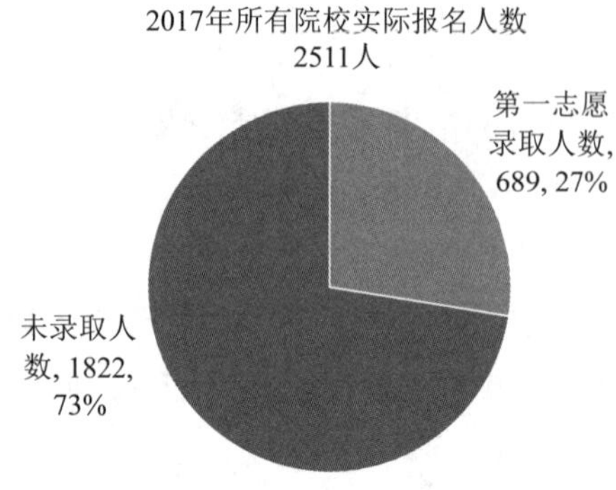

图 4　2017 年 MTA 授权点院校第一志愿录取人数

（三）计划招生完成比例

2017 年，全国 MTA 共有 1210 个计划招生名额，各院校共同完成了 91.1% 的招生任务，与 2016 年（73.8%）的招生任务相比有所上升，整体招生完成情况保持在良好的范围内，但仍有进步空间（图 5 和图 6）。2016 年，南开大学计划招生工作完成比例最高，为 224%（比计划扩招 31 个名额）；其次为安徽师范大学，计划招生工作完成比例为 200%（比计划扩招 6 个名额），20 所院校实际招生人数与计划人数完全一致，即招生工作完成比例为 100% 的院校共有 20 所，招生工作完成比例为 80%~99% 的院校共有 11 所。

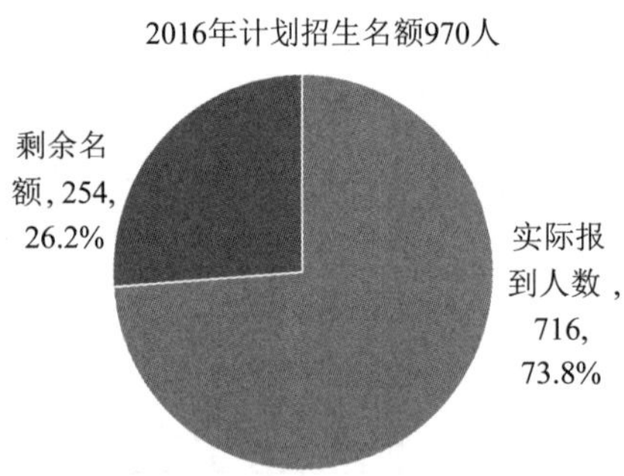

图 5　2016 年计划招生完成比例

图 6　2017 年计划招生完成比例

（四）第一志愿录取比例

统计分析得出，2017 年第一志愿录取的学生占全部录取学生的 62.50%，相较于 2016 年的 51.10% 的第一志愿录取率有所上升，但仍然低于 2015 年 73.80% 的第一志愿录取率。这一现象值得引起注意，一方面是因为第一志愿学生通过初试联考的比例过低，另一方面也说明，MTA 的宣传任务依然任重道远，各院校在基本完成招生计划名额后，亟待提高 MTA 第一志愿学生在全部录取学生中所占比例（图 7）。

图 7　2012—2017 年第一志愿录取比例

（五）学生志愿分布

2016 年实际报到人数中，51.1% 的学生被第一志愿学校录取，8.9% 被其他院校 MTA 录取，剩下 40.0% 的学生由其他联考专业调剂而来，包括 MBA、MPA、MPACC、MEM、MLIS 以及 MAUD。2017 年实际报到人数中，62.5% 的学生被第一志愿学校录取，18.5% 被其他院校 MTA 录取，剩下 19.0% 的学生由其他联考专业调剂而来。综合 2016 年和 2017 年两年整体情况看，第一志愿报考 MTA 学生占到最终录取人数的 58% 左右；被非第一志愿 MTA 院校录取的学生占 15.3%；报考其他专业学位的调剂生占据录取人数的比重占 26.7%。

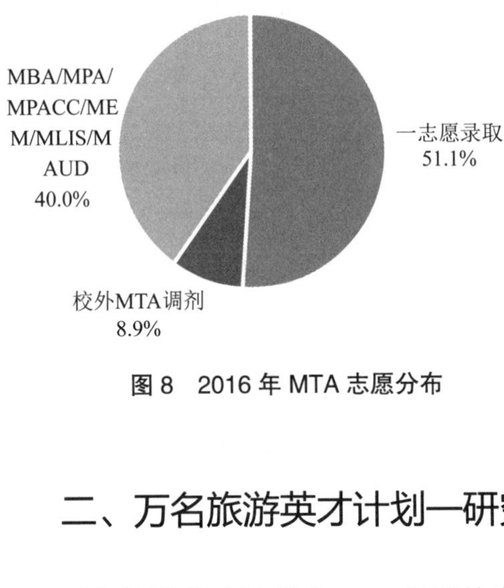

图 8　2016 年 MTA 志愿分布

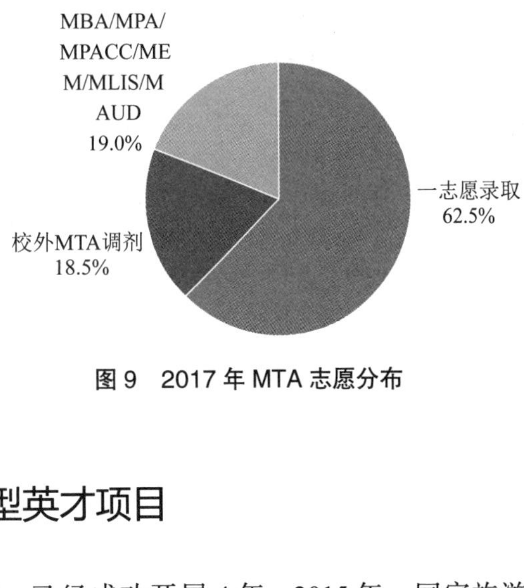

图 9　2017 年 MTA 志愿分布

二、万名旅游英才计划—研究型英才项目

万名旅游英才计划自 2015 年开始实施，已经成功开展 4 年。2015 年，国家旅游局发布了《国家旅游局办公室关于印发“万名旅游英才计划”实施方案的通知》（旅办发〔2015〕158 号）和《国家旅游局办公室关于组织开展 2015 年度“万名旅游英才计划—研究型英才培养项目”“创新创业型英才培养项目”“实践服务型英才培养项目”和“‘双师型’教师培养项目”的通知》（旅办函〔2015〕219 号）。全国 MTA 教指委秘书

处作为执行单位，主要负责研究型英才培养项目申报、评审和结项工作。研究型英才培养项目面向全国院校旅游相关专业硕士和博士研究生，通过公开公正遴选，支持开展旅游相关基础理论研究或应用研究，每人资助 5000 元研究经费，进行为期 1 年的项目研究。2015—2017 年，全国 MTA 教指委秘书处共收到超过 90 所院校共计 1106 份研究型英才培养项目申报材料，在进行公平、公正的遴选后，共有 429 个项目获得立项资格，项目入选率为 39.13%。

2016—2017 年，全国 MTA 教指委秘书处主要完成了“万名旅游英才计划—研究型英才培养项目”（以下简称“研究型英才项目”）的 2015 年中期检查和结项工作，2016 年该项目的立项，以及 2017 年该项目的立项工作等。

（一）2015年项目中期及结项执行情况

2015 年研究型英才项目，MTA 教指委接收到了来自 45 所院校及机构的 145 份项目申报书，经过 MTA 教指委的整理和形式审核，141 份申报材料内容和形式完整，进入专家评审会的遴选程序。随后按照严谨的评审程序，评审专家们进行了公平、公正的遴选，最终获得立项支持的项目共 128 个。

1. 2016 年 4—5 月，开展项目中期检查并组织召开专家评议会。

按照《国家旅游局人事司关于开展“万名旅游英才计划”2015 年度项目中期检查工作的通知》（旅人函〔2016〕62 号）要求，MTA 教指委在 4 月 29 日前向项目负责人发出了通知并开始接受相关材料。2016 年 5 月 22 日，MTA 教指委受国家旅游局人事司委托在天津市津南区南开大学旅游与服务学院举办了 2015 年度“万名旅游英才计划—研究型英才培养项目”中期检查专家评议会。会议由 MTA 教指委副主任委员、南开大学旅游与服务学院教授李天元主持，MTA 教指委委员郑向敏教授、梁明珠教授、田卫民教授、孙九霞教授、赵振斌教授、何建民教授、周玲强教授、林德荣教授 8 位专家出席，对 2015 项目负责人报送 128 份项目中期成果报告进行了两轮的现场评议，按照评议程序和评议标准进行了严格检查，全体专家一致表决通过了中期检查合格（93 人）、修改后合格（22 人）、不合格（13 人）的名单。2017 年 3—4 月，秘书处完成项目成果材料接收，并撰写了《项目执行总结报告》。

2. 项目实施对 22 个省（直辖市）的 40 多所高校（机构）形成了广泛覆盖，涵盖了旅游及相关专业领域的博士研究生 128 人，对天津、广东、上海、浙江、陕西、江苏、湖北、四川等旅游大省（直辖市）有显著的人才培养贡献。

全国具有旅游及相关专业博士点院校（机构）57 个关注了 2015 年“万名旅游英才计划—研究型英才培养项目”，参加项目申请的院校（机构）45 个，获得项目立项并参加结题验收的高校（机构）41 个，其中南开大学、中山大学、陕西师范大学、南京师范大学、浙江大学、浙江工商大学、东华大学立项数量最多。从项目在全国的地域范围影响看，共覆盖 22 个省（直辖市、自治区），分别为甘肃、吉林、青海、河北、新疆、重庆、安徽、云南、北京、福建、河南、湖南、辽宁、山东、四川、湖北、江苏、陕西、浙江、上海、广东、天津，其中天津、广东、上海、浙江、陕西、江苏、湖北、四川 8 个省（直辖市）项目数量分布居于前列，与其旅游大省（直辖市）的发展相匹配（见图 10 和图 11）。

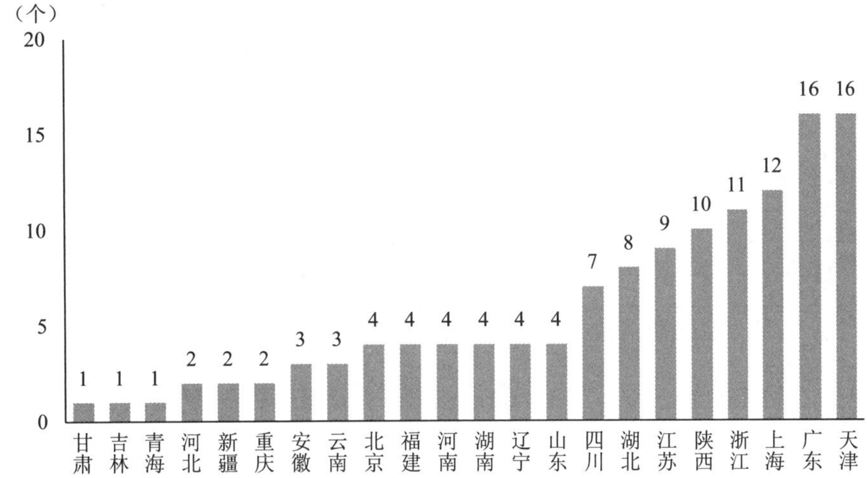

图 10　2015 年研究型英才项目在全国的数量分布图

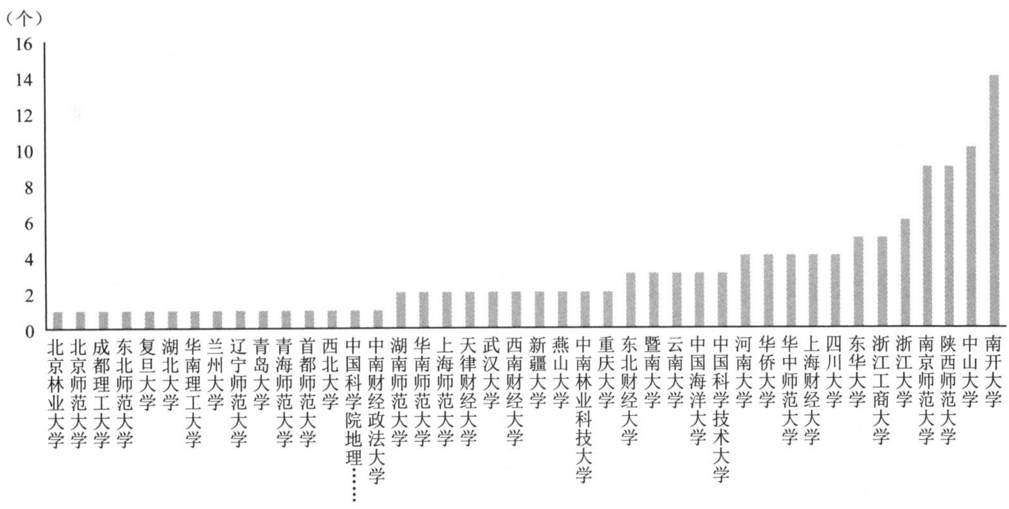

图 11　2015 年研究型英才项目在全国各院校的数量分布图

3. 项目完成度高，95% 的项目负责人按时提交了项目结题报告；项目成果类型丰富，包括各类论文、研究报告、开发软件系统、组建网站、出版书籍、会议交流等形式，乡村旅游及扶贫类研究成果最为凸出。

95% 的项目负责人按时提交了项目结题报告。从已提交的结项材料来看，项目成果类型丰富。各类论文共 183 篇，其中核心论文 70 篇、会议论文 14 篇、英文论文 18 篇、正在外审或通过外审待发表的有 18 篇、未发表的共有 9 篇。各类研究报告 43 个，其中调研报告 20 篇、案例报告 9 篇、规划方案报告 5 篇、分析报告 3 篇。参与书籍撰写及出版 2 本，形成博士论文共有 6 篇，开发软件、数据库、网站及团队 4 个，得到相关会议及论文表彰 2 项。从项目成果的内容上看，聚焦乡村旅游及扶贫最多，其他领域成果依次递减排序为旅游区域合作与开发、旅游市场秩序、旅游产业信息化、旅游产业政策与发展战略、旅游经济核算及统计体系、旅游公共服务体系、旅游国际化等方向，旅游安全、旅游经济与金融、旅游教育等方向成果较少（见图 12）。

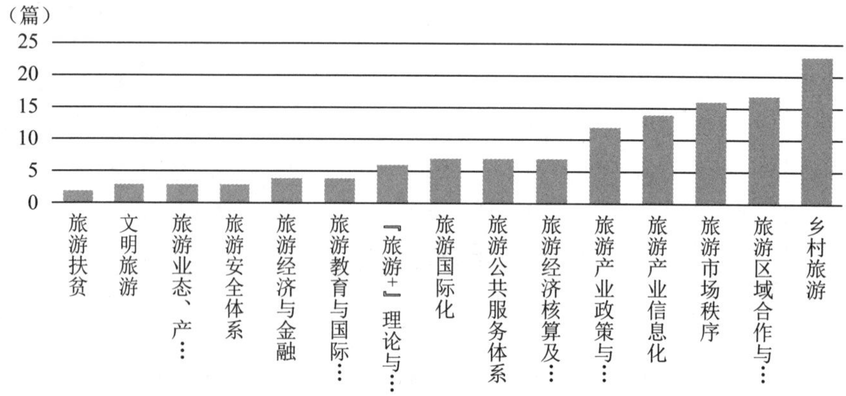

图 12　2015 年研究型英才项目结题的各研究领域分布图

（二）2016年项目执行情况

1. 2016 年 3—4 月，向全国符合申报条件的单位传达相关通知并指导项目申报。

《国家旅游局办公室关于组织实施 2016 年度“万名旅游英才计划”的通知》（旅办发〔2016〕70 号）发布后，全国旅游管理专业学位研究生教育指导委员会秘书处（以下简称 MTA 教指委）向全国具有旅游管理硕士专业学位（MTA）授权点的重点公办普通高校（研究机构）进行了定向联系并邮寄了国家旅游局印制的通知，共 58 个单位接收到了相关材料并组织符合条件的在校旅游管理研究生（MTA）进行项目申报。

2. 2016 年 5 月，项目申报材料接受整理并组织召开专家评审会。

2016 年 5 月 8—20 日，经过 MTA 教指委的整理和形式审核，来自 50 所院校及机构的 229 份申报材料内容和形式完整，能够进入专家评审会的遴选程序。2016 年 10 月 25 日，按照国家旅游局人事司要求，MTA 教指委在天津市津南区南开大学旅游与服务学院举办了 2016 年度“万名旅游英才计划—研究型英才培养项目”专家评审会。会议由全国 MTA 教指委副主任委员、南开大学旅游与服务学院教授李天元主持，云南大学、东北财经大学、华侨大学、暨南大学、中山大学、陕西师范大学、南开大学、厦门大学 8 位教授应邀出席，专家们按照严谨的评审程序对来自 50 个单位的 229 份有效申请材料进行了公平、公正的遴选，最终一致表决并通过了评审合格的项目申请人的名单（201 人）。

3. 2018 年 3—5 月，开展项目中期检查并组织召开专家评议会。

这部分工作将于 2018 年度 MTA 项目发展报告中详述。

（三）2017年申报及立项情况

1. 项目申报情况

2017 年度“万名旅游英才计划—研究型培养项目”申报工作于 2017 年 7 月开展，并于 9 月中旬完成申报材料的接收与整理工作。MTA 教指委秘书处已接受到来自全国 90 个单位的在校博士和硕士生申报的 536 份项目材料，其中专业硕士（MTA）和科学硕士共 359 人，博士生 177 人（图 13）。2017 研究型英才项目共设计了 16 个选题，在 553 份申报书中，按选题内容申报分布如下：全域旅游共 36 人；旅游 +、旅游新业态共 41 人；乡村旅游、旅游精准扶贫共 103 人；旅游市场秩序共 17 人；文明旅游共 9 人；厕所革命共 5 人；旅游安全、公共服务共 23 人；旅游外交、国际合作共 17 人；旅游营销共 29 人；旅游规划、开发共 66 人；旅游投资、消费共 25 人；旅游企业管理共 26 人；旅游信息化共 32 人；旅游创新创业共 15 人；旅游人才开发、旅游教育共 24 人；其他共 68 人。

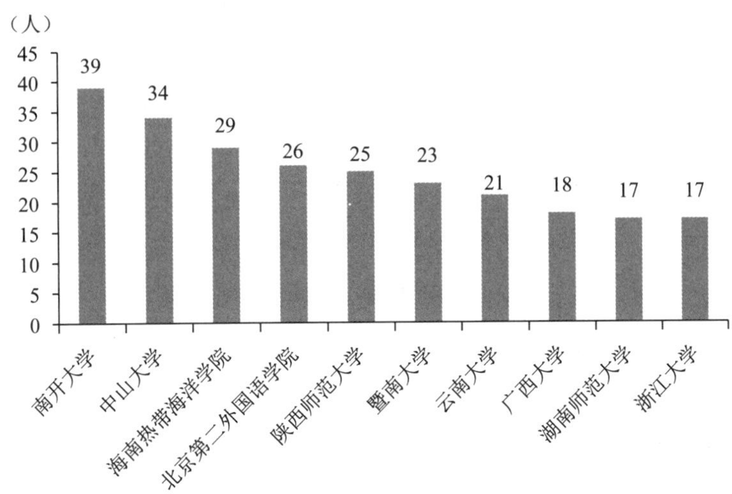

图 13　2017 年研究型英才申报院校前十名分布图

2. 入选情况

2017 年 10 月 30 日，MTA 教指委组织在南开大学旅游与服务学院召开“万名英才项目专家评审会”。经专家组评审，2017 年度“万名旅游英才”项目共有来自 60 所院校的 100 个项目立项，其中专硕 8 人，学硕 46 人，博士 46 人。入选的项目选题分布如下：全域旅游共 6 人；旅游 +、旅游新业态共 7 人；乡村旅游、旅游精准扶贫共 22 人；

旅游市场秩序共 2 人；文明旅游共 4 人；厕所革命共 1 人；旅游安全、公共服务共 6 人；旅游外交、国际合作共 2 人；旅游营销共 5 人；旅游规划、开发共 14 人；旅游投资、消费共 6 人；旅游企业管理共 2 人；旅游信息化共 6 人；旅游创新创业共 2 人；旅游人才开发、旅游教育共 2 人；其他共 13 人。

三、MTA优秀案例评选及案例研究中心

（一）2016年优秀MTA教学案例评选

为了进一步提高全国旅游管理硕士专业学位研究生（MTA）的教育质量、全面推动全国 MTA 教学案例的开发和课程建设，全国旅游管理专业学位研究生教育指导委员会启动了 2016 年全国旅游管理专业学位研究生（MTA）教学案例库建设。在 2013 年全国 MTA 教学研讨会和全国 MTA 教指委第四次全体会议上审议通过《MTA 教学案例库管理机制（暂行）》和《MTA 教学案例的基本要求与撰写规范》基础上，确定了 2016 年相关管理机制和评审标准，于 5 月 6 日全面启动全国优秀 MTA 教学案例的募集工作。

2016 年 5 月 6 日至 9 月 10 日，MTA 教指委秘书处接收到来自 19 个单位的案例投稿 36 篇。与 2015 年优秀案例征集和评选相比，2016 年 MTA 案例投稿数量和质量上具有显著上升的趋势。2014 年投稿共 28 篇，来自 13 所 MTA 培养单位；2015 年投稿 35 篇，来自 19 所 MTA 培养单位，2016 年投稿 36 篇，来自 18 所 MTA 培养单位。

2016 年 9—10 月，MTA 教指委秘书处负责建立了案例评审专家库，并遴选了 18 名专家进行了两轮盲审，最终筛选出了 13 篇优秀案例，如表 2 所示。

表 2　2016 年 MTA 优秀案例入选名单

序号	案例名称	作者	单位
1	事件营销：要出发——长隆大马戏母亲节包场	梁彦明	暨南大学
2	广州白天鹅宾馆的企业社会责任	蔡晓梅	华南师范大学
3	亚朵：人文酒店筑梦第四空间	宋娜	燕山大学
4	婺源篁岭破解乡村旅游产权与共享瓶颈的创新实践	曹国新	江西财经大学
5	丽思卡尔顿酒店的精益服务之路	邢博	天津商业大学
6	“充分准备”行动：S酒店服务流程延迟化	陈觉	浙江工商大学
7	禾泉农庄的旅游产业融合之路	武云亮	安徽财经大学
8	敢问路在何方——安徽万达环球国旅的战略路径选择	林传红	安徽财经大学
9	清明上河园文化旅游产品的开发	程金龙	河南大学
10	创新产业集聚与旅游目的转型升级	张朝枝	中山大学

续表

序号	案例名称	作者	单位
11	九寨沟景区的“智慧”——“智慧九寨”的打造与思考	李爽	华南师范大学
12	深圳东部华侨城旅游度假区多业态协同研究	章牧	暨南大学
13	路在何方？——走马羌寨特色旅游产品的销售困境	李文勇	西南财经大学

（二）2017年优秀MTA教学案例评选

2017 年 12 月，MTA 教指委秘书处收到来自 8 个院校单位的案例投稿 9 篇，与前三年相比，投稿数量显著下降。2018 年 1 月，MTA 教指委秘书处邀请 9 位专家进行了三轮通信评审，最终筛选出了 4 篇优秀案例，如表 3 所示。

表 3　2017 年 MTA 优秀案例入选名单

序号	案例题目	姓名	学校
1	乡村旅游扶贫：烟峰彝家新寨之路	杨德进、牛会聪	南开大学①、 天津城建大学②
2	从“出境旅游运营商”到“出境综合服务商”：众信旅游集团的战略转型	姚延波、侯平平	南开大学
3	服务利润链管理：海底捞的亲情管理和传奇服务	李丽娟	北京林业大学
4	雪峰山：肩负企业社会责任，实现旅游精准扶贫	孟奕爽	湖南师范大学

MTA 优秀案例征集至今，与 MBA、MPA、会计等专业学位教育相比，MTA 在案例开发和教学方面的投入还严重不足，无论在案例开发的数量和质量上，还是在案例的课堂使用上都还处于初步阶段。

调动教师编写案例的积极性、促进案例在教学过程中的使用、加强 MTA 案例开发投入及机制保障，是推进 MTA 案例开发与教学工作的关键环节。目前，MTA 案例编写和开发需要教师投入大量的精力和时间，而 MTA 培养单位在教师绩效考核方面却没有纳入其中，也没有政策和经费上的支持，导致了教师编写案例的积极性不高。MTA 优秀案例数量和质量目前还不能适应 MTA 教学的需求，教学中面向学生使用的案例则更少，形成了 MTA 案例教学滞后的现状。另外，MTA 案例开发除举办优秀案例大赛和师资培训班外，还需要开展案例教学观摩、案例共享平台建设、案例开发指导中心建设、案例推广使用等活动，保障 MTA 案例建设的快速发展。

（三）全国MTA案例研究中心建设

国务院学位办和教育部高度重视案例开发和教学在专业学位教育中的作用，2015 年 4 月和 10 月，教育部学位与研究生教育发展中心召开了两次全国专业学位研究生教育的“案例库建设研讨会”，不断推动案例开发与教学工作。MTA 教指委秘书处已向教育部学位与研究生教育发展中心递交了加入“中国专业学位教学案例中心”的申请，并形成了《旅游管理专业学位教学案例库建设规划方案大纲》的初稿。教育部学位与研究生教育发展中心近期将与 MTA 教指委签订协议，在 MTA 案例开发与教学方面给予政策和资金支持。同时，全国 MTA 教指委秘书处已与暨南大学达成初步合作意向，并进行初步研讨论证，双方一致认为可联合优秀旅游企业，共同合作推进全国 MTA 教学案例中心建设，继续搞好优秀案例征集、案例开发培训、案例入库建设等方面的工作，积极加入教育部学位与研究生教育发展中心的“中国专业学位教学案例中心”并推进 MTA 案例资源库建设与共享；深化课堂案例资源在教学和课堂上的使用推广。

四、举办各类师资培训班

（一）核心课程师资培训班

1. 举办第七届 MTA 核心课程“服务管理”师资培训班

第七届 MTA 核心课程“服务管理”师资培训班于 2016 年 11 月 4—7 日在长沙成功举办。本届培训班由全国 MTA 教育指导委员会秘书处主办，国家旅游局大力支持与资助，湖南师范大学旅游学院承办。来自全国 44 所 MTA 培养院校的 77 名教师学员参加了此次培训。本期培训邀请了白长虹教授、张立春总经理、李中副教授、陈晔副教授授课，收到了非常好的培训效果。

2. 举办第八届 MTA 核心课程师资培训班

第八届全国 MTA“旅游规划与战略”师资培训班于 2017 年 11 月 10—13 日在西南大学（重庆）成功举办。本次培训班由国家旅游局人事司主办、全国 MTA 教育指导委员会秘书处承办、西南大学经济管理学院协办。来自全国 42 所 MTA 培养院校的 70 名教师学员参加了培训。本期培训邀请了石培华教授、徐红罡教授、张朝枝教授、杨学明主任、王玥副总经理、何莽副教授等专家授课，培训取得了显著效果。

（二）举办全国MTA案例开发与教学培训班

全国第三届 MTA“案例开发与教学”师资培训班于 2016 年 5 月 13—16 日在开封银祥时尚酒店顺利举办。本期师资培训班由国家旅游局人事司资助、全国 MTA 教指委秘书处主办、河南大学历史文化学院承办。参加培训的 68 名学员来自南开大学、中山大学、暨南大学、陕西师范大学、北京第二外国语学院、云南大学、南昌大学、河南大学等 38 所高校。本期培训班邀请了南开大学周建教授、暨南大学文彤副教授、开封清明上河园股份有限公司总经理周旭东先生作为主讲嘉宾进行案例开发和案例教学的专题讲座。

五、MTA教指委工作

在国务院学位办、国家旅游局的指导和支持下，全国 MTA 教指委在 2016 年和 2017 年主要完成了以下工作：

（一）2016年主要工作

1. 召集编写完成《MTA 学位授权点申请基本条件》

按照《关于委托国务院学位委员会学科评议组和全国专业学位教育指导委员会编写“博士硕士授权点申请基本条件”的通知》（学位办〔2016〕8 号）、《关于反馈“博士硕士授权点申请基本条件”编写修改意见的函》（学位办便字 20160903 号）文件的要求，在全国 MTA 教指委秘书处的组织和全国 MTA 教指委秘书长白长虹教授的召集下，召开了 2 次现场论证和编写会议、开展了 4 次通信评议和意见征求、举行了 2 次通信表决，于 10 月 15 日完成了《旅游管理硕士专业学位（MTA）授权点申请基本条件》征求意见稿，报国务院学位办并在全国征求了相关反馈意见。12 月 27 日，MTA 教指委秘书长召集秘书处工作人员对来自全国 11 个省市反馈意见进行了吸取和修改，形成了《MTA 学位授权点基本条件》的最终稿并报送到了国务院学位办。

2. 负责执行国家旅游局“万名旅游英才计划—研究型英才培养项目”

按照《国家旅游局办公室关于组织开展 2016 年度“万名旅游英才计划”的通知》（旅办函〔2016〕70 号）和《国家旅游局人事司关于开展“万名旅游英才计划”2015 年度项目中期检查工作的通知》（旅人函〔2016〕62 号）文件的要求，全国 MTA 教指委秘书处于 2016 年 5 月 22 日完成了“万名旅游英才计划—研究型英才（MTA）培养项目”2016 年度立项评审会和 2015 年度中期检查专家会。

3. 继续深入推进 MTA 教学案例库建设

为了激发各培养单位教师开发案例的积极性，保障 MTA 案例教学的质量，也为了促进优势资源共享，全面提升全国 MTA 案例教学的水平，2016 年继续推进了 MTA 案例开发和教学工作。

一是在河南大学举办的第 3 期“MTA 案例开发与案例教学”师资培训班，邀请了国内外知名案例教学教授和全国 MTA 案例教学优秀教师作为主讲嘉宾进行专题讲座，安排了案例地考察并听取了业界专家的案例介绍；另外为配合 2016 年 MTA 教学案例募集，培训班专门安排了讨论环节，以增进学员案例开发和教学经验的交流与分享。

二是启动了2016年度全国优秀MTA教学案例的募集工作，2016年4月8日至6月30日，MTA教指委接收到来自20个单位的案例投稿44篇，经过两轮专家盲审遴选出了13篇优秀案例，该评审结果提交第二届全国MTA教指委第一次全体会议审议后，秘书处与中国旅游出版社签约，在2017年年初出版了《全国第二届优秀MTA教学案例集（2016）》。

三是MTA教指委已与教育部学位与研究生教育发展中心展开“中国专业学位教学案例中心”的全面合作，按照签订的协议顺利完成了MTA教学案例库的基础建设，参加了教育部学位与研究生教育发展中心在2016年12月举办的“案例开发培训班及研讨会”，推动MTA教指委与教育部学位与研究生教育发展中心的大力合作，获得更多的政策和资金支持，全面加速MTA案例库建设的进程。

4. 进一步提升MTA核心课程的师资水平

MTA教指委自成立以来一直非常重视MTA核心课程的建设工作，坚持每年举办MTA核心课程的师资培训班，而且将授课教师定位在相关课程领域的国际权威专家。2016年，在湖南师范大学旅游学院举办了核心课程《服务管理》师资培训班。到目前为止，MTA教指委已完成了7门专业核心课的师资培训工作，培训MTA专业教师近500人，有效地提升了MTA核心课程的师资水平。

5. 继续促进MTA学位论文质量的提升工作

为进一步提高旅游管理专业学位（MTA）教育质量，促进MTA教育持续健康发展，秘书处继续开展2016年MTA优秀学位论文评选工作，以促进MTA学位论文质量的进一步提升。从2016年7月1日全面启动，各培养单位按照要求在规定的时间内向秘书处报送了40多篇学位论文，来自于20所院校。MTA教指委秘书处在8—9月，从“优秀论文评审专家库”中遴选了16位专家进行了论文的盲审工作，按照相关的评审要求和标准筛选出了5篇优秀学位论文。

6. 完成2016年全国MTA招生统计工作

自2011年实施招生以来，MTA教指委一直实时跟踪各培养单位的招生录取工作，为教育部、旅游行业部门、各培养单位等及时了解MTA全局发展动态提供基础数据。目前，教指委秘书处通过邮件和电话等方式完成了2016年全国MTA招生统计工作，编写了《2016年全国MTA招生统计分析报告》，对2016年MTA招生规模、报名录取率、计划招生完成比例、第一志愿录取比例、学生志愿分布等指标进行了详细的分析，作为全国MTA发展的决策参考。

7. 开展了征集“MTA 教育第二个五年（2016—2020）发展思路、重点与建议”的活动

2016 年 5 月，国务院学位办、教育部、人社部完成了 MTA 教指委委员的换届工作，这标志着 MTA 教育迎来了“第二个五年”发展关键期。在此背景下，新一届 MTA 教指委集思广益并全面谋划“MTA 教育第二个五年（2016—2020）发展愿景”，特委托秘书处提前向各 MTA 培养单位的负责人、一线教师有奖征集“MTA 教育发展思路、重点与建议”。MTA 教指委和工作委员会在制定“MTA 教育第二个五年发展规划”过程中充分吸收相关建议并评出“MTA 教育发展决策咨询优秀建议”给予表彰：由全国 MTA 教指委颁发“MTA 教育发展决策咨询优秀建议”的获奖证书，以及优秀决策咨询费；对其中具有理念创新、重大突破、特殊贡献意义的建议或议题，还将另行立项委托和课题资助。征集“MTA 教育发展思路、重点与建议”活动的要求：MTA 培养单位的负责人、专任教师或业界导师根据近年来的 MTA 教学经历及观察总结，在研判未来 5 年 MTA 发展趋势基础上，提出 1~2 项发展建议（每项建议 500 字以上），方向、形式和内容不限。

（二）2017年主要工作

1. 召开了第二届 MTA 教指委第一次会议

2017 年 6 月 6 日，“第二届全国 MTA 教指委第一次会议”在苏州召开。国务院学位办副主任（教育部研究生司副司长）黄宝印、国务院学位办研究生培养处副处长郝彤亮、时任国家旅游局副局长魏洪涛（全国 MTA 教指委主任委员）、国家旅游局人事司司长缪沐阳、国家旅游局人事司副司长余昌国（全国 MTA 教指委副主任委员）、全国 MTA 教指委副主任委员石培华教授、全国 MTA 教指委秘书长白长虹教授及全体委员出席。会议审议通过了《2017—2018 年度 MTA 教指委工作计划》，并确定了 2017—2018 年度需大力开展的重点工作任务。

2. 负责执行国家旅游局“2017 万名旅游英才计划—研究型英才培养项目”

按照 2017 年 7 月发布的《国家旅游局办公室关于组织开展 2017 年度“万名旅游英才计划”的通知》（旅办发〔2017〕192 号）文件的要求，MTA 教指委秘书处立即着手组织“2017 万名旅游英才项目”的发布和申报，共接收到来自全国 90 个院校的在校博士和硕士生提交的 553 份项目申报材料。经严格评审，2017 年“万名旅游英才”项目共立项 100 项，覆盖了全国 60 个 MTA 培养单位，进一步强化了 MTA 教育与我国旅游业实践需求的对接。

3. 成功举办第八届 MTA 核心课程师资培训班

2017 年 11 月 10—13 日，第八届 MTA 核心课程《旅游规划与战略》师资培训班在重庆西南大学举办。来自全国 42 所 MTA 培养院校的 70 名教师学员参加了培训。

4. 教指委委员积极参加各类重要会议

2017 年 4 月 14 日，MTA 教指委副主任委员石培华教授和秘书长白长虹教授参加了在北京举行的“国务院学位委员会学科评议组、全国专业学位研究生教育指导委员会工作会议”。教育部副部长杜占元出席会议并讲话。会议传达了国务院学位委员会第三十三次会议精神及刘延东同志重要讲话精神，各学科评议组和教指委委员提出了对学位与研究生教育工作的意见和建议。两位委员代表旅游管理教指委汇报了工作，并与参会的各教指委委员充分交流。2017 年 1 月 12 日，副主任委员石培华教授和秘书长白长虹教授受邀参加国家旅游局“2017 全国旅游工作会议”。

5. 完成 MTA 优秀案例第二轮匿名专家评选工作

目前，MTA 教指委秘书处共收到来自 9 个院校提交的 9 篇 MTA 教学案例，秘书处正组织专家按照相关评审标准和程序开展第一轮的匿名评审工作。另外，MTA 教指委秘书处已向国家旅游局上报了“关于对 2016 年度入选 MTA 优秀案例”给予经费资助的请示，需对已评选公布的 12 位优秀案例的作者进行经费划拨，并给予第三届 MTA 教学案例的出版资助。

6. 继续促进 MTA 学位论文质量的提升工作

为进一步提高旅游管理专业学位（MTA）教育质量，促进MTA教育持续健康发展，秘书处继续开展 2017 年 MTA 优秀学位论文评选工作，以促进 MTA 学位论文质量的进一步提升。2017 年，MTA 教指委秘书处已接收到来自 12 个单位推选的 32 篇 MTA 学位论文。MTA 教指委秘书处已完成对优秀学位论文的专家匿名评审工作。

7. 已完成 2017 年 MTA 授权点招生统计工作

自 2011 年实施招生以来，MTA 教指委一直实时跟踪各培养单位的招生录取工作，为教育部、旅游行业部门、各培养单位等及时了解 MTA 全局发展动态提供基础数据。教指委秘书处通过邮件和电话等方式完成了 2017 年全国 MTA 招生统计工作，编写了《2017 年全国 MTA 招生统计分析报告》，对 2017 年 MTA 招生规模、报名录取率、计划招生完成比例、第一志愿录取比例、学生志愿分布等指标进行了详细的分析，作为全国 MTA 发展的决策参考。通过对 2017 年全国 66 个授权点单位招生情况进行统计分析，结果显示：总报名人数为 2511 人，总报到人数为 1102 人（2016 年为 716 人），报到人数比 2016 年增长 53.9%，在校学生人数达到了 2400 人。

8. 秘书处日常建设工作

2017 年，在秘书长的领导下，MTA 教指委秘书处继续努力完成教指委交办的各项工作，认真履行秘书处职责。积极与各 MTA 培养单位沟通交流、组织活动、联络协调、宣传 MTA 教育活动、扩大 MTA 专业学位教育影响。加强秘书处信息资料库维护管理。建立健全工作制度，改进工作作风，提高工作效率，增强服务意识和协调能力。

人才是旅游业发展的核心竞争力，也是旅游业可持续发展的不竭动力。我国 MTA 教育将以习近平新时代中国特色社会主义思想为指导，积极整合各方资源，围绕我国旅游业新时代的需求导向，努力培养具有旅游职业素养、专业水平、国际视野、社会责任感、创业创新能力的优秀 MTA 人才，努力实现：到 2020 年，打造一支数量充足、结构优化、素质优良、充满活力、与旅游业发展相适应的旅游人才队伍的发展目标。

Part 3

第三部分

理论研究

中国旅游地理学研究的代际差异与学科转型

翁时秀[①] 保继刚[②]

摘　要：以代际关系分析中国旅游地理学正在经历的转型，有助于厘清转型背后的代际动力和转型中出现的问题。依据“同期群效应”理论，文章将中国旅游地理学研究者划分为开创代、第一代、中间代和新生代，并分析了各代学者因学术经历不同而形成的不同学术特征。文章认为，世代之间基于代际差异的学术互动是当前中国旅游地理学出现研究问题转型、学科认知转型、理论认知转型和研究方法转型的重要原因。文章进而指出，转型前景尚不明朗，转型中出现了引领性问题体系的缺失、学科范畴的迷惘和理论观念的分歧等问题，中国旅游地理学研究者应通力合作建立引领性问题体系，以地理学思维破除学科迷惘，建立具有包容性的理论观。

关键词：旅游地理学；学科转型；代际差异；同期群效应；中国

一、引言

自1979年年底中国科学院地理研究所组建旅游地理学科组开始，旅游地理学在中国的系统研究，至今已近40年。其间，关于学科发展的回顾与反思从未间断[1-18]。相关学者或从内部视角回望本学科各阶段进展，或从外部视角把握学科发展与历史脉动之间的关联，为深化学科认知、指引学科发展做出了积极贡献。通过这些回顾与反思，学者们梳理了中国旅游地理学过去所取得的成就，建立了本学科发展的宏观认知，进而意识到研究问题缺失对学科发展的重大阻碍[12]和“知识溢出”对学科建设的重要作用[15]。

然而，这些学科回顾与成果综述尚未关注当前中国旅游地理学正在发生的学科转型及转型中的代际关系，也未系统梳理转型中的问题与困惑。对此，本文同意项飚[19]的

① 翁时秀（1984— ），男，浙江瑞安人，博士，中山大学地理科学与规划学院讲师，研究方向为旅游地理学。E-mail：wengshx8@ mail.sysu.edu.cn。

② 保继刚（1964— ），男，云南个旧人，教授，博导，长江学者特聘教授，中山大学旅游发展与规划研究中心主任，中国旅游协会旅游教育分会会长，研究方向为旅游地理和旅游规划。E-mail：eesbjg@mail.sysu.edu.cn。

观点："中国现代社会科学的演进……可能更多的是不同代际之间学术实践方式、知识的习得和积累方式上的变化。如果不去把握积累方式的转变，可能就谈不上有效的知识积累。"中国旅游地理学的代际学术实践虽然不同于主流社会科学，但以代际视角来看待学科转型与发展却无疑是同样需要秉持的分析进路。由此，本文尝试以研究者群体的代际关系为切入点来刻画学科转型，希望通过群体内部代际更替与学术传承的分析来探究当前学科状况及发展问题。

二、分析进路

代际分析的思路不同于成果分类分析或量化指标分析（如 H 指数分析[20, 21]、合作者网络分析[22]）。代际分析着眼于学术共同体内部的年龄分层，核心思想是"同期群效应"（cohort effect，也译为"世代效应"）——由于同一年代出生的一群人（同期群）具有相同社会时代背景，共同经历了相同的社会历史事件，因而具有相似的社会感知、特征和影响[23]，一个同期群的规模和年龄等级（age hierarchies）能够建构一个时代[24, 25]。"同期群效应"的思想可使研究者关注学术共同体代际差异的成因，并提醒研究者注意不同年龄层群体规模、年龄等级（某一年龄所拥有的机会、权力和回报）和学术经历的变化如何引起代际关系变更并使共同体在不同时期呈现不同的整体风貌和"时代特征"。

三、中国旅游地理研究者的同期群特征

（一）同期群划分

"相同的社会时代背景"和"共同的社会历史经历"是划分同期群的重要依据。保继刚[11]在划分中国旅游地理学发展阶段时，清晰阐述了理想主义阶段（1978—1989）、现实主义阶段（1990—1998）和理想主义理性回归阶段（1999—2008）的时代背景及研究者的时代经历，为本文的同期群划分奠定了基础。依据研究者进入旅游地理研究的阶段差异，本文将 1978 年至今的中国旅游地理学研究者分为开创代、第一代、中间代和新生代四个同期群。至于此前从事过旅游地理相关研究的学者（如张其昀、任美锷），由于其研究是零散的且没有形成学术传承，因而不在本文的讨论范围之内。

本文分析的四个同期群中，开创代指 1978 年前后介入旅游地理学研究和人才培养的先辈，这些先辈原先从事自然地理学或经济地理学研究，敏锐地看到旅游地理学的发展潜力和趋势，从而转向旅游地理，并于 20 世纪 80 年代（理想主义阶段）开始培养旅游地理专门人才。而那些在 80 年代接受开创代教育的专门人才（硕士及以上），由于其进入学术领域之初（或一段时间后）即以旅游地理学为终身志业，且在其成长过程

中完成了中国旅游地理学研究体系的初步构建，因此，本文称其为“第一代学者”。在第一代学者之后的是于现实主义阶段（1990—1998）接受旅游地理学术训练的研究者（硕士及以上），由于其学术实践具有明显的过渡性质，本文称之为“中间代”。最后，对于21世纪接受旅游地理学术训练（硕士及以上），逐渐成长起来的年轻一辈，本文称为“新生代”。

从年龄看，开创代现在已经超过70岁，第一代大多为现在50~65岁的学者、中间代多为40~50岁、新生代40岁以下。但这种年龄对应关系不是绝对的（例如，小部分中间代学者的年龄超过50岁），进入旅游地理学研究领域的时间、年龄及学术发展中的代际交往关系都会影响研究者的同期群认同。这也是本文并不直接以年龄为划分依据的原因。

依据以上划分，本部分后续内容将首先分述各个同期群的特征，然后梳理代际关系并审视学科转型。

（二）开创代学者

中国旅游地理学的开创代学者不少来自自然地理学领域。当时，传统自然地理学（特别是综合自然地理学）停滞不前，研究者为实现学科的进一步发展努力探寻新的应用方向。旅游业和旅游学因其良好发展前景而引起关注，并因其在综合性方面与地理学相似而触发开创代学者的最初研究工作[26]。

由于旅游资源的“形成机制和设计”在当时被认为是旅游地理学最重要的研究内容[27]，因此，开创代学者所完成的研究中，旅游资源（尤其是自然旅游资源）的评价与开发占了相当大的比重，相关研究为80年代的旅游发展提供了理论指导。当然，基于旅游的综合性特征，部分开创代学者认识到多样化研究的必要性，陈传康更是在旅游地理哲学、旅游资源和市场对应变换关系、旅游开发与管理、城市旅游、旅游形象设计、康体休闲、地段设计等领域都有创造性开拓[6]。这些研究充分展示了旅游地理学的活力和魅力，吸引了林超、吴传钧等地理学界领军人物的介入和支持，从而极大地推动了学科发展，鲍觉民、何自强、包浩生、曾尊固、许世远、杨吾扬等学者加入到旅游地理学的人才培养中来，指导完成了若干博士学位论文；孙文昌、郭康、韩也良、雷明德、卢云亭、钱今昔、尹泽生、徐君亮、宋力夫、雍万里、刘振礼、周进步、戴松年等学者进入旅游地理学研究行列，形成了中国旅游地理学的开创代。

在开创代的努力下，旅游地理学作为地理学的一个分支，学术地位得到认可，1987年中国地理学会在人文地理专业委员会下设立旅游地理学组，1992年中国地理学会正式设立旅游地理专业委员会，自此，旅游地理学成为中国地理学的重要组成部分。

（三）第一代学者

第一代学者于理想主义阶段进入旅游地理学研究，几乎完整经历了中国旅游地理学发展的全过程，并在最近 10 年持续引领学科发展。

在理想主义阶段，这一代学者当时大多是 20~30 岁的年轻人，在他们进入旅游地理学研究领域之时，正值学科初创之际。当时主导学科发展的开创代学者中，只有陈传康、郭来喜等少数学者将旅游地理学作为终身志业并努力将其开拓为一门学科，其他学者大多只把旅游地理当作“副业”，并未将其作为主要学术旨趣。同时，由于学术背景不同，开创代学者内部所秉持的研究观念和研究视角也存在一定差异，由此使得中国旅游地理学在创立之初就带有多元化特色，形成了多个旅游地理学研究方向。多元化意味着更大的研究自由，但也意味着研究的相对分散，需要更长的时间才能实现研究的整合和学科体系的创建。

与开创代学者不同，当时还是年轻人的第一代学者，有相当一部分从踏入学术领域开始便以旅游地理学为“主业”，另一部分虽然在研究生阶段并不真正进行旅游研究，但后来却完全转向旅游地理学。这些学者经由 80 年代的砥砺，形成了以保继刚、吴必虎、陆林、张捷、张凌云、楚义芳、彭华、徐红罡、黄震方、牛亚菲、明庆忠、叶文、马耀峰、汪宇明、邹统钎、马勇、马波为代表的学术世代。这一世代作为恢复高考后入学的“科班生”，他们同时受教于林超辈地理学家和陈传康辈地理学家。林超辈中华人民共和国成立前接受过西方教育，而陈传康辈于中华人民共和国成立后受教于林超辈学者，两代学者均具有扎实的地理学功底。得益于这种师承关系，第一代学者打下了良好的地理学基础，并传承了其师辈的自由探索精神，大胆讨论“地理学危机”。因此，当他们发现开创代学者尚未建成学科体系时，便自觉或不自觉地将学科体系的建立作为其重要学术目标。也正是在这一代学者身上，完成了中国旅游地理学学科体系的创建，形成了旅游地理学研究的中国框架。

这一研究框架的特点是：①在研究内容上，以解决旅游发展实际问题为目标，主要涉及旅游资源评价与开发、旅游环境容量、旅游地生命周期、旅游者行为规律、旅游需求预测、旅游空间组织、旅游流、旅游经济影响、旅游规划等直接呼应现实需求的研究；②在研究取向上，青睐 80 年代中国地理学的“计量革命”和数学化的经济学研究[28, 29]，走向了“自然科学化”，走向了（逻辑）实证主义和定量研究。社会科学的研究进路和定性研究当时并没有引起学者们的太多关注。

某种程度上可以认为，这一框架为此后 30 年中国旅游地理学研究提供了一个根本参照。很多第一代学者就是在这一框架里不断实现研究的深化、拓展和超越；中间代和新生代最初也是在这一框架里思考旅游地理学的核心研究问题。直到最近 10 年“社会科学化”研究取向的兴起，才使情况有所转变。

第一代学者也是最早参与中国旅游规划实践的学者。1978 年以来，中国旅游业快速发展，急需一批学者指导旅游资源调查与开发实践。第一代学者在其前辈的引领下介入旅游开发，并几乎全程参与了中国旅游发展实践，成为目前中国旅游发展最为倚重的知识力量。这样的经历使其得以深入了解中国旅游业的发展状况，形成了对实践中所出现问题的高度敏感，相关研究也表现出了与实践的紧密结合。当然，由于不同学者的学术训练不同，将实践问题提升为理论问题的能力也不同，研究成果的学术化程度也就有所差异。

另外，第一代学者在理想主义阶段形成的自由探索精神和理性反思气质使得他们在理想主义的十年勤于探索、勇于创新，也使得他们中的优秀学者能在现实主义的十年坚持学术理想的追求，并在理想主义理性回归的十年重新带领中国旅游地理学走向更加理性的学术发展。正因为这种精神和气质，第一代学者即使在其学术生涯之初没法充分接触国外文献，其在后续的学术生涯中，仍然不断努力去缩小中国旅游地理研究与国外的差距，个别优秀学者甚至能够依据其对中国旅游的深入研究逐渐建立起与国际旅游地理研究者的平等对话。

（四）中间代学者

中间代学者大多于现实主义阶段正式开始其学术生涯。相比第一代学者，中间代对理想主义阶段所拥有的激情和追求体验不深。他们最初体验到的是：中国旅游业蓬勃发展，但是观光旅游仍是主流，旅游业实践中亟须解决的问题与 80 年代没有根本区别。因此，旅游业的实践并不呼唤理论的革命，而是要求深化 80 年代的研究领域，如旅游资源开发、旅游者行为规律、旅游需求预测、旅游规划等与实践相结合的学术研究，并将研究更好地应用于实践。与此相对应，旅游地理学家在这一时期成为旅游规划的主力军，其研究内容也体现出明显的实践驱动。这种体验使大多数中间代学者形成了现实主义研究取向。而在此后理想主义理性回归的十几年里，由于理性回归并不彻底且十分脆弱，中间代学者又因没有经历理想主义的十年，所以对这种回归整体上难以形成深刻体验，因而其现实主义研究取向也就没有发生根本改变。

受这种学术体验的影响，很多中间代学者往往将旅游地理学研究等同于“为区域旅游发展提建议”，大量“研究成果”都是关于区域旅游发展的对策报告。部分学者在具备参与旅游规划的能力之后，便将更多的精力花在旅游规划实践上。因此，与第一代学者相比，中间代学者整体上缺乏对学科发展和理论贡献的理想主义追求。

当然，中间代中的优秀学者（如陶伟、刘锋、李蕾蕾、杨新军、章锦河、戴光全、钟林生等）仍能秉承先辈的学术追求，在先辈设定的研究框架里努力深化旅游资源开发、旅游者行为规律、旅游环境容量、旅游发展战略、旅游规划等应用研究并将研究拓展至旅游形象等新领域。而且，出于对行业实践的关注和拓展学科体系的追求，在其学术生涯中，当新的旅游发展理念和旅游形式出现时——例如可持续旅游、生态旅游、社区旅游、城市旅游、节事旅游、遗产旅游等的出现——中间代学者往往能够予以及时关注。但是，中间代学者没能对第一代学者建立的研究框架做出更大贡献，也难以从自身对旅游地理学的理解中找出有持续吸引力的研究问题。由此，旅游地理学对部分中间代学者的学术吸引力减弱，有些学者转向了地理学其他分支或其他学科。

另外，面对旅游管理专业的发展，旅游地理学的中间代学者似乎难以像第一代学者那样随心所欲地进行与旅游现象有关的一切研究。一旦其研究超出前辈设定的范围，便会产生“这个研究是不是地理学研究”的疑虑。面对这一局面，部分学者开始思考地理学学科的特性和边界，另有学者则直接脱离地理学的“束缚”，转向了旅游研究的其他分支。因此，就目前的状况看，中间代学者虽然人数不少，但留在旅游地理学领域或始终坚持以地理学为学科归依的并不多。整体而言，由于中间代学者有相当一部分去了旅游管理教学与研究机构或规划设计单位，因此，中间代对地理学科的依附和认同感比第一代学者低。

对于那些坚持旅游地理学研究的中间代学者，为深入思考旅游地理学与其他旅游研究之间的学科界限，他们将眼光转向人文地理学的基本概念、学科视角和研究范式，试图通过学科特性的审视来明确旅游地理学的研究范畴。经过多年的沉思与探索，近年来，这一代学者与其他年龄层学者一起走向了更加多元的旅游地理学研究。

（五）新生代学者

新生代是在21世纪逐渐成长起来的青年学者。在其踏入学术领域之初，正是理想主义理性回归之际，中国旅游地理学的学术视野再次拓宽，研究规范和学术贡献日益受到重视，研究范式于潜移默化中转型并被越来越多的人感知到。关于研究规范、研究方法、研究问题和理论意识的思考与讨论（包括各种正式学术讨论、非正式的网络讨论和学者间的“闲聊”）逐渐成为一种常态。这种学术环境对新生代学者学术心态和学科理解产生了复杂影响。

影响首先体现在研究规范上。中国旅游地理学对研究规范的倡导[30]晚于主流社会科学。这是因为主流社会科学在1989年之后，意欲在和政府保持距离的条件下，建设专业的知识体系和方法体系，通过规范化、系统性来寻求相对的独立性，从而让学术成为稳健的民主建设、社会长治久安的基础[19]，因而在20世纪90年代就开始了学术规范化运动。而中国旅游地理学在1989年之后则走向了现实主义的研究取向，进入21世纪后发现现实主义使学科发展大大偏离了学术方向，因而倡导研究规范以扭转90年代因现实主义思潮盛行而导致的学术停滞问题，冀图以规范化来引导学术化。尽管时间和目的不同，但是和主流社会科学一样，中国旅游地理学的学术规范化同样重塑了学科发展方向。值得注意的是，对学术规范的倡导使得不同年龄层的学者在学术规范的追求过程中处在了同一起跑线上，不管是第一代、中间代还是新生代，都需要向国外同行和国内外其他学科学习，才能习得真正的学术规范（不仅仅是规范的形式）。由于新生代学者能在学术规范的学习上投入较多时间，能够较快掌握学术规范，因而形成了与其他年龄层学者平等对话，甚至批评其他年龄层学者研究“不规范”的资本。

基于同样的原因，新生代能够更快掌握国外人文地理学和旅游研究的新方法、新理论和新动向，从而在国内日渐注重方法和理论的氛围里，更娴熟地“表现”理论和方法。通过新生代发表的论文可以发现，新生代具有非常强的方法意识，同时也可以看到，他们能够非常快地将西方人文地理学和其他学科的理论借鉴到中国旅游地理学的研究中，并在研究中体现国外新动向。由此产生的影响有三：①新生代能够更加深切地感受到西方人文地理学研究的“社会科学化”和研究范式的多元化，从而发现其前辈所从事的中国人文地理学研究跟西方之不同，同时发现第一代学者所搭建的中国旅游地理学研究框架与当前西方旅游地理学研究的领域、问题、方法和进路并不完全匹配。基于这种学科理解，新生代开始了自己的道路选择，部分学者仍坚持前辈的研究传统，在区域地理学和计量方法的进路上继续寻求深化，另一些学者则转向各种新流派的人文地理研究范式和方法。但是不管是前者还是后者，都不否认社会科学化对于学科发展的重要性。②新生代对理论的关注和运用拓展了中国旅游地理学的研究视野，某种程度上促成了研究的转型，但是，新生代对理论的无师自通式运用往往是在没有系统爬梳理论的源流、目的、前提条件、适用范围的情况下进行的，不少学者存在大量的理论套用、误用问题，因而难以深层体悟理论的意义，难以将理论更好地应用于研究问题的解决，难以做出真正对理论本身有贡献的研究。③新生代十分注重文献对于深入研究的作用，充分关注国内外研究动向，能够更好地与国际同行进行学术对话。当然，这并不意味着新生代否认实践和经验在学术研究中的重要作用，他们也很关注行业新现象、新问题，只是与其前辈相比，新生代目前还缺乏对中国旅游发展的完整把握能力，他们还不是旅游发展管理者和行业从业者最为倚重的知识力量，因而对于行业实践的介入深度也比不上他们的前辈，所以在研究上往往难以直击当前中国旅游发展的关键问题。此外，新生代在学术体制中面临短平快的发文要求和较大的学术压力，没有充分的时间沉浸于经验之中，没能耐心探索经验中丰富的理论意涵。

四、代际关系与学科转型

以上内容简单梳理了四代旅游地理学人的基本情况，四代之中，开创代已经淡出学术第一线，而活跃于当下的三代学人由于学术经历不同形成了不同的群体特征。

从代际关系看，开创代为旅游地理学争取了学科地位，为此后学科的持续发展奠定了人才基础。第一代完成了开创代学者未能完成的中国旅游地理学学科体系创建，形成了旅游地理学研究的中国框架，进而倡导研究规范、呼吁对研究问题的重视，积极推动中国旅游地理学的国际化和更加理性的学术发展，是当前中国旅游地理学的主心骨和学科发展的引领者。中间代因学术环境和学术经历的限制，整体上没能突破第一代的研究格局，但其中的优秀者仍能努力拓展并深化旅游地理学研究领域。新生代成长于日益强调研究规范和学术贡献的氛围里，表现出了更强的研究规范、文献意识、理论意识和方法意识，其研究往往超出先辈建立的研究框架。几代学人基于代际差异的学术互动产生了相互影响，并逐渐形成一股转型的力量，使中国旅游地理学发展走上了转型之路。转型体现在四个方面：

第一，研究内容和研究问题的转型。第一代学者所建研究框架代表了 20 世纪 80 年代地理学家服务于旅游发展实践、从实践中总结规律进而指导实践的学术追求，这种追求虽以实践为导向，但却高于实践，不同于现实主义思潮下的“知识应用”。这一框架的研究成果较好地指导了过去 30 年中国旅游的发展。但是，经过 30 多年的发展，中国旅游发展的现实需求逐渐从开发和规划转向全方位的管理和调控、学术需求逐渐从指导实践转向了多元化的理论思考，因此，很多现实问题和学术问题都难以囊括于原来的框架之内，而原先框架中的研究内容和研究问题在没有更多元思维的刺激下也难以突破瓶颈（例如旅游流强度和流向的预测、旅游环境容量的测算与调控），这种局面在代际互动中刺激了一系列新研究问题的出现，使旅游地理学研究内容出现了转型。毫无疑问，这一转型既得益于第一代的自我突破，也得益于中间代和新生代的理论意识和方法意识。

第二，学科认知转型。这一转型与研究问题转型密切相关。当旅游地理研究者关注的研究内容超出原先的研究框架，就会面临与旅游学其他分支学科的交叉和区分的问题，随之而来的思考是：什么样的旅游研究是旅游地理学研究而不是旅游学其他分支的研究？这一问题的回答必须回到“何谓地理学”这一长期争议的元问题上。西方人文地理学研究范式几经转变，国内人文地理学家在研究了这些范式之后所形成的认知和判断又有争鸣且存在代际差异。年长学者受逻辑实证主义和自然科学化的地理学研究影响较深，而年轻一代学者由于成长于地理学的文化转向、社会转向、后现代转向等一系列转向中，所以具有更加多元的地理学认知。受此影响，旅游地理学者的学科观也存在代际差异，学科认知也在悄然转型。就目前的情况看，转型的总体趋势是，在不排斥自然科学研究进路的情况下，社会科学化的研究取向日益凸显。当然，由于旅游地理学家对主流社会科学的研究话题和研究方法（包括定量的社会研究方法和定性的社会研究方法）接触还较少，且受原先研究传统的影响，因此定量研究仍是主流，与主流社会科学有关的研究话题也还十分有限。

第三，理论认知转型。随着学术化的推进，研究者越来越认同于，研究应该要有理论贡献。但是，何谓理论？与社会科学化相伴随的是理论认知的多样化。在自然科学化为主要研究进路的时期，研究者对理论的认识基本上是以（逻辑）实证主义的理论观为指导的，但是，随着更多研究范式的吸收，对于理论的认识也呈现多元化。

第四，研究方法和研究技术的转型。方法意识的增强使中国旅游地理学者对各种研究方法和方法论产生了浓厚兴趣，不少学者认识到合适的研究方法和技术对于解决特定问题的重要性，因而在学术研究中引入了各种新方法、新技术，并对方法的合理性提出更高要求，出现了方法和技术的转型。客观地说，这一转型整体提高了旅游地理研究的科学性，但是，也出现了不少“为方法而方法”的论著，甚至出现了不少方法误用的现象。

上述转型是集体反思和集体行动的结果，就目前的情况看，转型前景尚未明朗，最终将转向何处取决于各代学者的互动和深层合作，取决于共同体的集体思考。此外，目前转型中出现了一些亟待解决的基本问题，这些问题如若不能解决，将影响未来学科发展。因此，以下内容将阐述本文对这些问题的思考，以期引起共同体的关注。

五、转型问题之思考

（一）引领性问题体系的缺失

学术研究应致力于学术问题的解决。这一观点在保继刚[12]等学者的呼吁下逐渐成为共识，越来越多的学者开始尝试围绕学术问题开展研究。但是，由于不同学者的学术经历不同，其对学术问题的理解和提炼能力也不尽相同。由此造成的结果是，虽然大多学者承认学术问题的重要性，但并非所有学者都能提出合适的问题，另有学者甚至因自身难以从旅游地理学中寻得足够理想的研究问题而转向其他学科。

因此，共同体能否提出库恩[31]意义上的“有待解决的种种问题”以使未来的中国旅游地理学“空前地吸引一批坚定的拥护者，使他们脱离科学活动的其他竞争模式”是非常重要的。这种引领性问题体系的形成，既需要第一代学者对实践问题的敏锐判断力，也需要青年学者的理论素养。只有各年龄层学者通力合作才能明确中国旅游发展中有待解决的现实问题和学术研究中有待思考的理论问题，才能较好地判断各类问题已有的文献基础、已经解决的程度、当前遇到的瓶颈和进一步解决所需的知识储备。一旦形成这种引领性问题体系，就可使研究者聚焦于关键问题的解决，避免漫无目的的散乱研究和重复性研究，且可使难以自主提出问题的研究者加入有意义的研究行列。因此，在这个意义上可以说，能否提出这种引领性质的学术问题体系并使其在学术共同体中形成感召，很大程度上决定了未来中国旅游地理学的学科吸引力。

（二）学科范畴的迷惘

什么样的旅游研究是旅游地理学研究？这一问题近年来常在各种场合被旅游地理学者提及。之所以有此疑问，一方面是因为旅游地理学术共同体内部对“地理学”的理解有所差异，另一方面则是因为旅游管理专业学者的成长使得旅游地理学者在研究范畴上不得不思考学科分野的问题。学科的迷惘使研究者开始重新探寻旅游地理学的核心特点。对此，本文认为，“是否属旅游地理学研究”的问题不应在研究对象上界定，而应以学科思维来判断。地理思维是使“地理学就是地理学家所做之事”（Geography is what geographers do）得以成立的关键。因此，对于旅游地理学研究者而言，关键是形成地理学的思维方式，而不是在研究对象层面界定研究范畴。

（三）理论观念的分歧

与中国旅游地理研究者理论意识增强相伴随的是理论观念分歧的显现。显然，对于

“何谓理论”这一问题的认识，没有对错之分，但不同的理论观念将导致理论贡献评价的分歧。采取相对宽泛的理论定义，可使共同体以更加包容的心态对待不同研究取向的学术成果，更有利于学科的发展。包容性的理论观可以避免将一些有洞见的研究发现排除在理论大门之外。

六、结论与讨论

从代际关系的角度分析中国旅游地理学目前正在经历的转型，有助于厘清转型背后的代际动力和转型中出现的问题。依据同期群效应的概念，本研究将中国旅游地理研究者划分为开创代、第一代、中间代和新生代，并对各代学者的学术特征进行了分析。四代学者中，开创代学者已经淡出研究一线，第一代学者是当前中国旅游地理学的主心骨和学科发展的引领者，他们建立了旅游地理学研究的中国框架，倡导研究规范并呼吁对研究问题的重视，积极推动中国旅游地理学的国际化和更加理性的学术发展；中间代学者则大多具有现实主义研究取向，其中的优秀学者则秉承先辈的学术追求，在先辈设定的研究框架里努力深化并拓展研究领域；新生代成长于日渐注重研究规范、研究方法、研究问题和理论意识的学术氛围里，表现出了更强的研究规范、文献意识、理论意识和方法意识。几代学者之间基于代际差异的学术互动和相互影响使当前中国旅游地理学出现了研究问题转型、学科认知转型、理论认知转型和研究方法转型。就目前的情况看，转型前景尚不明朗，转型中出现了引领性问题体系的缺失、学科范畴的迷惘和理论观念的分歧等问题。更加需要注意的是，第一代学者已经开始面临退休问题，而新生代学者不少进入旅游管理学科，留在地理学教学与科研机构的非常少，因此，如果中间代不能在未来十年内形成足够的名望和影响力、不能在学术研究上持续推动学科发展，中国旅游地理学在旅游学科和地理学科中的影响力将可能下降。

面对以上转型和问题，本文认为，中国旅游地理学研究群体应通力合作建立引领性问题体系，持续加强学科吸引力和应对理论与实践需求的能力；厘清旅游地理学的核心特点，以地理学思维的形成来破除学科迷惘；建立具有包容性的理论观，倡导扎实的经验研究和基于经验研究而得出的实证理论，以此推动学科发展。

致谢：感谢陈钢华副教授在本文初稿修改时提供的宝贵意见。

参考文献

[1] 杨冠雄. 我国旅游地理学的发展［J］. 国外人文地理，1988（1）：43-46.［Yang Guanxiong. Development of Tourism Geography in China［J］. Foreign Human Geography，1988（1）：43-46.］

[2] He Z. Progress of Geography of Tourism in People's Republic of China［J］. GeoJournal,

1990，21（1）：115-121.

［3］郭来喜，保继刚．中国旅游地理学的回顾与展望［J］．地理研究，1990，9（1）：78-87.［Guo Laixi，Bao Jigang. Review on Chinese Tourist Geography and its prospect［J］. Geographical Research，1990，9（1）：78-87.］

［4］孙文昌．应用旅游地理学在中国的进展［J］．地理学报，1991，46（4）：495-503.［Sun Wenchang. Development of Applied Tourist Geography in China［J］. Acta Geographica Sinica，1991，46（4）：495-503.］

［5］陆林．旅游地理文献分析［J］．地理研究，1997，16（2）：106-113.［Lu Lin. Analysis on the documents of Tourism Geography. Geographical Research，1997，16（2）：106-113.］

［6］保继刚，吴必虎，陆林．中国旅游地理学 20 年（1978—1998）［A］．吴传钧，刘昌明，吴履平．世纪之交的中国地理学［C］．北京：人民教育出版社，1999：393-420.［Bao Jigang，Wu Bihu，Lu Lin. The Chinese Tourism Geography：From 1978 to 1998［A］. Wu Chuanjun，Liu Changming，Wu Luping. The Geography at the Turn of the 20th and 21st Centuries in China［C］. Beijing：People's Education Press，1999：393-420.］

［7］刘锋．旅游地理学在中国的发展回顾［J］．地理研究，1999，18（4）：434-443.［Liu Feng. Review on the development of Tourist Geography in China［J］. Geographical Research，1999，18（4）：434-443.］

［8］吴必虎，冯若梅，张丽．90 年代中国旅游地理学进展研究［J］．经济地理，2000，20（3）：91-95，128.［Wu Bihu，Feng Ruomei，Zhang Li. A study on 1990s' study of Tourism Geography of China［J］. Economic Geography，2000，20（3）：91-95，128.］

［9］汪德根，陆林，刘昌雪．近 20 年中国旅游地理学文献分析——《地理学报》、《地理研究》、《地理科学》和《自然资源学报》发表的旅游地理类论文研究［J］．旅游学刊，2003，18（1）：68-75.［Wang Degen，Lu Lin，Liu Changxue. An analysis of China's Tourism Geography papers and documents in the past twenty years：Research on Tourism Geography papers published in Acta Geographica Sinica，Geographical Research，Scientia Geographica Sinica and Journal of Natural Resources［J］. Tourism Tribune，2003，18（1）：68-75.］

［10］马耀峰．中国旅游地理学的优势与挑战［J］．地理学报，2004，59（增刊）：139-144.［Ma Yaofeng. The advantage and the challenge to Chinese Tourism Geography［J］. Acta Geographica Sinica，2004，59（Supplement）：139-144.］

［11］保继刚．从理想主义、现实主义到理想主义理性回归——中国旅游地理学发展 30 年回顾．地理学报，2009，64（10）：1184-1192.［Bao Jigang. From idealism to realism to rational idealism：Reflection on 30 years of development in Tourism Geography in China［J］. Acta Geographica Sinica，2009，64（10）：1184-1192.］

［12］保继刚．中国旅游地理学研究问题缺失的现状与反思［J］．旅游学刊，2010，25（10）：13-17.［Bao Jigang. On the lack of the research questions concerning China's Tourism

Geography Science and our rethinking [J] . Tourism Tribune，2010，25（10）：13–17.]

[13] Bao J，Ma L J C. Tourism Geography in China，1978–2008：Whence，what and whither? [J] . Progress in Human Geography. 2011，35（1）：3–20.

[14] 保继刚，尹寿兵，梁增贤，等 . 中国旅游地理学研究进展与展望 [J] . 地理科学进展，2011，30（12）：1506–1512. [Bao Jigang，Yin Shoubing，Liang Zengxian，et al. Development report on Tourism Geography in China（2005–2011）[J] . Progress in Geography，2011，30（12）：1506–1512.]

[15] 保继刚，翁时秀，徐红罡，等 . 旅游地理学学科建设与高层次人才培养——基于“知识溢出”的审视 . 中国大学教学，2014（8）：29–34. [Bao Jigang，Weng Shixiu，Xu Honggang，et al. The Disciplines' development and the education of high–level talents in Tourism Geography：Based on the perspective of “knowledge spillover” [J]. China University Teaching，2014（8）：29–34.]

[16] 李秋云，韩国圣，张爱平，等 . 1979~2012 年中国旅游地理学文献计量与内容分析 [J] . 旅 游 学 刊，2014，29（9）：110–119. [Li Qiuyun，Han Guosheng，Zhang Aiping，et al. Bibliometric and content analysis of China’s Tourism Geography research from 1979 to 2012[J]. Tourism Tribune，2014，29（9）：110–119.]

[17] 林清清，朱竑，陶伟 . 1987 年来国家自然科学基金资助中的旅游地理学 [J] . 地理学报，2014，69（8）：1159–1176. [Lin Qingqing，Zhu Hong，Tao Wei. Tourism geography research funded by NSFC over the past 30 years [J] . Acta Geographica Sinica，2014，69（8）：1159–1176.]

[18] Lu L，Bao J，Huang J，et al. Recent research progress and prospects in tourism geography of China [J] . Journal of Geographical Sciences，2016，26（8）：1197–1222.

[19] 项飙 . 中国社会科学“知青时代”的终结 [J] . 文化纵横，2015（6）：70–79. [Xiang Biao. The End of Chinese Social Science’s “Zhiqing Times” [J] . Beijing Cultural Review，2015（6）：70–79.]

[20] 张凌云，兰超英，齐飞，等 . 近十年我国旅游学术共同体的发展格局与分类评价——基于旅游学术期刊论文大数据的视角 [J] . 旅游学刊，2013，28（10）：114–125. [Zhang Lingyun，Lan Chaoying，Qi Fei，et al. Development pattern，classification and evaluation of the tourism academic community in China in the last ten years：From the perspective of big data of articles of tourism academic journals [J] . Tourism Tribune，2013，28（10）：114–125.]

[21] 张凌云，齐飞，吴平 . 近十年我国旅游学术共同体成果的 h 指数测度与评价 [J] . 旅游学刊，2014，29（6）：14–23. [Zhang Lingyun，Qi Fei，Wu Ping. Evaluating the research performances of tourism academic communities of China in the past ten years using the h index [J] . Tourism Tribune，2014，29（6）：14–23.]

[22] Zhang J. Tourism research co–authorship networks in China [J] . Journal of China Tourism

Research，2015，11（4）：424–439.

［23］Atingdui N. Cohort effect. In：Goldstein S，Naglieri J A. Encyclopedia of child behavior and development［J］. Boston：Springer，2011：389.

［24］Riley M W. Social gerontology and the age stratification of society［J］. The Gerontologist，1971，11（1）：79–87.

［25］Berger M C. Demographic cycles，cohort size，and earnings［J］. Demography，1989，26（2）：311–321.

［26］陈传康，孙文昌 . 区域旅游开发的回顾和展望［A］. 中国区域旅游协会区域旅游开发专业委员会 . 区域旅游开发的理论与实践［C］. 南京：江苏人民出版社，1996：1–4.［Chen Chuankang，Sun Wenchang. Review and outlook of regional tourism development［A］. Regional Tourism Development Professional Committee in China Regional Tourism Association. Theories and practices of regional tourism development［C］. Nanjing：Jiangsu People's Publishing，1996：1–4.］

［27］陈传康 . 地理学的新理论和实践方向［A］. 陈传康 . 综合探究的理性与激情：陈传康地理学文集［C］. 北京：商务印书馆，2005：79–90.［Chen Chuankang. New theoretical and practical directions in Geography［A］. Chen Chuankang. Reason and passion of comprehensive exploration：Chen Chuankang’s collected works in Geography［C］. Beijing：The Commercial Press，2005：79–90.］

［28］保继刚，楚义芳 . 七篇旅游地理硕士论文评介［J］. 旅游学刊，1989，4（1）：62–66.［Bao Jigang，Chu Yifang. Review of seven masters’ degree theses in Tourism Geography［C］. Tourism Tribune，1989，4（1）：62–66.］

［29］楚义芳 . 旅游的空间经济分析［M］. 西安：陕西人民出版社，1992.［Chu Yifang. Spatial–economic analysis of tourism［M］. Xi’an：Shaanxi People's Publishing，1992.］

［30］保继刚 . 研究规范——中国旅游学术研究的基本前提［J］. 旅游学刊 . 2005，20（3）：7.［Bao Jigang. Academic standards：The basic premise of tourism research in China［J］. Tourism Tribune，2005，20（3）：7.］

［31］Kuhn T S. The structure of scientific revolutions［J］. Chicago：The University of Chicago Press，1996：10–11.

［32］Fouberg E H，Murphy A B，de Blij H J. Human Geography：People，Place，and Culture（Ninth Edition）［M］. Hoboken：John Wiley & Sons，2009：9.

以游历为核心建构现代旅游研究的基本框架

吴必虎　黄嘉成[①]

（北京大学城市与环境学院旅游研究与规划中心）

摘　要：游历是源于古代中国的学术概念，具有重要的历史文化意义。本文从游历的字源本义出发，对游历的本质和语源学内涵进行了探讨；对古代中外游记文学进行综述梳理，勾勒出历史时期人类对游历的记录与基本特征，为现代旅游学的研究寻找历史基础；并通过提取旅游知识域，对比游历与目前旅游研究成果中的其他本体论概念的关系，检验了游历在旅游研究中的解释力。结果表明，游历能够较好地解释各个旅游研究知识域，也能更好地解决旅游的本体论问题，同时还具有较强的综合性、准确性与独特性，所以其适合作为旅游研究的核心概念，重新组织旅游研究体系。

关键词：游历；旅游研究；旅游本体论

现代意义上的旅游研究（tourism studies）最早始于19世纪末20世纪初，当时人们主要是从经济学的角度来探讨旅游给目的地社会带来的经济影响。随着旅游活动的发展、旅游规模的扩大和旅游研究的不断深入，研究者对于旅游现象的范畴、形式、内容的认识在不断发生变化，旅游研究议题所涉及的学科领域越来越多，其理论面向也越来越丰富。

总的来看，现阶段的旅游研究还停留在多学科层面，几乎所有的社会科学、管理科学与部分自然科学在旅游研究中都能有一席之地。在不同领域的旅游研究中，研究者来自不同的学科背景，研究视角和方法来自原有学科，研究过程也往往围绕原学科的核心问题出发，而不是立意于旅游问题本身。这就导致旅游研究目前只是一个多学科关于

---

① 吴必虎，北京大学教授/博士生导师，北京大学城市与环境学院旅游研究与规划中心主任，国际旅游学会创会主席，中国旅游协会教育分会副会长。主要研究领域为城市与区域旅游规划、目的地管理与营销以及更广泛的旅游与游憩研究。黄嘉成，北京大学城市与环境学院城市与区域规划专业硕士研究生，主要研究方向为区域旅游规划与旅游者行为。

旅游活动和旅游现象进行研究的集合，其内容极度泛化，各研究领域相互割裂。究其根本，还是由于没有一个统一的研究核心进行支撑。基于该问题，笔者引入“游历”这一术语，尝试以其为核心概念将旅游研究体系加以组织和框架设置，从旅游本体论视角，为统一旅游学科的建立奠定良好的学理基础。

一、“游历”的语源及其原始含义

（一）“游”的字源本义

“游”的古字形有“游”和“遊”两种，这两字的本字都为“斿”，后小篆体写作“游”，之后又演变成“遊”，音义相通，在古籍中一般可通用。“斿”的甲骨文为，金文为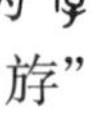，其突出的特点为人在飘扬的旗帜下跳跃或张开的动作。

“斿”在《说文解字》中“作游。旌旗之流也”，在《玉篇》中解释为“旌旗之末垂。或作游”。在这里“斿”作为名词，意为飘扬的旗帜或是旗帜边缘的下垂装饰物，同“旒”。《博雅》道，“天子十二斿至地，诸侯九斿至轸，大夫七斿至轵，士三斿至肩”。这里“斿”代表的旗帜又作为古代王公贵族身份和地位的象征，不同数量的旗帜代表不同的阶层。段玉裁《说文解字注》中，对旗帜垂饰与自由行走两种释义之间的联系进行了阐述，“旗之游如水之流，故得称流也……周礼省作旋，引申为凡垂流之称，如弁师论冕弁之斿是，又引申为出游、嬉戏、俗作遊”。作为旌旗边缘装饰物的“游”，由于具有飘逸流动的特点，故与人的活动相结合，引申出了出游、嬉戏的意思，呈现出一种自由闲逸而不受约束的状态（赵丽霞，2014），“旌旗所垂之旒，随风飘荡而无所系缚，故引申为游戏之游”（徐复观，2001）。

到了现代，《辞源》对“游”的释义有以下七种：（1）在水中浮行；（2）指水流或河流的一段；（3）流动，流动的；（4）虚浮不实；（5）通“遊”，浮行为游，行走为遊，两字同音意通，古籍中往往相互通用，但与水有关的，仍作“游”，不作“遊”；（6）姓；（7）同“斿”“旒”，古代旌旗边缘的下垂饰物，音留。

《辞源》对“遊”的释义如下：（1）遨遊，也作“游”，如《诗·唐风·有杕之杜》“彼君子兮，噬肯來遊”；（2）古代帝王春天巡行；（3）遊观之所；（4）行走，如《礼·曲礼上》“遊毋倨，立毋跛，坐毋箕，寝毋伏”；（5）遊说；（6）交友，往来，如《孟子·尽心上》“舜之居深山之中，与木石居，与鹿豕遊”；（7）纵，放纵。

“遊”与“游”都可以用来表示出行、出游与嬉戏，不过“游”与水有关，“遊”则更多地表现为在陆地上的活动，与行走的行为有关。“游”似乎更加注重自由飘荡的感觉，而“遊”则更加侧重实际行动。另外，“游”和“遊”都有持旌旗而行的原始意义，而旌旗与氏族迁徙游居、国家宗教祭祀等活动都有很强的联系。由此可见“游”在最初的意义中带有一定的宗教和政治意味。除此之外，古代的“游”还往往与求学相关，如

《韩非子·五蠹》"国平养儒侠，难至用介士，所利非所用，所用非所利，是故服事者简其业，而游学者日众"，"游学"在这里指周游讲学；而《史记·陈丞相世家》"有田三十亩，独与兄伯居。伯常耕田，纵平使游学"中的"游学"则指外出求学。过河越境访学为"游"，路上行走求学则为"遊"，表达了古代中国人户外教育旅行和修学旅游的行为。

综上，"游"从最初的旌旗之装饰的本义，逐渐发展到自由不受约束的出游和嬉戏，而后又引申为出于各种目的的旅行与移动，由此可见其内涵的复杂性与表达形式的多样性。

（二）"历"的字源本义

"历"的本字有二：一为"歷"，二为"曆"。

"歷"甲骨文字形为，上半部分的代表丛林、山野，下半部分的同"止"，原意为脚趾，表意行进，合并起来则表示穿过丛林。金文在甲骨文的基础上加（石崖），表示攀崖过岭。篆文承续金文字形，意为翻山越岭穿行远途。古时称爬山为"歷"，过河则为"涉"。由于有的甲骨文将上部分的两个"木"误写作两个"禾"，古代典籍中往往出现"歴"和"歷"混用的现象。《说文解字》对"歷"的解释为"过也。从止历声。郎击切"。由此可见"歷"的本意为空间上的行进与穿越。

"歷"在《辞源》中的解释颇多，主要有以下几种：（1）经过，如《书·毕命》"既歷三纪，世变风移"；（2）度，越过，如《孟子·离娄下》"礼，朝廷不歷位而相与言，不踰阶而相揖也"；（3）遍，尽；（4）选择；（5）依次列出；（6）分明，如"歷歷在目"；（7）乱；（8）稀疏，通"秝"；（9）通"櫪"，表马厩或排迫之意；（10）釜鬲，通"鬲"；（11）曆法，通"曆"。

"曆"由"厤"与"日"上下两部分组成，"厤"是"歷"的略写形式，表穿越、经过；"日"则指时光和岁月；两部分合在一起则表示时光流逝，经过一段时间。

《说文解字》中"曆"作"厤象也。从日厤声"，表示天体运行的现象，暗指时间。《辞源》对"曆"的释义有：（1）推算日月星辰之运行以定岁时节气的方法，也指治曆的人或记录年月日节气的书册；（2）年代、寿命，如《汉书·诸侯王表》"周过其曆，秦不及期"；（3）数；（4）日记本。

汉字简化后，"歷"与"曆"合二为一，皆为"历"。这样一来，"历"就具有了时间与空间层面的双重含义，既指空间上的行进与穿越，又指时间上的经过，其中暗含了心理体验在时空发展过程中的变化。

（三）游历的语源学含义

从上述对"游"和"历"的字源本义分析，可以看到，"游历"一词将"游"与"历"结合起来，是对出行与经历的综合，即出行的经历。在《汉语大词典》中，"遊歷”对应的释义为:（1）到远地游览，周游考察，（2）犹交游。“游歷”的释义则为游览、漫游。这里对游历的解释是一种较为宽泛的概念，广义上可以包括任何的旅行行为。

出行在本质上是一种空间上的移动，从出发地到目的地的交通行为。在古代，由于交通条件、经济发展、社会制度、“安土重迁”思想等因素的限制，出行往往会耗费大量人力物力，经过漫长的时间。因此，相较于现代，古代单纯以消遣、游赏、享乐为目的的出行相对较少，往往具有较强的功利性与政治性特征，依附于游学、出仕、经商、探险、征服等活动，这也决定了出行的主体一般是有较好经济条件和社会地位的人。

出行的经历可以是一个动作，表示亲身见过、做过或遭受过；也可以是名词，指亲身见过、做过或遭受过的事情。这里经历包含了一种时空中的过程和实践，以及这种实践所造成的结果。这种结果可以是身体上的变化，也可以是精神上的体验。

综上，游历是对由于某目的而出行、在出行中得到空间与时间上经历、最后获得身心的双重体验这一完整的动态过程的综合描述；其本质是一种出行的体验，即在旅途中与在目的地内的体验，具体包括在旅行、探险、朝圣、远足等旅途的过程中与在目的地内身体与情感活动的体验。这种体验可以与惯常生活相似，也可以是一种独特、非惯常的体验。

二、游历的记录：历史游记对游历含义的积累与演变

（一）游记文学史概述

所谓“游记”，顾名思义，即因“游”而“记”。“游记”的概念有广义和狭义之分。在文学研究中，“游记”往往被视作一种特殊的文学体裁，属散文的一种，起源于魏晋时期的山水游记散文，以“记”为主要文体，“赋”“书”“序”并存（梅新林和崔小敬，2000），主要记载山水游历活动，包含游踪、景观、情感三大文体要素，按照作品中表意抒情与地理记载内容的侧重又可分为文学游记和地学游记两大文类（王立群，2005）。而在广义上，一切以游历活动为记录对象，记叙游历所见、所闻、所感的文章，都可被称为“游记”；它的具体形式不拘一格，书信、日记、题记、铭文等，科学考察记、政治考察记、宗教考察记、风俗记、山水名胜记等都属游记的范畴（梁扬，1991）。基于广义上的游记概念，笔者结合世界旅行发展史，对世界游记文学史进行了简要的历史分期。

首先，以476年日耳曼人灭亡西罗马［中国处于南北朝时期（420—589年）］为界，在此之前世界旅行史为前古典时期。前古典时期的游历活动主要出于商贸与军事远征的目的，如公元前1000—前500年中东与地中海地区古希腊和古罗马的商务旅行，公元前334—前324年的亚历山大东征，公元前200年丝绸之路的开通。该时期的游记作品

主要基于作者自身游历经验或是知识积累，对各地的历史、文化与地理概况进行了描述，如先秦时期的《尚书·禹贡》、古希腊希罗多德的《历史·埃及记》、西汉司马迁的《史记·大宛列传》、古罗马斯特拉博的《地理学》，东晋法显所著的《佛国记》等。与此同时，东晋（317—420 年）时期是士人阶层游历山水的开端，此时山水游历散文与山水诗派开始出现。

旅行史的后古典时期从 476 年古罗马分裂至 1492 年哥伦布发现新大陆为止，该时期的游历活动由宗教旅行主导；如 400—900 年以玄奘为代表的佛教徒旅行，700—900 年以苏莱曼（阿拉伯）、伊本·白图泰（摩洛哥）等人为代表的伊斯兰旅行者，元代罗马教廷派往中国的柏朗嘉宾与鲁布鲁克、明朝来华的利玛窦和曾德昭的传教士之旅。这些宗教旅行者在朝圣、布道和出使过程中记录下沿途的地理概况与风土人情，为后人留下了宝贵的参考资料。这一时期的经典代表作有唐代的《苏莱曼东游记》《大唐西域记》，元代的《伊本·白图泰游记》《威廉·鲁布鲁克蒙古游记》等。

1492—1770 年蒸汽机的发明为旅行史的地理发现时期。这一时期南北美洲、澳大利亚和亚太地区的地理发现和欧洲殖民，极大程度地改变了世界的政治地图、文化地图和经济地图，促进了探险者和殖民者游历活动的产生，世界出现“旅行大爆炸”。由于消耗大量人力与财力，这些旅行活动大部分由政府或国王组织，军事与宗教支持的官方行动占据主流。该时期的游记作品以航海、探险、考察记录为主，地理发现与探险色彩较为强烈，其中记录的地理、历史信息极大地促进了当时的科技进步，如记录了哥伦布一行前后四次从西班牙至中美洲墨西哥湾及加勒比海地区途中日记与部分信件的《航海日记》。

1770—1945 年为旅行史的近代科技期。工业革命，特别是蒸汽机、轮船与汽车的发明与推广，使得普通人的远洋航行与陆上交通便利性大幅度提高。西方帝国主义殖民势力武力扩张、世界贸易（包括奴隶贸易）膨胀、工业化改变了传统的地缘结构、区域格局与城市分布。该时期民间个人及商业性机构组织活动占旅行活动的主流，地理发现与探险转向不宜人居的南极、北极、高极和沙漠地带，新旧大陆之间、欧亚大陆内部社会冲突和文化碰撞成为游记所关注的焦点。该时期的游记以小说等文学作品为主，作家在记录游历活动的同时开始对当时剧变的社会与文化环境产生思考与批判。代表性的作品有美国小说家马克·吐温（Mark Twain）的《傻子出国记》《苦行记》《密西西比河上》《海外流浪记》等一系列批判性作品，英国游记作家弗莫尔（Patrick Leigh Fermor）的系列作品《时间的礼物》《山林与水泽之间》《破碎的道路》等。

1945—1991 年美苏阵营冷战时期。游记文学在资本主义与社会主义两种社会思潮的整合过程中进入了后殖民化的发展高峰时期，以斯坦贝克（John Steinbeck）和奈保尔（V.S. Naipaul）这两位获得诺贝尔文学奖的游记文学巨匠为代表，他们的作品深刻描述了这一时期的社会冲突，表现了后殖民主义时期，殖民宗主国对第三世界国家的控制和破坏，以及异质文化间的冲突和融合（项静，2014）。

1991 年苏联解体后，世界进入信息化时代，世界工业化、城市化发展到了一个全球变暖变化、碳排放控制、生态文明建设的新阶段，目的地信息搜索、移动支付平台、分享出行与住宿、自动驾驶、翻译机器人对出游行为产生了破坏性创新，关爱自然、回归森林、重访祖先足迹、提高生活质量的新旅行思想开始形成，旅行与游记发展也开始进入后现代时期。在这一时期，旅行变得极为便利，网络分享平台与社交媒体使人人都能撰写与传播游记，各类题材的游记文学也大量出现，游记的个人意义大大增强，这不禁引发我们的思考：游记是否将趋于消亡？

（二）历代游记对游历概念的引申

游历作为源于中国的文化概念，目前在外文中还找不到意义完全相同的词汇。现在对游历关注的领域多见于文学与历史学领域，被作为一种历史活动与文学体裁研究。在旅游研究中，游历作为旅游史的一部分被关注，但其概念仍然停留在古时的原意上，并未与现代旅游研究之间产生联系。

现代旅游研究更多地关注“纯粹”的、以追求身心愉悦为目的的旅行形式，这样游历比现代旅游研究的外延更为广泛，包含的旅行情形也更加复杂。上述历代游记作品涉及了各种目的与类型的游历活动，极大扩充了游历的概念。例如，《史记·大宛列传》记叙了张骞等人出使西域的政治外交游历，东晋山水散文展现了士人们的山水休闲游历，《苏莱曼东游记》描述了阿拉伯商人苏莱曼在中国与印度的商贸游历见闻，《大唐西域记》体现了玄奘西行的宗教游历，《航海日记》则表现了哥伦布的探险与殖民游历。这些游历活动有着特殊与复杂的目的，其产生与各时期的政治制度和文化背景是分不开的。

在旅游业急速发展的今天，很难找到一种旅游活动有着纯粹的目的与行为。例如商务旅游者可以在出差间隙进行休闲观光，而休闲观光的旅游者也会在旅途中进行购物、餐饮等活动。因此，首先，包容性更强的游历这一概念将更容易组织起一个完整的旅游研究结构。其次，将游历概念引申到现代旅游研究中，有助于将古代与当代旅游的研究连贯起来，梳理成完整的脉络。最后，游历的本质是移动的体验和移动的结果的体验，其中包含目前旅游研究与旅游本质探讨的多个问题，具有一定的先进性，有利于从旅游本体论的视角构建旅游学专属的核心概念体系。

（三）游历记录反映的游历效应

游历的效应表现在对个人和对社会两方面。

无论对于何种类型、何种目的的旅行者来讲，游历都是一种独特的体验。对游历者来说，虽然游历的主要目的不在于个人的休闲与消遣，但其对个人能力与社会地位的裨益还是很大的。一方面，古代游历往往需要长时间周全的准备，游历过程与条件较为艰苦，对个人能力的考验与提升较强。同时，通过游历与游学，个人能够到访各地，获得丰富的见闻，增长学识，如司马迁云游四方，到各地游历考察，著成《史记》。文人骚客则可以通过游历山水感伤抒怀，排解忧愁获得精神享受，例如李白、杜甫、王维、孟浩然等人的山水诗作。另一方面，在进行求仕、行役、通商、出访等目的的游历时，游历者还能够提升社会地位，并得到物质回报，例如张骞出使西域后被汉武帝封为“太中大夫”。

在社会影响层面，游历相较于现代旅游有着更强的社会意义。政治、商贸、宗教等性质的游历有助于促进国际及地区间的政治、经济、文化、科技等层面的交流和发展，如《马可·波罗行纪》被称为向西方介绍东方的第一部著作；以《航海日记》为代表的探险游历增加了对世界地理与历史的探索，当然这些也不可避免地导致了殖民运动。士人的游历则着重于游学与跋山涉水，有利于形成社会好学之风。另外，在游历过程中，文人们留下的文学作品与历史记录会被流传下来；同时，有些游历中的题字、建造等活动能够创造具有历史价值的山水文化古迹，为山水名胜增添文化底蕴，形成珍贵的历史文化景观。总的来说，游历对于推动中国乃至世界的文化与科技发展有着重要的作用。

三、游历概念对旅游知识域的解释力

（一）知识域的提取与游历的解释力

笔者在中国知网中以“旅游”“休闲”“游憩”“酒店”为检索词，对发表于1979—2017年，被“北大中文核心期刊”与“中文社会科学索引（CSSCI）”收录的期刊文献进行关键词模糊检索及篇名精确检索，筛选后得到有效样本64114篇，再利用潜在狄利克雷主题分布模型（The Latent Dirichlet Allocation Method，LDA）对这些期刊文献进行聚类分析，最终得到19个旅游研究知识域：旅游吸引物、文化旅游与旅游文化、旅游经济、乡村旅游、旅游规划与设计、旅游市场与企业、旅游地与空间组织、旅游信息与营销、体育旅游与运动管理、旅游产业、休闲与生活方式、民族旅游与文化遗产、酒店管理、消费者行为与游客体验、休闲农业、生态旅游、旅游教育、旅游可持续发展、旅游政策与治理。

Wu等基于ATR、JTR和TM共2504篇论文中的5534个关键词的统计，得到200个核心关键词，并进一步分析得到旅游心理与游客行为研究、旅游市场与管理研究、旅游社会学与人类学研究、旅游经济研究、旅游生态研究与可持续发展、旅游地理研究与旅游规划、旅游公共行政与政治研究、旅游教育研究共8个旅游知识域（Knowledge Domain）10个基因术语（Gene Word），包括旅游、旅游者、发展、市场/营销、目的地、文化、影响、经济、管理、社会（Wu，Xiao & etc，2012）。

以上提到的旅游研究知识域与基因术语是相互对应的，并都能通过游历概念进行解释。例如，旅游者心理与行为研究的是游历主体的移动与身心体验；旅游产品、市场营销与管理研究的则是如何吸引主体产生游历活动，满足其体验需求；旅游经济研究的是游历活动造成的各种物质与非物质移动产生的经济效应；旅游社会、人类学和文化研究的是旅游者体验背后的社会与文化背景，及其空间位移对该背景产生的影响；旅游地理、区域、目的地和规划设计研究的是旅游者的分布与移动规律，以及为了满足旅游者对移动性体验的需求而进行的区域规划与设计；旅游生态与可持续发展研究的是如何降低旅游者移动对目的地环境与社会的影响；旅游政策与治理研究的是如何规范与管理旅游市场和运营机构，以满足旅游者移动性体验；旅游教育研究的则是培养旅游从业人员与研究人员，以提供更好的移动性体验，更加深入地研究游历行为。

综上，游历作为移动的体验和移动的结果的体验，能够较好地解释旅游研究的各个知识域，并作为核心概念将这些领域连接起来，构建较为完整的旅游研究体系。

（二）旅游学本体论几个概念的探讨

地理学的研究对象是空间，物理学的研究对象是物质，历史学的研究对象是时间演变，而旅游学的研究对象又是什么？这一基本问题一直以来都困扰着旅游理论的发展。

旅游理论是在众多相关学科与理论的共同参与下发展起来的，在不同领域的旅游研究中，研究的核心问题与概念往往来自发展较为成熟的其他学科，如旅游社会问题的研究视角与分析框架来自社会学，其本质上还是属于社会学研究，只不过研究的现象是旅游。所以旅游研究目前只是一个多学科关于旅游现象研究成果的集合，各个领域囿于原学科的研究范式，相互之间被割裂、难以沟通。当我们将来自不同学科对旅游现象研究的结果组合并冠名为旅游理论时，其内部相容性与整体性是不强的。旅游研究的视角极度任意化、领域极度泛化，各领域之间却没有产生联系，建构统一的旅游研究框架便无从说起。

因而，想要保持旅游的学科地位，就必须抛开相关学科的方法与视角限制，从旅游特有的研究角度出发，找到一个统一的、与其他学科相异的独特研究核心概念，组织起不同领域的旅游研究。目前在旅游的定义、本质与核心概念方面已经有很多学者进行了讨论，归结起来主要有谢彦君的体验论、张凌云的非惯常环境论、曹诗图的哲学视角、王敬武的旅游者视角等（高璟、吴必虎、李咪咪，2018）。

谢彦君（2010）论述了目前旅游研究中存在的“泛化”与“功利”倾向，强调旅游者的内在体验是旅游研究的核心，旅游从本质上“是一种主要以获得心理快感为目的的审美过程和自娱过程，是为了寻求愉悦而发生的行为”。这一概念是存在问题与矛盾的，首先，“体验”作为心理学中的一种概念，并不是旅游者所特有的。体验到处都存在，看书、听音乐、看电影等，凡是能够在此过程中产生独特心理感受的事物，都可以算作体验。因此我们可以说体验是旅游的基本特征，但却不是旅游的本质与核心概念。旅游体验是特殊的，要与一般的体验分离开来，其前面要加上特殊的限定词，也就是移动的体验或是移动结果的体验。其次，愉悦性也是谢彦君在旅游研究中反复强调的概念。他试图将“泛化”的旅游概念范围加以缩小，“前往异地寻求愉悦”成为旅游唯一的目的，除此之外皆不是旅游。但是事实上，旅游的目的并不都是为了寻求愉悦，例如新的体验、增长学识、体验或提高自我等。另外，旅游者往往具有多目的性，几乎不可能将“纯粹”寻求愉悦的旅游分离出来。这样看来，“体验”和“愉悦性”都存在较大的问题与矛盾，并不是旅游现象中最本质、规定性的特征，也因此不能作为旅游研究的核心概念。

张凌云（2009）通过对国际上 30 种流行旅游定义的分析，利用现象学悬置方法，认为旅游概念具有多层结构，核心概念是“非惯常环境”，试图以此重构旅游学研究的学科体系。除此之外，他还提出了流动的惯常环境、跨境的惯常环境这些特例来对其理论进行补充。实际上，“非惯常环境”还是停留在“纯粹”愉悦性的旅游体验这一层面，试图将商务旅游、探亲访友等“惯常环境”中的旅游形式剔除出去，而这又是不可能的，这点在上文中已做说明。另外，“非惯常环境”的体验也可以包括非旅游部分，例如突然去医院就医、去陌生人家中拜访等。因此，“非惯常环境”只是旅游的表层现象，且存在自相矛盾的问题，自然也不适合作为旅游研究的基本对象。

王敬武（2010）批判了艾斯特定义中对旅游者概念的统计化、艾斯特化问题，认为旅游理论中困惑和矛盾的根源在于旅游艾斯特定义，旅游者在旅游理论的核心概念体系中属于第一位核心概念。但是旅游者只是旅游这一活动的主体和表现，并没有涉及本质内容，且旅游活动中的利益相关者还包括本地居民、企业、政府组织等，其重要性并不比旅游者差，将旅游者作为研究核心概念，多少有一些喧宾夺主的意味。

除此之外，还有一些学者对旅游研究核心概念与本质进行了探讨：曹诗图（2013）呼吁对“旅游哲学”的研究，认同旅游的本质是“异地身心自由的体验”；杨振之（2014）通过对海德格尔现象学的理解，提出旅游的本质是“人诗意地栖居”，并提出认识旅游本质的方法和路径；王玉海（2013）批判性地继承了谢彦君和张凌云的观点，旅游是人们利用闲暇时间对非惯常环境的一种体验，本质上是一种短暂的生活方式和生存状态。

以上对旅游本体论问题的各种探讨大都没有走出“纯粹化”“愉悦性”和“非惯常环境”的逻辑，对旅游现象与旅游学的描述都不够准确，存在自身矛盾。而游历是对由于某目的而出行、在出行中得到空间与时间上经历、最后获得身心的双重体验这一完整的动态过程的综合描述。它是一种空间中的出行与经历，用现今的学术语言体系组织一下，就是移动的体验和移动的结果的体验。在该种意义上，游历这一词中其实包含了异地性、移动性、体验等这些其他学者提出的对于旅游本体论与核心概念的理解，相当于对上述的综合，更加贴近对旅游本质的描述，能够更好解决旅游学本体论问题。

（三）结论：游历作为旅游学核心概念的建构

首先，根据之前的讨论，游历是一种移动性的动作和一个过程，同时也代表这个过程产生的结果，即给旅游者带来的体验。这一概念涵盖了较大的范围，综合性与整体性较强，有利于将整个旅游研究体系囊括在一起。任何旅游研究都是从游历这一核心概念出发，通过对该概念的拓展，游历可以引申到旅游活动和研究中的各个方面。例如，对旅游社会问题的研究就是研究游历这一行为过程对个人以及社会群体之间关系的影响；这里我们关注的重点不再是这种社会影响是什么，应该怎样量化，那是社会学的研究范畴；而是游历这种行为以何种机制影响了社会关系。以游历为核心的旅游研究从游历概念本身出发，虽然引申到其他学科领域，但研究的真正核心概念还是游历。

其次，游历的关注点在"移动性"和"体验"这两个基本问题上，对旅游本质的描述较为准确。移动性表示空间上发生位移，这是旅游的最基本特征之一。近年来，移动性（Mobilities）已经成为学界十分关注的现象。John Urry（2000）首先提出移动性这一概念，其三重研究内涵包括物理移动、移动所带来的具身性体验和移动所承载的社会意义，这一概念不仅仅局限于物理移动及移动过程本身，反而更加强调移动背后所蕴含的社会影响及意义，以人为本，关注人的发展。另外，移动性涵盖的范围过于宽泛，必须通过体验加以限定。这种移动并不是日常生活中诸如通勤之类的移动，而是能够产生一定特殊体验的移动。正因为人们在旅行过程中或是旅行结束后，产生了特殊的、易于日常的感受与体悟，旅游这一现象才从其他的体验或是其他的移动性行为中脱离出来。所以说在旅游研究中，移动性和体验这两个核心概念相互配合与制约，缺一不可。

最后，游历这一核心概念还是旅游研究中所特有的。虽然地理等学科对移动性的研究非常广泛，体验也属于心理学的研究范畴，但将两者结合在一起，相互限定产生的游历行为则是旅游研究所专属的。以游历作为旅游研究的核心概念，能够促使旅游研究从其他学科对旅游现象的研究中分离开来，形成旅游学科专有的研究体系。同时，游历作为旅游研究各领域共同的核心概念，也有助于各领域之间的联系与整合，促进旅游知识共同体的形成。

综上，游历不仅能够较好地解释各个旅游研究知识域，与其他相比也能更好地解决旅游的本体论问题，同时还具有较强的综合性、准确性与独特性，所以其适合作为旅游研究的核心概念，重新组织旅游研究体系。另外，游历还体现了古代珍贵的历史文化景观，具有重大历史文化意义，通过将其引申到现代旅游研究中，有助于将古代与当代旅游的研究连贯起来，梳理成完整的发展脉络。

参考文献

[1] 曹诗图. 对"旅游"概念的进一步探讨——兼与王玉海教授等商榷[M]. 人文地理，2013(1)：116-120.

[2] 段玉裁. 说文解字注[M]. 上海：上海古籍出版社，1998.

[3] 高璟，吴必虎，李咪咪. 比较视野下旅游定义及其内涵的再思考[M]. 地域研究与开发，2018(1)：86-91.

[4] 何九盈，王宁，董琨，商务印书馆编辑部编. 辞源[M]. 3版. 北京：商务印书馆，2015.

[5] 梁扬 . 中国历代游记的发展与特色 [J]. 学术论坛，1991（5）：81–86.

[6] 梅新林，崔小敬 . 由“游”而“记”的审美熔铸——中国游记文学发生论 [J]. 学术月刊，2000（10）：82–87.

[7] 王敬武 . 对旅游艾斯特定义的质疑 [J]. 北京工商大学学报（社会科学版），2010，25（1）：94–99.

[8] 王立群 . 游记的文体要素与游记文体的形成 [J]. 文学评论，2005（3）：155–160.

[9] 王玉海 .“旅游”概念新探——兼与谢彦君、张凌云两位教授商榷[J]. 旅游学刊，2010，25(12)：12–17.

[10] 项静 . V.S. 奈保尔：自己就是题材 [N]. 文艺报，2014–08–25（003）.

[11] 谢彦君 . 旅游的本质及其认识方法——从学科自觉的角度看 [J]. 旅游学刊，2010，25（1）：26–31.

[12] 徐复观 . 中国艺术精神 [M]. 上海：华东师范大学出版社，2010：37.

[13] 许慎撰，臧克和，王平校订 . 说文解字 [M]. 北京：中华书局，2002.

[14] 杨振之 . 论旅游的本质 [J]. 旅游学刊，2014，29（3）：13–21.

[15] 张凌云 . 国际上流行的旅游定义和概念综述——兼对旅游本质的再认识 [J]. 旅游学刊，2008，23（1）：86–91.

[16] 张凌云 . 非惯常环境：旅游核心概念的再研究——建构旅游学研究框架的一种尝试 [J]. 旅游学刊，2009，24（7）：12–17.

[17] 赵丽霞 . 初盛唐旅游诗歌研究 [D]. 武汉：武汉大学，2014.

[18] Urry，J. Sociology Beyond Societies：Mobilities for the Twenty–first Century [M]. London：Routledge. 2000：17.

[19] Wu，B. H.，Xiao，H. G.，Dong，X. L.，Mu，W.，& Lan，X. Tourism knowledge domains：a keyword analysis [J]. Asia Pacific Journal of Tourism Research，2012，17（4），355–380.

边境旅游基础理论及研究进展

田 里 王 桀[①]

一、引言

旅游和政治边界向来是国际社会普遍关注的话题。对于二者关系的研究，早在20世纪30年代，来自不同领域的学者便有所涉足。在概念界定上，边境旅游（border tourism）、跨境旅游（cross-border tourism）等术语虽然被学者们使用，但其概念内涵并没有得到明确界定，更谈不上深入探讨。在理论研究方面，纯理论研究非常少，绝大多数都是基于案例地的实证分析，其研究成果的适用范围往往具有较大局限性，理论深度也显得不足。因此，我们结合边境旅游发展现状和已有研究成果，认为边境旅游理论研究的核心问题主要集中在以下几个方面：（1）如何对边境旅游进行科学界定？（2）边境旅游研究有没有独特的研究范式？（3）边境旅游理论研究能不能产生政策贡献？本文在分析国内外边境旅游研究的基础上，对上述核心问题进行系统分析，以期从科学层面展开对边境旅游研究的探讨。

二、边境旅游研究现状

（一）国外研究进展

本文在Science Direct数据源中以“abstract，title，keywords”为检索项，以“border tourism”为检索词，以“all years”为文献检索时间范围，共获得161篇研究边境旅游的文献。在Web of Science数据库中选择“WOS核心集”，分别以border tourism、tourism in borderlands、boundary tourism、cross-border tourism、transboundary tourism、transfrontier tourism为检索词，检索得到文献132篇。在此基础上进行筛选和剔除重复文献，最终确定将147篇国外文献作为研究基础。期刊类型涵盖《Annals of Tourism Research》《Tourism Management》《Journal of Travel Research》《Tourism

---

① 田里，教授、博士生导师，云南大学工商管理与旅游管理学院书记，中国旅游协会旅游教育分会副会长。王桀，博士、硕士研究生导师，云南大学工商管理与旅游管理学院讲师。

Geographies》等国外权威旅游专业刊物，检索到的研究文献基本可以反映出边境旅游领域的研究态势。通过对国外文献分析，可以看到国外对边境旅游的研究具有以下特点：

1. 边境旅游研究受到广泛关注

依据文献增长速度和曲线时间节点将整个研究历程分为两个阶段：第一阶段：初步探索期（1993—2007 年）。本阶段研究成果数量较少，共发表论文 60 篇，占文献总量将近 30%，年均发文 4.6 篇，增长速度相对缓慢；第二阶段：快速成长期（2008—2016 年）（图 1）。本阶段相关研究成果大量涌现，共发表论文 145 篇，约占文献总量的 70%，年均发文 16.1 篇，是第一阶段的 3.5 倍，增长速度较快。从目前国外研究情况来看，边境旅游合作引起来自不同领域学者们的关注。正因为如此，边境旅游合作的研究视角呈多样化态势，涉及地理、政治、社会、管理等多门学科，具体包括地缘政治、国际关系、空间生产、群际接触、区域发展、区域合作、发展战略、目的地管理、组织管理、品牌形象、市场营销、博弈论、可持续发展等多方面的理论。

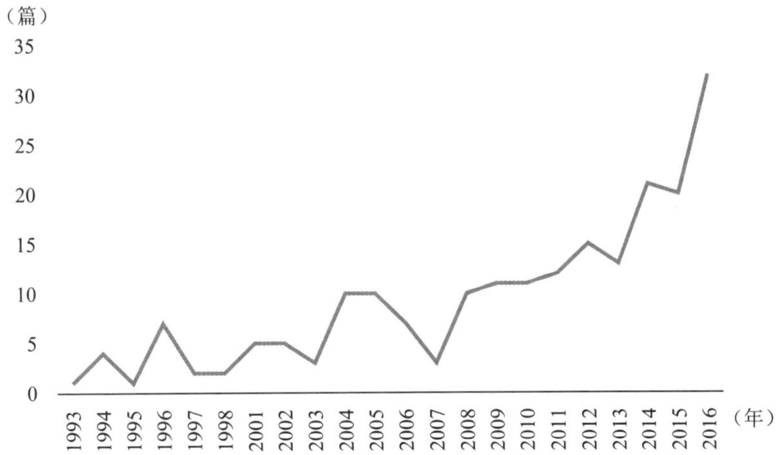

图 1　文献年代分布图

2. 国外学者较为关注旅游合作问题

在这些文献中，从关键词频次和中心性数值可知，“边境”（border/boundary）、“边境地区”（border region）、“目的地”（destination）、“吸引物”（attraction）和“经济发展”（economic development）是被引频率最高的关键词，“边境”和“经济发展”是中心度最高的关键词。如表 1 中的 18 个关键词，可以按照不同的主题划分为 5 个聚类。将每个聚类以共被引频次较高和概括性较强的关键词（主关键词）来命名，并以该关键词的出现时间作为聚类出现时间进行分析，可以看出国外边境旅游研究先后围绕“边境”“目的地”“合作”“治理”和“旅游”等关键词形成了 5 个研究热点。

表 1　国外边境旅游共现关键词聚类

聚类名称	聚类关键词	出现时间
边境	border、boundary、border region、attraction、destination	1995
目的地	destination、attraction、community、Russia	1999
合作	cooperation 、cross border cooperation、multi-dependence	2005
治理	politics、governance、economic development	2010
旅游	economic development、integrated rural tourism、mobility	2015

资料来源：作者整理。

3. 边境旅游研究视角较为宽泛

国外学者研究视角非常宽泛，包括经济地理、地缘政治、公共管理和旅游地理等。在经济地理学方面，学者们引入最多的是“核心—边缘理论”。相比国家政治中心，边境地区被普遍认为是发展相对滞后的经济边缘地带。这些地区为了提升区域竞争力并获得可持续发展，往往倾向于通过合作来推进旅游目的地建设。在地缘政治学方面，学者们注意到世界地缘政治格局及其演变给国际关系带来的积极影响。随着经济全球化进程加快，国家政治边界变得更加开放，这无疑为跨越边境限制的旅游合作创造了有利的外部条件。自纽约“9・11”恐怖袭击事件发生后，部分学者更加关注国家安全政策给旅游造成的负面影响。在公共管理学方面，学者们主要借鉴和应用合作伙伴关系、治理、制度等方面的理论来探讨边境地区旅游发展中的管理问题。除此之外，系统论、博弈论、群际接触、社会空间生产、文化景观变迁、区域发展、可持续发展等相关理论也被学者引入边境旅游研究领域。在旅游地理方面，许多学者从旅游供给角度出发对边境旅游合作的基础条件进行探讨。其中最具代表性的，是 Timothy 提出的“边境吸引论”，他认为政治边界及其环境本身具有许多独特性，能够成为旅游吸引物，这是边境旅游得以开展的前提。

（二）国内研究进展

国内文献方面，以中国知网为文献获取平台，首先对 CNKI 中文数据库进行高级检索，分别以“边境旅游”“跨境旅游”为检索式，按精确匹配方式，文献检索时间范围为建库起始到 2017 年 12 月，共检索到 86 篇博硕士论文、期刊文献 244 篇。通过对国内文献分析，国内研究进展表现为以下特点。

1. 国内研究经历了三个阶段

我国边境旅游研究的理论视角迄今经历了三个阶段的演变历程。第一阶段为初始阶段。我国从 1992 年开始出现关于边境旅游的研究论文，此后 20 多年时间，边境旅游研究的成果不断增加。这一时期的研究集中在国内边境旅游发展现状描述①、边境旅游资源评价②、边境旅游开发思路和国外经验介绍③几个方面，研究成果以定性研究为主。第二阶段为发展阶段，2003 年以后，以如何开拓边境客源市场以及如何开展跨境旅游合作为主题的对策类研究开始增多④，也反映出我国旅游对外开放程度的提升和边境旅游发展对跨境合作的需要。随着对国外研究成果的吸收和国内旅游研究的发展，我国边境旅游研究不再局限于现象描述和政策性的分析，转而朝着更加丰富的学理性研究发展。涌现出基于“行动者—网络理论”“文化权力理论”“感知理论”“旅游形象理论”等的研究成果，多学科交叉的研究视角开始显现（表 2）。

2. 国内研究高水平论文不多

截至目前，国内对边境旅游的研究成果发表于核心期刊的成果并不多见，这说明国内学者对边境旅游的研究广泛关注的同时，存在研究主题宽泛、研究方法单一、理论深度不足等问题。在一定程度上，正好反映出对边境旅游的理论研究亟待突破，并具有发展成为全新研究领域的可能性。美国科学哲学家托马斯·库恩 1962 年提出了著名的范式理论，他认为，科学研究周而复始、不断经历着从前范式常规科学、危机、范式革命再到常规科学的循环。⑤我们认为，边境旅游研究目前正处在库恩所说的“前范式”阶段。这一阶段的特点正好符合库恩“多元化和无序的研究，随机事实的收集，缺乏基本的法则和理论假设，范例和模式的稀缺”的观点。⑥总体而言，边境旅游的研究者们开始借鉴其他学科的理论成果来丰富这一领域的研究。2009 年至今，开始出现基于心理学、社会学、政治学、经济学、系统论等学科视角的研究成果，学者们将游客感知理论、行动者—网络理论、利益相关者理论、文化权力理论、区位价值理论、帕累托效率理论和旅游系统理论等理论成果与边境旅游结合，丰富了边境旅游的理论内涵，推动着边境旅游研究朝着常规科学方向发展。

---

① 关于云南省瑞丽、畹町边境旅游情况的考察报告［J］. 旅游学刊，1994（4）：26-29+63.

② 周长军，周永明 . 开发边境旅游资源发展边境旅游经济［J］. 旅游学刊，1997（3）：56.；孙文昌，韩杰 . 东北边疆区域旅游的开发［J］. 东北师大学报（自然科学版），1992（3）：116-124.

③ 边境旅游概说：国际的实践与经验［J］. 经济研究参考，1996（H6）：2-8.

④ 杨勇 . 中国—东盟自由贸易区与东兴市旅游市场的进一步开发——环北部湾地区边境旅游研究系列论文之二［J］. 西南民族大学学报（人文社科版），2005（1）：332-335.

⑤ （美）托马斯·库恩 . 科学革命的结构［M］. 金吾伦，胡新和 . 译 . 北京：北京大学出版社，2003.

⑥ 邹统钎，等 . 旅游学术思想流派［M］. 天津：南开大学出版社，2013.2.

表 2　边境旅游研究国内主要来源期刊

排名	期刊	载文量（篇）	载文量占比（%）	累计占比（%）
1	东南亚纵横	8	3.9024	3.9024
2	世界地理研究	6	2.9268	6.8293
3	资源科学	6	2.9268	9.7561
4	经济研究参考	6	2.9268	12.6829
5	经营管理者	6	2.9268	15.6098
6	旅游纵览（下半月）	4	1.9512	17.561
7	西南民族大学学报（人文社科版）	4	1.9512	19.5122
8	学术交流	3	1.4634	20.9756
9	西伯利亚研究	3	1.4634	22.439
10	延边大学学报（社会科学版）	3	1.4634	23.9024
11	知识经济	3	1.4634	25.3659
12	边疆经济与文化	3	1.4634	26.8293
13	旅游学刊	3	1.4634	28.2927
14	北方经济	3	1.4634	29.7561

资料来源：作者整理。

3. 国内研究热点领域尚未形成

通过对高频关键词研究热点的分析，国内研究较为关注“对策”“战略”“合作”“旅游资源”“边境问题”“边境贸易”“一带一路”“边境口岸”等内容，研究案例多选取中俄边境、中越边境、广西、黑龙江、新疆、云南等地。约 10% 的关键词出现频次占总频次的 60%。通过对研究热点高频词的分析、归纳，边境旅游研究主要集中在以下几个方面：国家战略背景下边境旅游发展现状、边境旅游发展的问题和经验、边境旅游发展思路和模式、边境跨区域合作等的探讨，同时也包括对边境旅游资源开发、边境旅游产品、边境旅游客源市场、边境旅游需求特征、边境贸易活动发展历程等内容。国内研究表现出研究问题分散、热点领域尚未形成的特点（表 3）。

表 3　高频关键词统计表

序号	关键词	频次（次）	累计百分比（%）	序号	关键词	频次（次）	累计百分比（%）
1	边境旅游	142	15.73	5	边境地区	25	32.67
2	对策/思路/战略	60	22.37	6	中俄边境	20	34.88
3	跨境合作	42	27.02	7	现状/问题	18	36.88
4	旅游资源	26	29.90	8	广西	17	38.76

续表

序号	关键词	频次（次）	累计百分比（%）	序号	关键词	频次（次）	累计百分比（%）
9	黑龙江	17	40.64	20	发展模式	7	53.71
10	边境贸易	15	42.30	21	边境城市	7	54.49
11	中越边境	15	43.96	22	研究进展/综述	6	55.15
12	一带一路	13	45.40	23	国际旅游	6	55.81
13	新疆	12	46.73	24	中国旅游业	6	56.48
14	边境口岸	11	47.95	25	旅游市场	6	57.14
15	旅游产品	11	49.17	26	展望及启示	5	57.70
16	云南	10	50.28	27	内蒙古	5	58.25
17	旅游发展	9	51.27	28	辽宁（丹东）	5	58.80
18	中朝边境	8	52.16	29	影响因素	5	59.36
19	出境旅游	7	52.93	30	客源地	5	59.91

资料来源：作者整理。

（三）国内外研究述评

1. 认为边境旅游是特殊的旅游形式

具体表现为两种学说：一是边界吸引物说，Timothy（1995）认为边界本身就是旅游吸引物，并对旅游流产生聚集作用，边境地区独特的旅游吸引物包括国门、界碑、界河、界湖、界山等，且两国差异越大吸引力越强；二是边界限制说，边界的阻隔作用在空间上表现为旅游区远离边境线、单边旅游区毗邻、旅游区横跨边境线，三种关系的研究表明边境的障碍作用大于旅游吸引力，并对游客感知产生限制，对旅游安全、管理带来严峻挑战。对边境旅游的界定上，普遍认为边境旅游是指人们到两国或多国边境特定地区进行的旅游活动，实践中包括了跨越边境的国际旅游活动和边境一侧的国内旅游活动。

2. 认为边境旅游发展失衡问题突出

在全球化的影响下，国家间的空间边界变得模糊，边界功能发生转化，具体表现为：（1）国家边界“去边界化”。Timothy（2001）等学者提出了“去边界化”的观点，认为各国边界具有从开放性到完全封闭性的不同渗透程度，而开放的边界由于几乎没有文化、政治、经济差异，使得双边国家可以通过优势互补获得共同发展（Prokkla E K，2007）。（2）区域经济一体化。区域经济一体化使国家边界降低了屏蔽效应（Newman D.，2006），Ohmae 在《无国界的世界》中认为“世界正向着‘无边界’的状态发展”。我国沿边不同地区的边境旅游发展水平差异较大，存在地区不平衡问题；由于非法越境、跨境博彩和色情旅游等问题造成边境安全隐患，使边境旅游发展失衡问题较为突出。

3. 认为边界效应是研究的重要命题

边界效应是边境旅游目的地空间发展的主要影响因素之一，对边界效应测度方法的研究为边境旅游提供了一个新视角，同时，边界效应转化是跨边界次区域经济合作研究中的一个重要命题。由于学科背景不同，边境旅游影响的研究主体和内容存在明显差异，具体表现为：一是对边界效应的界定。国家权力的存在使边界对跨边界的社会、经济行为产生影响，这种影响称之为“边界效应”，政治地理学派将边界效应划分为“屏蔽效应”和“中介效应”，而经济地理学派主要探讨边界对跨界经济行为的影响。二是对边境旅游影响的测度。国外学者关于边境旅游影响的测度方法大致分为两类：一类是以 McCallum（1995）为代表的选取效应系数值衡量两国间边界效应大小；另一类则以 Engel 等（1996）为代表使用“边界宽度”等距离概念来量化边境旅游影响大小。使用重力回归模型、趋同分析是测度边境旅游影响的常用方法。无论采用哪种研究方法，对边界效应的研究成为边境旅游研究中的一个突破方向。

三、边境旅游研究基础理论

从文献梳理中可以发现，一直以来，对边境旅游的研究多从民族学、政治学、地理学视角切入，研究的问题重贸易轻旅游、重现象轻理论、重形式轻学理。边境旅游的发展不仅关系到国家间的政治关系，还与边境民族、社区治理、旅游扶贫等社会问题密切相关。因此，我们认为对边境旅游问题的研究，需要建立三大基础理论：边境旅游吸引物理论、边境旅游影响理论和边境旅游系统理论，从而建立起边境旅游理论研究范式。

（一）边境旅游吸引物理论

边境旅游吸引物包括了边境旅游资源、边境旅游产品、边境旅游接待服务与设施、边境旅游者、边境旅游活动和边境旅游标志物等。边境旅游吸引物具有两个功能：一是刺激游客到边境地区旅游的兴趣；二是提供让游客满意的服务和体验。边境线本身就是旅游吸引物，并对旅游流产生聚集作用，边境地区独特的旅游吸引物包括国门、界碑、界河、界湖、界山等，且两国差异越大吸引力越强，边境购物是边境地区的主要经济活动，边境居民扮演重要角色（图 2）。

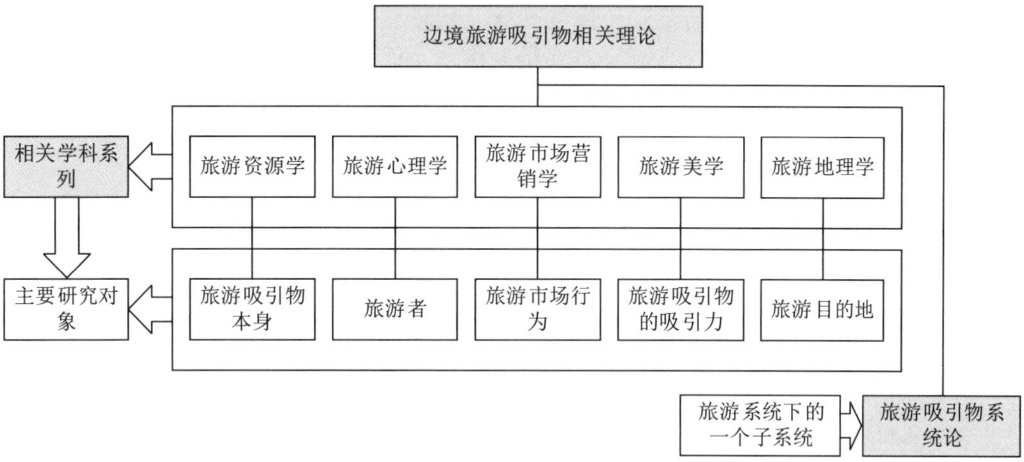

图 2 边境旅游吸引物理论基础

由于旅游学科本身的多领域交叉性，再加上边境旅游活动对象的复杂性和多样性，因此在整个边境旅游吸引物相关研究中，借鉴了一些其他学科的研究成果，包括旅游资源学、旅游心理学、旅游市场营销学、旅游美学、旅游地理学等。在国外的旅游研究中，学者们提出旅游吸引物不仅是一个客观的具有"吸引力"的要素总和，它更是一个吸引物系统，它是从属于整个旅游系统之下的一个子系统[①]。如 Leiper 曾指出，旅游者并不只是传统意义上的"旅游吸引物"的消费者或使用者，他还是旅游吸引物系统的一部分[②]。Verbeke 研究了城市内部旅游系统，认为城市旅游吸引物系统由城市旅游资源、旅游者、广告商和开发商组成[③]。在国内有关旅游吸引物系统的研究大都集中在城市旅游系统方面。

对边境旅游活动对象的研究认为，边境旅游活动对象的外延、内涵远大于我们通常所指的旅游资源，而使用"边境旅游吸引物"这个概念更为贴切。简单来说，边境旅游吸引物从边境地区旅游企业、旅游从业人员的角度来看是能给他们带来经济效益、社会效益、环境效益的旅游资源、旅游产品，从旅游者的角度来看，是吸引他们前往边境地区的主要动力所在，以及在出游前、出游过程中、游玩后的有关边境地区的感受和体验都叫边境旅游吸引物。

（二）边境旅游影响理论

边境旅游影响是指由于边境旅游活动的展开引起的社会文化、经济环境、政策条件等发生变化的作用方式。这种作用方式主要表现在边境旅游活动主体变化、边境旅游活

---

① 马凌 . 社会学视角下的旅游吸引物及其建构［J］. 旅游学刊，2009，24（3）：69–74.

② Leiper N.Tourist attraction systems［J］.Annals of Tourism Research. 1990，17（5）：367–384.

③ Verbeke M J. Inner–city tourism：Resources. Tourists and promoters［J］.Annals of Tourism Research.1986（1）：367–380.

动客体变化以及超越边境旅游活动范围的变化。边境旅游影响的研究视角主要包括政治视角、经济视角和文化视角。从管理学角度来说，可通过文化手段、政治手段和经济手段实现对边境旅游影响的干预。边境旅游影响一般来说是双向的，可以分为边境旅游发展带来的影响以及发展边境旅游的影响因素。

边境旅游对接待地的影响系统复杂，涉及社会文化、经济、政治、环境等各个领域。边境是国家的防卫前沿，边境旅游的开展必须有利于巩固边防，因此制定边境旅游政策必须从国家的整体利益出发；另外边境地区多是少数民族集聚地区，边境旅游活动的开展要特别强调少数民族的特点，以促进少数民族地区社会经济发展为主要目标。因此，边境旅游影响理论包括：旅游系统理论和人文、经济和政治三大板块的理论与方法以及多学科的理论支持。其中，人文板块理论主要包括：文化传播的理论、社会交换理论、共生演化理论以及田野调查、问卷调查、访谈的方法等；政治板块的理论主要包括：地缘政治学、跨界治理理论以及对边境政治属性的明确等；经济板块理论主要包括：地缘经济学、次区域经济合作理论等，其他还会涉及门槛限制理论、可持续发展理论等环境板块的理论（图 3）。

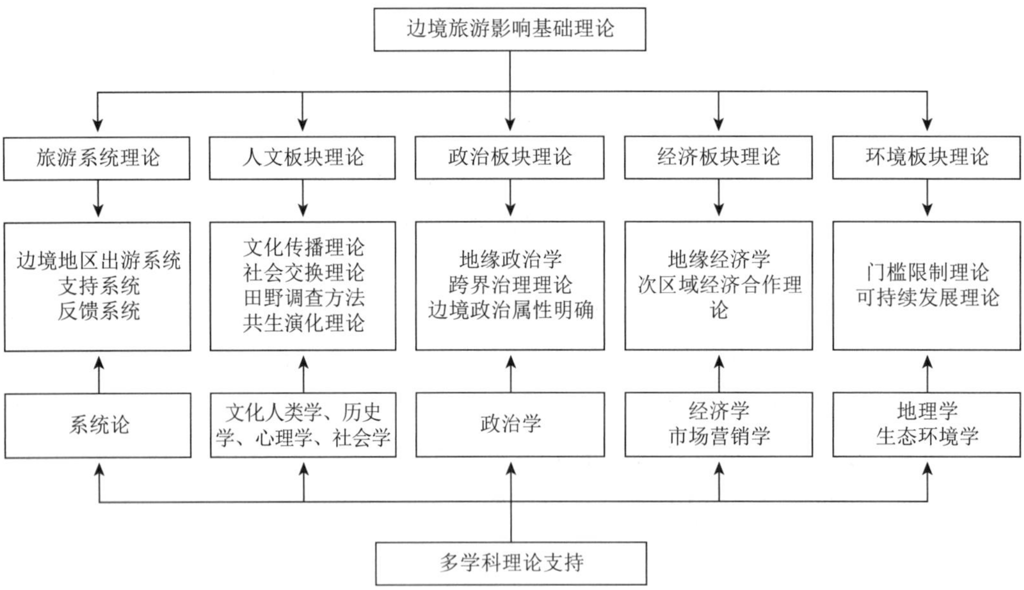

图 3　边境旅游影响基础理论

由于边境旅游的研究还处在初期探索阶段，边境旅游影响理论关注的是边境旅游发展对政治、经济和文化的影响因素，研究并未进入到核心层次。从目前的研究情况来看，关于发展边境旅游带来的影响因素方面的研究，更多的是对边境旅游作用、意义的归纳，研究成果尚不多见。通过对其他相关的旅游影响研究进行分析，再结合边境旅游的特殊性，可以将边境旅游影响理论研究按影响的内容划分为对经济、政治、社会文化和环境方面的影响；按影响的价值性质划分为积极影响和消极影响[①]；按影响的主动程度划分为主动影响和被动影响等。目前，国外学者对边境旅游综合影响的研究取得了一些成果，特别是在经济影响、社会文化影响和生态环境影响三个方面[②③]。

（三）边境旅游系统理论

国内外学者对旅游系统的研究，取得了较为丰富的成果。自从 Gun（1972，2002）开创性地提出旅游功能系统理论后，越来越多的学者开始使用旅游系统理论进行研究。其他代表性的旅游系统模型包括旅游地理系统（O–D 对系统模型）（Leiper，1979）、旅游功能系统模型（Mill，Morrison，1985）、旅游供需 N–D 对模型（Mitchell，1987）、旅游复杂系统（Mc Kercher，1999）、旅游游憩系统（吴必虎，1998）等。熊礼明（2005）是最早将系统概念引入边境旅游研究的国内学者，他分析了中越边境旅游口岸的系统问题，对旅游安全和合作方式进行了探讨。系统论为理解旅游业规律提供了科学依据。

但是，边境旅游系统是旅游系统的一种特殊类别，是旅游系统在边境旅游领域的表现形式。边境旅游系统与其他旅游系统的最大区别在于边境线对目的地系统、客源地系统产生阻滞作用的同时，边境线本身又具有旅游吸引物属性，如国门、界碑、界河、界湖等，对旅游流产生聚集和扩散作用。边境旅游系统是由边境地区相互驱动作用的旅游要素结合而成的具有特定功能的统一体，主要包括边境旅游目的地系统、边界系统、边境旅游客源地系统三大子系统。边境旅游驱动机制是指边境旅游一方面受到客源地的推力作用以及目的地的拉力作用，另一方面还受到边境线及国门通道的中介力作用，三种作用力驱使边境旅游要素相互作用。

边境旅游系统模型由边境旅游客源地系统、边界系统、边境旅游目的地系统构成，是边境地区 A 国的旅游系统与 B 国的旅游系统在边境线一带对接，形成的特殊旅游系统。在空间结构上，边境线在边境旅游系统中起到分隔、联结的作用；在系统功能上，边境线在边境旅游系统中产生阻滞、过滤作用。与 Gun、Mill 和 Morrison 等学者的旅游功能系统不同的是，除了供给、需求两大功能之外，边境旅游系统中多了一个边界系统（边境功能）。边境功能介于目的地与客源地之间，不仅对旅游流形成阻滞，也是连接两大功能的通道。因此，我们认为边境旅游系统应由目的地系统、客源地系统、边界系统三个子系统构成，各个子系统的组成要素及关系见图 4。

---

① 刘小芳 . 入境旅游贸易对新疆经济增长影响的研究［D］. 乌鲁木齐：新疆财经大学，2013.

② O'connor N，Bolan P. Creating a sustainable brand for Northern Ireland through film- induced tourism［J］. Tourism Culture &Communication，2008，8（3）：147–158.

③ Hampton M P. Enclaves and ethnic ties：the local impacts of Singaporean cross–border tourism in Malaysia and Indonesia［J］. Singapore Journal of Tropical Geography，2010，31（2）：239–253.

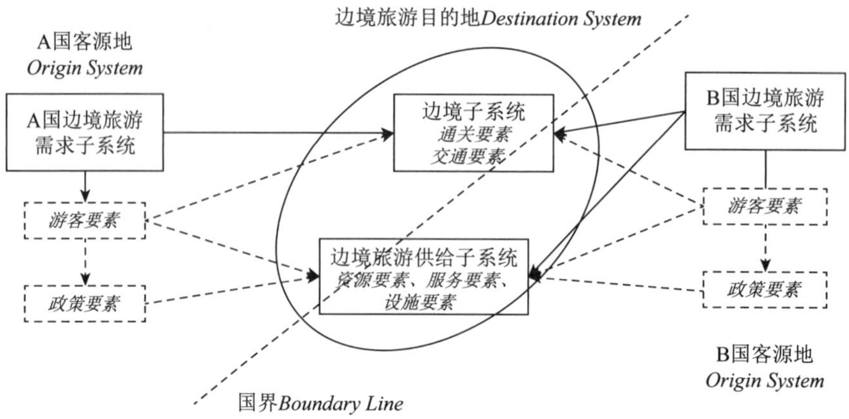

图 4　边境旅游系统模型 ①

边境线及国门通道是边境旅游系统中较为特殊的系统要素，对旅游流的聚集和扩散产生重要作用，同时也决定了边境旅游系统空间结构模式及边境旅游发展模式。边界系统与需求、供给之间是一种双向互动的关系：一方面，国防安全、国家主权等对边境旅游流产生阻滞作用；另一方面，边境旅游的需求和供给反作用于边境子系统，促进边界系统完善聚集与扩散功能。因此，边界系统将边境旅游的需求和供给联结起来，在二者之间产生桥梁和纽带作用，对边境旅游流产生聚集和扩散作用。

四、边境旅游政策导向

边境地区的核心问题是边界问题，边境旅游的核心问题是边界与旅游的互动关系问题。无论是经济地理学派的“边界吸引物说”和政治地理学派的“边界限制说”，探讨的都是边界与旅游的关系问题。边境旅游是一种特殊的旅游形式，其独特性主要表现为旅游系统与众不同，是一个包含客源市场、目的地市场和政治边界的特殊旅游系统。因此，制定边境旅游发展政策、建立边境旅游合作关系的前提，是将边境旅游中的“边界子系统”纳入政策范围。我们认为制定边境旅游政策，必须面向三大问题：边境旅游吸引物问题、边境旅游影响问题以及边境旅游系统问题。

（一）面向提升边境旅游吸引物

1. 边界景观提升

位于两国边境线上的旅游吸引物、边境设施等都属于边界景观，其中，边境旅游最具特色的旅游吸引物包括国门、界碑、界桩、界河、界山、界湖、隔离墙、卫士等；边

① 王桀，田里，吴信值．边境旅游系统空间结构与集散模式研究［J］．资源开发与市场，2018，34（1）：123-127.

境设施包括标志物、纪念物、告示牌、国旗广场、具有异国风情的建筑物等。边境旅游吸引物具有两个功能：一是刺激游客到边境地区旅游的兴趣；二是提供让游客满意的服务和体验。由于边境地区位处边缘地带，大多数边境地区经济发展滞后，基础设施薄弱，但同时保留着较为丰富的原生态、独特的旅游资源。我国沿边 2 万多公里的边境线上，分布有堪称世界奇观的高山峡谷，恢宏壮阔的大草原，多姿多彩的民俗风情，风格迥异的人文景观。这些丰富的边境旅游资源，为边境地区发展边境旅游奠定了极好的基础。通过加大边境地区交通设施、旅游基础设施建设，并对边界景观进行提升改造，将使边境旅游获得发展。

2. 通关效率提升

边界在边境旅游中是否通畅主要由通关政策和交通条件决定。边界要素包括通关要素和交通要素，两大要素主要由两国差异、口岸政策、交通条件、客源地与目的地间的距离经济水平、边境社区人口、旅游动机、旅游资源丰度等特征构成。由于边境旅游区具有地理边界和社会边界两大属性，使得边界对旅游流产生阻滞和集聚两大作用。目前，边境口岸出入境旅游普遍存在通关手续烦琐、双边政治关系制约、边防安全查验严格等问题，阻碍了旅游流跨越边境。与国际旅游不同的是，边境旅游主要通过边境口岸出入境，影响出入境效率的主要因素包括口岸政策变化、管理水平高低、部门协调程度等。因此，面向通关效率提升的边境旅游政策，无疑对推动边境旅游发展起到重要作用。

（二）面向对边境旅游影响的干预

传统的旅游影响主要指旅游活动对政治、经济、文化、生态等产生的积极或消极的影响问题，如经济发展、社会进步、文化变迁、生态变化等。而边境旅游影响则包含了诸如恐怖主义、跨境犯罪、难民问题、民族冲突等旅游安全问题。因此，边境地区的旅游安全管理，不仅是边境地区旅游发展的基本保障，还是国家间和平共处、睦邻友好的前提条件。我国一些边境省份虽然制定了边境旅游安全管理的政策和措施，但由于缺乏边境旅游影响干预机制，边境旅游安全问题一直困扰当代的旅游发展。如云南省到目前为止只发布实施了《边境旅游暂行管理办法》，由于缺乏权威机构进行统一管理，一些边境地区的卖淫、赌博、贩毒等非法活动没能得到有效控制。基于边境旅游影响理论构架，我们提出以下三大边境旅游影响干预策略。

1. 政治干预策略，建立“睦邻友好”的次区域合作机制

相关政府部门应始终坚持睦邻友好政策，积极宣传国家间、民族间的友好关系，共同建立健全边境安全执法体系，对贩毒、赌博等较为严重的非法活动进行联合执法。次区域间的跨境联合执法，对营造安全、稳定的边境社会环境，减少边境旅游安全隐患有

着重要作用。

2. 经济干预策略，建立“自由竞争”的旅游市场调节机制

市场化的旅游经济，是以引入市场竞争机制为前提，经营者为了争取客源，需要提高自身服务质量、提高游客满意度，良好的市场竞争和企业合作，可以理顺市场上的各种关系，使得边境旅游市场能够在公平、有序、安全的环境中发展，从而保障游客的人身和财产安全。

3. 文化干预策略，建立“入乡随俗”的边境旅游文化环境

旅游社区文化在增强游客与边境社区居民的认同感、宽容度等方面被证明可产生积极、有效的正向影响[①]。因此，通过构建健康的社区环境和文化，提高边境旅游目的地的吸引力，强化边境社区居民的认同感，加强民族之间的团结融合，通过社区参与边境旅游安全管理，是实现边境旅游持续发展的主要途径。

（三）面向利用边境旅游系统力量

1. 边境旅游客源地推动力

旅游业是一种依赖型产业，不仅依赖于旅游业自身的发展，还依赖于当地的各类环境支持。从目的地角度考虑，支持力来自于当地的旅游资源开发状况、旅游交通畅通与否、等级如何、旅游接待设施是否完备、当地经济发展状况、社会文化感应氛围、旅游治安状况、生态环境保护等；从客源地角度考虑，支持力来自于旅游者家庭结构、经济发展水平、社会开放程度、传统文化习俗、对外贸易状况、旅游休闲政策等。需要指出的是，边境旅游推动力在特殊情况下会演变为边境旅游的障碍，如客源地经济发展滞后国民出行频率低、目的地治安欠佳游客取消行程等。

2. 边境旅游目的地拉动力

依据 Dann（1981）、Crompton（1979）提出的旅游“推拉模型”[②③]，边境旅游驱动力主要源自两个方面：一是旅游者的内在需求；二是目的地的外在吸引。两个作用力共同构成边境旅游目的地拉动力。从旅游者角度分析，人们跨越国界前往他国旅游的目的主要有购物、观光、度假、商务、探亲访友等，目前在中国边境旅游多数与边境贸易密切相关；从旅游资源角度考虑，边境旅游资源可分为边界景观、己方资源、对方资源三

① 高玲，郑向敏．国外旅游安全研究综述［J］．旅游论坛，2008，1（3）：436-441.

② Dann G M S. Tourist motivation an appraisal［J］. Annals of Tourism Research，1981，8（2）：187-219.

③ Crompton J L. Motivations for pleasure vacation.［J］. Annals of Tourism Research，1979，6（4）：408-424.

部分[①]，有时人们热衷于跨越边界线，更多是为了体验“一脚踏两国”的独特体验。

3. 合理利用边界系统中介力

由于不同国家对边境管理政策与服务水平的差异，常会出现出易入难、出难入易、出入皆难的状况，可在前期办理跨境旅游通行证件的基础上，在跨境合作区推行“旅游护照”，完善口岸基础设施，提升通关科技水平，交流口岸管理经验，强化业务人员培训等措施打造便利化通道。和双边边防、海关、两检就人员、车辆、物品管控政策进行沟通，设计简化工作程序，制作双方共同认可的旅行、车辆证照、标识，共同确定旅游者随身携带货币金额、物品种类，探索合作区购物退税政策，共同制定合作区投资优惠、土地使用政策。

五、边境旅游研究趋势

综上所述，通过系统梳理边境旅游研究在概念界定、基础理论、政策框架等层面的研究内容，本文认为边境旅游的研究需要打破传统的僵化模式，构建具有边境旅游独特性质的研究框架，并尝试在政策导向基础上对该领域未来研究趋势做出预判和建议。总体来看，近年来国内外学者对边境旅游研究的重视程度呈上升趋势，边境旅游研究涉及多个学科，但由于缺乏理论和价值研究，尚未形成成熟的理论体系。从未来的研究趋势来看，边境旅游的研究领域将向相对独立的理论体系方向拓展和延伸。具体表现为三大转向：研究范式转向、研究方法转向和研究内容转向。

（一）从“边缘”到“核心”的研究范式转向

在旅游领域的研究中，Firedman（1966）提出的“核心—边缘理论”成为解释区域发展水平空间差异和区域空间结构演变模式的经典理论。该理论认为，核心区与边缘区是一个完整的空间系统，在区域经济增长过程中，核心区与边缘区之间存在着不平等的发展关系，核心区居于主导地位，边缘区在发展上依赖于核心区。然而，边境地区由于旅游业的发展，核心区与边缘区的空间关系会发生变化，二者的关系从互不关联、孤立发展变成相互联系、紧密发展，甚至一些曾经的边缘区发展为新的核心区。这一趋势同样也表现在学术界，由于多数学者习惯于将边境地区视为边缘区，忽视了边缘区转化成为核心区的可能，其结果就是多数成果难以清晰认识和深度发掘边境旅游发展的本原机制、引导机制和实现路径。因此，“边缘”与“核心”之间的关系既对立又共生，恰如一枚硬币的两面，二者既相互对应又互为因果，这意味着边境旅游研究需要从“边缘”到“核心”的范式转向。

① 陈永涛 . 边境旅游研究无法绕过的命题——边境旅游资源［J］. 红河学院学报，2013（3）：87-90.

（二）从“定性”到“定量”的研究方法转向

边界效应测度使得边境旅游研究进入到“定量化”时代。在经济一体化经济进程中，随着边境旅游的发展，边界效应问题呈现出较高的弹性，并表现在制度、文化、种族等方面，这也成为当前边境问题研究的热点。边境旅游的定量化研究，需要采用不同学科的视角进行尝试，如社会学、人类学、地理学、旅游学、政治学、经济学、生态学等。目前边界效应测度方法主要有三种：重力模型、趋同分析和社会网络法。重力模型是边界效应测度的起点，主要是经济学视角下对贸易流等方面的测度。趋同分析和社会网络法是边界效应测度应用比较少的方法。用多学科理论和方法来解释分析边境旅游现象，从而构建出科学合理的边境旅游理论体系。要充分借鉴国外成功经验，采用定量研究方法，加强研究的科学性、严谨性。同时，要深化质化方法的运用，丰富研究视角，找到新的研究方向和问题。

（三）从“边境”到“跨境”的研究内容转向

跨境合作是边境旅游目的地管理的重要理念，跨境旅游合作已成为国外边境管理和国家公园规划的主要建设内容。近年来，我国在大力推进“一带一路”建设。作为践行“一带一路”倡议的重要举措，推进跨境旅游合作实践发展和理论研究无疑具有重大战略意义。发展边境旅游，既涉及本国也涉及邻国。因此，不仅需要国家提供有利的政策支持，如旅游、边防、海关、土地、投资、税收政策等。还应加强对邻国国情的研究，掌握邻国的政治制度、经济状况、教育水平、社会文化、风情民俗、管理机制、旅游政策等，以便开展和实现双边或多边跨境旅游合作。在“一带一路”建设背景下，我国的“跨境旅游合作区”“边境旅游试验区”（两区建设）建设，面临从“边境”到“跨境”的研究内容转向。

关于本科旅游管理专业教育定位与课程设置的思考

谢彦君　徐　英　胡迎春①

一、涉及旅游的几次学科和专业目录调整及其影响

中国的旅游高等教育是从1978年开始的，至今整整有40年的历史。在这期间，由教育主管部门管控的专业设置和学科划分几经变动，反映了人们对旅游相关知识属性的认识一直没有形成稳定而一致的看法。比如，就本科教育和研究生教育而言，旅游的学科和专业归属，曾经历了两次重要的调整，分别在1998年和2012年。1998年之前，旅游学科和（或）专业（后文在不需要明确区分学科与专业时，一概简称为学科/专业）被划分在经济学门类，隶属于应用经济学一级学科和贸易经济学二级学科，为旅游经济三级学科。当时的人大复印资料也以“旅游经济”名之。1998年学科/专业目录调整，转而将旅游划转至管理学门类，以旅游管理之名隶属于工商管理一级学科，成为与物流管理、人力资源管理、市场营销等学科/专业并列的二级学科。至此，作为指导研究生教育的学科目录和作为指导本科生教育的专业目录，仍然还是协调一致的。到2012年，教育部对本科专业目录进行修订，将一直处于二级学科地位的旅游管理提升到与工商管理并列的同等“大类”层次。这次调整，对旅游管理学科/专业的建设与发展，产生了非常积极的影响。

然而，教育部对旅游相关学科/专业的这次调整并不彻底。与本科专业目录调整不对等的是，研究生的学科目录并未随之做相应的调整，于是造成了学科目录与专业目录不协调、不对等的局面。这一结果，在整个教育界浮躁之风盛行、大一统管理模式主导教育发展的当下，给旅游学科/专业的发展和建设蒙上了一层阴影，对年轻的旅游学科产生了很多体制性的负面影响。

2012年，教育部本科专业目录调整方案甫一公布，中国旅游协会旅游教育分会在

① 谢彦君，教授，博士生导师，海南大学旅游学院。邮箱：xieyanjun2020@126.com 。徐英，东北财经大学旅游与酒店管理学院博士研究生。胡迎春，东北财经大学旅游与酒店管理学院博士研究生。

上海师范大学召开年会，安排笔者做了一个回应专业目录调整的主题发言。笔者的发言题目即“新专业目录调整的赞与憾”。其中的核心观点是：

首先，笔者对 2012 本科专业目录调整之赞是“细、深、高”。具体表现为：

一是体现了对旅游现象复杂性的回应，将原有的一个“旅游管理”专业分化为旅游管理、酒店管理、会展经济与管理三个专业；二是体现了大学教育是“有限时间的专业教育而不是终身、全面教育”的深刻认识和正确教育观；三是体现了对国外旅游教育发达国家旅游教育成功经验的尊重和有益吸收；四是具备了使该专业、该层次（本科）教育“窄起来、深下去、高上来”的可能性：通过专业细分、窄化，使知识深度得以强化，从而使专业门槛提高，并与高职高专的相近专业在知识层次和类型上予以区分；五是在专业划分、专业目录管理方面解除了制度性的障碍，预示着一直以来中国旅游高等教育存在的资源浪费、人才浪费现象不再归因于专业划分这一制度设计。

其次，笔者对这次专业目录调整没有能相应伴随学科目录调整表示遗憾，其核心问题集中在，旅游或旅游管理作为一个学科或知识体的地位，依然是缺乏充分认可的。具体表现为：

一是暴露了对本专业的大学教育的理解依然只是“管理学”问题，而不是一个“旅游学”问题的根本欠缺，完全漠视了旅游是一个以体验为核心，同时涉及心理、文化、社会、经济、地理、生态、环境、美学、政治、国际关系等各个领域的极为复杂的社会经济现象；二是这预示着，未来再谈“旅游”是应用性学科，依然意味着是对“管理学理论”的应用或“经济学理论”的应用，而不是对“旅游学”理论的应用，而这一倾向对旅游学科的发展是有极大的阻碍作用的；三是这意味着，未来的旅游教育依然会处在这样一种状态：学科缺心眼，学者没有根，学生没有家——整体上依然丧失独立的身份感；四是其结果是，旅游类高等专业教育，只有专业之名，没有学科之实。教育实践还会举步维艰（体现在人才培养方案制订、教师定位、教材定位、人才社会承认等）；五是其深远影响是，在各类评估、排名盛行的当下教育界，大学的组织建制、资源配置、观念导向以及发展路线，都会产生深刻的影响，而且这种影响相对于蓬勃发展的旅游业现实而言，是消极的；六是学科 / 专业目录管理如此之严，本就属于中国特色，虽为“文革”之后恢复大学正规教育初期阶段所必需，但就本质而言，它已经和大学精神相背离，那么，如果还伴随着政治的低效率，势必将造成数年甚至数十年的国家资源、个人生命资源、社会资源的极大浪费。

针对旅游或旅游管理的学科定位（即在统管的学科目录中应占据的地位和层级），笔者曾于 2010 年发表的一篇文章中给出明确的建议（见图 1，该文载于《北二外学报》，2010 年）。这一建议与后来教育部公布的本科专业目录划分只有一点差异：在二级学科 / 专业层次，笔者的方案多出一个旅游学学科 / 专业，其他与教育部颁布的三个学科 / 专业完全相同（差别只有个别文字的措辞）。在笔者看来，正是多出的这个“旅游学”二级学科 / 专业，才决定了旅游学科（注意，这里不是仅仅指“旅游管理”学科）是一个以体验为核心，涉及多种学科的独特而复杂的知识体。它既不单纯属于经济学，也不单纯属于管理学或地理学。它是一个拥有特殊研究对象的学科领域。没有了这个暂定为二级学科而将来必然成为独立学科的“旅游学”主导和带动，所谓“旅游管理”必然成为无本之木、无源之水，那时，旅游行业管理部门和产业运营部门的知识来源，也就不需要有别于一般的管理学和经济学了。换言之，在没有旅游学这一标志着学科独特性的理论学科存在的前提下，旅游管理只能是管理学或经济学的应用学科了。但是，随着人类社会走向丰裕社会，旅游必将成为人类的普遍需求这一事实已经被发达国家的旅游发展实践所证明，因此，旅游学科成为独立学科只是迟早的事情。

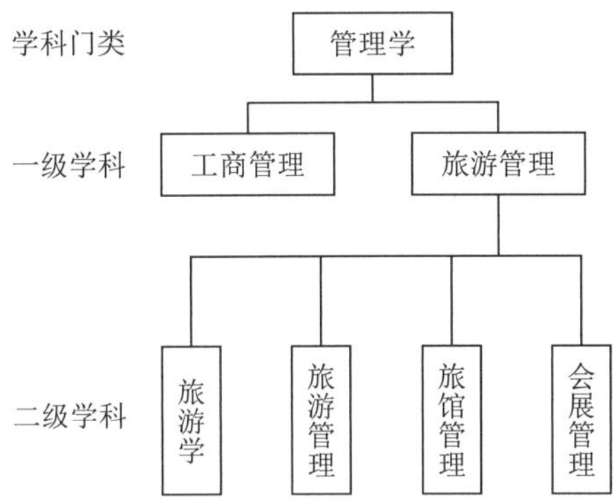

图 1　旅游管理学科架构关系图示

结合图 1 的学科目录框架，笔者认为，旅游学是有关旅游现象的理论知识体系，是旅游类其他三个（即旅游管理、酒店管理、会展经济与管理）应用性二级学科 / 专业的理论依据，其中尤以旅游管理学科 / 专业最需要以旅游学作为理论指导，它也更直接地体现为旅游学的应用学科。旅游学研究的核心问题是旅游体验问题，就像“社会学”对社会关系和社会行为问题的研究，或“地理学”对空间问题的研究，都有着自己独特的研究对象和问题域，其知识属性自然也是学理性的，具有典型的“学科”属性。

如果从本科的旅游学专业教育来考虑，那么，与旅游管理和酒店管理等专业不同，旅游学专业在全国只需要在有限一些综合性大学开设即可，更多的则应作为研究生专业教育层次进行布局。为此，笔者呼吁，为了推动旅游学科的发展，使相关知识体系更快地走向成熟，以适应人们日益增长的对美好生活的需要，我国的大学专业目录应在旅游管理大类项下，再增设一个“旅游学”学科 / 专业。

不过，就整个旅游教育的人才需求规模而言，我国旅游高等教育的学科 / 专业点布局主体仍会集中在旅游管理和酒店管理，其使命是为旅游业和酒店业培养管理人才。也正是由于这一原因，截至 2017 年，全国本科院校中，开设旅游管理专业的大学已经约有 600 家。这一事实也表明，大学教育的专业设置，并非完全以成熟的学科发展为前提。有时，为了适应社会对相关领域人才的迫切需求，也可以将知识传播与知识发展结合起来，在二者的积极互动过程中实现人才培养和知识积累的双重使命。旅游管理专业的办学历史也证明了这一点。如此规模的旅游高等教育，是改革开放 40 年来从无到有、从少到多的历史积累。在未来的发展中，这一学科的真正使命在于，它必须从规模优势转向品质优势，而品质的保证，就在于形成一个成熟的知识体，即成为一个独立的学科。

知识生产与传播是大学的使命，而以学科形态存在的系统知识，则是大学能够高效传播知识的前提性条件。因此，依托于大学的高等教育，当其所传授的知识尚未体系化（学科化）时，大学在履行其教育使命的同时，也要担负起推动知识体系化（学科化）的使命；当其所传授的知识已经高度体系化（学科化）时，大学在履行其教育使命的同时，还要担负起推动知识范式的创新（即库恩的范式革命）的使命。这就是大学同时肩负知识传播和知识生产双重使命的意义所在。

旅游（后文在一般情况下主要以当前的旅游管理作为其代表）学科作为一个新学科，它也同时面临着知识生产、知识传播和知识再生产的问题。与其他一些传统领域可能存在不同的地方是，中国的旅游高等教育是与旅游研究、旅游产业发展同时起步于 20 世纪 80 年代初的。在这种情况下，旅游高等教育不可能依托于一个体系化的学科来加以展开，而快速发展的旅游产业和社会实践，又对旅游研究提出了迫切甚至苛刻的要求。在缺乏系统的理论指导的前提下为应对产业和社会实践而提供的对策性咨询或建议，往往是“意见”而非“知识”，与个人的经验性心得高度相关。这类“意见性知识”在经过产业部门和政府部门的“赋权”过程之后，很容易——事实上也普遍地——转而构成了旅游高等教育的主要知识形态，并进而影响了中国旅游高等教育 10 年、20 年、30 年甚至 40 年。这一现象极不利于旅游学科的科学化、体系化。

说当前旅游学科的知识构成很大程度上是“意见性知识”，可以从以下几点中看得十分清楚：

（1）旅游学科的学术共同体尚未形成。学术共同体是指拥有基本共同知识观的学术群体，这种知识观反映在对旅游核心问题的认识，能达成本体论、认识论和方法论方面的基本一致性。目前，不仅在全国层面看不到这样一个共同体，即使在一些局部性或区域性的知识问题上，也看不到这样的共同体。学界个别人勉强勾勒出的某种共同体，主要还是学缘、地缘、人缘、情缘或势缘的共同体，算不得学术共同体或知识共同体。人们对旅游的核心理论问题的认识，对旅游学科属性的判断，对旅游专业人才培养方案和课程设置方面的认知，对大学教育所依赖的教材性质的定位和内容的选择，以及对现有旅游管理专业应包括的基本的核心课的认定，等等，都存在着极大的甚至互相不着边际的个体性意见或所谓“意见性知识”，这足以说明真正的学术共同体还远没有形成。

（2）旅游知识体系的核心不明，边界不清，知识构成缺乏特色，是旅游学科构建的突出问题。按照科学哲学家库恩的观点，一个学科一定有它的内核，也有其知识构成上的保护带。这个说法有点像地球模型一样，我们可以把地球上的大气也设想成地球的一部分，但这部分物质的弥漫性也足以让人感觉它与别的世界有关联。旅游的知识体，目前尚未明确其内核，虽有一些支撑性的知识，但结构性的目标并不明确。倒是有很多知识及其来源，就仿佛是地球上的云、大气一样，与管理学、地理学、美学、文化学、经济学和社会学等学科有着割不断的牵连。这就导致一个严重的问题：学科 / 专业无特色。由于一些现实的原因，这种无特色还不仅表现在学科 / 专业方面，而且还表现在知识层次方面、表现在地域或院校办学特色方面，从而使这一学科 / 专业的存在意义受到质疑。这也是旅游 / 旅游管理学科一直不能上升为一级学科的内在根源。

（3）对旅游管理本科专业的人才培养目标认识不清，在规格与层次定位方面存在很多不相同的看法。诸如“毕业后改行很正常”“大学教育必须是宽口径”“旅游管理本科教育是应用型教育”“理论教学是躲进象牙塔里”之类的观点，几乎是旅游管理本科教育的主流教育理念。其实，如果常规性地去看，这些观念也不一定错误。但是，具体到旅游管理本科教育的话，这些观念就很可能是不合适的。比如，就个体而言，改行无可厚非；但如果一个专业的毕业生有绝大多数改行，那就是教育资源和人才资源的浪费。如果说一般的大学专业教育需要警醒的是知识面过于狭窄因此应当倡导宽口径，那么，对旅游管理专业而言，就其课程设置所涉及的知识面来说，其实不是过窄，而是过于宽泛、肤浅。如果说旅游管理本科教育是应用型教育，那一定要明确，应用的是旅游学的理论，还是管理学的理论或经济学的理论，或是别的什么学科的理论，甚至把职业教育或岗位培训所主张的动手能力理解为应用型教育。如果说只有应用旅游学理论的应用型专业才是旅游管理专业，那么，要明确，旅游学的理论在哪里？如果这些理论还没有形成或正处于形成过程中，那么，旅游学者在教学过程中耕耘于理论领域，这种象牙塔情结到底是应有的职业操守还是不问世事的鸵鸟策略？显然，这些问题很难获得一致的答案，但是，在这些关键问题上做适当的思考，对旅游学科的发展一定是有价值的。

二、旅游管理专业本科教育定位的几个理念问题

未来旅游管理学科 / 专业的发展，其核心问题，是学科能否逐渐走向成熟的问题。只要旅游管理所依赖的旅游学学科最终具备了学科品质，那么，旅游高等教育就获得了法理和学理上的根据。那么，在当前的历史阶段，笔者认为，以旅游管理为代表的旅游高等教育的当务之急，是树立正确的学科发展理念，完善专业课程设置，推动旅游学及其各分支学科的知识积累并最终走向学科独立。

在此，笔者提出三个涉及旅游管理学科 / 专业高等教育的定位理念问题，供同行参考。

（一）“学科树”理念

当旅游或旅游管理学科终于成为独立的学科时，它便由稚嫩的知识幼芽长成了参天的知识大树。

用一棵参天大树来比喻成熟的知识体，是极为贴切的。一方面，知识如树木一样，生生不息；另一方面，如大树一样有其根本、主干、枝杈和叶片甚至一些寄生性或依附性的生物一样，知识也有标志其本体的核心、支脉、碎片化的知识点以及与之相关联但并不同质的依附性知识。所以，“学科树”理念的实质是知识体（学科）的独立性、生长性和体系化。这是学科的根本特点。

对于旅游 / 旅游管理学科 / 专业而言，目前，它还远不是一个独立的学科。从初始的知识来源的角度看，更多的人倾向于把它看作一个交叉学科，而笔者倾向于把这种交叉学科看作学科走向独立、成熟的一个阶段。学科的这种交叉生长现象，在很多属性接近的现象领域及其对应的成熟或相对成熟的学科之间都可能发生。图 2 即形象地展示了旅游学科在未来当其成长为独立的学科之后，与相关的成熟学科可能发生的交叉生长情况。

在图 2 中，除了反映由学科间的相互关联而形成的交叉学科之外，还展现了学科内部知识构成方面的关系，即由多种自足性分支学科构成的知识体系。可以说，成熟的学科都是自足的或近于自足的；交叉学科是学科发展的过渡形态和过渡阶段，其终极形态都是走向自足。

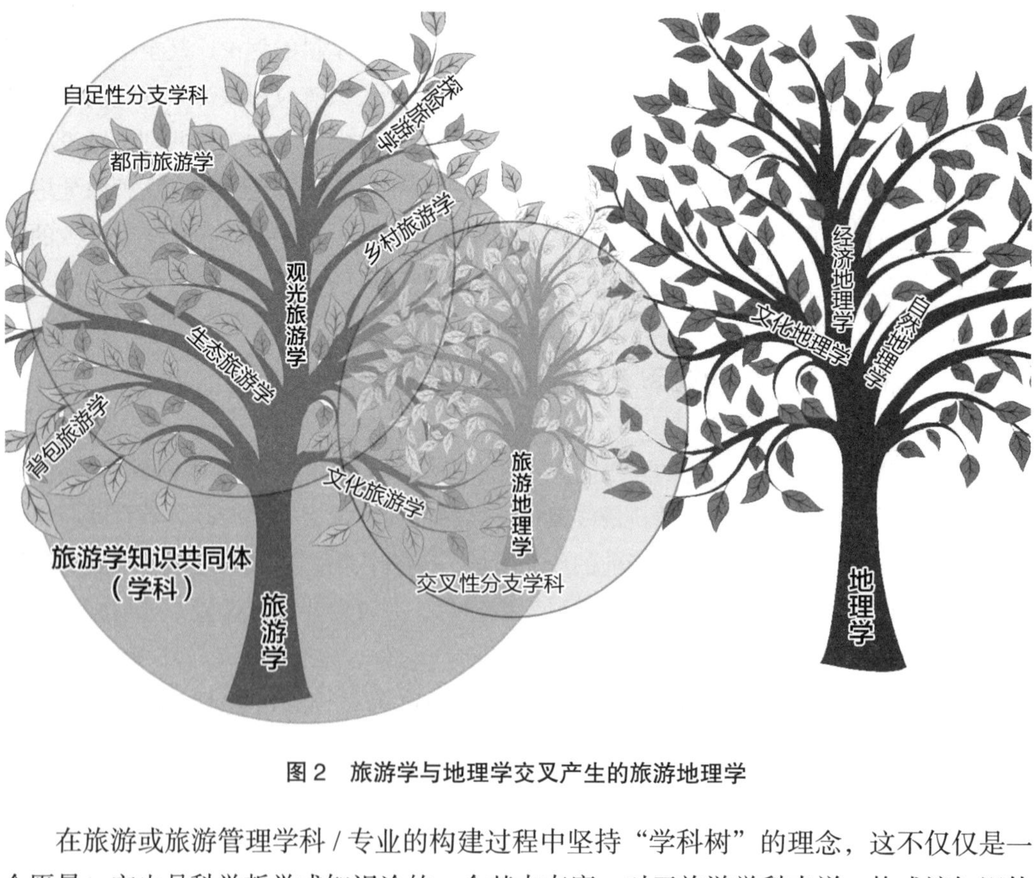

图 2　旅游学与地理学交叉产生的旅游地理学

在旅游或旅游管理学科 / 专业的构建过程中坚持“学科树”的理念，这不仅仅是一个愿景，它也是科学哲学或知识论的一个基本态度。对于旅游学科来说，构成该知识体系的内核来自本体论的观点，在这方面，历来已有“体验理论”“本真性理论”“凝视理论”等，体现了人们对旅游现象的不同的本体论认识。不过，这些观点仍未能形成充分的体系和显著的范式，仍不足以促成旅游作为一个独立的学科而存在。在未来，旅游学术界需要做的，仍是致力于发展更多、更深刻、更系统的理论范式，以丰富旅游学科的知识内涵，垒砌旅游学科的知识边界。

在目前阶段，作为旅游学科体系内部构成的分支学科，主要是由交叉分支学科构成的，而且其形成的历史背景是：这种交叉是由不成熟的旅游学与成熟的其他学科（如地理学、经济学、心理学、社会学等）之间的联姻完成的。可以想象，当旅游学处于其幼年阶段时，其作为学科所必备的条件——如独特的语言（概念）、充分而自洽的本体论命题体系、共同遵从的研究法则或规范以及规模庞大的学术共同体组织和人员等——都还不够完备和成熟，在这种情况下，交叉学科的成长方式往往是简单的“戴帽”形式，而非通过直面旅游世界的特殊现象而采用多学科知识（理论）来对旅游现象做出独到的理论解释。这样的交叉学科知识增长路径，以采借、移植为主，有时完全省略了本地化过程，从而使很多交叉学科中所含有的知识成了半生不熟的“夹生饭”。旅游心理学如此，旅游营销学如此，旅游经济学、旅游地理学亦如此。在很多交叉分支学科领域，所发表的学术论文——指具有理论贡献而不是单纯的对策咨询论文——数量寥寥无几，学术专著几近空白，但教材却有数十甚至上百部。这种扭曲或颠倒的知识生产状况，反映了旅游学科不成熟的根源所在。因此，进入到新时代的旅游学科建设，应不满足于目前主要甚至仅仅以“旅游 ×× 学”的交叉分支学科作为内部分支学科主体成分的状况，而应大力发展更具有本学科基因的自足性分支学科，即致力于“×× 旅游学”的建设。

笔者提出“自足性分支学科”这个概念，主要是考虑到，旅游现象本身是一种独立的现象、特殊的现象，当今时代也已经成为重要的现象。这种现象具有复杂性、多面性，但这种复杂性和多面性仅仅是其表象或结构性内容，并不改变其“旅游”的本质。比如说，纷繁复杂的旅游世界，其实是由多种多样的旅游类型组合而成的：以体验乡村景观为目的的旅游，我们称之为乡村旅游；以体验城市景观为目的的旅游，我们称之为城市旅游；其他还有生态旅游、遗产旅游、背包旅游、文化旅游、海洋旅游、荒野旅游和探险旅游，等等。到目前为止，旅游学术界对这些旅游类型的学术研究都有不少探讨，形成了相当丰富的学术积累。但是，各个领域仍缺乏集大成的学术专著，知识的整合力度不够，体系化（学科化）的程度很低，散在的、碎片化的知识成果没有经过过滤、整合而融入教科书，从而使得旅游高等教育也不能从科学研究成果中充分受益。所以，未来的旅游学科建设，在坚持“学科树理念”的前提下，要大力发展自足性分支学科，完善交叉性分支学科，这样，才能保证旅游学科在知识构成方面的独特性和体系化。

（二）“两个三七开”理念

高等教育的最重要成果形式和使命，就是人才培养。作为一种成人教育，它不仅要养成人才的基本素质，还要育成人才的专业能力。这两方面是高度结合的。成功的高等教育，在素质养成和专业能力育成方面，能够达到高度的统一，其根源在于，教育的设计者和实行者能够在教育理念、教育工程设计、教育过程实施诸环节相互协调地加以组织，从而保证教育出品既是高素质的正常人，还是高规格的专业人。美国的哈佛大学、耶鲁大学或英国的牛津大学、剑桥大学，大体上能够达到这样的教育水平。

在我国，情况与国外很不同。由于对教育理念缺乏基本的共识，对教育规律缺乏足够深刻的认识，中国的高等教育一直处于频繁的摇摆之中。旅游学科作为一个新兴学科，此种情况尤为突出。大学课程名称可以随便取舍、随意措辞，忽视国内外旅游教育半个多世纪的积累和高等教育在课程名称方面应遵循的基本规范、规律，随意制定大学课程名称的现象常有发生，这种情况应引起旅游学术界同行的重视。

下面就如何对待旅游高等教育中的毕业生转行问题提出一些看法，其核心观点体现为坚持“两个三七开”的理念。

大学毕业生转行从事他种专业的工作，这是不是个问题？

笔者的答案是：对于个人而言，这不是问题，是个人理性；对于全国意义上的一个专业的毕业生而言，高比例毕业生转行，这是个问题，是集体非理性。

孟子言：“君子务本，本立而道生。”孔子“因材施教”的目的，也是尊重这个“本”——人各有本。所以，一个人的就业选择，很大程度上基于他个人的独特主体性。一个学了旅游管理的人最终去联想集团总部做秘书工作或到恒大集团旗下去卖楼，这种情况再正常不过。很多旅游教育界或旅游业界的权威人士，也常常以自己的切身经历来现身说法：本科学日语的，最后做了省旅游局的局长；本科学化工的，最后成了旅游规划专家；本科学机械的，最后成了国际饭店集团的 CEO。这样的例子近乎数不胜数，于是很自然地推导出一个看似理性的结论：大学教育是素质教育，毕业生改行就业天经地义。

其实，这是一个令人细思极恐的命题！

中国旅游高等教育从 1978 年算起，已经有整整 40 年的历史。40 年！这是不惑之年。在这 40 年当中，中国的旅游产业扩大了不知多少倍，中国的旅游市场扩大了不知多少倍（暂且忽略官方公布的数字），中国旅游在国计民生中的地位成长不知扩大了多少倍。这意味着，中国对旅游人才的需求量，也不知扩大了多少倍！那么，让我们掐指算一算，从 1978 年上海高等专科学校开始培养专科层次的旅游人才算起到现在，全国近 600 家本科院校和相当数量的高职高专院校培养的数十万乃至上百万旅游管理专业人才，有多少留在旅游行业，留在行业内的人才有多少晋升到中高级管理工作岗位，而这个数字与旅游业整个行业的中高级岗位需求规模相比所占的比例是多少？这几个数字一旦捋清楚，也许是一个足以令人警醒的结论：旅游管理专业毕业生在旅游行业内任职的比例很低。近年来旅游教育界基本达成这样的经验性共识：旅游管理专业本科毕业生在本行业内初次就业率不超过 20%，三年内这些毕业生又有 50% 转出旅游行业。按此计算，旅游管理专业本科毕业生的转行比率就确实是相当高的。尽管毕业生转行有十分复杂的社会经济等综合因素的影响，但旅游高等教育机构是否应面对如此高的整体转行比例做集体反思，也是一个值得深思的问题。对此，笔者的看法是，如此高的转行比例意味着国家教育资源的浪费，意味着个人人生发展机会的损失和机会成本的提升，意味着社会人才需求和使用成本无意义增大，意味着院校教育资源与科研资源的协调运用受到限制，也意味着旅游管理专业本科教育存在的合法性存在问题。因此，如果从国家层面和专业人才培养层面看待这个问题，如此高的转行比例是不理性的。

在近代社会，伴随着知识爆炸而来的是知识的分化。与古代社会相比，现代社会再也不可能出现以往时代那种通才群星灿烂的局面了。现当代高等教育无不以学科 / 专业教育为特征，培养具有综合素质的专才是共同的目标。这也是高等教育面对社会分工日益细化的大趋势而做出的自适应性的调整。在这一基本教育认知框架下，大学教育能否培养出高品质的专业人才，是衡量大学教育成效的关键指标。当然，上述认知并不足以为当下中国高等教育以预设就业率作为考核指标来评价大学质量这一粗暴管理模式做背书，因为二者完全是两回事儿，秉承着完全不同甚至正反相对的教育理念。各个学科 / 专业的直接就业率和转行率，都因学科 / 专业的属性不同而应有不同的对待尺度，不可一概而论。

如果从旅游管理学科 / 专业的角度看，结合多年来本学科 / 专业的就业实际情况，笔者的基本看法是：如果承认本科层次的旅游管理学科 / 专业是应用型教育，那么，其人才培养目标应坚持“两个三七开”的理念。至少要努力打破目前“两个八二开”的僵局。也就是说，从专业目标来看，学生在毕业时职业选择有 70% 应为专业对口；从层次目标来看，学生在工作后的 5~10 年时间内，应有 70% 能走上中层管理岗位（图 3）。

值得一提的是，就目前的情况而言，这两个三七开还只能是愿景。但笔者更想说的是，这个愿景应转化为一个专业教育理念，它会督促我们不断反思旅游教育领域中所存在的系统性和结构性问题，尤其是一些方向性问题。

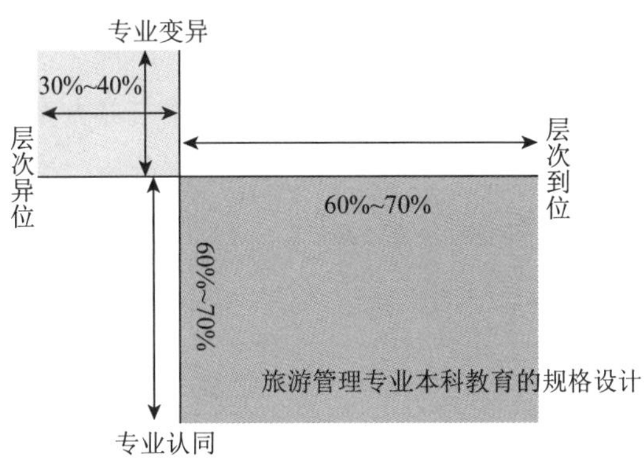

图 3　旅游管理学科 / 专业毕业生就业的“两个三七开”理念

（三）“金字塔”理念

向来中国教育界秉持的本科教育理念是“宽口径、厚基础”。这一理念虽然没错，但却有缺漏。试想，如果没有类似于“专业强”这样的追加表述，那么，宽口径和厚基础很可能更适合于初中和高中教育，而未必适合于以学科/专业教育为特色的大学教育。因此，从人才培养目标出发而言的完整的大学教育理念，应涵盖“宽口径、厚基础、强专业”（具体文字表述可以研讨）这样的施教目标。

在实践上，这一人才培养目标的达成，需要借助于结构性的人才培养方案来完成，其中课程设计是关键。

人才培养方案中课程设计的逻辑依据是能力设定；能力设定的依据是专业性质和院校定位的结合；而院校定位是对社会人才需求状况的一种持续反应和自觉适应。

这一系列相互关系，可以借助一个由“能力类型”+“课程目标”+“具体课程”组成的“金字塔”来加以体现（见图4）。在大学本科专业人才培养方案制订过程中，如果能依据这一模型来进行课程设计，便坚持了“金字塔”的理念。

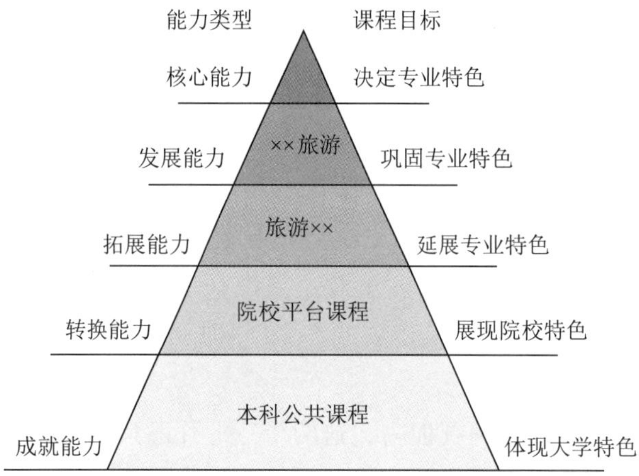

旅游管理专业本科教育能力类型与课程目标

图4　大学本科教育课程设计的金字塔模型

在图4这一模型中所隐含的教育规律和教育理念，体现在这样一个认识逻辑当中：

在设计诸如旅游管理这样的学科/专业的本科人才培养方案时，首先要明确一系列本体论问题，做一番层层递进的专业能力的结构和层次分析，诸如：

（1）专业属性：什么是“旅游管理专业”？

（2）管理什么：旅游企业、行业。

（3）生产什么：旅游产品、服务。

（4）怎么生产：规划、策划、设计。

（5）相关知识：核心、发展、拓展、成就。

在此基础上所展开的本体论思辨：旅游管理不是管理，旅游管理不是旅游，旅游管理是旅游管理!

这样，很自然地就得出这样的本体论观点：旅游管理专业是以培养能够为从事旅游企业、行业管理的专业人才。其核心能力是对旅游产品的规划、策划与设计。

将这一本体论观点加以模型化，便可以得出可应用于旅游管理专业本科人才培养方案设计时进行课程设置的“五层次能力模型”：

【核心 + 发展 + 拓展 + 转换 + 成就】

换言之，旅游管理学科 / 专业本科教育的人才能力目标定位，体现在以下五个层次上。

（1）专业核心能力：学习本专业必须具备的专业根本能力。由极有限但必需的课程来加以培养。

（2）专业发展能力：学习本专业必须具备的专业基本能力。由有限的但必需的、能形成专业核心能力的重要课程来加以培养。

（3）专业拓展能力：学习本专业应该具备的专业巩固能力。由有限的但相关的、能助成专业延展能力的相关课程来加以培养。

（4）专业转换能力：学习本专业应该具备的专业转换能力。由一些体现本校特色和优势、与本专业有所关联的“院校平台课”来加以培养。

（5）人生成就能力：作为本科教育层次毕业生的大学基本能力。由一些能体现大学教育层次、养成本专业人才所需要的综合品质的大学共同课来培养。

三、旅游管理专业课程设置

结合图 4 所展现的一般能力培养目标，下面尝试性地对旅游管理专业本科人才培养方案的课程设置做一下初步探讨。值得一提的是，这里提出的具体建议，重点在从应用的角度强化对前述若干理念的应用，而不在于具体课程是否完全合适。课程的开发，是学科 / 专业内部知识发展水平决定的，这是旅游管理高等教育内部的一个学科发展问题；是否坚持上述教育理念开展大学人才培养方案的设计，是由旅游教育界的教育管理水平决定的，这是旅游管理学科 / 专业的教育工作者是否愿意遵从一般的教育规律、是否勇于通过科学合理的课程设置来推动旅游管理学科 / 专业建设和发展并达成可持续的人才培养目标的问题。这是两个性质不同的问题。

按照该模型，一是专业核心课程的设计。

对于旅游管理学科 / 专业而言，其核心课程是决定该学科 / 专业特色的课程，是标志着该学科要么是、要么不是（To be，or not to be!）的存在意义上的课程，它们至为关键，因此也需要慎重选择，不可轻率为之。当学科比较成熟的时候，当本学科 / 专业的学术共同体比较成熟的时候，对于这部分课程，应是能够达成基本共识的。

按照笔者对旅游管理专业的理解（即在本体论上承认并坚持“旅游是异地的休闲体验”），我们设想未来（注意这“未来”两字）的旅游管理专业应能逐渐发展出以下几门核心课（具体的名称目前尚不能达到应有的严谨和规范）。

核心模块（1）：旅游学*；旅游体验学#；旅游心理学*；

核心模块（2）：旅游景观学#；旅游规划学*；旅游策划学#；旅游设计学#；

核心模块（3）：旅游研究方法*。

上述三个模块的课程，是旅游管理学科/专业存在合法性的最集中体现，也是专业认同最基本的体现，因此，在选择时必须科学、严谨，不可随意，更不能罔顾历史和现实，随便安排一个名称就作为核心课。上述课程中，仅有带*号的课程，是目前旅游管理学科/专业发育相对成熟的课程，而带#号的课程，仍处于空白或接近于空白的课程，是笔者的一种揣测或个人判断。上述课程中贸然加“学”以名之，也是不很严谨的一种愿景式表达。一门课程所指代的知识体，只有成为一个体系以后，才可以冠以“学”字，这也是一个常识了。

二是专业发展课程的设计。

旅游管理学科/专业的发展课程，是足以巩固本学科/专业的特色的课程。它由若干自足性分支学科（我们统称之为“××旅游学”），其中包括：文化遗产旅游、都市旅游、乡村旅游、温泉旅游、生态旅游、休闲度假旅游、背包/探险旅游……就目前的情况看，本课程模块最为薄弱，而且，国内旅游教育界对此也基本缺乏从旅游管理学科/专业人才培养的整体性知识架构出发去认识这一模块知识发展的重要性，没有引起足够的警觉和重视。在笔者看来，这是在最近的未来需要大力发展的一些知识领域。

三是专业拓展课程的设计。

这一模块的课程构成了可以延展旅游管理学科/专业特色的课程组合。它可以由各种交叉性分支学科（我们统称之为“旅游××学”），其中包括：旅游地理学、旅游文化学、旅游经济学、旅游营销学、旅游社会学……同时，一些围绕产业/企业运营和管理的课程，也可以纳入这一模块，其中包括：旅游企业管理、旅游企业人力资源管理、旅游企业财务管理、旅游景区运营管理、饭店管理、旅行社管理、旅游信息管理、服务管理……在中国旅游教育的40年历史当中，这一部分课程的发育，从时间上看比较早，从知识内容上看相对比较成型，而且从地位上看，由于“专业发展课程模块”中的自足性学科以往发育不足，本模块课程一直处在鸠占鹊巢的地位，被当作核心专业课来对待。事实上，旅游管理学科/专业人才培养所存在的一系列问题，也是由此而产生的。

四是专业转换课程的设计。

大学本科毕业生毕业转行，是一种人生的再设计。这一转换的成功与否，在于其上述各能力模块在目标达成中所获得的通识性综合能力和潜质到底达到何种水平，这与上述模块所开设的课程的深刻性有关——深刻的专业训练可以强化人的综合运用能力，更与大学在有意设置的既能展现院校特色又能拓展学生的知识视野和专业转换能力的课程组合有关。因此，各个大学都会结合自身的学科优势、历史传统和文化特征，开设若干平台型课程（如一些财经管理类大学所开办的旅游管理学科 / 专业，就统开有统计学、经济学、管理学、会计学、财政学等课程）。学过了这些课程，学生便充分地打上了“×× 大学”的烙印，在一定程度上具备了该大学共有的能力和素养。在这个前提下，学生毕业后转行，就有了知识基础和能力保障。

五是大学生素质养成课程的设计。

大学普通本科教育之所以区别于高等职业教育，区别于高中、初中教育，区别于终身教育，就在于此模块课程的存在。这个模块的课程使得大学本科教育具备了独特的层级特色，在塑造学生的人生成就能力方面，占据着十分重要的地位。目前在各高校中，此类课程的设计有时还缺乏自觉性，也受制于一些“标准化评估”模式的影响，不能够有效贯彻分层、分类施教的教育理念。外语教学就是一个突出的问题。

总之，笔者期望，若能在旅游管理学科 / 专业的教育设计中坚持上述理念，运用上述模型，也许能够对当前旅游管理本科教育中存在的一些问题有所回应甚至得到一定程度的解决。

非物质文化遗产旅游发展趋势、关注焦点与系统创新

马　勇[①]　张　梦

摘　要：非物质文化遗产是全球关注焦点，党的十九大对我国文化事业发展提出了新要求，非物质文化遗产作为“中国梦”的活态文脉，在我国文化旅游发展中起到了至关重要的作用。本文结合旅游业发展趋势和新时代国家发展战略，对非物质文化遗产旅游发展趋势、关注焦点和系统创新进行总结，提出了非物质文化遗产旅游的六大发展趋势、三大关注焦点和四大系统创新。

关键词：非物质文化遗产旅游；开发利用；发展趋势；关注焦点；系统创新

一、序言

非物质文化遗产是各国家、各民族文化特征的“活化石”，是人类智慧的结晶，是现代文化建设的基础，也是国际社会关注的热点[1]。2003 年，联合国教科文组织通过的《非物质文化遗产保护公约》是非物质文化遗产各项事业的重要里程碑，非物质文化遗产保护、开发、利用等问题也逐渐引起世界各国关注，中国于 2004 年加入该公约。2005 年，国务院下发了有关非物质文化遗产的两项重要通知，分别是《关于加强我国非物质文化遗产保护工作的意见》和《关于加强文化遗产保护的通知》。2017 年，习近平总书记在党的十九大报告中着重指出“要深入挖掘中华优秀传统文化的思想观念、人文精神、道德规范”“推动文化事业和文化产业发展，要深化文化体制改革，完善文化管理体制”。总体来说，加快建设文化创新型国家是新时代我国重要战略目标之一。非物质文化遗产作为“中国梦”的活态文脉，对其进行充分挖掘、合理利用能够加快我国文化创新型国家建设，增强民族文化自信。新时代，我国社会主要矛盾已然发生变化，

① 作者简介：马勇教授 / 博导（1959— ），男，国家“万人计划”领军人才，教育部旅游管理教指委副主任，湖北大学旅游发展研究院院长，研究方向：旅游管理；张梦（1996— ），女，湖北大学商学院旅游管理专业硕士研究生。

人民物质文化需要已经转型升级为精神文化需要。"文化 + 旅游"是我国旅游产业在新时代转型升级的重要方向。以非物质文化遗产为基因，以旅游为路径，以文化为灵魂，以创新为动力才能促进我国非物质文化遗产和文化旅游持续发展，迈向新阶段。

二、我国非物质文化遗产分布情况

国务院文化部于 2006 年、2008 年、2011 年、2014 年分别公布四批国家级非物质文化遗产名录，第一批 518 项、第二批 510 项、第三批 191 项、第四批 153 项（不包含扩展项目，扩展项目即前面批次已经公布的名录项目以不同单位再次申报成功的项目），共计 1372 项（见图 1）。

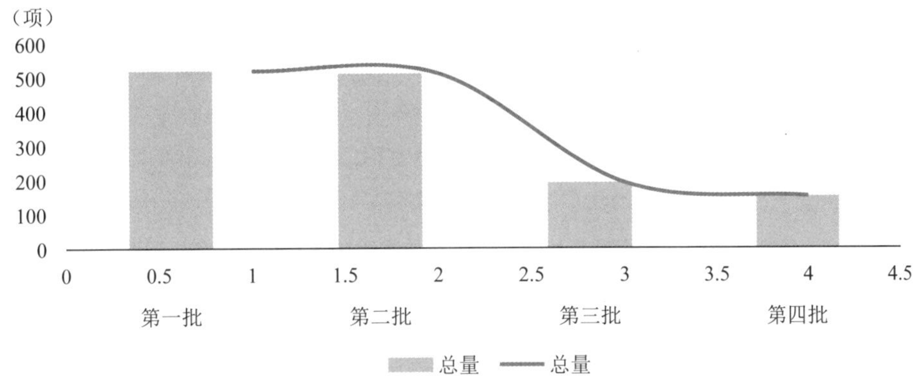

图 1　国家级非物质文化遗产（四批）总量

我国四批非物质文化遗产数量逐批次下降，第一批和第二批总量均达到 500 项以上，数量相差不大，第三批和第四批数量均不足 200 项，相较于前面两批，数量上大幅度下降。一是因为第一批和第二批公布年份较早，我国刚开始关注非物质文化遗产，非物质文化遗产处于尚未开发和挖掘的状态，经过近五年的发展，大多数非物质文化遗产已经被挖掘和申报，所以第三批和第四批数量呈现大幅度下降趋势；二是随着时间推移，我国社会对于非物质文化遗产关注热情逐渐下降，挖掘和开发力度逐渐减弱，也有部分非物质文化遗产因为传承断层，保护力度不足逐渐消失。

根据非物质文化遗产申报地区或单位分布情况（见图 2），我国各地区非物质文化遗产申报总量基本是第一批和第二批大于第三批和第四批，第一批和第二批数量水平相差不大，第三批和第四批数量水平相差不大，但第二批波峰大部分高于第一批波峰，说明我国第一批非物质文化遗产公布，引起不少地区对非物质文化遗产的重视，积极挖掘并申报当地非物质文化遗产。各地区（单位）非物质文化遗产总量上出现了 10 个波峰，分别在北京、陕西、浙江、福建、山东、广东、四川、云南、青海和新疆，其中浙江省非物质文化遗产数量最多，山西省、山东省、云南省、四川省紧随其后，国家级非物质文化遗产总量在 80 项及以上，同时，这些省份也是我国旅游大省，拥有得天独厚的旅游资源优势。

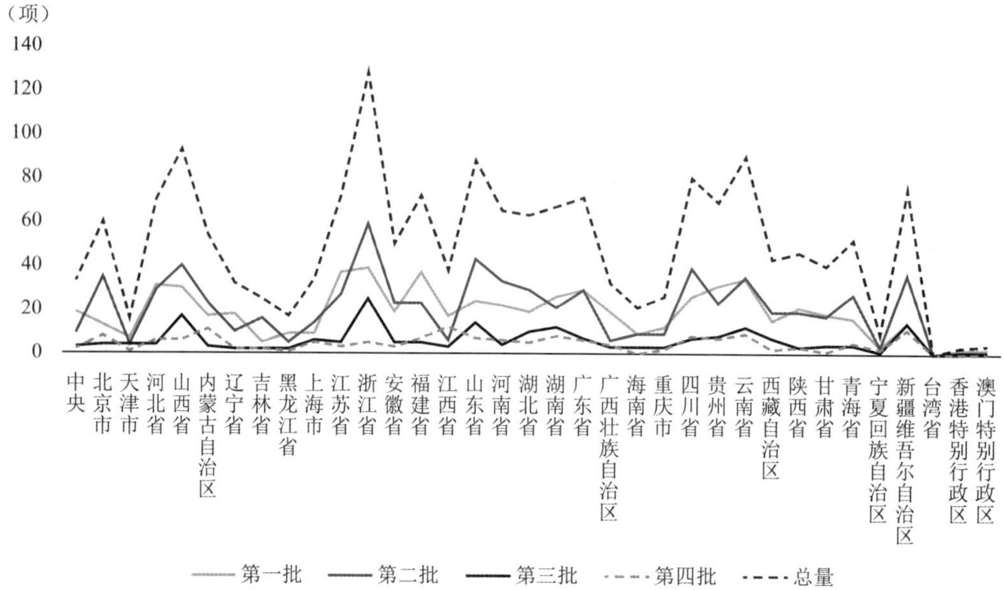

图 2　各省级行政区、直辖市和特别行政区国家级非物质文化遗产（四批）分布

我国非物质文化遗产按照类别划分为十大类，分别是民间文学，传统体育、游艺与杂技，传统音乐，传统美术，传统舞蹈，传统技艺，传统戏剧，传统医药，曲艺，民俗。根据图 3 和图 4 结果显示，传统技艺类非物质文化遗产项目总量在最高波峰处，数量远大于其他类别数量，占比 18%；其次是传统音乐和传统戏剧，均占比 12%；民俗和民间文学类占比 11%；传统舞蹈占比 10%；传统美术和曲艺类均占比 9%；传统体育、

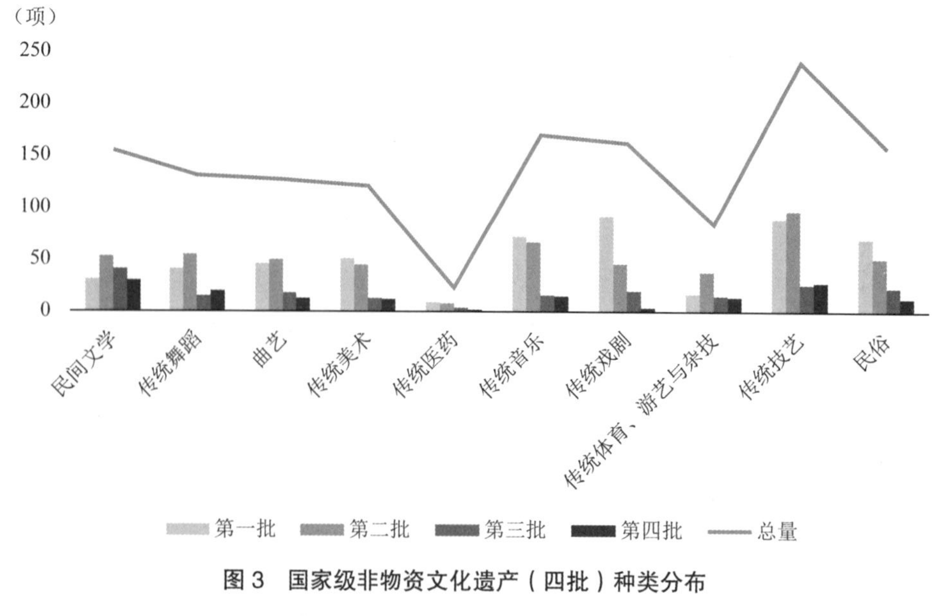

图 3　国家级非物资文化遗产（四批）种类分布

游艺与杂技占比 6%；传统医药位于最低的波谷处，占比 2%。由此可见，我国非物质文化遗产以传统技艺类项目为主，在很大程度上依赖于传承人的技艺，因此在我国非物资文化遗产旅游开发过程中，不仅仅是有形的物质产品开发，更要注重无形的智慧产品开发，保护传承人的利益，建立良好的合作关系。

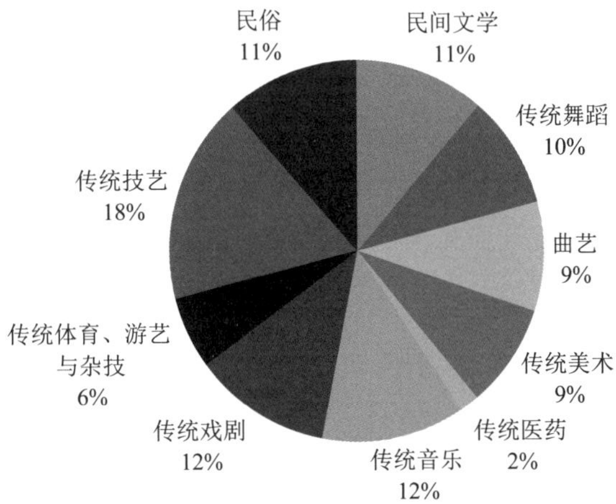

图 4　十大类国家级非物质文化遗产总量分布

三、我国非物质文化遗产旅游开发利用的意义

我国是非物质文化遗产资源大国，对非物质文化遗产进行旅游开发是我国旅游产业和文化产业融合的必然趋势。同时，非遗旅游开发对我国民族文化、非遗传承保护、经济发展均有重要意义。

（一）以旅游为载体，弘扬民族文化

我国是一个多民族国家，拥有 56 个民族，5000 年悠久的历史，各色文化经历世代传承和历史洗礼，成就了我国在东亚文化圈的文化宗主国地位，奠定了我国作为非物质文化遗产资源大国的基础。非物质文化遗产是我国上下五千年来各民族生产生活和文化习俗的结晶，起源于生活而又高于生活。现代化进程加快，我国人民的物质需求得到满足的同时，精神文化需求日益增强。发展非物质文化遗产旅游，就是将旅游活动作为非物质文化遗产文化价值的传播载体，让旅游目的地居民更加了解本民族、本地区的非物质文化遗产，产生文化自信；让旅游者在旅游过程中通过非物质文化遗产了解中华文化的不同分支，产生文化共鸣。非物质文化遗产旅游通过游客的异地活动打破了非遗资源本身的地域性，打通了中华文化的传播、宣传渠道，对弘扬民族文化具有重要意义。

（二）以旅游促经济，提供资金保障

旅游业是我国国民经济战略性支柱产业，在拉动我国经济增长、促进社会消费、提供社会就业中做出了突出贡献。非物质文化遗产在发展过程中需要投入人力、物力和财力，我国不少非物质文化遗产在发展过程中自身盈利能力非常有限，从国家层面获取的补贴资金不够充足，因此逐渐凋零没落。发展非物质文化遗产旅游，是促进产业经济联动增长的重要举措，一来为我国旅游业文化创新发展提供了方向，通过拓展旅游产业面促进旅游经济增长[2]；二来盘活非物质文化遗产资源，带动文化产业经济增长。发展非物质文化遗产旅游就是为非物质文化遗产开辟的新盈利渠道，即通过旅游活动实现经济增长，能够在一定程度上摆脱完全依赖政府资助补贴的经济模式，为非物质文化遗产保护、开发和科研事业提供资金保障，促进我国非物质文化遗产可持续发展。

（三）以旅游塑品牌，推动传承进步

我国非物质文化遗产总量庞大、种类繁多。国务院批准了四批共计 1372 项国家级非物质文化遗产，除此之外，我国省级、市级、县级非物质文化遗产总量超过 3000 项，种类囊括十大类别。目前我国具有品牌知名度的非物质文化遗产极少，大多数非物质文化遗产仅有当地人知晓，甚至只有其传承人和当地少部分人知道，知名度不高极大地限制了非物质文化遗产的发展。发展非物质文化遗产旅游，通过旅游活动一方面可以使非物质文化遗产被游客直接了解；另一方面是以游客为媒介，提升非物质文化遗产品牌辐射面积从而提升知名度。以旅游塑造非物质文化遗产品牌，能够激发大众对非物质文化遗产的热爱，为非物质文化遗产寻找到更多传承人，对非物质文化遗产的永续传承和持续进步意义深远。

四、我国非物质文化遗产旅游开发利用的六大趋势

当前，非物质文化遗产作为旅游资源在旅游活动中的开发利用尚处于探索和实践阶段。在这一阶段，有关将非物质文化遗产进行旅游开发利用是保护还是破坏的争议依然存在，非物质文化遗产旅游要实现保护性利用，得到社会广泛认同，未来有以下几个发展趋势：

（一）国际化趋势

全球化进程日益加速，带来经济全球化、政治多极化和文化趋同化。文化趋同化使特色文化备受关注，文化发展战略不仅是我国国家战略，更是全球发展的共同战略，世界各国都在宣传展示特色文化。出入境旅游是世界文化交流展示的重要渠道，世界各国逐渐开放出入境旅游通道，为国际游客提供最大便利。中国出入境旅游人数逐年增长，

非物质文化遗产旅游是中国特色文化的典型代表，走国际化发展之路，打造国际化非物质文化遗产旅游线路、产品，用多种语言诠释非物质文化遗产蕴含的中华文化，在世界文化舞台上代表中国文化是未来发展的必然趋势。

（二）科技化趋势

非物质文化遗产发展离不开传承人的技艺，传统人工生产模式周期长、产量低、观赏性不足，难以满足旅游利用需求，因此非物质文化遗产旅游开发利用和传承保护过程中频遇瓶颈。要解决这一问题，必须依赖科技发展，打造现代化非物质文化遗产旅游景点。保持非物质文化遗产原真性的同时，融入科技手段，让非物质文化遗产以更生动的形象、更直观的体验感、更易传播的途径、更方便的保存方式融入旅游活动中，形成除了观赏价值之外的体验参与型产品，例如利用 VR 技术体验非物质文化遗产制作过程，利用数字化技术以虚拟影片展示非物质文化遗产形成过程等。

（三）多元化趋势

我国不少非物质文化遗产已经与旅游产业合作融合，将非物质文化遗产所代表的“过去”的文化形态与旅游融合，开发方式守旧单一，并未实现预期的经济效益、社会效益和文化效益，对旅游者的吸引力也不强。同一地域的同一文化在不同时空范围内会呈现不同表现形式，而同一时空范围内的同一文化在不同地域范围内也会有所不同。非物质文化遗产既然是人类社会生产生活的活态“文化”，就应该广泛吸纳由于地域差异性和时空差异性所引起的文化多元化特色[3]，创造出多品类、多元特色的系列新形象，满足市场细分下不同类型的旅游者需求，将这种地域演变和时空演变形成的多元特征传递给旅游者，引起旅游者的情感共鸣。

（四）集群化趋势

我国四批国家级非物质文化遗产项目中共有三批由不同地区联合申报成功的扩展项目，非物质文化遗产地域联合发展趋势已经呈现。非物质文化遗产旅游凭借单个项目、单一地域管理和各自独立的发展模式难以与加速融合扩张的同质文化旅游产品抗衡，加之旅游者消费需求升级、国际旅游渠道开放、产业经济结构调整等因素影响，非物质文化遗产旅游必须进行产业升级、资本融合和市场拓展，抱团取暖的集群化发展模式成为非物质文化遗产旅游开发利用的必然化趋势。

（五）生态化趋势

生态是人类文化存在并繁衍的基础保障，现已成为国际社会关注的热点问题，非物质文化遗产旅游开发利用和保护需要走可持续发展的生态化道路[4]。非物质文化遗产旅游生态化发展是精神理念生态化指导行为实践生态化的动态转变过程。非遗景点开发要与自然生态环境动态和谐，非遗产品开发要把环境保护放在首要地位，从原材料选取到“神”和“形”的各个层面均要渗透生态可持续的发展思路，最终形成传统文化旅游生态圈，符合国内外游客精神审美，促进生态文明社会建设。

（六）法制化趋势

目前，非物质文化遗产已经引起我国社会广泛关注，但是非遗保护与开发利用形势依然十分严峻。我国非物质文化遗产保护体系尚不完善，开发利用不合理、不规范会造成非物质文化遗产的破坏。非物质文化遗产旅游开发利用必须要建立健全合理的法律保障体系，保障和明确非物质文化遗产产品、非遗传承人、旅游利益相关者的权利和责任[5]，规范非物质文化遗产旅游消费市场。

五、我国非物质文化遗产旅游开发利用关注的三大焦点

非物质文化遗产的旅游开发利用在遗产旅游开发和研究领域备受关注[6]。非物质文化遗产是文化遗产的重要组成部分，受到国家法律保护，非物质文化遗产旅游开发利用中保护与开发的矛盾、利益相关者之间的矛盾和开发模式如何选取的问题是当前备受关注的三大焦点。

（一）焦点一：保护利用的协调与平衡

作为发展中国家，我国非物质文化遗产旅游开发利用最主要目的是盘活非遗资源，实现经济效益。开发和利用非物质文化遗产的经济价值虽然会扩大非物质文化遗产的影响力，为社会带来经济价值，但是也会造成非遗资源的破坏，因此对于非物质文化遗产资源而言，保护和利用两者之间是对立统一的存在[7]。协调和平衡非物质文化遗产开发利用和保护传承之间的关系是社会关注的焦点，主要方式有三点：

第一，规范开发机制。在开发非物质文化遗产旅游时要明确“保护第一，适当开发”的战略指导思想，建立非物质文化遗产旅游资源评级机制、非遗景区审核机制、规范制度等。对濒危一级非物质文化遗产旅游资源进行重点保护，例如设定游客安全距离，测算非遗景区游客承载量；对非遗景区实行年审制度，定期审核景区内非物质文化遗产保存现状、文化活性和经营状况，及时发现非物质文化遗产景区问题并给出整改意见；对不同类型非物质文化遗产资源确立针对性的景区经营规范制度和游客行为规范，确保非物质文化遗产资源在旅游利用中适当合理，不为经济利益而过度开发利用。

第二，拓展保护渠道。非物质文化遗产资源旅游开发利用过程中不可避免会对非物质文化遗产造成破坏，因此扩展保护渠道是避免非物质文化遗产在开发过程中受到破坏的重要方式。扩展保护渠道的方式有多种，例如建立非物质文化遗产数字博物馆，将濒危非物质文化遗产真品保存并用现代化手段制作复原品供大众旅游者参观游览。建立地

区非物质文化遗产研究院，将非物质文化遗产传承人作为社会保障的从业者，培养专业型非遗传承研究者。针对体验型非物质文化遗产旅游产品，开发非物质文化遗产虚拟体验馆，运用 VR 虚拟现实技术，让游客既有体验参与感，也不会在参与体验过程中对非物质文化遗产造成破坏。

第三，培养群众基础。非物质文化遗产在旅游开发利用中的保护工作要明确保护主体，主要保护主体包括景区工作人员、传承人、当地居民和游客。培养群众基础就是要使这些保护主体形成科学统一的保护意识，在旅游生活和经营过程中主动保护非物质文化遗产资源。例如组织专业人士、政府代表、相关协会进入非物质文化遗产旅游资源集聚区，进入社区、进入景区、进入游客集散中心开展非物质文化遗产基础知识教育和保护传承教育；组织当地居民和旅游经营者参与非遗保护工作，形成社区参与式的非物质文化遗产旅游经营氛围，激发当地居民的文化自豪感。

（二）焦点二：利益相关者关系处理

非物质文化遗产是我国重要的文化事业，吸引了政府（中央政府、地方政府）、民众（遗产地民众、遗产地外民众）、组织（经济集团、社会机构）、学者（高校和科研机构人员）的广泛参与[8]。非物质文化遗产旅游开发利用会涉及地方政府、旅游企业、专家学者、社区居民、旅游者、民间社团协会和传承人等利益相关者，这些利益主体参与非物质文化遗产旅游开发的目的和价值诉求各有不同，在追求自身利益最大化时所形成的利益冲突不利于非物质文化遗产的合理开发利用，处理利益相关者关系是从开发主体层面保护和规范非物质文化遗产旅游开发利用，主要方式有三点：

第一，构建效益实现共同体。非物质文化遗产旅游开发利用中各利益主体对经济效益、文化效益、社会效益、环境效益的诉求侧重不同，而这些效益又表现出多种具体的价值形态，构成了非遗旅游开发利益相关者复杂的利益追求体系。构建效益实现共同体的基础就是厘清复杂的利益追求关系，以在保护非物质文化遗产和生态环境的前提下，实现经济效益、文化效益和社会效益的最大化为整体利益。要求各利益主体服从“个体利益服从整体利益，短期利益服从长远利益”的基本开发原则，根据具体开发项目建立利益平衡机制，实现“帕累托最优”[9]。

第二，明确利益相关者权责。要使非物质文化遗产旅游开发利用规范有序开展，就要明确各利益主体的权利和责任，要求各利益相关者积极行使权利并履行责任。政府是非物质文化遗产旅游开发的保护主体和主导主体，有协调、监管、控制的权力，也有责任为地方非物质文化遗产旅游开发提供服务和支撑；旅游企业享有开发、投资、获取经济利益的权利，也要承担相应的社会责任，例如接受政府监管、群众监督、保护各类资源、避免过度开发；社区居民有义务保护当地非物质文化遗产资源，也享有非遗旅游发展带来的各项社会福利；传承人和非物质文化遗产相关民间社团协会是保护非物质文化遗产资源的中坚力量，传承保护非物质文化遗产既是权利也是责任，专家学者有权利研究并指导非物质文化遗产旅游开发工作，也有义务运用专业知识保护和传播非物质文化遗产，旅游者享有旅游权利，也有责任在旅游活动中保护旅游地资源环境。

第三，建立科学化管理机制。我国第三产业中以旅游产业经济增速最快，发展态势最好，我国正在逐渐完善旅游管理体制，由于非物质文化遗产资源特殊性，在现有旅游管理的体制中增设非物质文化遗产科学管理机制，全面管理非物质文化遗产旅游开发是必要手段。例如设置非物质文化遗产旅游开发管理部门，制定管理条例，将非物质文化遗产利益主体分类管理，设立组织机构对利益主体的权责进行定期检查考核，设置利益主体互相监管和帮扶办法等，实现在保护前提下的各方利益最大化。

（三）焦点三：非遗旅游开发模式选择

我国在探讨非物质文化遗产旅游开发模式时经常以民俗类旅游开发模式进行研究讨论[10]，认为非物质文化遗产就是传统民俗资源，事实上非物质文化遗产资源种类丰富，表现形式多样，是我国重要的文脉遗产，选择适当的开发模式是非物质文化遗产旅游开发成功的关键。新时代我国非物质文化遗产开发要以文化为核心，以生态为根本，以融合为渠道，以保护和传承为基础，以实现非物质文化遗产资源价值最大化为目标，开发模式采取“三步走”路径来选取。

第一，分析非遗旅游资源类型。我国非物质文化遗产资源分为十大类，从资源类型上看传统美术、民间文学、传统医药属于静态旅游资源，民俗、传统音乐、传统舞蹈、传统戏剧、曲艺、传统技艺、传统体育、游艺与杂技属于动态旅游资源。整体而言，我国非物质文化遗产作为旅游资源均具备静态观赏和动态参与体验性，侧重动态体验性旅游产品开发还是静态观赏性旅游景点开发要根据当地自然旅游资源和人文旅游资源类型，合理布局规划，精准开发，使整个景区融为一体，打造功能性、整体性、参与性和观赏性俱佳的旅游景区。

第二，确定非遗旅游战略定位。非物质文化遗产与旅游产业融合战略定位要紧跟时代发展趋势，牢牢抓住非物质文化遗产的“遗产活态”特质，与其他同质旅游产品形成差异化。非物质文化遗产旅游开发利用的战略定位要“广”，一是要开发“深度广”的非遗旅游产品，广泛针对各类旅游细分市场，包括国外旅游市场、高端专业旅游市场、研学旅游市场和大众旅游市场，满足不同层次旅游者需求；二是要开发“体验广”的非遗旅游项目，包括视觉观赏项目、听觉感受项目、民俗体验项目、技艺制作项目、虚拟场景项目等，为旅游者提供更加丰富的旅游体验；三是要形成“效益广”的产业体系，促进社会效益、经济效益、环境效益、文化效益的全面提升。

第三，选择非遗旅游开发模式。非物质文化遗产旅游开发模式要与传统旅游开发模式形成差异化。非物质文化遗产作为旅游资源，为旅游活动注入了强力的文化元素，如果将非物质文化遗产与当地社会生活、生态资源割裂，单独开发非物质文化遗产旅游区域，会破坏非物质文化遗产的“文化特质”。非物质文化遗产的特质来源于当地资源特色和社会生活，要充分利用这种文化特质，整合多种形态和特色的非物质文化遗产资源，挖掘非遗资源与当地人文历史、自然风光、社会密不可分的联系，整合当地自然和人文旅游资源，进行整体开发、全面营销，重点打造具有地域特色的“文化生态旅游空间”（见图 5）。

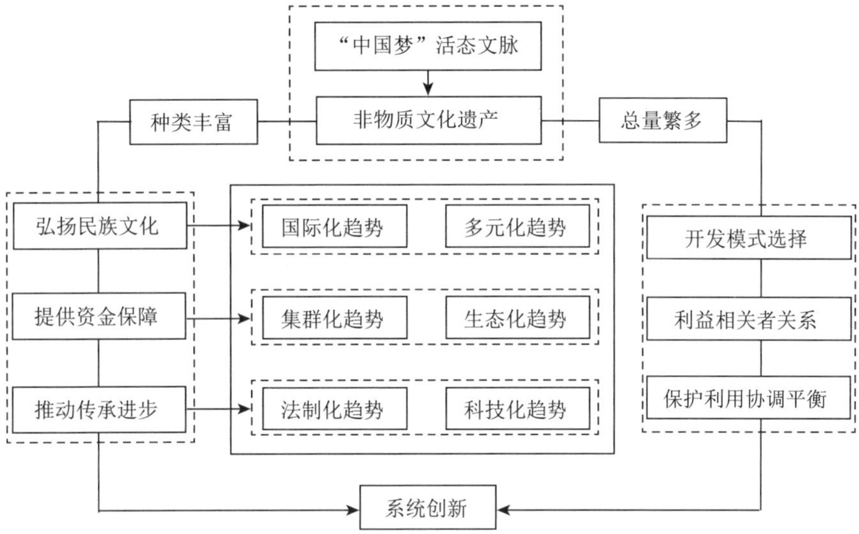

图 5　非物质文化遗产发展趋势、关注焦点与系统创新关系

六、我国非物质文化遗产旅游开发利用的四大系统创新

国内旅游业发展日新月异，而非物质文化遗产旅游在保护和传承观念的约束下，开发方式循规蹈矩，把非物质文化遗产作为旅游资源进行开发只能适度，宁可开发不足也不能过度开发[11]，这种开发方式使得我国非物质文化遗产旅游发展脱离时代背景，缺乏原动力和吸引力，整体开发效果不够理想。因此，对我国非物质文化遗产旅游进行系统创新是产业发展的必然要求。分析研究我国非物质文化遗产旅游发展现状和未来趋势，我国非物质文化遗产旅游未来需要在结构、功能、要素和技术层面进行创新。

（一）结构创新：统筹规划，全域体验

时任国家旅游局局长李金早对我国旅游业发展提出了一个重要理念——“全域旅游”。非物质文化遗产资源旅游开发利用应该结合当下“全域旅游”新理念，进行结构创新，从“个体思维”向“整体思维”转变，通过统筹规划，实现非物质文化遗产旅游全域体验。

非物质文化遗产旅游开发利用眼光要长远、思维要宏观。首先，要突破种类限制，大胆与其他种类非物质文化遗产结合，让游客通过一类产品体验多种不同类型资源特色，例如曲艺与传统舞蹈结合形成的非遗新舞曲，民间文学与传统美术，以美术执笔画

文学场景；其次，要突破地域限制，大胆与其他地域非物质文化遗产共同开发，让游客通过一定区域非物质文化遗产资源感受多地域不同文化，在保留地域独特性的同时结合其他地域元素开发新产品；最后，要突破展示空间限制，大胆向社会生活层面渗透，让旅游者和旅游目的地居民在旅游目的地“食、宿、行、游、购、娱”等场景中接触到非物质文化遗产资源元素，实现非物质文化遗产资源全域体验。

（二）功能创新：多元联动，品质升级

非物质文化遗产资源作为文化遗产一直处于“被保护”的阶段，其原始社会功能已经被现代产品替代成为“历史”。对于新时代旅游者需求而言，这种历史文化遗存资源的旅游吸引力十分有限。因此，对非物质文化遗产资源进行功能创新十分必要，通过多产业多元联动，实现非物质文化遗产旅游资源品质升级。

非物质文化遗产旅游开发利用要凸显品质，主要包括资源品质和服务品质。首先，资源品质升级，实施“非遗旅游 +”战略，将非物质文化遗产旅游资源与互联网业、生态农业、文创产业等多种产业融合，多渠道思维开发非物质文化遗产资源升级版，形成符合现代消费观念的各类产品，提升资源品质；其次，服务品质升级，非物质文化遗产资源的深层文化内涵、社会价值体验等对于大众旅游者来说通过简单的观光和体验难以获得，因此引入现代服务业服务体系，为非物质文化遗产旅游的旅游者提供讲解体系、体验指导体系、公共服务体系等，才能从根本上让旅游者获得深层的文化体验。

（三）要素创新：顶层设计，生态循环

在我国旅游新理念“创新、协调、绿色、开放、共享”的指导下，我国旅游者对绿色旅游、生态旅游的热度高涨。非物质文化遗产旅游要素创新就是对非物质文化遗产旅游全要素进行顶层设计，通过工艺凝练，原材料替换等要素创新实现非物质文化遗产旅游开发的生态环保和产品循环利用。

非遗旅游开发利用要实现低能耗、高回报。非物质文化遗产旅游开发利用的要素主要包括产品要素、技艺要素和对象要素。首先，对批量生产的非物质文化遗产旅游纪念品要利用环保材料，重点凸显实用价值，不能造成生态环境负担；其次，对非物质文化遗产生产技艺层面要符合现代社会绿色生产标准，尽可能使用绿色能源；最后，非物质文化遗产旅游开发利用的对象要从形象设计、内容表达上进行创新，向旅游者传递生态环保观念和文化生态化发展新理念。

（四）技术创新：科技助力，智慧发展

全球科技发展速度迅猛，科技发展在一定程度上能帮助传统行业解决困境，打破发展局限。非物质文化遗产旅游是利用传统资源发展新业态，用科技手段保护非物质文化遗产已经被全国各地广泛运用，在此基础上，我国非物质文化遗产旅游“智慧”发展态

势已经萌芽。

技术创新是非物质文化遗产旅游“智慧”发展的基础。非物质文化遗产旅游“智慧”主要体现在感官、体验、保护和市场分析四个层面。首先，AR 增强现实技术可以将静态非物质文化遗产产品从视觉感官上活化；然后，VR 虚拟现实技术可以让旅游者在虚拟场景中从视觉、听觉、触觉、嗅觉等多感官体验非物质文化遗产产品制作、社会演变等过程，在这种科技支撑的体验中，非物质文化遗产本身可以不直接接触旅游者，从而受到保护；其次，区块链的链式结构、分布式账本能够详细记录非物质文化遗产传承人、艺术家的发明方案、艺术作品、交易记录和灵感等，能够助力非物质文化遗产知识产权保护工作；最后，大数据分析可以精准锁定旅游者偏好，非物质文化遗产旅游可以结合大数据分析结果精准开发产品。

参考文献：

[1] 曹帅强，邓运员 . 非物质文化遗产景观基因的挖掘及其意象特征——以湖南省为例［J］. 经济地理，2014，34（11）：185–192.

[2] 陈炜，唐景薇 . 旅游开发对少数民族非物质文化遗产保护的影响研究——以广西三江侗族自治县为例［J］. 前沿，2010（15）：142–149.

[3] 四川省非物质文化遗产保护中心 . 四川省非物质文化及遗产保护工作做法考量［J］. 中华文化，2011（4）：7–115.

[4] 罗新民 . 当代中国非物质文化遗产的“活态、生态、动态”保护与发展——以贵州省为例［J］. 艺术百家，2012（2）：29–35.

[5] 刘弘阳 . 藏区非物质文化遗产法律保护主体研究［J］. 贵州民族研究，2018，39（3）：27–30.

[6] 赵悦，石美玉 . 非物质文化遗产旅游开发中的三大矛盾探析［J］. 旅游学刊，2013，28（9）：84–93.

[7] 刘建平，陈娇凤、林龙飞 . 论旅游开发与非物质文化遗产保护［J］. 贵州民族研究，2007，27（3）：65–69.

[8] 谭宏 . 从利益相关者角度谈非物质文化遗产保护［J］. 原生态民族文化学刊，2017，9（1）：140–146.

[9] 孙梦阳，石美玉，易瑾 . 非物质文化遗产旅游开发利益平衡模型研究［J］. 商业研究，2015（9）：171–178.

[10] 雷蓉，胡北明 . 非物质文化遗声旅游开发模式分类研究［J］. 商业研究，2012（7）：210–216.

[11] 白娜 . 我国非物质文化遗产旅游开发的建议［J］. 营销策略，2016（22）：39–40.

新时代下的旅游革命

张　辉①

党的十九大报告指出了我国社会经济的很多重大变化，其中之一就是我国的社会主要矛盾已经从人民日益增长的物质文化需求同落后的社会生产之间的矛盾转化成了人民日益增长的美好生活需要和不平衡不充分的发展之间的矛盾，这就说明我国社会主义初级阶段的核心问题已经从过去的以发展为核心转变成了以人民的发展为中心。这一变化对引领新时代下的旅游革命具有纲领性作用。旅游业作为人民的幸福产业，是人民美好生活需要的一个重要组成部分，其发展与人民的精神需求息息相关。旅游业的发展可以为解决目前不平衡不充分的发展问题提供新的发展方式，因为绿水青山也是金山银山。

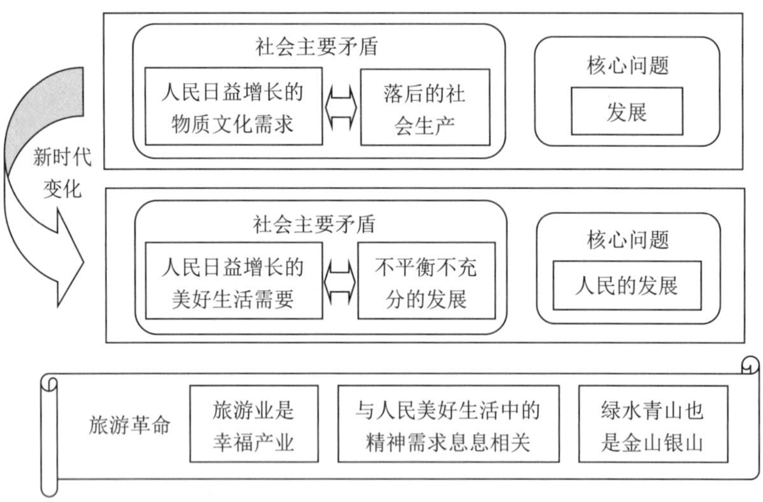

图1　新时代变化与旅游革命逻辑关系图

而旅游业在中国已经快速发展了近40年，旅游业也从最初的外事接待为主的“事业型”逐渐变成现在的“百花齐放”的“市场型”，越来越多的人逐渐认识到了旅游业的综合带动效应及为经济、社会、环境等带来的巨大的综合效益。然而即使中国旅游业发生了诸多的转变和发展，但还称不上是一场真正的旅游革命。那么在中国改革开放40

① 张辉：北京交通大学旅游系主任、教授，博士生导师，长期从事旅游经济宏观理论与旅游产业的研究。

年以后，旅游会不会形成一场有力度、有深度、改变旧的旅游模式的真正的革命呢？

一、供给侧结构改革与旅游革命

从人类消费发展进程来说，人类的消费层次是从低级消费向高级消费不断进步的，如恩格斯所说“人的需要是由生存资料需要逐步向发展资料需要和享受资料需要发展的”。从消费的物化特征来说，人的消费是由实物性消费和服务性消费所构成，实物性消费主要是满足人们的生存资料和部分发展资料的需要，而服务性消费主要是满足部分发展资料和享受资料的需要。从这个意义上讲，人的消费从实物性消费为主向服务性消费为主的转变，标志着人类消费的升级与进步。近几年来，随着我国社会经济的发展与居民收入的提高，人们的消费结构也在发生重要变化。1980 年，我国城镇居民恩格尔系数为 56.9，农村居民恩格尔系数为 61.8，到 2013 年我国城镇居民恩格尔系数下降为 35.0，农村居民恩格尔系数下降为 37.7。恩格尔系数降低表明了我国实物性消费向服务性消费的转变。旅游消费是人们服务性消费的重要组成部分。旅游作为一种社会经济现象，它的成长与发展是与社会经济发展相适应的。我国社会正处在一个由工业社会向后工业社会过渡的阶段。就世界旅游发展规律而言，旅游消费是在工业社会发育和成长，在后工业社会不断成熟和发展，当一个社会处在工业社会向后工业社会过渡的阶段，旅游消费也必然会出现几何式增长现象。近几年，不论是我国的国内旅游消费还是出境旅游消费的增长都充分印证了这一规律。据统计，我国的国内旅游人数从 1984 年约 2 亿人次到 2017 年的 53 亿人次，增长了 25 倍；国民人均出游次数从 1984 年的 0.2 次到 2017 年的 3.5 次，增长了 14 倍。2017 年，我国内地公民年出境旅游人数达到 1.3 亿人次，是 1998 年的 16 倍。中国成为世界最大的国内旅游市场和最大的出境旅游市场，旅游消费已成为我国社会消费一个重要的力量。

因此无论是从人们消费的演变，还是从我国社会经济发展阶段来说，未来我国的旅游消费都会保持在一个较高的水平。生产与消费、供给与需求的适应性法则要求我国的旅游生产和旅游供给去满足旅游消费和旅游需求。然而长期以来我国的生产和供给一直是以制造业为核心，服务的生产与供给没有得到足够的重视，因此旅游供给与需求处于一个不平衡的状态。我国的经济结构在两大领域即工业领域和服务业领域形成了性质不同的供需错位，供给侧结构性改革的根本任务是将资源要素从产能过剩的、增长空间有限的产业中释放出来，为提供中高端消费服务的“朝阳产业”输送更多的劳动力、资金和技术。产业结构大变迁，意味着作为现代服务业重要组成部分的旅游业发展的黄金时代已经悄然到来，也就是意味着我国的旅游业将在这场供给侧结构性改革中扮演重要角色。

首先，旅游业的发展可以实现我国过剩产能的有效转移，在去产能方面扮演重要职能。经过多年发展，我国制造业形成了巨大产能，过剩的产能从生产领域转向生活服务领域是去产能的一个重要途径。随着我国旅游消费的转型升级，围绕着度假和休闲所需的游艇、航空器、房车、渔船、皮划艇、缆车、运动自行车、马具、钓具、滑雪杖、冲锋衣等物品将有一个快速增长。同时，与旅游需求相关的度假设施、娱乐设施、运动休闲设施、养生旅游设施的建设，都将推动我国旅游制造业和休闲制造业的发展。在“十三五”期间大力推动我国旅游和休闲制造业的发展，是解决产能过剩的有效方式。中国制造业的产能过剩不仅可以通过“一带一路”战略的实施向外转移，也可以通过旅游和休闲制造业的发展向内转移，从而造福民生。

其次，通过旅游消费可以使我国原先以出口为导向的制造业的产能得以充分利用，促使我国部分制造业的产能有效发挥。2017 年，我国出境游人数达到 1.3 亿人次，境外消费（购物加住宿旅费）1.7 万亿元，其中有 7000 亿 ~8000 亿元用于购物，购物者大部分是中高收入阶层。出境旅游消费的 50% 用在购物上，而我国的国内旅游中购物消费仅占总消费的 15%，入境旅游者购物消费仅占 20%。我国出境旅游购物的高消费与国内旅游和入境旅游购物的低消费形成明显的反差，出现这种现象的一个重要原因是同一品牌的产品在国内与国外存在巨大的价差。从“中国制造”商品的“旅行”轨迹来看，近年来中国逐渐成为世界制造基地，许多国际品牌都已在国内设点生产，珠三角更是重要的出口基地。这些世界知名品牌通过加工贸易的方式在国内生产，之后转运到第三地譬如香港后再进口到国内销售，往往身价倍增。这一现象背后反映的是我国长期以来出口导向政策的推手作用，即生产是为了出口而不是为消费服务。

我国推行的出口退税政策，本意是为了让企业更好地做强做大，提高国内企业的国际竞争力，但是这些年来随着国际市场竞争的加剧，很多外贸出口企业的利润一再被挤压，甚至不少制造企业都是不赚钱甚至贴钱在接订单，出口退税部分就成了他们赚取微薄利润甚至补回亏损的重要途径。出口退税从某种意义上来说，是依然贫困的中国为欧美发达国家提供补助，维持着他们的高消费水平。

对于国内消费来说，进口产品进入流通环节要收取 17% 的增值税，出口产品还享受退税等各种优惠，同一产品从出口到进口“绕个圈”价格猛增，这些费用最终都体现在产品的标价上并由消费者来“买单”。在这种现实背景下，如果我们重新进行制度设计，在国内主要旅游目的地设立国际旅游自由购物区，出境旅游者可以选择在这些国际旅游自由购物区以合理的价格享受到高质量的产品，可以有效地推动出口型制造企业的发展。

再次，我国旅游发展将会推动居民异地居所的发展，在去库存方面扮演重要角色。近年来我国房地产快速发展，商品房库存不断增加。据国家统计局 2015 年 12 月的数据显示，2015 年 11 月末，全国商品房待售面积 69637 万平方米，如果按每套 100 平方米计算，相当于全国待售商品房约有近 700 万套。同时，我国居民对商品房的消化时间长，特别是三四线城市最长，为 20.1 个月，去库存压力巨大。我国很多的三四线城市是环境较好的旅游城市，这些地区的商品房仅靠当地居民的住房需求去消化是比较困难的。

对于我国这样一个人口大国来说，度假资源是相对稀缺的，那些将度假作为常态化生活方式的国内旅游者，都想在环境较好的地区拥有一座属于自己的度假房产来满足自己的度假旅游需求。然而受经济能力和度假地房产利用率的影响，旅游者在异地购房是不经济的。分时度假和分权度假的商业模式在一定程度上解决了这个问题，使人们的异地购房在经济上成为可能。多个度假者共同拥有一处房产，共同维护、分时段使用，既解决了旅游地商品房库存问题，又满足了经济制约下的国内居民度假旅游需求问题。如果我们通过分权和分时度假商业模式的制度设计与推广，便可在一定程度上实现去库存的目标。

最后，我国旅游业发展可以改变我国经济结构，在补短板方面扮演重要角色。供给侧结构性改革作为一条主线，将是今后我国经济长期稳定发展的主题。就全国而言，供给侧结构性改革最重要的目标是调整优化“一产”“二产”，加快发展现代服务业，提高供给体系质量和效率，推动我国社会生产力水平整体改善。旅游业在国民经济供给侧结构性改革中必将获得发展新机遇、发挥新作用、担当新使命。同时，近年来我国旅游需求的散客化发展以及旅游空间的城市化倾向，使得旅游发展更依赖于公共服务体系。就目前我国城市发展的现实来说，以城市为主体的公共服务供给不足成为一个突出的问题，也是国民经济补短板的重要方面。因此，通过我国旅游业的发展可以进一步推动我国经济结构的优化发展，对补齐社会经济的短板发挥着不可小视的作用。

应当说明的是，在我国社会经济新常态下，尽管旅游领域在我国供给侧结构性改革中起着重要作用，但也不能将这种作用无限放大。旅游业作为现代服务业的重要组成部分，其供给与需求关系的运动不同于其他产业。从旅游供给来说，由于旅游产品和服务并不能通过运输与库存来调节供给问题，在短期内旅游供给是缺乏弹性的；从旅游需求来说，由于受需求时间性条件限制，在短期内旅游需求是富有弹性的。旅游需求富有弹性与旅游供给缺乏弹性相互作用，必然会对旅游产业和旅游经济运行形成严重制约，造成旅游业的短期经济波动，也就是出现了旅游经营淡季与经营旺季，成为旅游经济运行的常态。

近年来，大量资本流向旅游业，2017 年进入旅游领域的全部社会资本达到 1.5 万亿元，种种迹象表明这种流入还在不断地加速，该现象应该引起我们的足够重视。面对这种经济新常态，在供给侧结构性改革中如果不能有效地控制旅游供给总规模，任资源、资本和技术成规模流入旅游领域，将会大大降低要素的利用效率，会形成旅游领域内的产能过剩，消化起来则更为困难。如果这样，就违背了我国供给侧结构性改革的目的。

二、旅游领域供给侧改革与旅游革命

我国旅游产业发育与成长的历程表明，我国旅游产业的进步是旅游需求推动的结果。需求的增长不仅决定了旅游经济发展模式和旅游产业规模，同时，也影响了旅游供给结构和旅游产业组织。当前，我国旅游业发展进入大众旅游时代，旅游经济的成长以及旅游产业的发育仅仅依赖于旅游需求侧的发力难以推动我国旅游产业的转型升级，也难以推动我国现代旅游服务业的构建。

首先，仅靠我国旅游需求的增长，不足以推动我国旅游产业规模的同步增长。旅游的一个基本属性是空间移动性，旅游活动是一种跨空间的活动，从国际旅游经济关系来说，旅游的跨空间移动可以是本国范围内的旅游，也可以是世界范围内的旅游。也就是说，我国旅游需求的发展，既可以推动我国旅游供给的增长和旅游产业的发展，也可推动世界他国旅游供给增长和旅游产业发展。旅游需求推动旅游产业增长的效应大小取决于我国与世界范围内主要旅游目的地国家和地区的旅游供给结构与旅游供给质量，如果国内旅游供给结构与供给质量不能与旅游需求相匹配，在旅游效用、旅游类型、旅游质量与旅游需求形成明显差距时，便会形成旅游的溢出效应，于是需求的自然增长成为世界主要旅游目的地旅游产业发展的重要力量。近 10 年，我国出境旅游的年均增长速度达到 20%，国内旅游的年均增长速度只有 10%，该统计数据充分印证了这种溢出效应的存在。

其次，仅靠我国旅游需求的增长，不足以推动我国旅游产业国际竞争力的提升。尽管需求是推动旅游产业发展重要的外部力量，然而，一个国家的旅游产业国际竞争力的提升，仅靠需求的外部力量是不够的。波特教授认为，产业竞争优势是由产业的生产要素、需求因素、相关和支持产业、企业的战略和组织结构、政府、相关机会六个要素决定的。但从产业整体竞争力角度看，一个国家的旅游产业是否有竞争力，主要是由技术革命和技术创新、经济发展阶段、产业资源、产业政策和市场规模五个因素决定，最终表现为旅游企业或旅游产业能够以比其他竞争对手更有效的方式持续生产出消费者愿意接受的旅游产品，并由此获得满意的经济效益的综合能力。

从产业国际竞争力的基本概念与标准分析，我国旅游产业不论是产业组织和企业规模，还是产品效用和产业效益，与世界先进水平都存在巨大的差距。世界最大的旅游企业美国运通公司 2014 年年度营业收入达到 349.32 亿美元，利润为 53.59 亿美元，而同期我国旅行社总数为 26650 家，全行业营业收入为 4029.59 亿元人民币，全行业利润为 26.35 亿元人民币。

以上数据表明，尽管我国出境旅游和国内旅游市场是世界第一大旅游市场，入境旅游市场是世界第四大旅游市场，却没有出现世界旅游发展的国际领袖型企业；尽管我国具有巨大规模支撑的旅游产业融合商机，却没有引领旅游发展方向的商业模式创新；尽管我国拥有众多世界级的旅游资源，却没有形成众多的世界级旅游产品和具有国际竞争力的旅游目的地。

最后，仅靠我国旅游需求的增长，不足以推动我国旅游产业的转型升级。我们知道，我国的旅游产业发展以及旅游目的地建设是旅游需求推动的结果，从理论上讲，旅游需求内容的演变以及需求结构的演进在一定程度上会推动旅游供给结构的变化。然而，受产业发展路径依赖的影响，旅游需求推动旅游供给结构的演变需要一定的时间。

在我国旅游需求进入爆发式增长阶段，旅游供给结构调整的滞后必然给我国旅游产业发展带来消极的影响，同时，旅游经济问题涉及产业与空间的问题，产业与空间的结构调整必然会引起资源、资本与制度的重新配置。例如，我国旅游要从观光旅游向度假旅游转变，空间上要求从景区依托向目的地依托转变，涉及土地资源的重新配置；我国旅游要从团队旅游向散客旅游转变，管理上要求从行业管理向全社会管理转变，涉及管理体制的重新配置；我国旅游要从小旅游向大旅游转变，产业组织上要求从单体旅游企业向链条旅游企业转变，涉及产业组织制度的重新配置。而所有这些调整和变化仅靠旅游需求的增长是难以实现的。

以上分析可以说明，旅游领域的供给侧结构性改革不仅是我国社会经济发展的需要，也是我国旅游产业和旅游目的地发展的要求。在保证我国旅游需求增长的同时促进我国旅游领域供给侧结构性改革，是推动我国旅游产业实现现代化、高级化、国际化发展的必经之路。要使我国的旅游供给更为有效，重要的是改变我国固有的旅游产业发展模式，本着全域旅游发展思路从产业和空间两个维度重新构建我国旅游发展模式。

从市场重心来说，要改变以入境旅游和出境旅游为重心、国内旅游产品与服务发展较为缓慢的局面，形成以国内旅游为重心的旅游市场体系；从空间来说，要改变以景区为核心的旅游目的地体系，形成以旅游中心城市和旅游集散地为核心的区域旅游空间体系；从旅游产品来说，要改变以观光旅游为主体的旅游产品供给体系，形成以观光旅游、特种旅游、专题旅游、休闲和度假旅游为主体的旅游产品体系；从组织方式来说，要改变以旅行社为主体的团队旅游组织方式，形成以平台经济和网络经济为主体的团队、散客和代理旅游组织方式；从旅游经济运行方式来说，要改变以点线旅游为核心的旅游经济运行方式，形成以区域为核心的板块旅游经济运行方式；从旅游经济形态来说，要改变以观光游览为核心的小旅游经济形态，形成以居住地休闲和目的地旅行为核心的大旅游经济形态；从产业组织架构来说，要改变一地经营的旅游产业组织架构，形成跨地区、跨国界经营的旅游产业组织架构；从旅游发展机制来说，要改变政府主导型旅游发展体制，形成以市场为主导、政府与行业协会共同作用的旅游发展体制。

旅游领域供给侧结构性改革的实质是推动我国旅游从自由竞争向垄断竞争过渡。长期以来，我国旅游市场处于一种低层次的自由竞争市场状态，阻碍了我们旅游产业的发展。一方面，低层次自由竞争的市场结构制约了我国旅游产业绩效的提升。我国旅行社、饭店和景区三大支柱行业多年统计资料表明，全行业平均利润率、全员劳动生产率、人均利润率长期处于低位，旅游投资回报的持续低位运行不利于这些旅游企业的成长和发展。另一方面，低层次自由竞争的市场结构使得旅游产业缺乏领袖型旅游企业去掌握旅游服务的定价权以及旅游市场的话语权，劣币驱逐良币成为我国旅游市场的基本形态。就全国来说，旅游领域内局部性产能过剩与供给短板普遍存在。同时，由于决策、市场等方面的原因，我国旅游领域确实建设了一些空壳项目，出现了一些僵尸企业，这些空壳项目挤占了旅游资源和开发空间、僵尸企业扰乱了旅游市场秩序，必须下决心把它们从旅游供给体系中清除出去。通过对旅游领域过剩产能的出清，推动旅游企业间的兼并重组，形成实质性的卡特尔联盟，提高其对旅游行业服务价格及资本回报率的影响力，并借机抢占全球旅游市场，形成跨国旅游企业集团。

旅游领域供给侧结构性改革的重心是降低旅游企业制度性交易成本（包括旅游企业的交易成本、税费、融资成本、社会责任成本）。由于我国旅游业长期以来实行政府主导型战略，政府对企业施加的种种管制无形中加大了旅游企业的经营成本，如智慧景区的建设、旅游规划的制定、节庆活动的组织、促销活动的开展、等级标准的评定。我们要增强旅游企业创新能力、提高供给质量与效率、提高全要素生产率，就必须坚持以“市场为主导力量、减少行政干预、优化供给结构、提高供给效率”为宗旨，通过降低制度性交易成本提升旅游企业的创新能力。

三、新时代下旅游革命的主要表现

（一）性质上的革命

伴随着四次工业革命的发展，工业化的概念已经深入人心。而工业化所引起的城市化或城镇化现象以及信息化等概念也已经被人们接受并广为流传。而旅游化现象恰好也是反工业化或者说后工业化发展中自然而然出现的一种现象，如今也已经与每个人的生活息息相关。如果说工业化是人们的一种生产方式，那么旅游化就是人们的一种生活方式。因此，从工业化、城市化、市场化、产业化、现代化、国际化、信息化等这些“化”的逻辑概念角度出发，旅游化概念的提出也是非常自然而且合理的，这些“化”都可以代表一种社会现象的基本状态发生变化的历史过程。

随着中国社会经济的发展，旅游化表现在三个方面：

第一，消费的旅游化。消费结构的旅游化就是说人们在日常消费中用于旅游、休闲等行为的消费比例在不断提高，例如周末乡村休闲旅游、寒暑假亲子旅游等旅游消费行为越来越普遍，其消费的比重也变得越来越大。

第二，空间的旅游化。对于一个城市来讲，空间的旅游化主要表现在两个方面。一方面，城市接待外来旅游者的比例，或者称之为游居比是在不断增加的，例如北京 2000 万的常住人口在 2017 年将近接待了 2.8 亿人次的旅游者，也就是平均每一个北京人要接待十几个游客，这种游居比在很多地区都在不断地增加；而另一方面，城市居民外出旅游的比例，或者称之为出游率也是在不断上升的，这二者在空间上的一进一出就可以反映出一个地区空间层面的旅游化过程的发展和变化。

第三，产业的旅游化。在 20 世纪 80 年代我们所说的旅游产业就是指老三件——旅游景区、酒店和旅行社，而到现在来看，老三件的比重已经慢慢被越来越丰富的其他旅游产业所稀释，如农业、工业、文化传媒业、娱乐业等产业正在利用旅游消费这个平台来创造自身“旅游 +”的商业模式，在其发展的过程中旅游产业的边界已经越来越模糊，甚至会慢慢没有边界，这些现象都不能不说这就是产业旅游化的过程。

在消费、空间和产业的旅游化过程中，各个产业都可以借助旅游消费或者旅游市场这个庞大的平台来创造自己的商业模式和发展动力。而这种方式应该就是总书记所说的绿水青山也是金山银山，但我们知道绿水青山不能直接等于金山银山，这中间必须有一个转换器，而这个转换器就是旅游化的过程。因此，新时代下旅游革命就会在性质上发生一次深刻的革命。

（二）消费上的革命

过去很多人认为旅游消费层次的高低通常是侧重于观光旅游还是休闲度假旅游，而认为旅游消费不需要很高的技术含量，只要具备闲暇时间、可支配收入、健康正常的体力就可以参与旅游活动。但随着时代的变化，我们发现越来越多的旅游消费表现为技术型消费，比如滑雪、滑翔、航空、潜水、邮轮、登山。

一般而言，技术的概念多被用于解释生产活动，而不是消费活动。但随着科技的进步和物质生活水平的提高，大多消费品的技术、文化和信息含量大幅度提高，使得消费者必须通过适当的学习，掌握一定的“消费技术”，才能达到消费品的最大消费效用。旅游消费现象也毫无例外，如果对于滑雪活动缺乏消费技术，普通消费者可能会经常摔跟头，从而降低该项目的旅游满意度，但对于具备消费技术和能力的人而言，不仅其消费能力高，一套滑雪服的装备在 2 万元以上，更可以提高其旅游满意度。

所以，旅游消费技术会对旅游者的满意度以及消费层次和消费水平产生巨大的影响，这种影响还会发展到更多旅游消费的项目中，如博物馆等文化类的旅游消费需要旅游者有深厚的文化技术，潜水消费行为需要旅游者学习基本的潜水技能，低空飞行、航拍等旅游消费甚至还可能会需要旅游者获得航空驾照也未尝不可能……而在高端定制旅游活动中的表现消费技术的影响可能会更加明显，这些现象可能都是新时代下旅游革命在消费上的表现和反映。

（三）空间上的革命

过去，我们认为挖掘旅游资源就是开发旅游目的地，但随着高速铁路、高速交通体系的出现和完善，我们会发现虽然每一个旅游目的地的旅游流量会大大增加，但旅游的更多经济活动却向着旅游集散地集中和转移，因为很多旅游目的地都或多或少地变成了旅游集散地的“旅游飞地”。如果旅游目的地再不进行改革和变化，那么我们可以预测这种“飞地现象”可能在高速交通的新时代中会越来越明显。例如洛阳和西安在过去都没有高速交通，两个地区都是非常独立的旅游目的地，但是随着高铁的开通两地仅仅只有 1 小时 20 分钟的时空距离，如果洛阳还只发展景区，而西安发展更多的休闲业态，那洛阳就可能会成为西安的“旅游飞地”了。而在未来，这种飞地现象在中国的旅游业中会越来越普遍，所以就要求更深层次的旅游目的地开发，进行一场空间上的旅游目的地的革命。

（四）治理结构的革命

2018 年 3 月 13 日，我国将文化部与旅游局共同组建为文化和旅游部，我国旅游管理机构已经发生调整，而在全域旅游的推动下，我国近几年也成立了很多旅游发展委员会及各种机构，但这些措施还是解决不了我国旅游治理结构的全部问题。过去在没有全域旅游概念的情况下，很多部门都还不重视旅游，而这时旅游部门可以完全承担起旅游治理问题，但随着大众化旅游时代的到来，旅游业的发展引起了很多部门的重视和关注，那旅游业的治理问题又该如何解决呢？例如旅游中的自驾车、营地、风景道、绿道表面看似属于旅游部门的范围，但其管理职能却是交通部的，过去交通部没有重视这些产业的发展，但现在发现旅游业发展的亮点之后，那么交通部是不是在其下属部门设置一个旅游司就可以解决旅游治理方面的问题呢？再比如林业局原来也不重视森林旅游，但现在意识到森林旅游的亮点后，林业局会不会也在其下属部门设置一个旅游司、旅游处呢？诸如此类问题还涉及诸如农业部、体育部等其他管理部门。而文化与旅游部的成立会对旅游治理起到什么作用呢？因此，在全域旅游时代，旅游的治理结构也一定会发生很大的变革。

我们可以大胆判断一下，未来旅游部门也许会朝着旅游监察的角度发展，从旅游便利化的角度，像安监委、环保部一样，暂且先不管产业，因为产业太模糊，而是从旅游便利化来督察相关部门，这可能就是新时代下旅游治理方面的一场革命。

（五）产业的革命

中国旅游业的发展已经有 40 年的历史了，原先旅游业只是靠劳动和资源来催生产业进步，但劳动和资源却催生不了商业模式。在新常态时代下，已经有大量的资本和技术开始进入旅游业，而资本和技术要推动中国旅游业的发展，必须靠商业模式，必须通过讲故事才能将它做大做强，当然我们可以暂时回避资本和技术目前出现的很多问题。例如，过去大学毕业生包括研究生毕业生到旅游行业工作，其工资很低，在前十年有 20 万元的年薪就已经算是非常高薪了。但是近几年旅游业在巨大的资本和技术的推动作用下，旅游开发和旅游管理者的年薪不断增加，甚至可以达到年薪百万元。这说明了什么问题呢？巨大的资本和技术推动了旅游业整个产业的发展和进步，也标志着中国旅游业要进入创新的时代了。所以在这些新的时代背景下催生这样的革命，这些都会对未来中国旅游业的发展和走向产生巨大的影响。我们期待中国旅游的这场有深度的革命！

参考文献：

[1] 张辉 . 旅游经济论 [M] . 北京：旅游教育出版社，2002.

[2] 许峰，李帅帅，齐雪芹 . 大数据背景下旅游系统模型的重构 [J] . 旅游科学，2016（1）.

[3] 蔡东宏 . 发展旅游共享经济的对策建议 [N] . 海南日报，2017-11-24.

[4] 成英文 . 城市旅游化：概念、测量、影响因素及其演进规律 [J] . 北京：北京交通大学，2014.

[5] 董雪旺，成升魁 . 基于旅游消费技术的世界遗产地旅游体验满意度研究——以西湖和江郎山为例 [J] . 资源科学，2015（8）.

[6] 张广海，赵韦舒 . 我国城镇化与旅游化的动态关系、作用机制与区域差异——基于省级面板数据的 PVAR 模型分析 [J] . 经济管理，2017（11）.

[7] 刘睿 . 国内外旅游化研究综述 [J] . 旅游学刊，2015（2）.

[8] 张广海，王新越 . “旅游化”概念的提出及其与“新四化”的关系 [J] . 经济管理，2014（1）.

[9] 朱竑，贾莲莲 . 基于旅游“城市化”背景下的城市“旅游化”——桂林案例 [J] . 经济地理，2006（1）.

寻求综合性大学旅游教育做强之路

马 波[①]

摘　要：在高等旅游教育发展中，综合性大学具有举足轻重的地位和作用。但是，综合性大学的旅游教育，具有鲜明的学科依托属性和多学科竞争特性。依此逻辑，本文首先从旅游作为学科门类和作为大学组织成员两个维度分析综合性大学旅游教育发展的特殊性，在此基础上利用SWOT分析工具探索综合性大学旅游教育发展的战略选择，进而提出“五力模型”和超常协同发展模式，希冀有助于高等旅游教育的持续繁荣。

关键词：高等旅游教育；综合性大学；学科；旅游学科

一、引论

1. 基本概念

综合性大学（Comprehensive University）是大学发展到一定阶段以后才普遍出现的一种类型，它由多个不同科类的学院（或学部、系、研究单位等）组成，主要实施本科及本科以上层次的全日制高等教育。一般认为，综合性大学具有多学科性、科学研究性和侧重基础性等显著特征。多学科性指学科设置横跨文理，有较多数量，而且学科间有一定的内在联系。科学研究性指教学与科研并重，并且在一定程度上，科研走在教学的前面。侧重基础性指这类大学的科学研究侧重于基础科学，教学内容侧重于普通教育，重在培养大学生的基本素质。显然，综合性大学是当下大学发展的主要方向，一些以师范、科技、理工，甚至以海洋、农林等专有名称命名的大学，实质上属于综合性大学。

① 马波，博士、教授，应用经济学博士生导师。现为青岛大学旅游与地理科学学院院长，旅游管理学科带头人。兼任中国旅游改革与发展咨询委员会委员，中国区域科学协会区域旅游专业委员会主任委员，中国旅游研究院学术委员，中国旅游研究国际联合会（IACTS）会士，中国旅游协会旅游教育分会理事。《旅游学刊》《旅游科学》《旅游论坛》编委，主要从事旅游产业经济、区域旅游、旅游文化等领域的研究与教学。

综合性大学是按照“学科”（Discipline）来搭建组织并运行管理的。“学科”一词的使用有多种含义指向。首先，学科是建立在科学层面上的术语，是对科学的分门别类，是依据某些共性特征对相对独立的知识体系的划分（见图1）。显然，相对独立的知识体系源自研究对象的稳定性和特殊性，这是学科得以成立的客观依据。学科划分固然有客观标尺，但是难免带有主观色彩，体现划分者的目的性，属于客观现实的主观表达，故有一定的弹性和包容性。同时，人类的知识体系是不断发展和演进的，学科分类必然开放不居、与时俱进。其次，在大学实践中，学科同人才培养直接相关，甚至其教育教学意蕴逐步大于科学分类意蕴，学科设置决定着大学的类型、结构与功能，规定着人才培养的内容、形式与过程。最后，在大学中，学科会进一步转化为院系组织和相应的制度，学科建设包括了人才队伍建设、科学研究、学生培养、社会服务等各项工作，通过组织化、规范化、一致化手段提高组织的效率，同时逐步明确学科的坐标、四邻关系，体现学科的地位和成长方向。

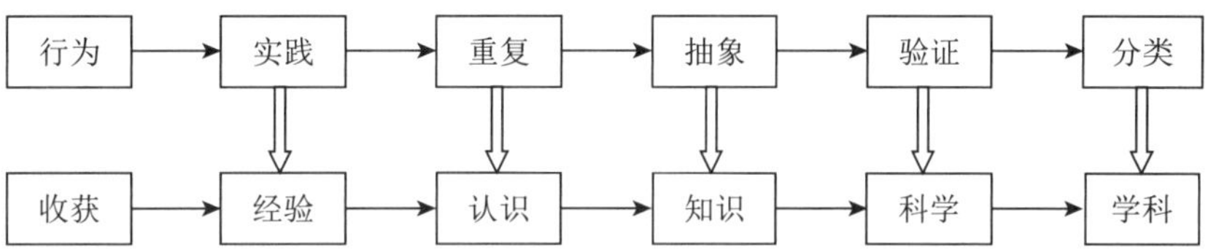

图1　科学的建构与学科的分化

2. 综合性大学是旅游高等教育的主体

回顾历史，不难看出，在中国高等旅游教育近40年的发展历程中，综合性大学一直是最为重要的载体。20世纪80年代初，中国旅游方兴未艾，原国家旅游局支持南开大学、杭州大学、西北大学等高校开办旅游本科教育，标志着高等旅游教育的系统起步。从20世纪80年代后期以来，国内在本科和研究生层面开展旅游教育的院校数量激增，至2016年达到604所，其中大量为地方综合性高校。近年来，武汉大学中国科学评价研究中心等机构连续发布《中国研究生教育及学科专业评价报告》，在旅游院校排名中，综合性大学明显处在前列。在“软科世界一流学科排名”中，中山大学的旅游管理学科2017年排名第17，2018年排名第10。可以说，综合性大学是高等旅游教育的排头兵和主力军，在很大程度上决定着中国旅游专业人才培养和科学研究的质量水准，并进一步决定着中国旅游业转型升级的速度和效率水平。事实上，类似的情况在全球范围内普遍存在，在旅游业比较发达的国家和地区，具有代表性和领先性的高等旅游教育单位，大都分布在综合性大学之中（见表1）。可见，探讨综合性大学旅游教育的发展问题，具有“抓牛鼻子”的意义。

表 1　2017—2018 软科世界一流学科排名——旅游休闲管理类前 30 名

排名		学校名称	排名		学校名称
2017	2018		2017	2018	
1	1	香港理工大学	16	17	怀卡托大学
2	2	格里菲斯大学	17	33	利兹城市大学
3	3	昆士兰大学	18	10	中山大学
4	4	宾夕法尼亚州立大学-大学城	19	31	詹姆斯库克大学
5	22	拉夫堡大学	20	11	中佛罗里达大学
6	5	萨里大学	21	21	莫纳什大学
7	6	普渡大学-西拉法叶	22	28	南十字星大学
8	9	弗吉尼亚理工学院	23	23	滑铁卢大学
9	12	伯恩茅斯大学	24	14	世宗大学
10	50	伯明翰大学	25	55	康奈尔大学
11	8	庆熙大学	26	25	南澳大学
12	13	佛罗里达大学	27	15	华盛顿州立大学-普尔曼
13	7	天普大学	28	19	内华达大学-拉斯维加斯
14	27	奥塔哥大学	29	47	科隆大学
15	16	德州农工大学	30	34	新南威尔士大学

资料来源：http：//news.sciencenet.cn/htmlnews/2017/6/380725.shtm

注：2018 年新进入前 30 名的大学有佛罗里达州立大学（18），约翰内斯堡大学（20），南卡罗来纳大学 - 哥伦比亚（24），牛津布鲁克斯大学（26），密歇根州立大学（29），斯特拉思克莱德大学（30）。

3. 综合性大学旅游教育发展具有特殊性

在现代社会体系中，大学在承担人才培养、科学研究两项传统功能的同时，又被赋予社会服务、文化引领等两项新的职能，且大有同传统功能平起平坐的趋势。毫无疑问，旅游教育在综合性大学的兴起，无论是借助政府的推动还是纯粹的市场驱动，都是社会需求的反映。但是，其一经诞生，就会受到综合性大学固有规律的支配。在综合性大学里，由于学科类型众多，某一学科的发展又表现为学科间的竞争性发展。从时间上说，旅游学科无疑是新军，必然面临同传统学科比照而产生的科学性诘难，这常常使得旅游院系难以进入综合性大学学科建设的重点支持行列。更加普遍的是，综合性大学一般存在统一的目标管理导向，旅游院系就不得不优先考虑和全力应对大学内部的多学科竞争环境，以获取保证生存与发展的各类办学资源。在我国，国家颁布的学科专业目录具有指令性质，并由此衍生一系列行政规范，使得成长中的旅游学科必须面对严格的外部规范约束。在现行的学科设置目录中，旅游学科形式地位较低，被归置在工商管理一级学科之下，意味着旅游学科的外延扩张——如旅游公共管理属性的体现，以及作为大学内部组织的相对独立性——如独立旅游学院的设置，受到明显的正式制度的制约。显然，综合性大学的旅游教育发展面临诸多现实挑战。换言之，探讨综合性大学旅游教育的生存发展之道，不仅出于现实需要，而且具有特殊的制度意义。

4. 研究思路

概而论之，综合性大学旅游教育的特殊性，立基于旅游作为一门学科的特殊性，体现于旅游院系作为大学组织成员之一的竞争性。有鉴于此，本文首先开展上述两个方面的基本分析，在此基础上对综合性大学旅游教育发展进行 SWOT 战略分析，并进一步探讨蕴含其中的各种力量关系，以期较为深入系统地揭示综合性大学旅游教育发展的机制与路径。

二、旅游学科的本质特性分析

旅游作为学科的本质特性，源于旅游现象的特殊性。当然，对其特性的认识，不可避免地通过学科间的比较，尤其是同传统学科的比较而获得。

在笔者看来，在旅游以及人们认识旅游的历史发展过程中，的确存在一系列迷思，需要引起我们的重视。比如：

（1）旅游作为一种人类美好生活形式的出现由来已久，但是作为一种社会现象的普及，却发生在近代工业文明强盛之后。

（2）通常把英国人托马斯·库克在 1841 年 7 月 5 日组织的团体火车旅游视为旅游业的开端，把 1899 年意大利政府统计局的鲍迪奥（L. Bodio）发表的《在意大利的外国人的移动及其消费的金钱》一文，视为最早的从学术角度研究旅游现象的文献。那么，为什么二者之间竟然有半个多世纪的间隔？

（3）尽管早在 20 世纪 90 年代，旅游业就被认为是世界上最大的几个产业之一，但是在各国实行的国民经济产业分类标准体系中，迄今并无独立的旅游产业。

（4）从 20 世纪 50 年代以来，高等旅游教育在世界各地相继快速发展，但是却存在多种多样的表现形式和科学定位，甚至连名称也是五花八门，呈现个性有余而共性不足的特征。

（5）旅游研究的历史已超过百年，研究范围不断扩展，分化越来越细，研究队伍日渐庞大，研究成果日益丰富，但是旅游学的知识体系依旧模糊不清，原生性理论贡献屈指可数，知识溢出效益并不明显。

笔者认为，上述问题的出现均与旅游现象自身具有的广延性、多样性和复杂性直接相关。首先，旅游现象的成因，尤其是旅游大众化的成因是高度复杂的，涉及政治、经济、社会、文化等多个方面，以至于对旅游本质的认识和界定难以高度统一。其次，旅游现象外延广泛，类型多样，具有显著的时空差异性，以至于对其运行规律的探查、归纳，很难短期上升到科学的高度。最后，旅游现象的外部效应涵盖经济、社会、文化、生态等多个方面，且互相纠缠并具有价值判断属性，这进一步加大了旅游研究的难度，甚至使研究成果的评价、传播和应用性转化，都可能超出了科学的边界。

旅游现象的高度复杂性决定了旅游作为一门学科成长的缓慢性，或者说，旅游学科会有漫长的孕育期，长期呈现新学科共有的特点：一是学科定义的多义性、歧义性和朦胧性；二是学科疆界的非确定性和研究对象的环生性；三是研究方法的非同一性。如果从传统学科的视角出发，旅游学科必然被认为是缺乏足够学科基质的“前学科”，甚至被认为是某些成熟学科的附庸，进而无法获得相对独立的资格以及同社会需求相呼应的学科地位。

表 2 是对旅游学科特点的进一步梳理，从中可见，具有应用性和横断性是旅游学科最为显著的两个特色。

表 2　旅游学科的特性（与传统学科相比）

	传统学科	旅游学科	含义解析
生成动力	知识体系延伸（内生）	实践催生（外生）	应用性
关注焦点	理论生产	经世济用	应用性
对象的时空差异	不显著	显著	应用性
学科疆界	相对稳定	非稳定	应用性和横断性
学科结构	统一性	环生性	横断性
学科方法	同一性	非同一性	横断性
生长主路径	深化创新	整合创新	横断性和应用性

无论国内还是国外，旅游作为一门晚起的专业进而成为一门学科，皆源于强烈的现实需求驱动，这与传统学科的知识延伸驱动形成鲜明对照。长期以来，旅游研究侧重于解决现实社会问题，旨在有针对性地提供特定的社会政策，而非侧重于发展有关社会世界的基本知识，是描述性的、即时的、具体的和对策性的，基础理论色彩不强。据申葆嘉先生的检索与统计，1951—1987 年，在英语国家与旅游题材有关的博士学位论文中，与旅游基础理论有关的题材只有 9 篇，占全部论文的 4.52%，充分反映了旅游研究的应用导向。据谢彦君先生观察，直至近年，旅游基础理论研究也并未得到西方学界的足够重视。在我国，旅游学科胚胎于旅游非常规发展的大背景之下，在经济利益至上、政府主导、超前发展等战略思潮的渲染下，旅游研究的应用性导向更加浓郁。由此，旅游学科的规模迅速扩张，但在科学性发育方面进展缓慢，学科地位常常被贬低。

简单地说，旅游是人类精神驱动下的异地生活体验，天然具有广阔性、多样性、复杂性和综合性，旅游研究也需要从自然、社会、人文等多个角度加以探讨。事实上，国内外旅游科学研究的开启，无论关注哪一类问题，都是从传统学科跨入的，研究者自然而然会“职业性”地以本学科的知识视野和方法论来审视旅游现象，这使得早期的旅游研究更像一个没有围墙的领域而非学科种类。但是，旅游现象毕竟是一种特殊的现象，任何学科背景、任何视角的研究介入，一定在具有差异性的同时又呈现出相似性和互补性，因而使旅游学科萌动呈现横断性特点。随着研究的积累，相似性和互补性会逐渐加强，并在社会科学领域集聚，从而不断孕育和丰富旅游的学科基质，进而建构旅游学科体系。图 2 勾勒了旅游学科的横断性及其演进过程，或许对于认识旅游学科的本质特性和把握高等旅游教育的基本特点有所裨益。

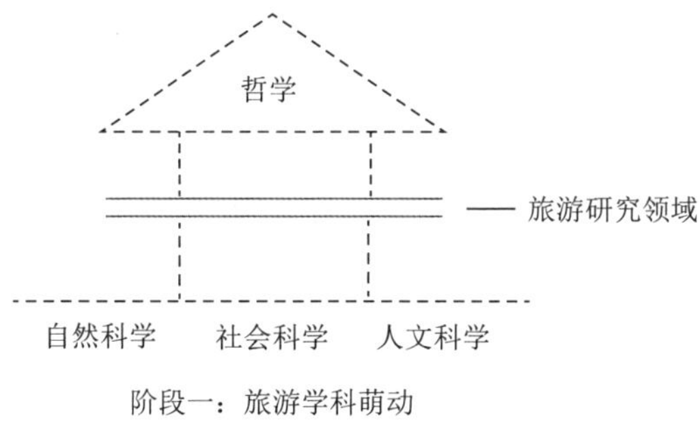

图 2　旅游学科的横断性及其演进示意

三、综合性大学旅游院系的竞争性特征分析

综合性大学的旅游院系一经设立，就意味着成为大学正式组织成员之一，不仅要围绕旅游学科的本体特征运行，而且要在同诸多学科组织的资源竞争中前行。显然，分析旅游院系作为综合性大学组织成员的竞争性特征，对寻求旅游教育发展之道，具有更加重要的现实意义。

如前所述，人才培养、科学研究、社会服务、文化引领是现代大学的 4 项功能，也是综合性大学用于内部评价各学科发育水平、进而制定资源分配政策的基准。基于对国内相关情况的长期观察与调研，兹就我国综合性大学旅游院系组织的内部竞争性表现总结如表 3 所示。

表 3　我国综合性大学旅游院系组织的竞争性表现

类型		主要评价维度	旅游院系表现	含义解析
学科等级		国家学科目录	本科大类，二级学科	学科外部规范强
学科规模		师生数量	中等偏小，增长	校内规模结构地位低
学者影响力		国家和地方各种称号人才	较低	学科整体影响力较低
人才培养	招生	一志愿报考率、考研率	较低	社会认知水平低
	就业	总体就业率	高	行业增长快
		业内就业率与行业忠诚度	偏低	行业吸引力不高
	研究	研究立项与获奖	较高	人才培养的特殊性强

续表

类型	主要评价维度	旅游院系表现	含义解析
科学研究	高等级成果、立项与获奖	较少，增长	理论性产出较弱
社会服务	委托研究、咨询、培训	强	产业智力需求旺盛
文化引领	文化活跃度与媒体关注度	较高	大众文化属性

需要特别说明的是：

第一，由于国家颁布的学科专业目录具有指令性，一批综合性大学要求按一级学科甚至学科门类设置学院，因此，国内独立的旅游学院相对较少，且越来越强地感受到来自校方的行政组织压力，发展的稳定性受到影响。以三级组织形式设置的旅游系，日渐类似于传统的“教研室”组织，缺乏独立性，不再具备战略发展能力。

第二，由于旅游学科晚起，且理论体系发育薄弱，在一般情况下，旅游院系难以进入综合性大学发展的主流，学生规模和教师规模尽管总体上呈增长态势，但在校内横向比，除几所特殊大学外，均规模偏小。同时，在国家和地方设立的各种高端称号人才遴选中，旅游学者寥寥无几，削弱了学科资源竞争能力。

第三，旅游院系的人才培养，在基本层面上纠结丛生。一是尽管旅游产业持续增长，专业人才市场需求旺盛，但民众对旅游科学的认知和评价比较低，因此出现了低报考率和高就业率现象的并存。此前，部分 985 高校，实施学科大类平台招生，专业分流时选择旅游管理的学生数量锐减，几至院系难以为继。按照国家高考招生制度改革计划，未来几年，高校将从原来的按学校志愿招生全面转向按专业志愿招生，旅游院系的生源规模质量问题可能更加严重。二是尽管在宏观尺度上旅游经济形势喜人，但在人才市场上旅游业却缺乏足够的竞争力，导致旅游专业毕业生业内就业率和行业忠诚度都低于预期。三是旅游人才培养要兼顾通识教育和专业教育，要高度统筹学理性和应用性，知难行更难，因此，教育教学改革研究受到各高校和教育行政主管部门的普遍重视。反过来说，这既是高等旅游教育特殊性的体现，也是其不成熟、不稳定的反映。

第四，如果综合性大学日益推崇科研产出——这种态势已经持续了一段时间并被认为很难改变，且不能平衡处理理论研究和应用研究的权重关系，旅游院系的发展就会进一步陷入夹缝之中。

四、综合性大学旅游教育发展战略分析

运用 SWOT 分析方法，可以识别综合性大学旅游教育发展的战略方向。

基于旅游学科的本质特性和旅游院系组织的竞争性特征，可以对综合性大学旅游教育发展的优势、劣势、机会、威胁加以抽象概括。按照“重要的少数”和同类归并两个原则，笔者将其归纳如表 4 所示。

表 4　综合性大学旅游教育发展的 SWOT 归纳

优势（S）	1.现代性—成长性：研究对象具有现代性，学科发展具有高成长性； 2.综合性—包容性：研究对象具有综合性，对多学科交叉进入具有高包容性。
劣势（W）	1.基础理论弱：学科范式不明确，专业基质需要长期积淀； 2.学科地位低：受国家指令性学科目录束缚，处在工商管理一级学科之下。
机会（O）	1.产业拉动能力强：旅游业具有持续增长能力和升级空间，人才市场需求旺盛； 2.高等教育大众化：大学开放式发展趋势明显，服务地方功能会进一步强化。
威胁（T）	1.行业人才吸引力较低：受制于传统择业观念和产业总体素质，短期难以改变； 2.产学结合制度成本高：旅游教育与旅游产业一体化发展需要克服制度壁垒。

如果表 4 的归纳是恰当合理的，就可以在此基础上进一步开展 SWOT 组合分析，逻辑推演综合性大学旅游教育发展的基本战略（见表 5）。

表 5　综合性大学旅游教育发展的 SWOT 组合分析

	机会　产业拉动能力强 高等教育大众化	威胁　行业人才吸引力较低 产学结合制度成本高
优势　现代性—成长性 综合性—包容性	超常发展战略	协同发展战略
劣势　基础理论弱 学科地位低	自然成长战略	收缩撤退战略

超常发展战略是对“内在优势 + 外部机会”的积极判断和主动响应，具有前瞻性、自主性、研究性和领先性特征，适合综合办学条件优越的一流高校或旅游教育基础雄厚的高校采纳，关键点是大学对旅游院系采取超常规的管理支持。

协同发展战略强调面向产业的开放式、应用性、外向型发展，追求产学融合，着力于办学模式、机制的改革活化，旨在提高人才培养—使用的相关度，体现服务地方、服务产业的实用功能，适合立地条件良好、具有一定学科优势的地方综合性大学采用。

如果大学校方对旅游教育发展的外部机遇有良好认知，但不能正视旅游作为新学科的劣势，基本按照传统学科的管理方式管理旅游院系，就必然使旅游教育发展陷入“顺其自然”的思维窠臼，处于不温不火的状态。无须讳言，这种情况在国内普遍存在，导致旅游教育不能有效引领甚至滞后于旅游业发展实践。

还需提及，近十多年来，一批国家重点建设的高校，或偏重旅游院系的“劣势 + 威胁”组合，采取了收缩撤退战略，旅游教育界对此反响较大。

五、综合性大学旅游教育发展的“五力”模型

毫无疑问，高等旅游教育是在新的社会经济文化背景下，大学与旅游业两个主体相向而行，进而交叉叠合的产物。单就综合性大学而言，旅游教育的发展主要受到五种力量的支配（见图 3）。

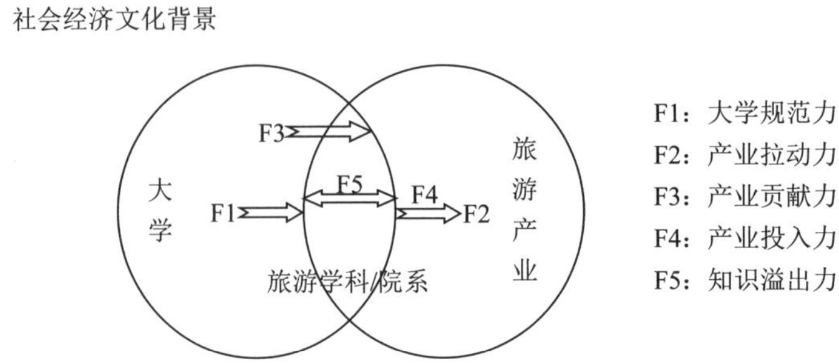

图 3　综合性大学旅游教育发展的“五力”模型

大学规范力是一种制度力量，源自外部政策规制和大学内部传统习惯，决定着旅游教育在大学内部扩张的可能边界。如果国家放松学科设置指令，或大学文化更具开放性、变革性和灵活性，旅游教育就有望获得更大的发展空间。

产业拉动力是旅游教育发展的外部驱动力，既有量上的规模结构尺度，又有质上的层次标准尺度，旅游产业自身升级压力越大，对智力投入的需求就越大，对旅游教育的拉动力就越大。

产业贡献力指大学对旅游产业的价值输出能力，是站在产业发展立场上对旅游院系的认知评价，衡量标准主要包括人才培养的适应性和科学研究的实用性。可以理解，旅游基础理论研究尽管是旅游教育发展与学科建设的内在源泉，但是旅游业界对此并无直接的需求。

产业投入力指旅游产业界对大学旅游教育的投入力度，投入的要素包括人、财、物、信息等。产业投入力的提高，不仅有益于改善旅游院系的办学条件，而且有助于旅游教育体制机制改革，推动旅游产学融合发展。

知识溢出力指旅游院系作为学术组织的科学创新能力，知识溢出力越强，旅游学科在大学内部的资源竞争能力就越强，就有助于提高学科地位。同时，从长远看，知识溢出力越强，旅游院系的产业贡献力也就越高。

当然，上述五种力量是互联互动的，就其衡量指标和系统集成尚需更加细致深入的研究。

六、研究启示

至此，我们可以寻求综合性大学旅游教育做强的一般战略对策与路径，答案或许可以高度概括为：实施超常协同发展模式。

这个模式至少包括以下内容：

第一，非常规发展。如果把传统的学科 / 教育发展模式称为常规模式的话，那么旅游学科 / 教育则需采取非常规模式，必须体现创新、倾斜、改革思维。首先，大学管理层在院系组织设置上不能完全拘泥于现行的国家学科专业目录，尽量赋予旅游学科 / 教育应有的生长空间和相对独立的平台，避免出现“学科茧房”现象。其次，大学管理层应当充分认识到旅游学科 / 教育的成长性特点，在校内资源分配上采取倾斜扶持政策，在考评管理上突出增量和结构效应指标，而非与传统学科等量齐观，使个性淹没于共性之中。最后，校院（系）两级组织应当共同发力，创建适合旅游学科 / 教育个性化发展的新机制。

第二，外向型发展。综合性大学，即使是双一流大学，也应该开门办旅游教育，既要面向产业实践开展科学研究，更要主动吸纳产业资源进入大学教育体系，最终走上产学研用一体化发展道路。

第三，多学科融合。充分利用综合性大学的多学科优势，构建开放的跨学科研究平台，通过学科多元交叉研究破解旅游现象的高度复杂性，逐步建立和完善旅游理论体系，从而为旅游学科的成熟和旅游教育的科学发展提供专业基质。

第四，选择性突破。鉴于旅游学科领域的广阔性、边界的模糊性和研究的应用指向，综合性大学的旅游院系应立足地方旅游需求，在科学研究和人才培养的方向选择上应有所为有所不为，只有各个旅游院系的发展有重点、有特色，才能避免旅游教育整体上的同质化和平庸化。

第五，带头人引领。在当下的旅游教育发展中，综合性大学旅游院系的领导人（院长 / 系主任）扮演着极其重要的角色。他们不仅要在大学系统内发挥战略领导力、学习领导力、沟通领导力、道德领导力和文化领导力，而且要把工作面扩展到旅游社会经济领域，熟知旅游产业发展状态，洞悉旅游产业发展趋势，主动吸纳旅游产业资源，推动旅游产学融合发展机制的建构。因此，旅游院系领导人的遴选与培养，应以复合型人才为标准。同时，在旅游院系内部，适宜设立首席教授制，选拔复合型学者领导科学与教学研究工作。

参考文献：

[1] 申葆嘉 . 旅游学原理［M］. 上海：学林出版社，1999.

[2] 谢彦君 . 基础旅游学［M］. 3 版 . 北京：中国旅游出版社，2011.

[3] 罗伯特・伯恩鲍姆 . 大学运行模式［M］. 别敦荣，主译 . 青岛：中国海洋大学出版社，2003.

[4] 周耀乐 . 当代新学科的理论模式和基本特征［J］. 社会科学，1986（6）：58–61.

[5] 葛志敏 . 横断学科的特点及其产生途径［J］. 天津师大学报，1989（6）：29–33.

[6] 金薇吟 . 学科交叉方法探讨［J］. 科学学研究，2006，24（5）：667–671.

[7] 马波 . 旅游学科升格的理路探析［J］. 旅游学刊，2016，31（10）：25–31.

[8] 周富强 . 高等教育大众化阶段地方大学院长领导力研究［D］. 北京：北京大学，2009.

Part 4 第四部分

专题报告

“一带一路”旅游教育发展与教育枢纽建设

邹统钎　晨　星　刘柳杉　张一帆　吕　敏①

摘　要：教育交流与合作是“一带一路”倡议民心相通的重要组成部分，随着旅游产业的不断发展，“一带一路”沿线对旅游人才的需求也在不断上升，为“一带一路”旅游教育交流合作提供了巨大发展机遇。随着“一带一路”倡议的深入推进，对沿线相关国家旅游教育格局及变化进行深入分析，积极构建以“旅游教育枢纽”为核心的旅游教育合作体系，以旅游教育交流促进民心相通，对“一带一路”建设、打造命运共同体具有深远意义。

关键词：“一带一路”；旅游教育；教育枢纽

2016年7月，教育部印发了《推进共建“一带一路”教育行动》的通知，明确提出倡导沿线各国聚力构建“一带一路”教育共同体，为教育领域助力“一带一路”建设提供人才支撑。教育作为国家的富强、繁荣之本，可以在“一带一路”建设中发挥先导性作用，而旅游是“一带一路”沿线国家合作的重要领域，旅游教育的重要性不言而喻。旅游教育作为教育领域中服务旅游产业的多专业融合学科，通过产—学—研的快速传导机制，以旅游市场研究、旅游服务升级为切入点，更有利于促进“一带一路”沿线国家，国与国之间、地区与地区、人民与人民之间深层次、可持续的交流与合作。

① 邹统钎，教授、博士生导师，北京第二外国语学院校长助理、研究生处处长、中国“一带一路”战略研究院常务副院长，中国旅游协会旅游教育分会副会长。晨星、刘柳杉、张一帆、吕敏，北京第二外国语学院旅游管理专业硕士研究生。

一、“一带一路”沿线国家旅游教育概况

（一）中国与“一带一路”沿线国家旅游教育合作

中国与“一带一路”沿线国家互送学生数量增多。教育部统计数据显示，2017 年出国留学人员的目的地国选择中，除了欧美发达国家外，“一带一路”沿线国家也成为一个新的选择目标。2017 年，赴“一带一路”沿线国家留学的人数为 6.61 万人。同时，“一带一路”沿线国家来华留学生人数达到 31.72 万人。中国与“一带一路”沿线国家互送留学生的数量较前年相比均有大幅增加。

中国与“一带一路”沿线国家现已成立多个旅游教育合作平台。2017 年 7 月，中国与东盟的旅游院校和企业发起了中国—东盟旅游教育联盟，该联盟致力于利用中国、东盟的旅游教育优势力量，构建区域旅游教育合作机制，培育旅游专业人才，为中国、东盟旅游发展助力。同年 9 月，世界旅游组织大会第 22 届全体大会上发布了《“一带一路”旅游合作成都倡议》。该倡议指出要加强旅游教育交流，提升旅游智力支撑。参与国家和地区充分认识到旅游人才的重要性，通过教育培训、会议论坛、智库建设等不同方式，为各国和地区旅游发展战略夯实智力基础。

（二）“一带一路”沿线国家旅游教育发展总体概况

一带一路沿线国家旅游教育水平较高，但旅游教育的规模小，旅游人才的培育跟不上旅游发展的需求。全世界有 233 个国家和地区，“一带一路”沿线有 65 个国家和地区，占全世界总数的 1/4 以上，但沿线国家和地区的国际旅游规模占全球的七成左右。据 2018 年 6 月世界旅游组织公布的世界旅游晴雨表显示，“一带一路”沿线国家表现亮眼，以埃及、越南、巴勒斯坦、尼泊尔、以色列、土耳其、不丹、阿塞拜疆等为代表，国际旅游人数与去年同比增长超过了 20%；以埃及、塔吉克斯坦、孟加拉国、罗马尼亚、尼泊尔、菲律宾等为代表，国际旅游收入与去年同比增长超过了 35%。2016 年“一带一路”沿线国家有 23 个国家和地区国际旅游人数排名进入前 50 名，2017 年“一带一路”沿线国家有 24 个国家国际旅游收入排名进入前 50 名（见表 1）。上述数据显示，“一带一路”沿线国家的旅游发展态势良好。

表 1　“一带一路”沿线国家 2016 年国际旅游人数、2017 年国际旅游收入排名情况汇总表

序号	2016 年国际旅游人数排名情况			2017 年国际旅游收入排名情况		
	国家	人数（百万人次）	排名	国家	收入（十亿美元）	排名
1	中国	59.3	4	泰国	57.5	4
2	泰国	32.6	9	中国澳门	35.6	9
3	土耳其	30.3	10	中国香港	33.2	11

续表

序号	2016 年国际旅游人数排名情况			2017 年国际旅游收入排名情况		
	国家	人数（百万人次）	排名	国家	收入（十亿美元）	排名
4	马来西亚	26.8	12	中国	32.6	12
5	中国香港	26.6	13	印度	22.4	13
6	希腊	24.8	14	土耳其	22.5	14
7	俄罗斯	24.6	15	阿联酋	21.0	16
8	沙特阿拉伯	18.0	19	新加坡	19.7	19
9	波兰	17.5	20	马来西亚	18.3	20
10	中国澳门	15.7	23	希腊	16.5	23
11	匈牙利	15.3	24	波兰	12.8	27
12	阿联酋	14.9	25	印度尼西亚	12.5	28
13	印度	14.6	26	中国台湾	12.3	29
14	克罗地亚	13.8	27	沙特阿拉伯	12.1	31
15	乌克兰	13.3	28	克罗地亚	10.9	32
16	新加坡	12.9	29	俄罗斯	8.9	34
17	捷克共和国	12.1	30	越南	8.9	35
18	印度尼西亚	11.1	31	埃及	7.8	37
19	中国台湾	10.7	33	黎巴嫩	—	41
20	越南	10.0	38	菲律宾	7.0	42
21	保加利亚	8.3	40	捷克共和国	6.9	43
22	斯洛伐克	—	42	以色列	6.8	44
23	菲律宾	6.0	46	匈牙利	6.2	45
24	—	—	—	卡塔尔	6.0	46

注：数据来源于世界旅游组织 2018 年 6 月公布的世界旅游晴雨表（World Tourism Barometer）。

根据联合国世界旅游组织 Themis 基金会和世界旅游组织教育培训部联合建立的 UNWTO-TedQual 认证系统显示，已经有来自 37 个国家的 74 所教育机构的旅游专业通过了此项认证，其中涉及“一带一路”沿线 14 个国家和 33 所大学（见表 2）。同时，2017 年，QS 酒店与休闲管理专业世界大学排名前 50 名当中，仅有 7 所大学位于“一带一路”沿线国家，分别为中国香港理工大学、中国澳门旅游学院、新加坡南洋理工大学、马来西亚泰莱大学、马来西亚理科大学、中国香港中文大学和俄罗斯的莫斯科国立大学。由此可见，沿线国家旅游教育的质量值得肯定，但是旅游教育的规模无法满足旅游迅速发展的同时对旅游专业人才的要求。

表2 “一带一路”沿线国家中通过UNWTO-TedQual认证的教育机构

<table>
<tr><td rowspan="13">中国</td><td>中山大学</td></tr>
<tr><td>桂林旅游学院</td></tr>
<tr><td>浙江旅游职业学院</td></tr>
<tr><td>香港中文大学</td></tr>
<tr><td>香港理工大学</td></tr>
<tr><td>香港职业训练局旅游服务业培训发展中心</td></tr>
<tr><td>澳门旅游学院</td></tr>
<tr><td>澳门科技大学</td></tr>
<tr><td>暨南大学深圳旅游学院</td></tr>
<tr><td>澳门城市大学</td></tr>
<tr><td>成都职业技术学院</td></tr>
<tr><td>黄山学院</td></tr>
<tr><td>香港职业训练局专业教育学院</td></tr>
<tr><td>印度</td><td>阿米提大学</td></tr>
<tr><td rowspan="6">印度尼西亚</td><td>万隆旅游学院</td></tr>
<tr><td>巴厘岛旅游学院</td></tr>
<tr><td>望加锡旅游理工学院</td></tr>
<tr><td>棉兰旅游理工学院</td></tr>
<tr><td>印度尼西亚教育大学</td></tr>
<tr><td>印尼建国大学</td></tr>
<tr><td>马来西亚</td><td>泰莱大学</td></tr>
<tr><td>泰国</td><td>泰国国立发展管理学院</td></tr>
<tr><td>哈萨克斯坦</td><td>哈萨克斯坦阿里-法拉比国立民族大学</td></tr>
<tr><td>拉脱维亚</td><td>图里巴大学</td></tr>
<tr><td>马其顿</td><td>旅游与管理大学</td></tr>
<tr><td>塞尔维亚</td><td>辛吉度努姆大学</td></tr>
<tr><td>斯洛文尼亚</td><td>卢布尔雅那大学经济学院</td></tr>
<tr><td rowspan="2">土耳其</td><td>阿卡德尼兹大学</td></tr>
<tr><td>伊斯坦堡海峡大学</td></tr>
<tr><td>阿拉伯联合酋长国</td><td>阿米提大学迪拜分校</td></tr>
<tr><td rowspan="2">约旦</td><td>安曼皇家烹饪艺术学院</td></tr>
<tr><td>阿蒙应用学院</td></tr>
<tr><td>阿曼苏丹国</td><td>苏丹卡布斯大学</td></tr>
</table>

注：资料来源于官网 http：//themis.unwto.org/en/content/unwtotedqual

二、“一带一路”沿线国家旅游教育区域与国别分异

（一）亚洲地区旅游教育：层次丰富、实践导向

亚洲地区的旅游教育普遍分为职业教育和高等教育两种形式，且多表现为旅游职业教育的发展优于旅游高等教育的发展，由于亚洲各国的旅游教育都注重实践性的职业教育，理论型的旅游高等教育起步普遍较晚，大多缺乏合理的旅游教育体系。因此也导致了亚洲一些国家的旅游高等教育水平不高、生源质量不稳定等问题。

1. 泰国旅游教育

泰国是亚洲地区旅游业最发达的国家之一，目前，泰国的旅游教育主要分为两大部分：一是职业教育，主要进行较低层次的技能培训，并提供相应的文凭或认证证书；二是高等教育，主要进行较高层次的研究，主要包括七个专业方向（见表 3），并提供相应的学位（见表 4）。

表 3　泰国旅游高等教育主要专业方向

	专业（Major）
1	酒店（Hospitality）
2	旅游（Tourism）
3	酒店与旅游（Hospitality and Tourism）
4	酒店管理（Hospitality Management）
5	旅游管理（Tourism Management）
6	服务产业（Service Industries）
7	旅游产业（Tourism Industries）

表 4　泰国旅游高等教育主要授予学位

学士学位（Bachelor）	硕士学位（Master）	博士学位（Doctor）
文学学士学位（BA）	文学硕士学位（MA）	哲学博士学位（PhD）
工商业管理学士学位（BBA）	工商管理硕士学位（MBA）	

尽管不同层级的旅游教育机构和开设旅游相关专业的大学有其自身的课程评估体系，但泰国的旅游教育课程设置主要受泰国大学事务部（Minister of University Affairs）调控，以便对泰国的行业需求、经济和社会状况做出反应。但目前泰国的旅游教育仍旧面临着国际化不足、课程设置难以标准化、课程质量不高等问题。泰国旅游业对合格旅游人才，特别是旅游管理人才的需求旺盛，但许多接受旅游高等教育的大学毕业生通常缺乏战略知识、管理技能和将知识体系转化为运作的能力，难以达到行业要求。这一方面是由于泰国的旅游教育资源短缺，旅游教育工作者大多非旅游专业出身，缺乏大量合格、经验丰

富的旅游教育工作者和权威的旅游教育泰语教科书；另一方面是由于泰国旅游相关专业难以选择到合适的生源，泰国的入学机制规定公立学校必须接受所有通过入学考试的学生，而私立学校同样出于商业和营利的考虑，几乎不对旅游相关专业的学生进行筛选[①]。

2. 印度尼西亚旅游教育

印度尼西亚的旅游教育可以从 2008 年划分为两个阶段：

第一阶段，在 2008 年以前，印度尼西亚的旅游教育仅有职业教育，相关酒店和旅游学校的职业教育课程从 1 年到 4 年不等，颁发文凭（Diploma）或职业学位（Vocational bachelor）。这种颁发文凭的职业教育更强调实践练习，不关注旅游和酒店领域的相关理论和概念。

第二阶段，2008 年以后，印度尼西亚出现了旅游学术教育。经过教育界长达 20 多年的争论后，2008 年 3 月 31 日，印度尼西亚高等教育总局（Directorate General of Higher Education）下发文件，将酒店与旅游作为独立的研究领域，并指定由文化与旅游部（现为旅游部）下属的万隆旅游学院（STP Bandung）和巴厘岛努沙杜瓦旅游学院（STP Bali Nusa Dua）两个机构开设旅游学术学位（Academic bachelor）课程，这是印度尼西亚酒店和旅游教育的一个新的里程碑。自此，印度尼西亚的酒店和旅游学校能够提供本科和研究生课程，包括旅游学士学位，旅游硕士学位和旅游博士学位课程。这一政策是为了满足快速发展的印度尼西亚旅游业对旅游人才的需求，高等教育的建立使得印度尼西亚旅游业的从业人员得到了充分的扩展，在以前仅有熟练的职业工作者的基础上，新增了旅游领域专业人员，包括学者、研究人员、旅游规划人员和政策制定者。

印度尼西亚的旅游教育体系是建立在印度尼西亚资格框架（Indonesian Qualification Framework）之下的，该资格框架由印度尼西亚教育和文化部高等教育总局（Directorate General of Higher Education，Ministry of Education and Culture，Republic of Indonesia）制定，从低到高包括九个级别的资格（第一级为最低级，第九级为最高级），九个级别又被划分为三个部分（见表 5），旅游职业学士学位和旅游学术学士学位都被归类为第 6级。前者强调实践技能的发展，而后者则侧重于知识和科学[②]。两种类型的学士学位均要求在 4 年内完成 144~160 学分的总学分。

表 5　印度尼西亚资格框架划分

	操作员	技术员 / 分析员	专家
级别	1~3级	4~6级	7~9级

① Mattara Sripun，Adele Ladkin. Total Quality Management and Tourism and Hospitality Education：The Case of Thailand［J］. Journal of Quality Assurance in Hospitality & Tourism，2001，2（1/2）：89-103.

② Hera Oktadiana，Kaye Chon. Vocational Versus Academic Debate on Undergraduate Education in Hospitality and Tourism：The Case of Indonesia［J］. Journal of Hospitality & Tourism Education，2017，29（1），13-24.

但由于印度尼西亚的旅游学术教育发展晚，因此其职业教育和学术教育之间课程设置和课程内容同质化较高，毕业生水平也较为一致，难以区分。因此其旅游教育在职业教育和学术教育上，还需做出进一步区分，在职业教育中增加更多的实操课程，在学术教育中增加更多学术理论课程。

3. 印度旅游教育

印度的旅游教育起步较晚。印度的旅游教育于 20 世纪 70 年代开始拥有文凭（Diploma）认定，并在 70 年代成功推动 20~25 所大学提供各种层次的旅游教育课程，并出现了更高级别的研究生文凭（PG Diploma）认定。但这些旅游教育都是职业旅游教育，仅提供文凭（Diploma）和研究生文凭（PG Diploma），不提供学位学历（degree），没有旅游高等教育。在印度旅游部门的主导下，20 世纪 80 年代在 Gwalior 成立了印度旅游与旅游管理学院（Indian Institute of Tourism & Travel Management，IITTM），随之，印度旅游教育开始升级和重塑，慢慢形成一系列的旅游高等教育体系[①]。

但由于缺乏统一的标准，印度的旅游高等教育体系较为混乱。旅游专业在不同学校间属于不同的学科，课程框架也因学校而异，提供的学位也大不相同，包括工商管理（旅游）硕士［MBA（Tourism）］、旅游管理专业硕士（Masters of Tourism Administration，MTA）、旅游管理学术硕士（Master of Tourism Management，MTM）旅游文学硕士（Master of Arts in Tourism，MA-T）、理学硕士（Master of Science，M.Sc）等。这些不同的学位和旅游教育课程对学生造成了极大困惑，因为完成不同学校的旅游教育课程后的就业能力各不相同。各大学校教学大纲的变化、政府机构的批准和认可模式，以及旅游教育的资格标准等种种原因造成了印度旅游教育形式的巨大差距。这种旅游教育体制的混乱，降低了学生选择旅游教育的积极性，导致了印度旅游教育类生源质量的极度不稳定。

4. 土耳其旅游教育

土耳其的旅游教育体系建立在土耳其国家教育体系（Turkish National Education System）之下。土耳其国家教育体系分为两部分：正规教育（Formal education）和非正规教育（Non-formal education）[②]。

正规教育包括小学（Primary）、中学（Secondary）和高等（Higher）教育，并颁发文凭（Diploma）。每个土耳其公民都必须接受为期八年的小学教育；中等教育则包括

① S. C. Bagri，A. Suresh Babu. Historical Development of Tourism Education in India：The Case of the Himalayan State of Uttarakhand［J］. Journal of Tourism，2011，12（1）：39-59.

② MEHMET YEŞİLTAŞ，YÜKSEL ÖZTÜRK，NIGEL HEMMINGTON. Tourism Education in Turkey and Implications for Human Resources［J］. Anatolia：An International Journal of Tourism and Hospitality Research，2010，21（1）：55-71.

普通教育（general education）和职业技术教育（vocational and technical education），前者为学生进入高等教育打下基础，而后者则教授学生必要的技术和职业技能，以便在所选行业工作。但无论是普通教育还是职业技术教育，都有权继续接受高等教育。然而，从职业和技术中学毕业的学生在进入高等教育系统方面存在一些挑战，因为土耳其的所有学生必须通过入学考试才能上大学。根据土耳其高等教育委员会（Higher Education Council）的要求，想要进入高等教育的大学课程的职业技术学校毕业生必须在大学入学考试中获得比普通中学毕业生更高的分数。但是，如果他们有兴趣参加与其中学所学职业技术领域相关的大学课程，他们在入学考试中就更具优势；高等教育则由公立大学和非营利性私立大学提供，包括两年制的副学士学位（Associate degrees）、四年制学士学位（Bachelor degrees）以及研究生层次的硕士（Master）和博士（Doctorate）学位。

非正规教育为所有土耳其公民，包括正在接受正规教育和未接受正规教育的公民，提供专业技能和知识的学习。土耳其公民可以在任何阶段进行非正规教育的学习，但其学习时间一般较短，从一周到一年不等，结业后颁发证书（Certificates）。非正规教育由正规教育机构以及政府、半政府或私人组织提供。

在土耳其国家教育体系之下，土耳其旅游教育形成如下体系（见图 1）：

正规教育包括中等教育和高等教育两大体系。中等教育受土耳其国民教育部（Ministry of National Education）管辖，主要有三大学校提供为期四年的旅游教育：（1）安纳托利亚旅游和酒店职业中学（Anatolian Tourism and Hotel Vocational Secondary Schools）提供三种课程，分别是食品和饮料服务、住宿服务和旅行管理；（2）安纳托利亚女子职业中学（Anatolian Vocational Secondary Schools for Girls）提供两种课程，分别是旅行社和酒店管理、食品技术；（3）安纳托利亚职业商业中学（Anatolian Vocational Commerce Secondary Schools）仅提供一种旅游相关课程。高等教育受高等教育委员会（High Education Council）管辖，主要提供四个级别的旅游教育：（1）两年制的副学士学位，于 20 世纪 70 年代中期由博斯普鲁斯海峡大学（Bosphorous University）和爱琴海大学（University of the Aegean）创立，现在几乎所有土耳其大学都能授予该类学位；（2）四年制的学士学位，旨在培养旅游方面的管理人才，土耳其的第一个四年制旅游学士学位由安卡拉商业与旅游师范高中（Commerce and Tourism Teacher High School）提供；（3）硕士研究生学士学位，土耳其的第一个旅游硕士学位由爱琴海大学于 1964 年提供；（4）博士研究生学士学位，土耳其的第一个旅游博士学位由伊斯坦布尔大学于 1972 年提供。

非正规教育由政府、政府性组织、私营非正规教育组织提供，如教育部、大学、就业中心、职业组织、社会组织、私立教育机构、市政当局、民间教育中心、劳工工会、旅游机构以及各种商业和地方组织。课程从持续一周的短期课程到持续 12 个月的长期课程不等，范围涵盖从基本的旅游和酒店运营到高级酒店管理各方面。

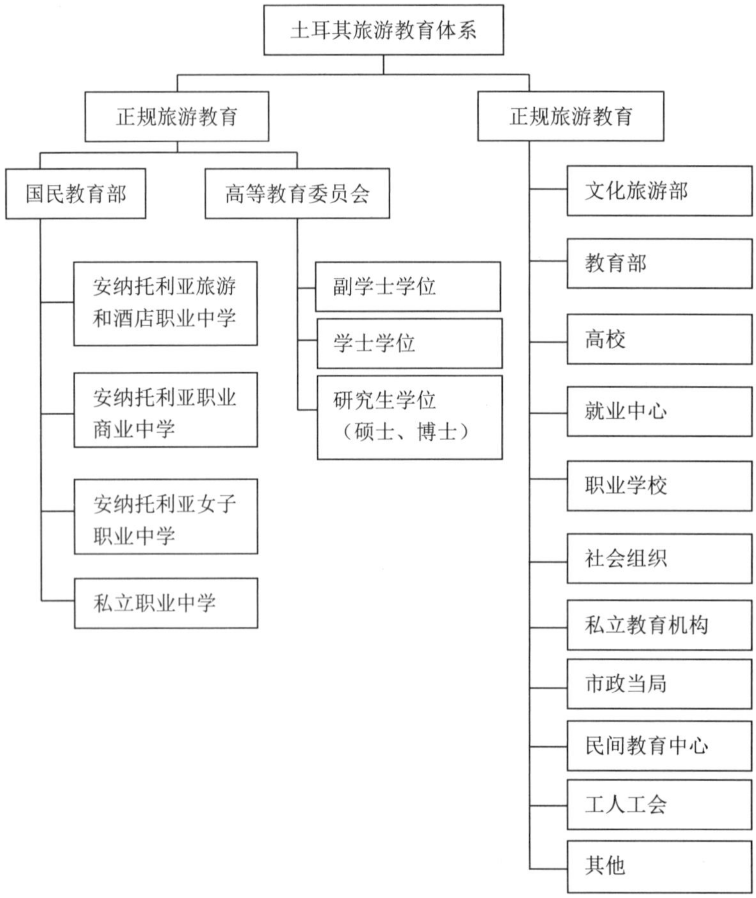

图 1　土耳其旅游教育体系

资料来源：MEHMET YEŞİLTAŞ YÜKSEL ÖZTÜRK NIGEL HEMMINGTON.，2010[5]

同样的，土耳其的旅游教育也面临着一系列的挑战，包括高质量的旅游教育者短缺、旅游专业毕业生从事旅游相关行业比率较低、旅游教育机构培养的旅游从业者无法满足土耳其旅游业对旅游人才的要求等。

（二）俄罗斯与中东欧旅游教育：现代化专业教育体系

1. 俄罗斯旅游教育

19 世纪末，俄罗斯便已经出现了有关旅游的培训组织，那时的旅游教育主要是为自然科学研究、远足及短途旅行服务。随着 20 世纪旅游业的发展，旅游从业人员（如客房及餐饮服务人员）的技能培训成为其旅游教育的主要内容。1975 年，苏联科学院地理研究所提出的休闲地理学理论引导旅游学术逐渐深入，其作为一门教育课程也被纳入到教育学术体系中，但 20 世纪 90 年代之前，俄罗斯还没有形成规范的旅游人才培养体系和教育体系①。

20 世纪 70 年代初制定的空间休闲系统（SRS）（见图 2）模型是一个在国家行政系统基础上制定的社会地理系统，一段时间内一直作为旅游行政机构相关政策指令规范方法，并成为之后俄罗斯旅游教育体系建设的指导原则和方法论基础。

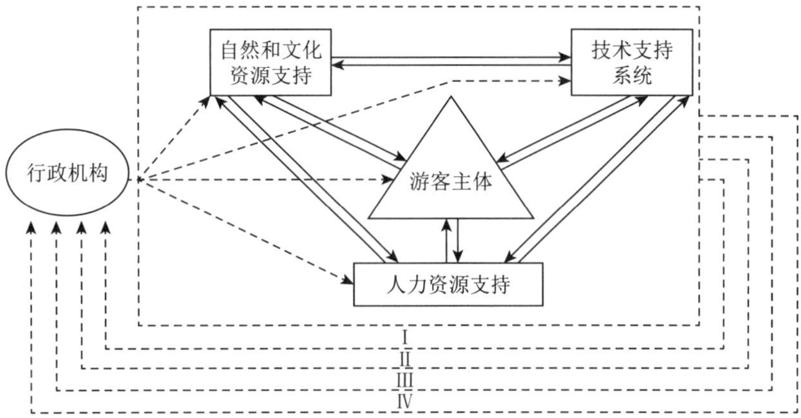

注：I -游客满意度　　II -按需调整的自然资源支持
III-财务体系、技术体系和保障体系支持　IV-人力资源状况

图 2　俄罗斯 SRS（Spatial Recreational System）模型

资料来源：Aleksandrova，A.，E. Aigina，2017②

旅游研究的深入也推动了旅游教育的体系化。1992 年，在旅游产业人才培养研究所的基础上创建了俄罗斯专门的旅游院校和一些相关旅游院系，现代专业旅游教育体系逐渐形成，后来依次确立了三代旅游高等教育标准（见表 6）。

表 6　俄罗斯旅游高等教育标准

年份	名称	内容
2000年	第一代旅游高等教育标准	社会文化服务及旅游5年专科学制
2004年	第二代旅游高等教育标准	学士和硕士标准
2011年	第三代旅游高等教育标准	培养4年制的"旅游""服务""酒店业务"学士和2年制的硕士研究生

资料来源：SKAVRONSKAYA LIUBOV，CHERNOV VLADSLAV，2015[6]

俄罗斯旅游专业教程涉及专业人文科学、社会和经济学、自然科学和专业学科，以及开展培训和工作实践，主要教授旅游领域的生产和技术、行政和管理、服务和科学

① SKAVRONSKAYA LIUBOV，CHERNOV VLADSLAV. 俄罗斯高等旅游人才培养现状及其对策［J］. 旅游纵览（下半月），2015（7）：257–258.

② Aleksandrova，A.，E. Aigina . Connections between scientific research and education in the field of tourism and leisure in Russia［J］. European Journal of Tourism Research.2017（15）：75–91.

活动。

目前俄罗斯大部分的大学都已开设旅游相关专业，且大部分院校都设有预科，通过在普通教育学校设立有专业侧重的班级、建立有专业侧重的中等学校和中等专科学校等途径来实现多层次、连贯的教育。俄罗斯还专门成立了旅游人才培养跨部门专家委员会，该委员会由俄罗斯联邦教育部和俄罗斯联邦旅游署共同建立，其成员包括重点旅游教学机构的领导，相关旅游与服务院校协会也随之成立，使旅游教育体系进一步完善。

2. 中东欧旅游教育

欧洲国家的旅游教育起步相对较早，体系也更加成熟完善。最初旅游教育主要为服务接待管理，主是给学生提供初级的、强调操作技能的培训，课程设置也是技能导向的[①]。“二战”后，随着欧洲旅游业的快速发展和行业竞争不断加剧，对旅游从业人员的素质要求也越来越高，一些社会性的培训学校应运而生，开始设置管理及服务接待相关方面的理论课程，高等教育的旅游教学与研究领域越来越强调社会学、人类学、文化等方面的研究。

中东欧地区的旅游研究与教育多起步于 20 世纪 60 年代，目前旅游专业在中东欧院校中已较为普及，保加利亚 45% 的院校已提供旅游类高等教育[②]，波兰的公立大专院校与非公立大专院校旅游与休闲研究专业已基本普及[③]。多数国家旅游课程体系围绕旅游管理和饭店管理这两大部分进行专业设置，且多设于经济学院或旅游学院。

中东欧国家间旅游教学合作也日趋活跃，EHEA（European Higher Education Area）和博洛尼亚进程（The Bologna process）为旅游教育合作和资格认证提供了平台基础。多数国家的旅游教育分职业教育和高等教育两个方向，职业教育主要在一些专科院校进行技能培训，高等教育则主要按照博洛尼亚协议以综合能力为核心进行学士和硕士研究生的培养，一些国家（如保加利亚）已设相应博士学位。

（三）中东与非洲旅游教育：多层次、开放性、应用型

1. 埃及旅游教育

埃及的旅游教育始于 1962 年，当时建立了两所学院（一所两年制的旅游学院和一所两年制的酒店学院）和一个酒店培训中心。1968 年，这两所学院转变为高等教育学院（四年制的旅游学院和酒店学院）。1975 年，这两所高等教育学院合为一所学

① 徐红罡，张朝枝 . 中外旅游教育比较分析与启示［J］. 旅游学刊，2004（S1）：26-30.

② Vodenska，M.，S. Mileva-Bozhanova（2017）Sixty years of tourism higher education and research in Bulgaria. European Journal of Tourism Research 15，pp. 64-74.

③ Białk-Wolf，A.（2017）Tourism tertiary education and research in Poland. European Journal of Tourism Research 15，pp. 6-23.

院——旅游与酒店学院（Faculty of Tourism and Hotels，FTH）并入赫尔万大学（Helwan University）。因此，FTH 可以被视为中东第一个旅游与酒店学院。1983 年以前，该旅游与酒店学院是埃及和中东地区唯一的一个旅游与酒店管理学院，直到 1983 年后，埃及和中东地区的其他公立或私立高等院校才开始建立旅游与酒店学院。同时，由于埃及大学的标准化体系尚未建立，因此，埃及的公立大学广泛采用赫尔万大学旅游与酒店学院（FTH）的旅游教育课程设置模式。该模式是埃及最重要的旅游教育模式，同时也被一些中东国家借鉴，例如阿曼苏丹国（Sultanate of Oman）、巴林（Bahrain）等国家[①]。

2. 阿联酋旅游教育

阿联酋的旅游教育随着旅游业的迅速推进快速崛起，课程多围绕酒店管理开设，设有学士、副学士、硕士等学位。旅游院校多为私立高校，国际化水平较高且注重实践，如阿联酋酒店管理学院（EAHM）是由世界七星级奢华酒店——迪拜帆船酒店所属的卓美亚集团（Jumeirah Group）创建的一所世界顶级奢华酒店管理学院，致力于培养奢华酒店管理领域的未来领导者。自建校初，EAHM 即与世界最负盛名的瑞士洛桑酒店管理学院（Ecole Hotelière de Lausanne，EHL）之间展开了密切的学术合作交流计划。截至 2015 年，阿联酋已有七所高等院校提供酒店和旅游的本科和研究生课程，逐渐形成了多层次、开放化的旅游教育体系[②]。

（四）“一带一路”沿线其他国家旅游教育

中亚五国的旅游人才和机构相对缺乏，旅游人才往往由各国政府选拔派往埃及及土耳其等国进行培训[③]。近年来旅游业的发展成为中亚地区对旅游教育的驱动力，如哈萨克斯坦经常举办各种形式的旅游发展研讨会，在一些院校（如国家商业大学）成立旅游发展中心来促进旅游研究的深入开展。

随着 SCO（Shanghai Cooperation Organization，上海合作组织）成员国双边或者多边旅游合作的深入，我国与中亚五国在旅游人才培养方面已达成初步共识[④]。2016 年 9 月，我国、中亚及丝绸之路经济带沿线 7 个国家的 51 所高校成立“中国—中亚国家大学联盟”，旨在通过开展学生互换、学分互认等联合培养项目促进联盟国家间的优势互补，推动实质性合作办学的开展。

---

① GALAL M. H. AFIFI，SOHA ABDEL WAHAB. Benchmarking the Egyptian Tourism Higher Education Scheme［J］，Anatolia：An International Journal of Tourism and Hospitality Research，2010，22（2）：363–378.

② Syed Zamberi Ahmad，Entrepreneurship Education in Tourism and Hospitality Programs［J］.Journal of Hospitality & Tourism Education，27：20–29，2015.

③ 熊关 . 中亚五国旅游业的现状评析［J］. 俄罗斯中亚东欧市场，2008（4）：46–49.

④ 王英，原帼力 .SCO 框架下跨国旅游合作的可行性与障碍性思考［J］. 潍坊学院学报，2015，15（4）：60–64.

三、整合“一带一路”沿线旅游教育资源，打造“旅游教育枢纽”

教育枢纽建设是实现教育国际化的重要路径之一，奈特（Jane Knight）将其定义为国家、地区或城市通过战略规划汇聚以学者、学生、院校、科研院所等组成的国际教育活动主体以及利益相关者从事教育、培训、知识生产和创新活动，目的在于实现各自目标和该地总体利益。其中教育枢纽又分为学生枢纽（the student hub）、高技能人才枢纽（the skilled workforce hub）以及知识创新枢纽（the knowledge/innovation hub）①。“一带一路”倡议为我国教育对外开放提供了巨大契机，在教育全球化的浪潮中，通过整合“一带一路”沿线优质旅游教育资源，分别以中国、新加坡、俄罗斯、阿联酋、印度以及泰国为核心，打造“‘一带一路’旅游教育枢纽”，凭借其在区域内较为完善的旅游教育体系、成熟的旅游业发展水平以及具有战略性的地理位置，着力构建知识创新枢纽，推动旅游教育“引进来”与“走出去”，实现旅游人才流的集聚与扩散，增强“一带一路”沿线旅游教育在全球范围内的影响力。

（一）完善顶层设计为旅游教育枢纽建设指明方向

地方政府之间的积极沟通是促进“一带一路”沿线国家旅游教育合作稳步提升的重要基础，充分利用东盟、中亚、欧盟等地区的战略合作框架协议，积极构建从国家到区域以及城市之间的多层次宏观旅游教育合作政策沟通交流机制，就旅游教育发展战略与对策进行充分的交流对接，研究编制旅游教育合作的中长期发展规划，为区域内以及本国旅游教育国际化提供路线指导，为“一带一路”旅游教育枢纽建设提供清晰缜密的行动计划图；相关法律法规为旅游教育合作的规范运行提供支持，出台“一带一路”沿线旅游教育合作的规范性文件，明确政府、院校、企业等主体的权利与义务，对合作领域、合作标准等内容进行详细规定，健全旅游教育服务质量保障体系；增加“一带一路”旅游教育奖学金项目，既包括“一带一路”沿线前来本国的留学生，也包括赴沿线进行旅游学习的国内学生，覆盖从本科至博士三个层次，为更多学生接受旅游教育提供资金支持；依托旅游院校建设“一带一路”旅游教育指导委员会，以旅游教育大数据平台为支撑，为旅游人才培养规划制定提供理论指导，为相关利益主体提供资讯服务支持。

（二）通过院校引进实现旅游教育“引进来”

中国、新加坡、俄罗斯、阿联酋、印度以及泰国均拥有 UNWTO-TedQual 认证的教育机构，在此基础上，邀请内华达大学拉斯维加斯分校、瑞士酒店管理学院、昆士兰

① Knight，J.. Education hubs：A fad，a brand，an innovation?［J］. Journal of Studies in International Education，2011，15（3）：221-240.

大学等全球实力较强的旅游院校、科研机构在“一带一路”旅游教育枢纽国家建设分校或者建立合作伙伴关系，引进管理架构以及教职人员，通过大学教育、联合培养、在线课程以及联合研究中心等多样化的形式实现旅游教育合作。除此之外，积极引进全球与旅游产业实践相关的创新企业，通过设立境外旅游电商、大型酒店集团等的分支机构，实现校企合作研究，创新旅游业态以及旅游行业管理方式。旅游院校的引进同时有助于推动职业旅游教育的发展，实现本土旅游教育全方位国际化。通过活跃的国际旅游人才流汇聚旅游教育产能，有助于将知识经济培育成新的经济增长点，从而打造成为“一带一路”上的“旅游人才枢纽”。

（三）对接国际旅游组织，实现旅游教育“走出去”

“一带一路”旅游教育枢纽国家的旅游教育水平在区域内具有较强的影响力，这为本国旅游教育“走出去”奠定了良好的基础。积极对接世界旅游理事会（WTTC）、世界旅游城市联合会（WTCF）等国际旅游组织，借助其强大的行业号召力，积极推动建设“一带一路”旅游教育评估体系，对区域国家内的旅游高等教育院校开展旅游教育认证，在此基础上，以“一带一路”旅游教育联盟形式构建旅游教育合作平台，并以此为纽带，积极推进“一带一路”沿线旅游院校之间以及与企业之间的合作，探索院校之间课程、学分、学历互认的旅游教育合作框架，开展国际实习以及短期访学交流，设立联合旅游观测站，合作开展科学研究项目，并对沿线国家旅游发展状况进行科学诊断，定期开展旅游教育峰会、旅游人才招聘会、旅游师资以及旅游管理人才培训，通过引进的全球著名旅游院校以及本国在旅游行业积累的丰富经验，致力于将旅游教育枢纽国家打造成“一带一路”旅游人才、领导力以及知识创新中心，将旅游教育服务作为一种向“一带一路”沿线输送的“商品”，以区域协调者的身份对沿线国家产生深远影响，强化“一带一路”旅游教育枢纽的作用，积极推动人才优势向经济效益的转化。

（四）拓宽资金渠道，推进旅游教育枢纽可持续建设

资金支持是促进“一带一路”旅游教育可持续运行的重要保障，构建以政府为主导，鼓励民间资本积极参与的多元化、可持续资金保障机制。结合现有的中欧合作基金、东盟海上基金、周边友好交流专业基金等平台，建设“一带一路”旅游教育专项基金；针对“一带一路”沿线旅游发展中文化遗产保护与利用、文化旅游开发等重点领域，加大政府资金支持力度，并逐年增加；以一定的税收优惠政策支持本国以及“一带一路”沿线旅游院校大学生开展旅游领域创业活动。放宽旅游教育市场准入，以市场需求为导向，鼓励民间资本进入旅游教育领域，鼓励职业教育机构和“一带一路”沿线企业在旅游教育枢纽国家设点开展职业技能培训、跨国劳动力转移培训等非学历教育与培训，拓宽民间资本投资渠道，拓展旅游教育的国际化生产与营销。

上海高校旅游管理类专业本科教育现状调查及改进建议

巴兆祥　谢　斐　杨剑宇[①]

一、背景

世界旅游及旅行理事会（WTCC）发布的《2017旅游业全球经济影响问题报告》显示，2017年旅游业对全球GDP的直接与间接贡献已达到7.9万亿美元，占全球GDP10.2%。同年，我国国内旅游人数达50.01亿人次；入出境旅游总人数2.7亿人次，全国旅游业对GDP的综合贡献为9.13万亿元人民币，占GDP总量的11.04%。旅游直接就业2825万人，旅游直接和间接就业7990万人，占全国就业总人口的10.28%。

伴随我国旅游业的发展及旅游行业人才需求的驱动，我国旅游专业教育已形成覆盖研究生教育、本科教育、高职教育和中职教育的多个培养层次。截至2017年，全国开设旅游管理类本科专业［按照《普通高等学校本科专业目录（2012年）》，旅游管理类（1209）专业隶属于管理学，共包含旅游管理（120901K）、酒店管理（120902）、会展经济与管理（120903）三个本科专业］的普通高等院校共608所，全国旅游管理类本科专业共招生5.9万人。其中开设旅游管理专业的院校501所，全国共招生3.5万人；开设酒店管理专业的院校222所，全国共招生1.4万人；开设会展经济与管理专业的院校105所，全国共招生0.5121万人。

世界旅游组织教育理事会认为，旅游教育和研究已经变得比以往更加重要，因为旅游消费者的消费习惯正在发生改变并不断对已有的旅游服务提出质疑。旅游业正面临新的需求，而这些需求只能通过更好的教育与培训才能得以满足。旅游人力资源素质的高低已经成了决定各个国家旅游业竞争力的一项重要指标。我国旅游高等教育实施30多年来，为我国旅游业的持续发展提供了重要的人才保障，但高速发展的旅游专

---

① 巴兆祥，复旦大学旅游学系教授、博士生导师，中国旅游协会旅游教育分会副会长。谢斐，复旦大学旅游学系博士研究生。杨剑宇，华东师范大学教育学部博士研究生。

业高等教育也面临诸多问题困境，比如部分地方的旅游本科教育面临萎缩的问题，存在学生专业认可度低、毕业生行业内就业率低、旅游专业教师数量相对减少或教师的职称和学历相对降低、旅游院系在各自大学中的地位相对较低等现象。因此，了解当今高校旅游管理类专业本科教育的现状是不断优化旅游教育人才培养模式、提升教育质量的基础，本文拟以 2016 年上海市高校旅游管理类为例进行探讨，以供有关部门决策参考。

二、上海市旅游管理类本科专业的开设

改革开放后上海市为满足旅游业发展人才需求，服务旅游发展的大局，于 1979 年创立了上海旅游高等专科学校，开始了上海市最早的专门旅游教育。1988 年，上海工业大学开设旅游管理专业（饭店工程方向）。1989 年，上海大学文学院设立旅游管理专业，华东师范大学开设旅游教育专业（1992 年改名旅游管理），上海交通大学设立全国首个饭店管理本科专业。1993 年，复旦大学、上海师范大学设置旅游管理专业，同济大学设立 5 年制旅游管理（旅游规划方向）专业。次年，上海大学与上海工大、上海科大等合并组建新的上海大学，继续开设旅游管理专业。1997 年，上海海运学院海运旅游管理大专升格为本科，上海对外经贸学院也开设旅游管理专业。

伴随着 2001 年上海 APEC 会议的举办，2002 年上海获得 2010 年世博会的主办权，以及筹办 2010 年世博会工作的进展，这又进一步刺激了各高校开设旅游管理、会展等专业的积极性，上海师范大学旅游学院（2003 年上海师范大学城市与旅游学院与上海旅游高等专科学校合并成立）、上海对外经贸学院、上海杉达学院、东华大学、华东理工大学、上海理工大学、上海第二工业大学、上海工程技术大学等相继设立旅游管理或会展经济与管理或酒店管理专业。

开设旅游管理类本科的院校在 2012 年达到高峰，约有 18 家，其后有如同济大学等将专业名称改为“风景科学”，复旦大学太平洋金融学院撤销，等等原因，以“旅游管理、酒店管理、会展经济与管理”为名开设的院校有所减少，但基本维持在 13~14 所。大部分院校设置旅游管理或会展经济与管理一个专业，仅华东师范大学、东华大学、上海师范大学、上海对外贸易大学、第二工业大学等院校设置 2 个以上旅游管理类专业。

对于各高校旅游管理类三个专业的招生情况，因条件所限，未能系统收集到。这里仅以 2016 年上海市旅游协会旅游教育分会向原国家旅游局报送的资料加以说明。据不完全统计，2016 年，上海招收旅游管理类（包含旅游管理、酒店管理、会展经济与管理三个专业）本科生的院校达 9 所，在校学生数 4510 人（见表 1）。从上海旅游管理本科专业所属院校类型来看，既有如复旦大学、华东师范大学等“985”“211”类大学，上海师范大学等上海市属大学，也有杉达学院等民办大学。

表 1　上海市 2016 年本科院校旅游管理类专业学生情况

学校名称	院系名称	专业名称	实际招生数	在校生数	毕业生数
复旦大学	旅游系	旅游管理	35	121	35
上海对外经贸大学	会展与旅游学院	旅游管理	43	156	46
		会展经济与管理	72	292	46
上海师范大学（上海旅游高等专科学校）	旅游学院	旅游管理	323	702	168
		酒店管理		237	54
		会展经济与管理		244	75
上海师范大学	天华学院①	旅游管理	105	303	71
上海第二工业大学	经济管理学院	酒店管理	28	133	30
		会展经济与管理	87	290	78
上海杉达学院	管理学院旅游系	旅游管理	98	457	107
		酒店管理	172	575	129
华东师范大学	商学院旅游学系	旅游管理	15	55	21
		会展经济与管理	13	45	17
上海商学院	酒店管理学院	旅游管理	64	293	75
		酒店管理	120	408	84
东华大学	工商管理学院会展与旅游管理系	旅游管理	0	95	30
		会展经济与管理	0	104	34
合计			1175	4510	1100

资料来源：上海市旅游协会旅游教育分会提供。

三、上海市旅游管理类本科专业的培养方案

为规范地实施人才培养与组织教学，各高校每年都根据学科进展、产业需要以及自身特色设置或修订培养方案。从各高校旅游管理类三个专业的培养方案看，尽管板块安排上、内容详略程度上有差别，但核心部分主要有以下三部分：

（一）培养目标

对旅游管理类本科人才的培养目标，各高校总体上定位为“复合型人才”，或“应用型人才”，或“应用型、复合型人才”。如：复旦大学旅游管理专业的培养目标是“培养具有旅游管理专业知识，能在各级旅游行政管理部门、旅游企事业单位与其他企业从事管理与经营的复合型人才”。华东师范大学的旅游管理专业培养“理论基础扎实、实际

① 上海师范大学天华学院为独立的二级学院，上海市旅游局独立统计人数。

操作能力较强、具有发展潜力并适合旅游企业、旅游行政部门以及其他相关行业经营管理工作的德智体美技全面协调发展的管理和研究人才”；会展专业“以研究为特色的复合型会展人才”。上海师范大学的旅游管理专业，“培养适应现代旅游业发展需要，具有较高文化素质、扎实专业知识、突出实践技能、良好交往能力、自觉服务意识、高度社会责任感，能在各类旅游及相关行业企事业单位从事经营管理和策划设计等工作的中高级应用型、复合型人才”；会展专业主要培养“能在会展或相关企事业单位从事活动策划与组织、企业经营管理或科学研究的应用型人才”；酒店管理专业“培养具有深厚的职业素养和熟练的服务与管理能力，能在旅游酒店行业从事经营和服务的中高级管理人才”。

对比各校的旅游管理类培养方案可以发现，复旦大学、华东师大等部分高校的培养目标定得较为笼统，也有部分高校定得较为具体或有特色，如上海商学院旅游管理专业的培养目标定位为：“能在各类旅游相关企事业单位以及教育和研究机构等从事经营、管理、策划、咨询、服务等工作的应用型、复合型的高素质商科人才”，酒店专业“能够在国际品牌酒店及国际度假村集团（如喜达屋集团、洲际酒店集团等）从事酒店运营与管理工作的应用型、复合型、创新型专业人才”。上海海事大学旅游管理专业：“主要培养具有旅游管理专业知识，尤其是具有国际邮轮与水域休闲游憩领域综合开发与管理的专业知识和技能，……从事旅游管理、服务或开发工作的中初级专门人才”。上海第二工业大学会展专业培养“会展项目管理经理专项人才”，酒店管理专业培养“中高星级酒店的应用型经营管理人才”。

（二）总学分与课程结构

复旦大学旅游管理专业：总学分定为150学分。课程由三大类组成，其中通识教育51学分，大类基础40学分，专业教育59学分（含学年论文1学分、毕业论文4学分、教学实习5学分）。华东师范大学旅游管理专业：总学分150学分，其中，通识教育课程47学分，学科基础课程37学分，专业教育课程66学分；会展专业同为150分的总学分，含通识教育课程48学分、学科基础课程37学分、专业教育课程65学分。东华大学旅游管理专业的总学分为174学分，包括通识教育基础65学分、学科基础52学分、专业方向15学分、综合实践5学分和实践教学37学分；会展管理专业基本相同，唯学科基础课减到50分，专业方向课比旅游管理专业多2分，达17分。

上海师范大学旅游管理专业：总学分167学分。课程分五个板块：通识教育课程54学分，大类平台16学分，专业教育课程（专业基础课、专业主干课和专业方向课）50学分，专业拓展课程20学分，实践类课程20学分；会展专业，总学分160学分，课程结构及通识教育课程、大类平台课程应修学分与旅游管理专业相同，专业教育课程需修64学分，专业拓展课程需修14学分，实践类课程需修22学分；酒店管理专业，总学分数为160学分，除通识教育课程54学分、大类平台16学分外，专业教育应修53学分、专业拓展课程应修15学分、实践类课程应修22学分。上海海事大学旅游管理专业：总学分 171 分。课程由四大模块组成，通识教育课程 51 学分，学科基础课程 40 学分，专业教育课程 77 学分（含实践教学环节 23 学分），第二课堂 3 学分。上海商学院旅游管理专业：总学分 155 学分，包括公共基础课 62 学分，学科基础课 18 学分，专业基础课 26 学分，专业方向课 24 学分，实践教学课 25 学分；酒店专业，同。上海师范大学天华学院旅游管理专业：总学分 165 学分，其中公共基础课 41 学分，通识教育课 10 学分，学科基础课 21 学分，专业课 59 学分，集中实践课 34 学分。上海对外经贸大学设有会展、旅游管理两个专业分别为 180 学分和 164 学分，其课程结构见表 2。上海第二工业大学会展专业：要求修满 149 总学分，课程设计为通识基础课 50 学分，专业基础课 22 学分，专业课 49 学分，专业实践 28 学分，理论学学时与实践学时之比（%）为 61∶39；酒店专业总学分少 1 个，通识基础课、专业基础课各多 2 学分，专业课少 15 学分，专业实践多 10 学分，理论学时与实践学时之比（%）为 60∶40。上海杉达学院旅游管理专业与酒店管理专业：总学分同，169 分。学分构成为通识教育课程 65 分，学科平台课程 9 学分，专业必修课程 47 学分，专业选修课程 24 分，实践教学环节 24 分。

表 2　上海对外经贸大学 2016 年本旅游管理类课程体系比较表

课程性质	理论学分		实践学分		学分小计		比例	
	会展	旅游	会展	旅游	会展	旅游	会展	旅游
通识教育	61	61	4	4	65	65	36.1%	39.6%
学科基础	39	40	2	2	41	42	22.8%	25.6%
专业课	35	23	6	1	41	24	22.8%	14.6%
个性拓展课	8	8	25	25	33	33	18.3%	20.1%
学分合计	143	132	37	32	180	164	100%	100%

其中：会展专业必修课135学分，占比75.0%；选修课45学分，占比25.0%。
旅游管理专业必修课119学分，占比72.6%；选修课45学分，占比27.4%。

资料来源：上海对外经贸大学 2016 会展专业培养方案、旅游管理专业培养方案。

（三）课程设置与开课安排

课程设置是培养方案的核心，各高校在培养方案中多列出课程名称、课程代码、学分、学时、开课学期以及课程性质等。其中，又以专业核心课程最为重要。

有关专业核心课程，基本上以管理学、经济学作为旅游管理学科的支撑，并结合专业必需与特色来设置，如华东师范大学旅游管理专业设有：高等数学、管理学、会计学原理、宏观经济学、微观经济学、管理信息系统、旅游会展学原理、房地产学、计量经济学、线性代数、概率论、旅游学概论、饭店管理原理、旅行社管理、旅游经济学、旅游资源开发与规划、旅游服务营销、旅游心理学、旅游景区管理、旅游法等；会展专业设有：高等数学、管理学、会计学原理、宏观经济学、微观经济学、管理信息系统、旅游会展学原理、房地产学、计量经济学、线性代数、概率论，以及会展概论、活动策划与管理、会展场馆与目的地管理、会展旅游、经济法、商业展览会管理、旅游学概论、旅游服务营销、会议管理等。上海师范大学旅游管理专业必修：微观经济学、宏观经济学、管理学原理、会计学原理、经济法、旅游学原理、组织行为学、财务管理学、旅游地理学、管理信息系统、统计学原理、市场营销学、人力资源管理、旅游文化学、会展概念、休闲学概念、现代饭店管理、旅游策划学、旅行社经营管理等；会展专业必修：微观经济学、宏观经济学、管理学原理、会计学原理、经济法、旅游学原理、财务管理学、会展职业规划、统计学原理、市场营销学、策划学、组织行为学、运营管理、管理信息系统、市场调研与预测、交流学、产业经济学、会展导论、项目管理、创意产业导论、活动管理原理与方法、研究导论等；酒店专业必修微观经济学、宏观经济学、管理学原理、会计学原理、经济法、旅游学原理、旅游与酒店电子商务、酒店业概念、统计学原理、财务管理、酒店市场营销、酒店人力资源管理、酒店经营管理、酒店房务管理、酒店餐饮管理等。

复旦大学则以社会科学为大类平台、结合旅游产业需要来设置核心课程：高等数学、管理学导论、政治经济学、微观经济学、宏观经济学、线性代数、会计学、统计学、经济法、社会研究方法、法理学导论、社会学导论、政治学原理、旅游学原理、财务管理、旅游英语、旅游资源学、旅游营销、旅游文化学、旅游经济学等。

另外，个别院校实施合作办学，核心课程设置得比较有特色。上海对外经贸大学与德国奥斯纳布吕克应用技术大学（Hochschule Osnabrück，University of Applied Sciences）合作举办会展专业，引进德方微观经济学（Microeconomics）、商务管理原理（Principles of Business Management）、服务营销（Services Marketing）、宏观经济学（Macroeconomic Policy & Theory）、战略管理（Strategic Management）、人力资源管理（Human Resource Management）、跨文化交际与学术写作（Intercultural Communication and Academic Writing）、跨文化管理（Intercultural Management）、国际会展业概况（The Event Market）、会展财务与风险管理（Event Finance & Risk Management）、企业参展实务（Participation of Trade Fairs and Exhibitions）、会议管理（Management of Congresses，Meetings and Seminars）、企业活动管理（Management of Corporate Events）、会展物流（Event Logistics）、会展场馆与目的地管理（Management of Venues and Destinations）15 门经济学、管理学和会展管理方面的课程。

总体而言，上海旅游管理类本科应修总学分多在 150~180，“985”“211”类大学相对少些；从专业上看，会展、酒店管理专业的应修学分要高于旅游管理专业。课程结构差异不大。“宽口径、厚基础、明特色”的人才培养观，在课程设计上都得到了较好的反映和贯彻。核心课程的设置，如本校的经济、管理等社会科学学科较雄厚，则高等数学、线性代数、概率论、管理学导论、会计学、宏观经济学、微观经济学、管理信息系统、统计学、财务管理、经济法等重要社科基础平台课就开得较全，反之则有所省并。

四、上海旅游本科教育质量的调查研究设计

上述人才培养方案或计划在实践中贯彻得如何，对教育质量提升或人才培养的促进成效如何，学生对教育的满意度怎样，是大家所关心的。2016 年 7—9 月，课题组先就“上海市高校旅游管理本科教育满意度”进行调研，2016 年 12 月至 2017 年 1 月又就“上海市高校旅游管理专业本科教育现状”进行了补充调查。调查对象为上海市旅游管理类专业（含旅游管理、酒店管理、会展经济与管理）在读本科生及毕业本科生。

（一）调查问卷

在编制问卷前，研究者对 20 名在上海市高校就读的旅游管理类本科专业学生进行了初步访谈，在征询专家意见的基础上，参照美国大学生满意度量表及国内外相关研究工具形成初始问卷，问卷采用李克特七级量表形式记分，按照程度从低到高，计为 1~7 分。问卷同时还包括部分描述性及开放性的问题。共计 62 个题项。利用初始问卷，以简单随机抽样的方式对 109 名被调查者进行了预研究，在对预研究数据进行项目分析、因素分析后，剔除 13 个题项，形成正式问卷。正式问卷包含对人才培养模式、课程进度安排、课程教学内容、专业师资水平、实习条件、实习指导教师、就业指导等专业教育情况的评价。

（二）调查样本

本研究以上海市旅游管理类本科专业的院校的部分在校学生和已毕业学生为对象，采用较为简便的抽样调查法。共发放纸质问卷 729 份，收回有效问卷 683 份，有效率 93.7%。调查对象详细构成见表 3，被访者包含了不同性别、生源地、年级、学校类型，样本整体上具有较好的代表性。

表 3　调查样本构成

		样本数	比例
性别	男	141	20.6%
	女	542	79.4%
生源地	城镇	462	67.6%
	农村	221	32.4%
年级	大学一年级	23	3.4%
	大学二年级	154	22.5%
	大学三年级	210	30.7%
年级	大学四年级	112	16.4%
	已毕业	184	26.9%
学校类型	985+211	147	21.5%
	211（非985）	113	16.5%

续表

		样本数	比例
学校类型	一般重点（非211、985）	206	30.2%
	二本院校	217	31.8%

（三）数据分析

调查所获得的所有有效数据利用 SPSS23.0 统计软件进行数据录入和处理。利用探索性因素分析（EFA）方法对问卷进行效度分析，利用结构方程模型软件 AMOS 进行主要成分的验证性因素分析（CFA）。

五、上海旅游本科教育质量调查的结果分析

（一）探索性因素分析

本研究首先对问卷中涉及专业培养质量评价的 20 个变量做 KMO（Kaiser–Meyer–Olkin）和 Bartlett 球形检验，结果显示，KMO 值为 0.961，大于 0.7，Bartlett 球形检验 $p < 0.001$，表明数据相关性较好，适合进行探索性因子分析。

在相关性检验后，利用主成分分析法进行探索性因子分析，并按最大方差法进行因子旋转，以特征值大于 1 为标准提取公因子，初步进行因子分析得到，能解释的总方差为 70.366%。在剔除因子载荷小于 0.5 或提取共同度小于 0.4 的题项后，共保留 16 个题项。对剩余的 16 个变量再次进行 KMO（Kaiser–Meyer–Olkin）和 Bartlett 球形检验，得到 KMO 值为 0.955，Bartlett 球形检验 $p < 0.001$，证明剩余的 16 个题项适合进行因子分析。采用主成分分析法再次进行因子分析，选择方差最大法进行因子旋转，依据特征值大于 1 的原则从 16 个变量中提取了 3 个主因子，可解释总方差为 73.93%，较剔除题项前显著提升（见表 4）。

表 4　旋转成分矩阵

测量题项	因子		
	1	2	3
X1 我就读的专业每学期的所有课程和进度安排都是合理的。	0.704		
X2 我对所就读专业的人才培养模式很满意。	0.781		
X3 我所学课程的内容间有很强的系统性。	0.744		
X4 我就读专业的教学内容注重理论联系实际，与时俱进，具有启发性。	0.743		
X5 我就读的专业的教学内容是非常有价值的。	0.741		
X6 我觉得所学专业理论课程内容是经典和前沿的结合。	0.662		
X10我的老师学识渊博，拥有丰富的理论知识，能满足我对专业理论知识的需要。		0.830	
X11我的老师学识渊博，拥有丰富的实践经验，能满足我对专业实践知识的需要。		0.831	

续表

测量题项	因子		
	1	2	3
X12我的老师具有很强的科研能力，能把科研能力运用到具体的教学中。		0.775	
X13我的老师对学生因材施教，展开有针对性的教学。 X14我的老师常将相关学科的理论和方法应用于专业的教学中。		0.591 0.697	
X7 我对学校安排的实习，整体上觉得非常满意。 X8实习单位的指导老师对我很关心。			0.649 0.772
X9我就读的专业老师对我的实习情况很关心。			0.770
X15 教学基地（景区、旅游区、饭店、实训室）满足学习需要。			0.711
X16 我就读的专业提供的就业指导服务是丰富的。			0.604

旋转后第一主因子可解释总方差 26.99%，在“人才培养模式”“课程安排”“课程教学内容”上因子载荷系数较高，命名为“课程质量”。第二主因子的可解释总方差为 24.64%，在“教师经验”“教师科研能力”“教师理论结合实际能力”上具有较高载荷，命名为“师资质量”。第三主因子的可解释总方差为 22.29%，与“实习教师指导情况”“实习条件”“实习安排”“就业指导”的题项相关，名命名为“实习质量”基于上述分析，可以发现本次调查的旅游管理类专业教育调查问卷存在 3 个维度：课程质量、师资质量、实习质量。在确定了问卷的结构效度后将对筛选出的 3 个维度、16 个题项目进行信度检验。信度又称可靠性，主要表现量表结果的一致性、稳定性和可靠性，本研究采用内部一致性信度对问卷进行信度检验与分析。如果内部信度系数在 0.8 以上，表面量表又有较高的信度，每个构想层面的内在信度系数通常会比总量表信度值低，内部信度最常使用的方法是 Cronbach’s alpha 系数，系数的取值为 0~1，值越大，信度越好。经检验，本问卷总 Alpha 系数为 0.956，说明内部信度良好。对 3 个因子进行信度检验，系数分别为 0.927、0.932、0.875，表明各因子内部一致性信度良好（表 5）。

表 5 各维度内部一致性信度

维度	题项数	包含的题项	Cronbach’s alpha
课程质量	6	X1、X2、X3、X4、X5、X6	0.927
师资质量	5	X10、X11、X12、X13、X14	0.932
实习质量	5	X7、X8、X9、X15、X16	0.875

（二）验证性因素分析

根据探索性因素分析的结果，本研究对探索性因素分析保留的 16 个题项进行一阶验证性因子分析（见图 1）。建立包含 3 个潜变量及相应的 16 个测量变量的模型。3 个潜变量分别为：课程质量、师资质量、实习质量。研究假设模型中潜变量间相关不独立，课程质量包括题项 X1、X2、X3、X4、X5、X6；师资质量包括题项 X10、X11、

X12、X13、X14；实习质量包括题项 X7、X8、X9、X15、X16。

对模型进行拟合度检验，比较拟合指数 CFI=0.98、递增拟合指数 IFI=0.98、适配度指数 GFI=0.95，CFI、IFI、GFI 取值越接近 1，表示模型的拟合越好，一般认为，其值大于 0.9 表示模型拟合度较好。模型近似误差均方根指数 RMSEA =0.053，而 RMSEA 指数越接近 0 表示模型的拟合度越好，一般低于 0.08 就有较好的拟合度。结果显示（见图 1）本模型较好地拟合了数据，验证了探索性因素分析所得到的结果。

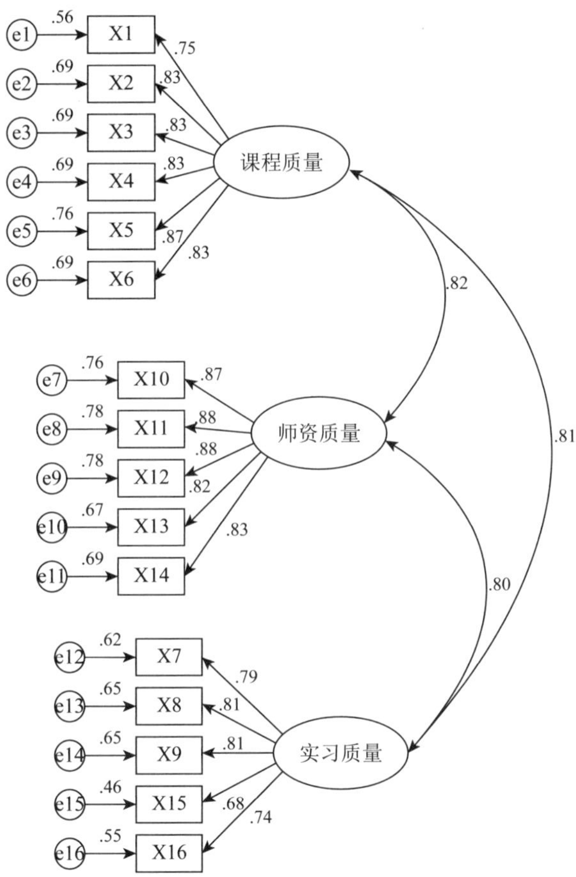

图 1　旅游管理类专业教育质量模型

$x^2 = 274.839$　$df = 94$　CFI = 0.98　IFI = 0.98　GFI = 0.95　RMSEA = 0.053

根据验证性因素分析建立的旅游管理类专业教育质量三维度模型，本研究将对本次调查数据分为课程质量、师资质量和实习质量进行结果分析。

（三）对课程质量维度的分析

旅游管理类专业本科生的教育质量实际上是旅游管理类专业本科生对自身期望是否得到现实满足的一种主观价值判断，是一种心理感知活动，学生的性别、年级、生源地、所在学校的类型等多种因素都可能影响其对专业教育质量水平的主观判断。

通过方差分析对不同性别、年级、生源地、学校类型等的课程质量维度得分进行比较后发现：不同性别的学生对课程质量的评价没有显著性差异；不同生源地的学生对课程质量的评价没有显著性差异；从不同学校类型来看，不同学校类型的旅游管理类专业本科生对课程质量评价存在显著差异（$p < 0.001$），985、211 学校的被调查者对课程质量的评价最高（23.966），结合所调查高校的旅游管理类专业培养方案，985、211 高校的课程比例结构中，专业必修与选修课程占比达 39%~44%，专业课比例在课程结构中占比较高。其次为二本院校（23.385）。总体来看 985、211 学校的旅游管理类本科生课程质量评价得分高于 211（非 985）院校、一般重点院校、二本院校。喜欢旅游管理专业，进而选择了报考旅游管理类专业的被调查者对于课程质量的评价也要显著高于其他被调查者（表 6）。

表 6　课程质量评价的方差分析结果

<table>
<tr><th colspan="2" rowspan="2"></th><th colspan="3">课程质量评价</th></tr>
<tr><th>平均得分</th><th>F</th><th>p</th></tr>
<tr><td rowspan="2">性别</td><td>男</td><td>22.071</td><td rowspan="2">0.073</td><td rowspan="2">0.787</td></tr>
<tr><td>女</td><td>23.922</td></tr>
<tr><td rowspan="2">生源地</td><td>城镇</td><td>23.155</td><td rowspan="2">1.75</td><td rowspan="2">0.186</td></tr>
<tr><td>农村</td><td>22.529</td></tr>
<tr><td rowspan="4">学校类型</td><td>985、211院校</td><td>23.966</td><td rowspan="4">4.513**</td><td rowspan="4">0.004</td></tr>
<tr><td>211（非985）院校</td><td>21.548</td></tr>
<tr><td>一般重点院校</td><td>22.548</td></tr>
<tr><td>二本院校</td><td>23.385</td></tr>
<tr><td rowspan="5">年级</td><td>一年级</td><td>22.478</td><td rowspan="5">0.878</td><td rowspan="5">0.477</td></tr>
<tr><td>二年级</td><td>22.779</td></tr>
<tr><td>三年级</td><td>23.209</td></tr>
<tr><td>四年级</td><td>22.178</td></tr>
<tr><td>已毕业</td><td>23.337</td></tr>
<tr><td rowspan="4">选择旅游管理类专业的原因</td><td>喜欢</td><td>24.404</td><td rowspan="4">10.127***</td><td rowspan="4">0.000</td></tr>
<tr><td>服从调剂</td><td>22.015</td></tr>
<tr><td>听别人说好</td><td>23.204</td></tr>
<tr><td>不知道</td><td>21.658</td></tr>
</table>

* 表示 $p < 0.05$，** 表示 $p < 0.01$，*** 表示 $p < 0.001$

（四）对师资质量维度的分析

对不同性别、年级、生源地、学校类型学生的师资质量维度得分进行方差分析后发现：不同性别、不同生源地、不同年级的被调查者对师资质量的评价没有显著性差异；不同学校类型的被调查者对师资质量评价存在显著差异（$p < 0.001$）985、211 学校的被调查者对师资质量的评价最高（27.374），总体来看 985、211 学校的被调查者对师资质量的评价高于 211（非 985）院校、二本院校和一般重点院校。因为自己喜欢而选择旅游管理类专业的被调查者对师资质量的评价要显著高于其他被调查者（见表 7）。

表 7　师资质量评价的方差分析结果

		师资质量评价		
		平均得分	F	p
性别	男	25.404	0.003	0.954
	女	25.437		
生源地	城镇	25.562	0.698	0.404
	农村	25.153		
学校类型	985、211院校	27.374	7.003***	0.000
	211（非985）院校	24.575		
	一般重点院校	24.821		
	二本院校	25.138		
年级	一年级	23.434	1.224	0.299
	二年级	25.331		
	三年级	25.814		
	四年级	24.839		
	已毕业	25.684		
选择旅游管理类专业的原因	喜欢	26.503	5.704**	0.001
	服从调剂	25.039		
	听别人说好	25.386		
	不知道	23.958		

* 表示 $p < 0.05$，** 表示 $p < 0.01$，*** 表示 $p < 0.001$

（五）对实习质量维度的分析

通过对实习量维度得分进行方差分析后发现：不同性别、不同生源地、不同年级的被调查者对实习质量的评价没有显著性差异；而在被调查的学校中，985、211 与二本院的实习质量评价最高（23.884、23.705），其次为一般重点院校（22.708）、最后为 211（非 985 院校），不同学校类型的实习质量评价存在显著差异（$p < 0.001$）。因为喜欢选择旅游管理类专业的被调查者的实习质量评价（23.236）要显著高于服从调剂的被调查者（21.961）（见表 8）。

表 8　实习质量评价的方差分析结果

		实习质量评价		
		平均得分	F	p
性别	男	23.269	0.606	0.437
	女	22.806		
生源地	城镇	23.095	1.348	0.246
	农村	22.497		
学校类型	985、211院校	23.884	8.5***	0.000
	211（非985）院校	20.433		
	一般重点院校	22.708		
	二本院校	23.705		
年级	一年级	22.173	0.868	0.482
	二年级	23.162		
	三年级	22.557		
	四年级	22.392		
	已毕业	23.478		
选择旅游管理类专业的原因	喜欢	23.236	7.417***	0.000
	服从调剂	21.961		
	听别人说好	23.522		
	不知道	21.791		

* 表示 $p < 0.05$，** 表示 $p < 0.01$，*** 表示 $p < 0.001$

六、讨论与建议

（一）确立合理培养目标，提高课程质量

旅游教育是随着旅游产业的发展而兴起、繁荣的，专业性、应用性、实践性为旅游教育的基本特性。上海的高等院校在举办旅游教育时都能遵循这些基本特性，同时又能在开设旅游专业教育所需的基础理论课程的前提下，根据自己的办学特色以及学科优势，开设相关专业方向课程，但就专业人才培养目标而言，趋同性较普遍，各高校差异不明显。而上海举办旅游教育的高校，其实在学校类型、办学理念、教育特色、校园文化等方面很不一样，旅游人才培养目标定位还可更加差异化，如有的应以职业化为目标，有的应专注旅游学术人才培养。

课程质量，尤其专业课程质量，是旅游管理类本科教育质量的重要体现。在本次调

查中，被调查者认为当前旅游管理类本科专业的课程设置存在“学的跟实际需要不符合”，建议应“多与实践结合、合理安排课程”，希望“专业课应该早点开始学习，各门课程开设的时间前后还需调节”。旅游管理类课程设置基本都是通识课程、专业课程兼有，各校应根据自己办学定位，调整它们间的比重关系，如有的学校学生的基础比较差，就可以适当增加总课时，在通识课程上增加一些学分；有的学校主要培养行业操作性人才，就可增加实操类课程。在课程教学实施上，要优化课程设计，紧跟旅游理论发展与产业发展，将最新理论与实践技能融入课程教学之中，将理论和实践教学、校内与校外教学、线上与线下教学相结合的教学方式树立为旅游管理类专业课程体系的基本教学培养方式，从而提高学生的学习兴趣与教学效果，形成一批特色优质课程。

（二）建设高水平师资团队

没有高水平的师资队伍，也就没有高质量的旅游教育。教师的专业理论知识、实践技能、科研能力，教师的指导方式、教学方法、职业道德，教师对学生的关心程度，教辅人员的教育管理服务能力，都与旅游教育的满意度休戚相关。从本研究看，上海高校提高旅游教师队伍的建设水平也相当迫切。首先应增加教师人数。从各校情况看普遍存在师生比不协调的问题，教师课程、课时负担重，指导的学生多，疲于应付，无时间、精力去提升自身素养与教学能力。其次应当多渠道充实旅游教师队伍。目前过多地考虑高学历与专业对口，而忽视从行业中、其他相关专业中引进人才。鉴于旅游专业的应用性、实践性和综合性、交叉性，旅游教育应鼓励行业中资深优秀专家转入高校教师队伍，鼓励招聘社会学、人类学、资源学、信息科学等相关联学科的人才。要重视对现有教师队伍的培养，鼓励、推荐教师在完成所承担课程教学任务的同时，多参加各种专业培训与研讨会，在条件允许的情况下支持教师在旅游企事业单位挂职锻炼，提高与行业的融合度。

（三）完善实践学习模式，加强专业实践教学

实践教学本应是旅游教育的一大亮点，然而实际上却变成败点。没有参加实习之前，对行业有着较强的憧憬，去了之后不少学生反而茫然。这固然与实习单位的安排、指导有关系，但也与学校的实习安排、培训教育有一定关系。在被调查的各高校中，众多调查者提出了旅游管理类本科专业应“更加注重实践教学，提高学生实践学习的能力”“多安排参观、见习、实践”“多注重实践”的建议。所以，高校应当根据当前旅游行业对人才需求的特点调整、完善实践教学。除在实验室模拟实践教学外，应当广泛建立实践基地，一部分是专业实践基地，另一部分应为社会服务实践基地，个别为旅游学术实践基地。在基地实习时，指导教师应当与学生共同制订实践计划，加强过程管理，及时发现、解决实践中出现的问题。要通过各种实践教学，消化课堂知识，综合培养学生素质、职业兴趣与职业技能，以提高学生在学术研究、职业操作、社会活动、社会交

往等方面的能力，帮助学生建立、提高专业自信。

本研究针对上海市旅游管理类相关专业本科生教育的现状进行了调查研究，探明验证了由课程质量、师资质量、实习质量组成的三维度旅游管理类教育质量评价模型。同时分析了影响整体教育质量的几个关键因素。但是未就学生对于专业质量感知的内部形成的机制及外部影响因素进行深度讨论，这也是未来后续研究可以探索的方向。

附记：本文在资料收集过程中得到上海市旅游协会旅游教育分会王万宁、吴佳老师，华东师大旅游管理系杨勇、吴文智老师，上海师范大学旅游学院毛润泽老师，上海师范大学天华学院旅游学院程葆青老师，东华大学旅游管理系邱洁威老师，上海对外贸易大学旅游与会展学院全华、张丽老师，上海商学院姜红、孙雪飞、黄葳老师，上海海事大学旅游管理专业李华老师，上海第二工业大学酒店管理专业李盈老师，上海杉达大学旅游与酒店学院张懿伟老师等的大力帮助，谨此致以衷心的感谢！

参考文献：

［1］2017 年全国旅游教育培训统计 http：//zwgk.mct.gov.cn/auto255/201804/t20180419_832379.html?keywords=

［2］2017 年全年旅游市场及综合贡献数据报告 http：//zwgk.mct.gov.cn/auto255/201802/t20180206_832375.html?keywords=

［3］保继刚，朱峰 . 中国旅游本科教育萎缩的问题及出路——对旅游高等教育 30 年发展现状的思考［J］. 旅游学刊，2008，23（5）：13-17.

［4］保继刚 . 建设旅游管理一级学科，加快旅游人才培养［J］. 旅游学刊，2015，30（9）：1-2.

［5］崔文琴 . 当代大学生学习投入的现状及对策研究［J］. 高教探索，2012（6）：67-71.

［6］东华大学 2016 会展经济与管理专业、旅游管理专业培养方案 .

［7］郭一红 . 旅游管理专业人才培养模式的有效形式［J］. 湖南师范大学社会科学学报，2010，39（4）：103-105.

［8］复旦大学 2016 年旅游管理专业教学培养方案 .

［9］华东师范大学 2016 级旅游管理专业、会展经济与管理专业培养方案 .

［10］李力，杨莹，韩晶晶 . 高校旅游管理专业国际化人才培养模式创新——华南理工大学香格里拉优才发展计划的案例分析［J］. 经济管理，2010（2）：181-185.

［11］李萌 . 本科层次旅游人才培养模式的创新［J］. 旅游学刊，2008，23（2）：8-9.

［12］李西营，黄荣 . 大学生学习投入量表（UWES—S）的修订报告［J］. 心理研究，2010，3（1）：84-88.

［13］李萌 . 本科层次旅游人才培养模式的创新［J］. 旅游学刊，2008，23（2）：8-9.

［14］李因，汪艳丽，梁磊，等 . 旅游院校人才培养模式的调查研究［J］. 旅游学刊，2009，24（7）：

84–89.
[15] 马勇，魏卫，邓念梅 . 旅游管理专业人才培养模式构建与实施效果评估［ J ］. 旅游学刊，2006，21（ s1 ）：62–66.
[16] 马勇，唐娟 . 旅游管理专业人才培养模式与质量保证体系研究［ J ］. 旅游学刊，2003，19（ s1 ）：127–130.
[17] 庞力萍，王敏娴 . 关于我国旅游高等教育中三个问题的探讨［ C ］. 中国旅游协会旅游教育分会年会 .2010.
[18] 汪雅霜 . 大学生学习投入度的实证研究——基于 2012 年“国家大学生学习情况调查”数据分析［ J ］. 中国高教研究，2013（ 1 ）：32–36.
[19] 吴巧红 . 从供需错位看旅游院校人才培养应注意的几个问题［ J ］. 旅游学刊，2004（ S1 ）：21–24.
[20] 上海第二工业大学 2016 级会展经济与管理专业、酒店管理专业（ CDIO ）指导性培养计划 .
[21] 上海对外经贸大学 2016 级会展经济与管理专业（ 中德合作 ）、旅游管理专业培养方案 .
[22] 上海海事大学 2016 旅游管理专业培养计划 .
[23]《上海旅游年鉴》编委会 . 上海旅游年鉴 2013［ M ］. 上海：上海辞书出版社，2013：333.
[24] 上海商学院 2016 级旅游管理专业、酒店管理专业人才培养方案 .
[25] 上海师范大学 2016 级旅游管理类旅游管理专业、会展经济与管理专业、酒店管理专业四年制本科培养方案 .
[26] 上海师范大学天华学院 2016 年旅游管理专业四年本科培养方案 .
[27] 杉达大学 2016 旅游管理专业人才培养方案 .
[28] 石培华，李成军 . 我国旅游人才队伍建设的问题与对策思考［ J ］. 旅游科学，2011，25（ 1 ）：88–94.
[29] 杨卫武 . 论大旅游格局下的旅游高等教育［ J ］. 旅游科学，2010，24（ 5 ）：8–16.
[30] 杨立军，韩晓玲 . 基于 NSSE–CHINA 问卷的大学生学习投入结构研究［ J ］. 复旦教育论坛，2014（ 3 ）：83–90.
[31] 张丹宇 . 高校旅游管理专业应用型创新人才培养模式［ J ］. 学术探索，2015（ 2 ）：5.
[32] 邹统钎，刘军，王小方 . 高等旅游专业人才“钻石型”培养模式研究［ J ］. 北京第二外国语学院学报，2009，31（ 11 ）：79–82.
[33] 朱飞 . 高校旅游管理专业本科教育的现状及其对策［ J ］. 教育与教学研究，2008，22（ 7 ）：39–42.
[34] Schaufeli，W. B.，Martínez，I. M.，Marques Pinto，A.，Salanova，M.，& Bakker，A. B.（ 2002 ）. Burnout and engagement in university students：a cross–national study. Journal of Cross–Cultural Psychology，33（ 33 ），464–481.
[35] McKinsey & Company and World Travel & Tourism Council，Coping with Success Managing Overcrowding in Tourism Destinations，December 2017.

研究型双一流大学本科生培养模式研究

——以浙江大学为例

周玲强[①]

人才培养、科学研究、社会服务是高校的三大主要任务，其中，人才培养是大学的根本任务，在人才培养领域，本科教育是大学的根和本，无论任何时候，本科生教育是大学人才培养的重中之重。

浙江大学是我国最早举办旅游本科教育的高校，早在1979年，国家旅游局在全国高校中选点布局旅游高等教育本科专业，当时的杭州大学就在经济系设立了旅游经济本科专业，国家旅游局为此还给原杭州大学专门拨款200余万元建设旅游专业教学和实验楼，1980年，原杭州大学开始招收并培养我国首批旅游本科专业学生。1984年开始招收培养硕士研究生，1990年经国务院学位委员会批准成为我国第一批旅游管理硕士点，2003年拥有旅游管理方向博士学位授予权，2005年开始招收旅游管理方向博士研究生和博士后研究人员，1993年，原杭州大学成立旅游学院，自此，中国旅游高等教育在原杭州大学实现了从一个专业到系到学院的发展历程。

1998年，同根同源的原浙江大学、原杭州大学、原浙江农业大学、原浙江医科大学四校合并，成立了新浙江大学，原杭州大学旅游学院整体并入新组建的浙江大学管理学院，更名为浙江大学管理学院旅游管理系，保留浙江大学旅游学院（并置同名公章）用于对外交流。

2007年开始，浙江大学开始改革本科生教育培养体系，全面实施大类招生，新生按理、工、农、医、文、商、信等大类进入浙江大学，就读一年后开始分专业。这对于以服务管理为主要特色的旅游管理专业形成了巨大的挑战，因为社会各界对旅游管理专业及其毕业生的就业认知存在误区，很多人对旅游管理专业的学生毕业后去酒店业从业，从端盘子、刷马桶、开门迎宾、拎包送客等基层工种开启职业生涯表示不理解，认为是低三下四、伺候人的就业定位，因此新生中选择旅游管理专业的学生数量骤减。尽管有些学生爱好旅游管理专业，但在家长和亲友的压力下，也不敢选读旅游专业。

① 周玲强，管理学博士，浙江大学管理学院旅游与酒店管理学系教授，博士生导师。浙江大学旅游研究所所长、浙江大学农村发展研究院乡村旅游研究中心主任，浙大圆正文化旅游研究院院长，浙江大学城乡规划设计研究院旅游规划分院院长。

浙江大学旅游管理系的老师们在对2003—2007年近五年学生毕业去向（见图1）开展深入调研的基础上，邀集旅游人才用工单位、旅游专业历届毕业和在校学生、社会各界代表人士召开了多次研讨会，分析了上述形势后，提出了“以学生为本、多通道个性化整合培养”的旅游管理专业本科生培养改革思路，其核心理念是充分利用浙江大学全学分制的优势，开展3+X本科生多通道培养模式的改革。该模式提出了三种培养通道：一是基于全球化发展的研究型人才培养模式，为旅游研究提供专业基础人才；二是基于产业发展的应用型人才培养模式，这是旅游管理职业经理人的培养模式；三是基于创业发展的创新型人才培养模式，在学生培养环节中大量融入服务型企业创业训练课程与实践能力培养元素。

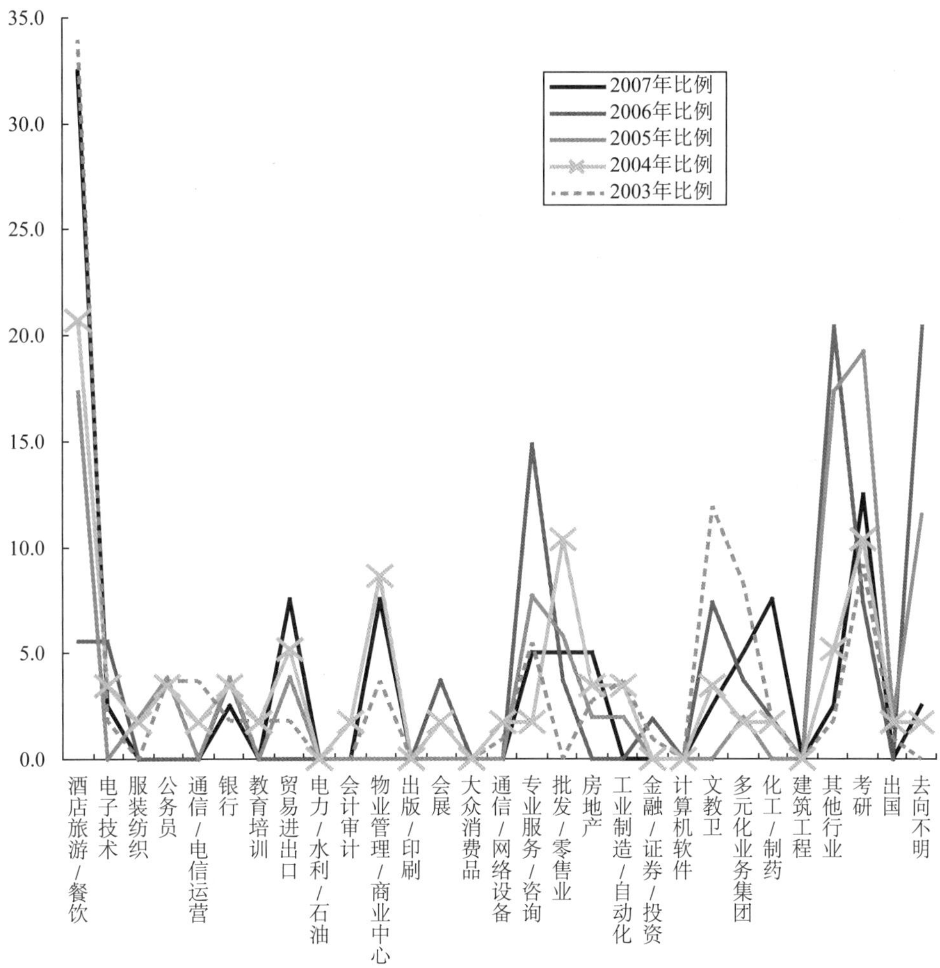

图1 2003—2007年浙江大学旅游管理专业毕业生就业去向总体趋势分析图

一、基于全球化发展的研究型人才培养模式

该模式的核心设计思路是：旅游管理专业本科生在浙江大学花 3 年时间，完成四年的本科生专业课程的学习并获得学分，第四年可以选择去海外名校攻读硕士学位，这样，在英式授课制高校仅用约一年时间即可完成硕士学位的课程，拿到硕士学位，比起他（她）的同班同学，同样四年的学习，他（她）就能拿到浙江大学的旅游管理学士 + 海外名校的硕士两个学位，而他（她）同学仅能拿到一个浙江大学的旅游管理学士学位，在其他学制类型的高校，第四、第五年开展硕士学位攻读，结果还是比同班同学早一年拿到一个海外名校的硕士学位。这是 3+X 培养模式中最受优秀学生欢迎的模块，这种培养模式比普通的模式节省 1~2 年的成才时间。这一点对优秀的女生具有莫大的吸引力，历届都有浙江大学竺可桢学院的荣誉学生来加盟。同样的由于有这些最优秀学生的加盟，也对其他的新生具有标杆性引领作用。

需要说明的是，要顺利完成这个通道的培养，关键是学生要做很好的学业规划，从一入学就必须抓紧各个环节的进程，当然，由于第一年新生还没有能够进入到旅游管理专业，我们旅游管理专业的老师就会在新生进校的专业介绍环节去做旅游管理专业的培养计划说明，并利用一切机会（如担任新生之友、给一年级的学生上通识课程、邀请国际著名的学术专家和行业大咖开设讲座、举办旅游管理行业认知体验行等）展示旅游管理专业的竞争力和“3+X 培养模式”的优越性，让更多的学生了解旅游管理专业。

当然也有社科大类的学生一入学还没有确立进入旅游管理专业的决心，第一年没有很好地抓紧各环节的进程，第二年进入旅游管理专业后，两年的时间难以完成三年的学业（很多情况是没能赶上与四年级学生同步的毕业论文写作答辩环节），因此，浙江大学旅游管理专业专门选择了一批如英国萨里大学、美国夏威夷大学、中国香港中文大学、中国香港理工大学等世界名校，与之签约开展专项合作，让第三学年末还没有拿到浙江大学旅游管理学士学位证书的四年级学生先赴海外名校开展硕士学位的学业，在第四年通过远程辅导和答辩等形式受理学生的学士学位论文的答辩，保障他们在取得海外名校硕士学位之前拿到浙江大学旅游管理专业的学士学位。

当然，这里要强调的是，基于全球化发展的研究型人才培养模式，目前只适合浙江大学的校情。可能并不能在其他高校广泛推广应用。原因有三个：一是浙江大学已经实现完全的学分制管理模式，学生提前完成专业培养计划中规定的各个培养环节并取得规定的学分，就可以提前毕业；二是浙江大学实行与全学分制相配套的个性化选课制度，即同一个年级同一个专业班级的学生，培养计划虽然一样，但他们的课表可以完全不一样，尤其是平台课程，选在什么时间上、选哪位老师授课的课堂，每个学生都可以根据自己的设计实现个性化差异；三是浙江大学实行春、夏、秋、冬、暑期短学期五个学期授课和实践的制度，春夏秋冬每个学期时长约九周，这样的排课方式对学生而言，可以花两个月时间集中精力学完一门课程，比之前实行长周时排课的模式而言，效率更高，

也有更多的选课自由度和时间的紧凑度。

当然对授课教师而言，也能够更好地安排教学、科研和社会服务的时间分配，即便没有实行学术休假制度，也完全可以集中安排授课时段，腾挪出一个出访做学术交流的时段。

二、基于产业发展的应用型人才培养模式

这个培养通道是大多数学生选择的职业发展之路，浙江大学旅游学科在职业经理人培养的方案设计上，既重视学生对旅游从业的专业精神培养，也着力促进学生未来领导力的素质积累，对学生的培养目标是：培养学生具有全球视野、扎实的基础理论知识和研究方法运用能力，理解中国情境与所学专业领域，能够胜任相关领域的学术研究或研究型实务岗位。

在浙江大学旅游管理本科专业培养计划（详见附一）和课程安排改革方面，更加突出了本专业的理论和实务的结合，并通过选修课增加学生的个性化选择。在实践能力培养方面，通过认识实习、教学实习、毕业实习增加学生与行业实践的连接，在排课时间节点上，尽量在第四学年少安排课堂授课，让学生能够有一年的时间在企业参加实习，提前进入基层工作岗位开始职业修炼，为了避免学生在基层遭受“新丁”受压的困境，浙江大学旅游管理学科还与国际国内著名旅游企业开展“未来领导者”培养的专项合作，如与原喜达屋集团共建“喜达屋浙江大学校园俱乐部”、与海航集团共建“唐拉雅秀浙江大学俱乐部”、与开元酒店集团、世贸酒店集团等签署人才培养合作协议，学生在企业实习期间，由企业选派高管担任学生的企业导师，每周与学生沟通交流，使得学生在基层有实践导师及时辅导指路，同时，也使得基层的同行师傅们对我们的学生“另眼相看”，免受“欺负”。许多学生在实习期间就会提前进入“管培生”通道，毕业后，以管理助理的身份开启“高位就业”的职业生涯。这样做，学生的成才时间大为缩短，且起点也相对高。

三、基于创业发展的创新型人才培养模式

浙江省是创新创业的热土，地处浙江的浙江大学校园里充盈着创业的激情，因此在浙江大学旅游管理专业的培养方案中，为创业学生提供了服务型企业创业训练的课程和专项辅导。在培养方案中，为学生专门安排了《服务企业筹划与运作实务》《旅游创业管理》等创业类课程供学生选修，当然仅靠创业课程是无法培养学生的创业能力的，且学生一毕业就选择创业的比例并不高，多数学生选择了就业若干年后转向创业的路径，因此浙江大学旅游管理专业的资深教师承担了学生毕业后的后期辅导。这种做法就好像是把学生当作高校生产的“产品”，在校完成产品的打造，上市后提供的后续“延保”

服务。

这在学校专业教师的配置管理方面，需要十分重视老师自身的行业实践背景和实操能力，浙江大学旅游管理学科一贯鼓励专业教师担任政府或企业的高管、顾问、独董等职务，这些教师深入行业管理最前沿，将最新鲜的管理实践带回到课堂，让学生把握最新的行业动向。同时，这些教师日常作为学生的科研导师，带领学生开展基于问题导向的管理诊断和解决方案设计等训练。还有的老师在帮助企业管理的过程中，把学生带入管理团队，让学生与管理实践直接对接，这让学生在校期间就熟悉了创新管理和企业二次创业管理的各环节场景和流程。当学生们就业一段时间，有了创业的动力和需求以后，母校的老师就会利用各种行业资源和创业理论为学生提供后续的持续指导，助力学生的创业航程，实现产品的“延保服务”。

附一　旅游管理专业培养方案

培养目标

培养学生具有全球视野、扎实的基础理论知识和研究方法的运用能力，理解中国情境与所学专业领域，能够胜任相关领域的学术研究或研究性实务岗位。

本专业采用“3+1”（即 3 年课堂学习 +1 年个性化培养）的特色教学模式，拟培养具有现代管理理论和旅游管理专业知识，具备创新意识、过硬的专业技能和综合素质，能在政府各级旅游行政管理部门、各类旅游企业、旅游地产公司等单位从事管理、科研的复合型高级管理人才。

毕业要求

学生主要学习旅游管理、开发以及经营方面的基本理论和基本知识，接受旅游管理研究与实践方面的基本训练。

毕业生应获得以下几方面的知识和能力：

1. 掌握旅游管理学科的基本理论和基本知识，掌握科学的学习与思维方法，具有运用旅游管理理论分析和解决问题的基本能力；

2. 掌握旅游管理专业相关培养模块的专业知识，具有较强的实际技能；

3. 熟悉我国关于旅游业发展的方针、政策和法规，了解国内外旅游业的发展动态和趋势；

4. 掌握文献检索、资料查询的基本方法，掌握有关旅游管理问题的定性和定量分析方法，具有一定的科学研究能力；

5. 通过大学英语四级考试，具有较强的听、说、读、写能力；

6. 掌握创业的基本理论与方法，具有较强的创新意识与能力；

7. 具备一定的创业能力。

专业主干课程

旅游学、饭店管理概论、饭店业务管理、休闲管理、旅行社管理、旅游目的地管理、旅游规划。

计划学制：4 年。　　最低毕业学分：160+5+4。　　授予学位：管理学学士。

学科专业类别：旅游管理类。

课程设置与学分分布

1. 通识课程　　42+5 学分

见社科类培养方案中的通识课程。

2. 大类课程　　21 学分

见社科类培养方案中的大类课程。

3. 专业课程　　85 学分

（1）专业基础课程　　14 学分

1）必修课程　　5 学分

课程号	课程名称	学分	周学时	年级	学期
061B0190	微积分Ⅲ	1.5	1.0~1.0	一	夏
061B9090	概率论与数理统计	2.5	2.0~1.0	二	秋冬
061B0010	常微分方程	1.0	1.0~0.0	二	春

2）选修课程　　9 学分

课程号	课程名称	学分	周学时	年级	学期
201A0030	会计学	3.0	3.0~0.0	一	春夏
201A0010	财务管理	3.0	3.0~0.0	二	秋冬
201A0040	市场营销学	3.0	3.0~0.0	二	秋冬
021A0020	经济法	3.0	3.0~0.0	二	春夏
061A0020	社会科学研究方法	3.0	3.0~0.0	二	春夏

（2）院平台必修课　　28 学分

采用全英文和中文同步开课，管理学院各专业学生必须修读以下每门课程的其中一种类型，鼓励修读全英文课程。

课程号	课程名称	学分	周学时	年级	学期
20124400	中级微观经济学	3.0	3.0~0.0	二	秋冬
20124410	社会心理学	3.0	3.0~0.0	二	秋冬
20120200	管理沟通	2.0	2.0~0.0	二	春
20123171	管理统计	3.0	3.0~0.0	二	春夏
20124420	应用运筹学Ⅰ	3.0	3.0~0.0	二	春夏
20120511	人力资源管理	2.0	2.0~0.0	二	夏
20124440	战略管理	2.0	2.0~0.0	二	夏
20123131	计量经济学	3.0	3.0~0.0	三	秋冬
20124450	中级财务会计Ⅰ	3.0	3.0~0.0	三	秋冬

20110041	管理信息系统	2.0	2.0~0.0	三	冬
20190290	跨文化管理	2.0	2.0~0.0	三	春

（3）专业必修课程　　　　21 学分

课程号	课程名称	学分	周学时	年级	学期
20120130	饭店管理概论	2.0	2.0~0.0	二	冬
20121180	旅游学	2.0	2.0~0.0	二	冬
20123140	休闲管理	2.0	2.0~0.0	二	春
20124380	旅游地理学	2.0	2.0~0.0	二	春
20124481	饭店业务管理	3.0	3.0~0.0	二	春夏
20124720	国际旅游业	2.0	2.0~0.0	三	秋
20192420	服务管理	2.0	2.0~0.0	三	秋
20121210	旅游规划	2.0	2.0~0.0	三	冬
20124730	旅游目的地管理	2.0	2.0~0.0	三	春
20121200	旅行社管理	2.0	2.0~0.0	三	夏

（4）专业选修课程　　　　6 学分

建议选择研究型导向的学生选修 20124500 旅游人类学；创业导向的学生选修 20122491 服务企业筹划与运作实务；就业导向的选修 20192431 服务企业经理人职业修炼。

课程号	课程名称	学分	周学时	年级	学期
20121070	礼宾学	2.0	2.0~0.0	二	秋
20122640	旅游经济学	2.0	2.0~0.0	二	秋
20124350	旅游英语口语	2.0	2.0~0.0	二	秋
20192340	食品营养学	2.0	2.0~0.0	二	春
20124500	旅游人类学	2.0	2.0~0.0	三	秋
20196740	EXCEL，SPSS 和旅游酒店业市场调研	2.0	2.0~0.0	三	冬
20122491	服务企业筹划与运作实务	2.0	2.0~0.0	三	春
20123160	旅游心理学	2.0	2.0~0.0	三	春
20192431	服务企业经理人职业修炼	2.0	2.0~0.0	三	夏
20122590	旅游电子商务	2.0	1.5~1.0	四	秋
20190660	国际饭店业	2.0	2.0~0.0	四	秋
20192310	会展与节事管理	2.0	2.0~0.0	四	秋
20120470	企业伦理	2.0	2.0~0.0	四	冬
20120920	文献检索与论文导写	1.0	1.0~0.0	四	冬

20122850	旅游创业管理	2.0	2.0~0.0	四	冬
20124490	旅游品牌管理	2.0	2.0~0.0	四	冬

（5）实践教学环节　　8 学分

课程号	课程名称	学分	周学时	年级	学期
20188021	认识实习	2.0	+2	二	短
20188012	教学实习	4.0	+6	三	短
20189040	毕业实习	2.0	+3	四	春夏

（6）毕业论文（设计）　　8 学分

课程号	课程名称	学分	周学时	年级	学期
20189010	毕业论文	8.0	+12	四	春夏

4. 个性课程　　12 学分

（1）学生可根据自己意愿和兴趣修读本专业推荐的专业选修课程，也可跨大类自主选择修读其他大类的大类课程或跨专业自主修读其他专业的专业课程。

（2）学生在专业确认前多学的课程和学分。

（3）学生境内外交流学习的课程、学分所转换的课程、学分。

（4）学生修读的各类综合性的分析类系列课程、工程设计类系列课程，以及各类具有专业与学科特色的科研实践、人文成果、工程设计成果、学科成果等创新创造类系列课程。

5. 第二课堂　　+4 学分

建设我国一流酒店管理专业下双元创新人才培养模式研究

——以北二外酒店管理学院为例

北京第二外国语学院酒店管理学院课题组[①]

主要执笔人：谷慧敏　李　彬　江　静

一、研究背景

习近平总书记提出，要发展具有中国特色、世界水平的现代教育。国家教育事业发展“十三五”规划指出，要坚持服务导向，主动适应和引领经济发展新常态，为国家现代化建设厚植人才优势。伴随我国旅游业进入高质量发展阶段，我国酒店业也进入高质量发展、多样化、集团化、国际化的发展阶段，然而却面临着高端人才紧缺、服务质量下降、理论与实践脱节、创新能力不足、人才流失严重等问题。一方面，酒店业的高质量发展急需既懂酒店经营管理、又懂创新的高水平人才；另一方面，高等院校的酒店管理专业学生很多都不选择毕业后直接进入酒店行业工作，造成了酒店管理专业人才的供需矛盾。

在这样的时代背景和行业格局下，酒店业对于酒店创新人才的需求也在发生着变化，同时对我国酒店管理高等教育和人才培养模式提出了新要求。因此，酒店管理专业教育作为推动产业发展的后盾力量，应因时而进、因势而新，着眼于社会和行业发展需要，把办学思路转到服务国家战略发展上来，把专业定位转到培养创新型人才上来，把办学机制转到产教研融合一体化上来。

正是基于国家整体教育战略布局和国内外酒店业发展趋势，本文以北京第二外国语学院酒店管理学院的专业建设和人才培养模式为例，立足于一流酒店管理专业建设规律特征，系统地回答为国家、为社会、为酒店行业培养什么样的酒店管理人才以及如何培

① 北京第二外国语学院酒店管理学院课题组成员包括：谷慧敏、李彬、姚睿、王俞、李朋波、张超、秦宇、吕勤、马双、江静、雷铭、朱志胜。

养的问题，为探索新时代酒店管理专业建设中人才培养模式创新做出一定贡献。

二、酒店管理专业人才培养双元创新模式

（一）双元创新模式概述

1. 北二外酒店管理学院酒店管理专业概述

北京第二外国语学院酒店管理学院是我国最早开设酒店管理的高等教育机构。学院秉承“诚朴、礼信、勤毅、励博”的宗旨，以“酒店 + 健康 + 多语种复语”的培养模式，以培养能够胜任现代酒店业、健康服务产业及相关新业态的国际化、创新性、高水平、应用型的经营管理人才为目标，努力成为国内领先、国际知名的酒店管理学院。

学院办学层次分为本科生、学术型研究生和 MTA（旅游管理专业硕士），其中外国留学生年均招生 20 名。本科酒店管理专业下设酒店管理方向和健康产业管理两个方向。研究生饭店管理专业设有现代饭店投资与管理、饭店地产及新业态投资与管理两个方向。学院有北京市级“北京第二外国语学院—首都旅游集团校外人才培养基地”、文化和旅游部（原国家旅游局）“中国旅游研究院饭店产业研究基地”和“北京市朝阳区首旅建国与北京第二外国语学院协同创新中心”，有校内“大益爱心茶社”大学生创业基地。学院每年举办“中国酒店教育教学法论坛”“中国酒店投资峰会”“中国旅游创业高峰论坛”“中国健康与养老高峰论坛”等学术活动。学生曾获得 PATA 等国际组织以及国家级、北京市级各种竞赛大奖。教育质量通过了世界旅游组织（WTO Tedqual）最高年限认证。

学院拥有专职教师 11 名，其中教授 3 名、副教授 4 名和讲师 4 名，全部获国内外名校博士学位。有北京市长城学者计划 1 名，北京市教学名师 1 名，北京市拔尖创新青年人才 3 名。学院还聘请了 30 多名来自政府和著名酒店企业集团的高管担任兼职教授和研究生导师，邀请国内外知名教授、行业领袖及专家为学生作专题讲座。学院教师国际化程度较高，90% 以上的老师有在英语国家留学或访学经历，80% 以上课程采用双语或纯英语授课。“国际饭店管理”入选教育部来华留学生精品课程。近三年学院教师承担国家级、省部级及其他课题近 40 项，获 20 余项省部级教学科研奖励。2017 年，教师在国外顶级期刊发表论文 8 篇（SSCI）。学院为中国旅游饭店业协会常务理事单位和中国旅游协会旅游教育分会理事单位，先后和爱彼迎（Airbnb）、首旅集团、海航集团、中国旅游集团、锦江集团、亚朵集团和华盛国际等签署了战略合作协议，与万豪、洲际、希尔顿、香格里拉集团、美国迪士尼、首都机场集团、开元集团和美团等国内外知名企业集团有着广泛的交流与合作。学院在校内建有 200 平方米的学生实训和创业基地“大益爱心茶室”，有“首旅建国与北京第二外国语学院协同创新中心”，为学生

提供“学习—实习—就业”一条龙的多样化支持和服务，为学生的就业创业提供保障。学院每年举办“中国酒店投资峰会”“中国旅游创业高峰论坛”等学术及行业会议，与Airbnb（爱彼迎）组织旅游扶贫挑战赛。

在国际化方面与国内外知名大学建立起广泛的科研与合作平台，如美国康奈尔大学、美国南卡罗来纳大学、普度大学、乔治·华盛顿大学、中佛罗里达大学（含迪士尼实习）、法国夏斗湖校区、澳大利亚昆士兰大学、格里菲斯大学等海外院校。每年招收近 20 名国际留学生。在北京高等学校“高水平人才交叉培养计划”中，我院有 13 名学生赴美国南卡罗来纳大学开展为期 3 年的双学历“1+3 学习”和 4 名学生赴美国马里兰大学“1+2+1”项目，实现国际优质酒店管理教育资源的充分共享。

2. 北二外酒店管理专业双元创新模式概述

北二外酒店管理学院酒店管理专业人才培养双元创新模式由双元文化创新和双元管理创新两部分构成（见图 1）。

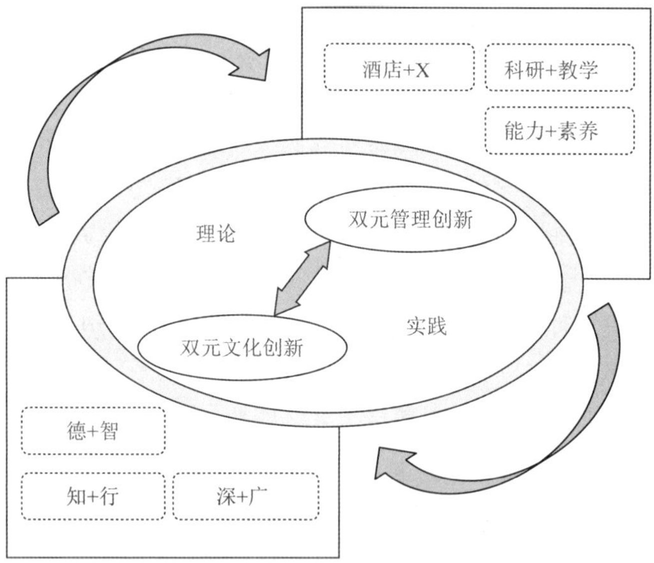

图 1　北二外酒店管理专业双元创新人才培养模式

其中，双元文化创新是指在观念层面，体现出“以德为本 + 以智为高”“中国深度 + 国际广度”“理论学习 + 产业实践”的办学理念，强调教育中的政治素质、人文素质和专业素质培育；双元管理创新指在工具层面，包括专业建设中双元化的人才培养目标、知识体系建构、人才能力特征等要素，体现了“酒店专业 +X(外语、健康等)”“科研带动 + 教学驱动”“专业教育 + 养成教育”的办学特色。双元创新模式遵循高等教育改革创新规律，在我国经济社会转型背景下，培养能够胜任酒店产业为代表的，服务现代产业投资、经营、管理工作的国际化、复合型、应用型的卓越创新人才。

北二外酒店管理专业双元创新人才培养模式解决的主要问题是：

第一，更新观念，创新机制，有效解决了酒店产业亟须国际型、复合型人才的问题。

紧扣酒店产业发展时代脉搏，挖掘酒店管理专业复合优势，探索新时期专业建设的创新机制。针对酒店管理跨学科、跨行业的特点，探索出一系列专业建设创新机制，包括双学位制（酒店管理专业 + 语言）、专业复合制（健康产业管理日语实验班）、学术产业双导师制等创新措施。

第二，扎根产业，把脉前沿，着力解决了本土化与国际化难以兼容的问题。

紧跟产业发展前沿，深度扎根产业实践，并通过“走出去，引进来”的方式，打造具有全球视野的专兼职教师队伍，如专业教师队伍中，100% 具有国内外著名高校博士学位，聘请中国旅游协会秘书长张润钢、中国旅游饭店协会秘书长辛涛、开元旅业集团创始人陈妙林以及 Carlo Schmed、Damir Raab、John M Kidd 等国内外专家教授为客座教授，聘请张润钢、辛涛、付天柱、程旭华、吴晓燕等 10 多位行业领袖为学院顾问咨询委员会委员。

引导学生立足本土实际，创造平台和机会让学生触摸前沿，培养具有中国深度和国际广度的 T 型人才。

第三，以研带教，教学相长，很好地解决了科研与教学互为一体的问题。

通过高水平科研成果带动、高水平课程体系驱动、高水平教材建设推动，致力用教师的创新能力提升带动学生的创新能力提升，用教师的职业素养提升带动学生的创业能力提升，为国内专业科研与教学有效融合提供了示范。

第四，联动业界，唤醒活力，有效解决了理论与实践脱节的问题。

针对传统酒店管理教学与实践脱节的问题，组织学生深入业界开展现场教学、调研行业企业、参加国内外行业专家讲座等方式使得学生深度融入行业，邀请校外专家座谈等多种形式促进教学改进，以行业实践需求驱动教学改革。

第五，勇于探索，开创先河，切实解决了国内酒店管理专业无模式可循的现实问题。

酒店管理专业在我国发展历史较短，尚未形成成熟的经验和模式。本模式针对当前酒店管理专业发展状况，以培养模式、课程模块、实践教学为核心建立起了完善的专业体系，引领并助力国内院校专业建设，成为国内酒店管理专业建设的标杆。

（二）双元创新模式实施路径

围绕双元创新的教育教学理念和专业建设模式，北京第二外国语学院酒店管理专业在教育教学实践中实行了四个方面的改革和创新：

1. 创设“酒店 +X”的双复合型人才培养方案

通过“酒店 + 外语”“酒店 + 健康 + 外语”开展跨专业复合培养。充分利用北二外外语特色优势，在人才培养中提高对英语的要求，确保较高比例学生获得酒店管理和英语专业双学位。发挥北二外日语专业学科优势，建立“健康产业管理日语实验班”，成为高校响应国家健康产业发展战略的重要教育探索成果。

2. 创新“中国深度 + 国际广度”的 T 型人才培养模式

（1）强调教师队伍的“中国深度 + 国际广度”，打造具有国际视野和本土情结的专职兼职教师队伍

近 5 年北二外酒店管理学院师生参加海外访学、国内外高水平国际会议近 200 人次，荣获多个高水平国际会议优秀论文奖。邀请国际知名专家与国内业界领军人物作为兼职教授或业界导师，学院教师担任国际性旅游教育组织高级职务。

近 5 年与酒店行业协会、酒店资深机构共同合作发布系列行业报告，与文化和旅游部、中国旅游饭店业协会、北京市旅游发展委员会等制定行业发展的国家标准和地方标准。通过微信公众号“酒店学人”（公众号名称：北二外酒管院）直击行业痛点、难点问题，进行广泛的知识传播和行业影响力。

（2）强化学生的“中国深度 + 国际广度”，积极引导学生深入行业一线

近 5 年北二外酒店管理学院共组织师生近 2000 人次到百余家业态各异的住宿、健康企业调研，形成调研报告 200 余篇、高质量学术论文 60 余篇，已出版《酒店管理专业本科生系列论文集》，把握行业实践发展前沿。

近 5 年，北二外酒店管理学院先后派出 70 余名学生参加海外短期学习项目或外培项目；组织学生参加国际会议，并年均邀请国际著名学者 10 人次开展讲座交流，让学生追踪学科前沿。

3. 厚植“理论学习 + 产业实践”的行业人才优势

（1）学术导师与产业专家相结合

建立“北二外酒店管理学院顾问咨询委员会”，年均邀请 30 余位产业资深专家来校讲学；实施“翔宇英才”计划，遴选优秀学生由产业导师开展“一对一”指导等。

（2）课堂教学与现场教学相结合

建立实践教学周，所有专业课程都引入现场教学，每年组织学生在十余家酒店和健康行业相关企业开展现场教学。

（3）课堂学习与课外创新活动相结合

十余名学生在老师指导下，参加了原国家旅游局“万名旅游英才计划”培养项目，获得省部级创新创业项目大赛一等奖、优秀奖等骄人成绩。理论学习与科研项目相结合。创建并持续推行本科生导师制，力促本科生科研工作，本科生国家级和北京市级科研立项数达到近 100 项。

（4）校内外人才培养基地建设

建立了省部级“首旅集团校外人才培养基地”，并与海航集团、香港中旅集团等30多家知名酒店企业集团建立校外人才培养基地或合作，仅2016年实践教学学生受益人数就达400余人次。创建了首个校级创业实践基地“大益爱心茶室”，60余名学生从茶室运营管理中得到锻炼。

4. 构建“科研带动＋教学驱动”的全方位教育教学体系

（1）高水平科研成果带动

秉持“理论顶天，实践立地”的宗旨，近5年在管理、营销、旅游、酒店等领域的国内外高质量期刊发表学术成果80余篇，承担国家级、省部级学术课题50余项，荣获文化与旅游部、北京市哲学社会科学办公室等省部级奖励10余项。同时，将优秀的研究成果和行业实践以案例等形式应用于教学，形成丰富的教学资料库。

（2）高水平课程体系驱动

完成教育部留学生精品课程《饭店管理研究》（纯英文）、校级重点课程《饭店营销》（双语）、《国际饭店管理》（双语）。主干专业课程饭店管理原理、国际饭店管理等都实现双语或纯英语教学。为留学研究生开设纯英文的中国文化、饭店管理研究等系列课程。

（3）高水平教材建设推动

团队近5年已经出版教材及专著12部，已出版的酒店管理、健康服务管理系列教材在获得了省部级优秀成果奖的同时，被国内各大高等院校酒店管理专业广泛使用。

（三）双元创新模式创新

1. 构建了具有国际视野和中国特色的酒店管理专业人才培养模式

（1）开创了“领先＋跨界＋整合”的战略路径

顺应国家和社会发展需求，服务北京市发展战略，融合酒店、旅游、健康等产业发展需求，推进多学科整合、国际国内合作、学界业界互动、线上线下联动等多角度创新，建设国际知名、国内一流的酒店管理专业。

（2）创建了“酒店＋健康＋外语”的双复合模式

依托北二外的外语专业优势，实现“酒店＋外语”“酒店＋健康＋外语”的双复合模式，旨在培养顺应时代发展的国际化、创新性、高水平、应用型的高端经营管理人才。

（3）设计了“课堂＋项目＋实习”的精益培养方式

针对酒店管理专业特点，融合“课程＋教材”、MOOC推荐、打造一流的教学团队，创新教育教学方法，通过研究型、咨询型、调研型多种项目学习方式，开拓人才培养资源和视野，提高了人才培养的实践性和复合性。

2. 在酒店管理学科专业建设中做出原创性贡献

（1）积极探索中国式酒店管理人才培养模式

北京第二外国语学院作为我国最早开设酒店管理专业的院校之一，在全国率先制订了酒店管理专业本科生与研究生培养方案，探索的人才培养模式成为国内众多旅游院校的标杆，常年接待国内同类院校来进行专业建设的学习、交流和研讨；形成的精品课程、规划教材、教学名师等一批省部级、国家级教学成果，课程体系、相关教材、教学方法被广泛使用与借鉴。

（2）坚持学术研究和关注社会相统一，做到理论顶天实践落地，形成理论与实践价值兼备的高水平成果

据相关学术机构评价结果显示，北二外在 Tourism Management、Cornell Hospitality Quarterly、International Journal of Hospitality Management 等旅游管理国际顶级期刊发表论文数十篇，在 Journal of Marketing、Social Behavior and Personality 等管理学国际顶级期刊发表论文近 10 篇，国际发表数量及影响因子居全国前茅。在《管理世界》《南开管理评论》等国内管理学权威期刊发表数量名列全国本专业院校第一。近 5 年，承担 4 项国家自然科学基金、1 项国家社会科学基金、2 项教育部社科基金项目、7 项省级课题，以及 15 项横向委托项目和 1 项国际合作研究项目，发表高水平论文 122 篇，获得各类省部级教学科研成果奖近 20 项。尤其在酒店集团化、战略管理、组织行为、市场营销、人力资源、分享经济等领域产生了较高的学术贡献。由我院师生创办的自媒体公众号《酒店学人》中的文章在产业界产生了较高的影响力。

3. 推动酒店管理教育由单向输入向双向互动转变

“中国深度与国际广度”的双元创新人才培养体系中，不仅体现在国际高等旅游教育的输入，更体现在中国酒店管理人才培养模式的输出，从而促进双向互动。

（1）积极开展国际交流，提升酒店管理专业的国际化水平

在联合办学与国际化人才培养方面，北二外酒店管理学院与美国南卡莱罗那大学开办了联合培养博士项目，与美国马里兰大学、南卡莱罗那大学开办 1+3 外培项目，在法国夏斗湖校区创建酒店休闲专业项目，与澳大利亚昆士兰大学、格里菲斯大学开展了“3+1”等多类型的深度合作办学项目，超过 100 人次的本科生、研究生进行了交流学习。

学院积极举办国际性学术会议。承办 2016 年亚太旅行学会（APTA）年会等高规格国际性学术会议。

学院教师担任国际性旅游教育研究组织高级职务，如谷慧敏教授 2015 年入选“中国旅游研究国际联合会”（英文缩写 IACTS）首批学会会士。

（2）积极开展教育输出

积极开展留学生教育与人才培养项目，目前本专业共有在校留学生本科生、研究生近 100 人，留学生规模居全国同类专业首位，并为一带一路等 20 多个国家培养留学生、官员及企业管理人员 300 余名。

积极派出本科生参加国际高端旅游与酒店学术性会议，如 2016 年本科生王硕代表中国大陆本科生在世界旅游组织大会上进行主题演讲并参加圆桌讨论，得到与会各方高度评价。在酒店管理学院江静老师指导下，张凌絮等 3 名 2014 级本科生在 2018 年 APCHIRE 国际旅游研究学术会议参会并宣读论文。

积极开展国外学生与学院学生深入交流活动。先后组织美国南卡罗来纳大学、美国乔治・华盛顿大学等旅游与酒店管理专业本科生代表团与学院学生进行多场交流活动。

三、人才培养双元创新模式的应用效果

通过创新性，符合国家、行业和师生需求的酒店管理高端人才培养模式，在培养符合国家、社会、行业发展需要的专业人才外，该模式在推广过程中还取得了多层面、多维度的综合效益和应用效果。

第一，总结核心经验积极献策，发挥本专业在高等教育改革中的引领作用。

2016 年 4 月 15 日，在中共中央政治局常委、国务院总理李克强主持召开的高等教育改革创新座谈会上，北二外酒店管理学院院长谷慧敏教授向李克强总理汇报了本成果的核心探索和实践，从“用教师的创新能力带动学生的创新能力和用教师的职业素养提升学生的创业能力”两个方面阐述了高校教师在国家和教育改革的背景下所面临的挑战以及北二外在人才培养方面进行的改革。

2016—2018 年，谷慧敏教授在原国家旅游局与瑞士旅游局合作举办的中瑞酒店论坛、李彬副教授在 2018 年教育部旅游教指委会议等国际国内会议等国际国内会议上就北二外酒店管理教育及人才培养模式进行介绍，秦宇教授、李彬副教授、李朋波副教授受邀先后前往华侨大学、青岛大学、华中师范大学、天津财经大学、燕山大学、河北邯郸学院、河北民族师范学院等高校就酒店管理专业建设及人才培养模式创新等方面内容，在总结该学院的经验与模式基础上，与各高校相关专业的领导、师生进行了交流分享。

第二，输出高质量人才，人才培养获得就业市场和用人单位广泛认可。

北二外酒店管理专业拥有世界旅游组织迄今为止唯一最高级别的旅游教育质量认证（UNWTO-TedQual），历年毕业生获得国内外酒店及相关产业界的高度评价。在毕业生群体中，涌现出了一批行业领军人才，如世界旅游联盟秘书长刘士军、铂涛酒店集团高级副总裁束菊萍等。酒店管理专业本科毕业生就业率在 99% 以上，研究生就业率连续保持 100%。在 2016 年麦可思调查中，北二外酒店管理专业学生满意度达到 96%（全

国大学生专业满意度 87%）。在近三年麦可思调查中，北二外酒店管理专业毕业生薪酬水平月薪 6000 多元，远高出全国该专业平均水平。本专业学生在出国深造和攻读更高学位方面表现优异，学生广泛分布于北京大学、美国康纳尔大学等，学术素质受到国内外院校的广泛好评。

第三，践行社会责任，全方位助力我国酒店管理专业的规范化发展。

一是高水平课程建设。北二外酒店管理学院主持开发全国首个教育部酒店管理领域的品牌课程（英语），同时与北京市旅游发展委员会合作开发上线酒店管理 MOOC 课程。二是构建起了创新性的酒店管理专业人才培养计划，总结中国酒店管理专业建设模式。完成了中国旅游协会旅游教育分会《我国高等院校酒店管理专业发展分析》，参与了全国酒店管理专业的设置标准制定工作，为规范酒店管理专业建设和对酒店管理专业评估提供了依据；三是积极通过帮扶培训，推动全国酒店管理专业水平提升。北二外酒店管理学院《2016 版酒店管理专业培养方案》成为国内同行院校重要借鉴资料；连续举办酒店管理教育教学研讨会，参会人数总计 700 多人，并出版《酒店管理教育教学研究》；承办 2016 年和 2018 年两届全国酒店管理专业师资培训班，参会人员达到近 300 人，院校数达到 80 多所。

第四，该模式广泛运用到社会服务中，促进国家和地方经济社会发展。

在本模式探索过程的近 5 年时间中，团队承担了 20 项横向研究项目，参与文化和旅游部（原国家旅游局）、中国旅游饭店业协会、北京市旅游发展委员会及国内外 30 多家大型酒店、互联网平台集团的国家标准、地方标准及战略规划制定、星级酒店评定与复核、酒店服务质量暗访、酒店行业技能大赛裁判、乡村民宿评定、行业培训等活动。承担 2022 年北京张家口冬奥会相关培训教材编写，承担了 2016 年北京市旅游发展委员会重点工作“北京市社会旅馆从业人员素质提升工程”工作，为 700 余家社会旅馆企业提供人才培养服务；连续 13 年与国际顶级酒店咨询机构 HVS（华盛国际）联合举办“中国酒店投资峰会”，形成了重要的行业影响力。为香格里拉集团中国大饭店、中石油阳光酒店集团、粤海酒店管理公司等国内外重要酒店与旅游集团的中高层管理人员进行培训。

旅游管理类专业大学生创新创业能力的提升路径研究

潘秋玲　王鹏涛　肖文媛　贾宙玮　胡缘媛①

近年来，随着高校招生规模的不断扩大，国内大学生就业形势日趋严峻。同时，随着我国社会经济以及科技事业不断发展，用人单位越来越看重在工作实践环节中，毕业生所具有的专业技能与创新能力。这就要求国家和高校必须重视大学生创新创业能力的培养与提升。

本文基于国内外高校旅游专业大学生创新创业能力培养现状，归纳国外创新创业能力培养的模式，并以西安外国语大学旅游学院为典型案例，总结该学院旅游管理类学生创新创业能力提升的实践经验以及能力培养过程中出现的问题及原因，提出适宜我国旅游管理类专业大学生创新创业能力的提升路径及对策，以期为我国旅游人才培养提供案例支持与理论参考。

一、国内外研究现状

（一）国内研究现状

1. 创新创业能力培养中存在的问题

有学者研究指出大学生创新创业能力包含“创新能力”与“创业能力”两个方面，二者是有机结合、相辅相成的整体。创新能力主要是对大学生意识层面的挖掘，侧重创新思维的开发培养，是一种综合能力；创业能力则是研究如何在实践中实现个人自我价值，侧重大学生实践能力的培养，促使学生在管理实践中将知识、技能转变为创造社会财富[1-6]。目前，我国大学生创新创业能力培养的体系已经初步创立，国家、高校、社会和企业积极开展相关工作，使得大学生获得了较为全面的创新创业能力的理论知识和

① 潘秋玲：博士、教授，西安外国语大学旅游学院院长，中国旅游协会旅游教育分会副会长。研究方向为旅游文化影响及旅游规划。王鹏涛，博士，西安外国语大学旅游学院讲师，研究方向为区域开发与可持续发展。肖文媛、贾宙玮、胡缘媛为西安外国语大学旅游学院硕士研究生，研究方向为区域旅游开发与规划。

专业实践环境和机会。但是，由于社会环境的复杂性以及学生的个性差异，大学生创新创业能力的提升仍存在诸多问题：

从大学生自身来看，大学生创新创业能力的提升是知识和经济时代的需求，但是仍有部分学生观念陈旧，缺乏创新创业的观念、毅力、兴趣和思维能力，难以形成双创意识[7]，很难参与到双创意识的培养与锻炼活动中[8-10]。

从高校培养来看，目前高校对大学生创新创业能力的开发，仍存在一定的难题和有待完善的方面[8, 11-14]：理论研究局限于单一、独立的操作和技能层面；专业课程未融入专业教育体系中；课程设置不合理、教学体系不完善、师资力量不平衡等问题突出；创新创业竞赛活动学生参与度不高。

在政府、企业和社会层面，大学生创新创业能力培养难以形成开放、互动的合作机制[8]，政府与社会对大学生创新创业意识的引导作用较为有限[10]，企业为学生提供的专业实践机会仍较为缺乏[15]。

2. 创新创业能力的提升路径研究

针对创新创业能力培养方面存在的问题，我国学者大多主张利用以下途径对大学生创新创业能力进行培养及提升：针对大学生自身双创意识不足的问题，学者们认为首先要营造创新创业氛围，鼓励大学生主动学习专业知识，其次要借助专业课程教育与课外实践活动结合的方法，提升大学生创新创业兴趣，强化其创新创业意识，最终实现专业性、高素质、实践型人才培养目标[15-20, 21]。

针对高校在创新创业能力培养方面的相关问题，学者提出应借鉴国内外创新创业教育的成功经验，编写高质量的专业教材，改革课程体系，并鼓励教师向“双师型”方向发展，完善教学体系[7, 15, 16]；构建有效的学生培养机制，组织开展专业性实践活动，提升学生创新创业能力[22-24]。

在加强政府、社会及企业的作用方面，有学者提出，应构建以政府为主导者，高校为承担者，企业为参与者的服务管理模式[25]。政府应加大支持力度，提供政策、资金、技术支持；加强校企结合，强化学生实训实习氛围，打造产、学、研结合的科研平台，开展针对性强的培训教育[26-28]。

在实践环节，高校可通过创新创业实践教育平台，加强与相关专业教育教学的联系，探索形式多样的创新创业教育模式，并建立创新实验平台和实践基地，引导大学生积极参加专业性较强的创新创业竞赛和社会实践活动，逐步提高大学生创新创业能力[15, 29-34]（见图 1）。

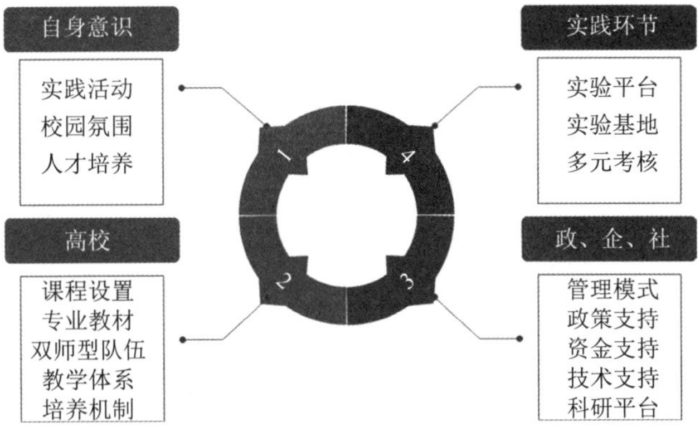

图 1 我国大学生创新创业能力提升路径

3. 旅游管理专业类学生创新创业能力培养的研究

20 世纪初，我国开始重视旅游管理人才创新创业能力的探索与研究。徐红罡等提出，我国旅游教育发展应重视理论教育与职业教育相结合[35]，马勇等则强调旅游管理类大学生创新创业能力的提升需加强专业素质的培养，实现从智商—智力—智能、体能—技能—创能的全面发展，适应旅游业发展对人才提出的更高要求[36, 37]。

与其他专业相比，旅游管理专业创新创业能力提升路径具有很大差异，旅游管理专业在大学生创新创业能力培养方面更注重实践层面，强调实践教学模式和实践基地建设。第一，提出强化产、学、研一体化的实践教学模式，强调“双创”型教师队伍的重要性[38-41]。第二，提出建立“互联网 +”战略下科学的旅游管理专业创新创业实践基地，强调科技对课程体系和双创环境建设的重要性[42]。

（二）国外研究现状

1. 国外大学生创新创业能力培养

国外创新创业从 20 世纪发展至今，逐步发展成熟并完善，其中以美国、英国和日本的创新创业研究与实践最为成熟。美国高校培养学生创新创业能力的方式，包括提供创业课程和学位项目、以竞争促学习、提供经验学习、建立创新创业联合空间、发展社区学院的创业教育等[43]。美国麻省理工学院、斯坦福大学、百森商学院三个院校，成为世界各国创新创业教育的样板，这些院校的教育实践集中反映出美国创新创业教育发展的六大特征：专业素质教育的目标定位、专门化的创新创业教育管理、专职的师资队伍建设、跨学科创新创业课程群建设、以创新创业活动为主的第二课堂教育、高校主导下的保障机制建设[44]。日本高校在创新创业教育实践中重视社会特别是产业界的广泛参与，形成社会参与下的大学生创新创业能力培养模式[45]。英国高校普遍开展创新创业的“启蒙教育、通识教育、专业教育”，三个层次的创新创业教育相互支撑，形成了完善的大学生创新创业教育体系[46]，其教育的关键在于培养学生的创业能力、创业素质、创业精神和创业品质[47]。

2. 国外旅游管理类大学生创新创业能力培养

世界各国主要在学科体系设置、旅游人才培养标准等方面进行研究与探索，从而达到旅游管理类大学生创新创业能力培养的目的。其中，美国凭借雄厚的商科背景，强调学生应掌握最前沿的专业知识和技能，培养专业的旅游管理人才[48]。日本旅游管理教育正进入以旅游为研究对象的综合性、边缘性教育研究体制的完善阶段，注重专业课程设置与实践环节的衔接性，凸显个性化和国际化[35]。澳大利亚在旅游管理类大学生创新创业能力的培养方面注重“双师型”队伍建设，在旅游管理人才的培养标准方面，呈现“以素质为基础，以能力为核心，以就业为导向”的终身教育人才培养模式特点[49]。与各国相比，我国对旅游管理人才的培养更注重师资队伍建设，并强调实践教学方面的产、学、研有机结合的教学模式建设[50]。

（三）综合评价

相比较而言，国外创新创业比我们国家早，体系也更加完善。国外强调的是创新创业教育实践层面对学生的能力提升的影响，如美国强调课程项目以及社区学院的重要性，日本强调社会参与式的培养模式，澳大利亚提出启蒙、通识、专业教育三个层次相互支撑的教育体系。目前，我国旅游管理类大学生创新创业能力提升仍存在课程体系不合理，教学体系不完善，师资队伍建设不合理，政府、高校、社会和企业的合作机制不完善等方面问题，还需要借鉴国外优秀的培养模式，最终促进学生双创意识、双创能力的提升，这也是本次研究的重点所在。

二、国外高校创新创业教育模式

国外创新创业教育最突出的特色是注重大学生在创新创业实践方面的锻炼，课程设置紧密结合商业实践，教学注重“案例教学法”的运用，形成特色的创新创业教育模式[45, 51]。从各国来看，英国主要是传统商学院组织模式和创业型大学组织模式[49, 52]。德国主要采取两种教学方式：一种是传统教学方式，即以某一个问题作为出发点；另一种教学方式为创业学习方式，即以对策作为出发点[50]。美国已经形成政府、学校、社会机构等多主体深度参与的创新创业教育模式，呈现支持保障有力、产学合作广泛、重视精神培育和价值引领、注重国际性和开放性等特点，主要是以哈佛大学与百森为代表的商学院模式和以斯坦福大学为代表的理工科模式[50, 53]。日本创新创业教育主要有四种模式：一是创业家教育模式；二是经营技能综合演习模式；三是辅助模式；四是企业家培养学习模式[50]。澳大利亚提出学生在实践中应该与企业家见面，共同讨论并参与实际的创业个案，学校与企业共同致力于帮助学生获取企业所需的基本分析能力[54]。美国高校通过产学研合作的方式，加快科技成果转化为生产力的速度，致力于创建专业性实践平台模式；以辛辛那提大学为代表的“合作教育”体制，则主要是以培养学生的全面素质、实践能力和就业竞争力为重点，借助学校和企业的资源，采取课堂教学与学生参与相结合的方式，形成高实践水平和高社会适应能力的模式[51, 55, 56]。日本在政府指导下，以经济团体、社会团体和学校为多元主体构建“体验就是就业”的专业模式[57]。

总体而言，国外高校创新创业教育发展较早，教学体系成熟，且形成了各自鲜明的特色。首先，各个国家较为注重素质教育的专业性，强调专职的师资队伍在创新创业教育中的作用；其次，课程设置方面，强调跨学科合作，并与商业实践联系紧密；最后，目前高校、企业和政府结合的合作与保障机制已经形成并完善。国内高校在创新创业教育培养时，应多汲取国外经验，鼓励高校在安排专业课程的基础上开展创新创业教育，并结合实践活动的开展，探索培养学生创新意识和提高学生创新能力的多种途径。

三、西安外国语大学旅游管理类专业学生创新创业能力提升的实践探索

我国旅游业正进入新一轮发展黄金期，产业发展方式正在由过度依赖资源消耗和资本投入向依靠技术和管理创新、人力资源素质提高转变，本科院校旅游专业办学模式是高等旅游教育的重要环节，直接影响到旅游人才培养的质量，迫切需要加强理论研究与实践探索。西安外国语大学旅游学院在大学生创新创业能力提升方面，凝练办学特色，凸显“创新型（Creative）、地方性（Locality）、国际化（International）、应用型（Practical）”的人才培养目标，从“专业 + 英语”“学业 + 职业”“行业 + 企业”“实习 + 赛事”“改革 + 创新”这五个方面实现“教学做赛合一、产学研用一体”，积极探索“CLIP5+”这样一条适应地方经济建设和社会发展的人才培养模式，积累了一些经验，取得了一定的成效。

（一）突出“专业+英语”，拓展学生国际视野

（1）“外语专业化，专业特色化”是学院人才培养的显著特色。学院在本科人才培养过程中突出外语能力，立足外语院校的学科优势，将外语课程的 44 个学分纳入旅游管理类专业的人才培养方案中，近年来“专业四级”通过率均在全校名列前茅。以近三年为例，英语（旅游）专业学生专业四级考试通过率为 81.5%，名列全校英语专业第二名；旅游管理等专业学生专业四级考试通过率近 70%，名列全校非英语专业第一名。近三年英语专业八级的考试平均通过率为 72%。

（2）学院通过国际合作项目拓展国际视野，先后与英国、美国、澳大利亚、新西

兰、法国、瑞士等国的高等院校建立友好合作关系，设立了联合培养本科生、双学位教育、专业实习等合作项目，并积极开展了教学和科研合作。院所 70% 以上的教师都有国外进修、学习的经历。近五年来，学院共接待国（境）外知名专家学者 30 余批次，其中包括旅游管理领域的世界知名学者 6 人。相继派出 100 多名学生通过各类项目赴海外留学，一定程度上提升了学生培养国际化、师资队伍国际化和研究平台国际化的水平。

（二）结合“学业+职业”，增强人才竞争实力

（1）学院探索并实施了“学历教育 + 国际职业认证教育”相结合的人才培养模式。于 2013 年引入国际权威机构美国饭店协会（AH&LA）课程考试及认证体系，并在酒店管理专业开设 5 门课程，实行全英文教材、全英文授课，为学生通过选修相关课程，取得国际知名的职业资格认证开通了渠道。

（2）学院主动调整人才培养方案，与国际著名的连锁酒店集团和央企合作建立实践实习基地，积极推进旅游管理专业和酒店管理专业学生在国际知名企业、央企、旅游部门进行为期 6 个月的专业实习，强化学生实践能力的提升。

（三）引入“行业+企业”，优化人才培养方式

（1）在制订和修改旅游管理类专业人才培养方案中，学院与行业专家、企业单位共同审定人才培养目标与人才培养规格，共同构建实践性教学体系。近年，学生的考研和就业持续向好，近年来学生国内外考研率在 25% 以上，学生一次性就业率达 93% 以上，毕业生就业率持续巩固在全校平均水平以上。

（2）引入企业进校园，开展系列讲座。根据教学计划和教学大纲，引入企业相关中高层管理者、一线员工走进校园为学生开设各类性质的讲座活动，甚至有课程直接聘请企业各部门管理者“现身说教”。如酒店管理专业的《酒店新业态系列讲座》课程全程邀请威斯汀、悦榕庄、希尔顿等国际连锁酒店的从业者在一个学期内进行了 15 次讲座。

（3）学院与陕西省旅游局合作共建的陕西旅游研究院成立于 2013 年 10 月，承担陕西省旅游局委托课题 10 多项，成为陕西省旅游重要的行业智库，是中国旅游研究院观察员单位。这些课题的实施中也广泛吸纳学生的参与，为其了解行业发展提供平台。

（四）强调“实习+赛事”，提升应用创新能力

（1）学院持续推进“学历教育 + 职业实践”相结合的人才培养模式。加强与行业知名企业的合作，构建实习实践平台。与陕西旅游集团签署了“旅游实践教学基地共建协议”、与西安曲江管理委员会签署了“旅游—文化研究与人才培养基地合作协议”；开辟了凯悦、雅高、香格里拉、威斯丁、悦椿集团以及珠海港中旅等国际一流饭店集团成

为我院的教学实习基地。目前，旅游管理专业和酒店管理专业学生在威斯汀、喜来登瑞吉、悦椿酒店以及众信旅游公司（北京、西安）等实习。学生还可通过中外服美国暑期带薪实习项目和美国酒店业带薪实习项目等海外实习项目赴东南亚和美国进行专业实习。

（2）学院近年一直坚持“以赛促学、以赛促教、以赛促改”，同时通过将具有先进理念的技能竞赛植入课程体系，“学生、教师、课程”得到全面提升。近年，旅游管理专业学生荣获过“全国大学生红色旅游线路设计大赛”二等奖，“第二届杭州奖励旅游产品创意策划大赛（全国邀请赛）”二等奖，“PATA 中国青年旅游专家挑战赛”一等奖，“第三届旅游产品设计与营销策划大赛”二等奖和三等奖，多名教师在各种竞赛活动中荣获“最佳指导教师”。2017 年，学院参加由国家旅游局、中国旅游协会旅游教育分会、亚太旅游协会、外研社、中国地理学会等权威机构举办的国内具有影响力的各类学生专业竞赛活动和创新、创业竞赛活动 10 余项，学生在各类专业赛事中获奖 33 项，21 名人次的教师参与学生活动的指导工作。

（五）坚持“改革+创新”，构筑学院发展特色

“十二五”期间，旅游管理专业被确定为国家特色专业，旅游管理、人文地理与城乡规划专业被确定为省级专业综合改革试点专业；孵化省级教学团队 3 个；省级精品课程 3 门，省级精品资源共享课程 5 门；出版专著 7 部，其中 1 部教材入选国家“十二五”规划教材；国际旅游人才培养模式创新试验区、人文地理和城乡规划人才培养模式创新实验区被确定为省级人才培养模式创新试验区，2017 年旅游管理、酒店管理、人文地理与城乡规划专业入选陕西省“一流专业”建设培育专业。

“Clip”本身意为修剪，我们希望在未来的发展中，能够进一步调整完善，在深化教学综合改革与创新实践中不断自我革新，将旅游学院的人才培养提高到一个更高的水平，为地方经济和社会发展做出更大的贡献。

四、高校大学生创新创业实践能力培养存在的问题

（一）研究背景及目的

目前高校大学生创新创业能力存在的主要问题是创新意识薄弱和创新创业能力不足，这些问题主要受学校、家庭和学生个人等因素影响。首先，我国的应试教育体制过分注重考试成绩，而忽视了对学生创新创业能力的培养；其次，在传统教育中，按部就班的求学和就业观念禁锢了学生创新精神和冒险精神；最后，学生个人的思维方式、心理素质和知识储备等方面的差异，也会对其双创能力的提升产生影响。

旅游业是我国当代服务业的重要产业，且对旅游专业学生职业素质与要求越来越

高。旅游管理专业学生在校期间实践和工作技能学习的欠缺，必然限制其自身职业发展，也阻碍了旅游业的长期发展。因此，本文主要采取问卷调查的方法对学校教育领域进行分析，总结旅游管理专业大学生创新创业能力的现状，探究存在的问题，并提出可行的解决方案。

（二）问卷设计

西安外国语大学是西北地区唯一的一所语言类大学，因此旅游学院依托学校的语言优势，突出“旅游＋英语”的专业特色，在旅游管理人才培养和创新创业能力提升方面进行了独具特色的实践探索。为调研我国高校大学生创新创业能力培养成效，切实促进学生创新创业意识及能力的提升，本文特选取西安外国语大学作为问卷案例，将旅游学院四个旅游管理类专业的本科学生作为样本，调查分析旅游专业大学生创新创业能力的现状及问题。考虑到大一新生主要任务以专业基础知识学习为主，课业负担较重，对创新创业认识程度不足，大四学生则面临着就业压力，经常外出求职，无法有效回收问卷，因此本文主要以大二、大三年级本科生为调查对象。

调查问卷的内容包括四个方面：学生的基本情况、学生对创新创业能力的看法、学生创新创业能力存在的问题和需求、学生的具体实践情况。为保证问卷的可读性和针对性，发放之前进行了预问卷发放，主要由问卷设计者、项目的指导教师和项目组成员进行。随后，项目组对预问卷进行分析，对问卷进行修改和完善，并进行问卷发放。西安外国语大学旅游学院的旅游管理、酒店管理、会展经济与管理、英语（旅游）四个专业的学生是本次调查对象。共发放调查问卷 300 份，为了提高问卷的代表性和数据的可靠度，我们对问卷进行了逐层筛选，对填写内容不完整的样本予以剔除，得到有效问卷为 270 份，问卷有效率为 90%。

（三）问卷结果分析

通过对问卷分析，旅游管理专业学生的创新创业能力培养存在以下问题：学生的创新创业意识不足、能力欠缺和实践效果较差、学校对专业性课程设置不合理、相关宣传不足。

1. 学生创新创业意识不足

在问卷调查中，有 12.6% 的学生认为创新创业能力与自己关系不大，有 66.6% 的学生缺乏创新创业意识。通过对学生创新创业意识和对学校开展的相关活动的兴趣进行交叉分析，发现熟练掌握专业知识的学生更有兴趣参与专业课程和实践活动；对专业知识掌握程度一般的学生则对实践活动表现为相对较低的兴趣。由此推断，高校在创新创业教育中缺乏对专业知识掌握程度不高学生的双创意识培养（见图 2）。

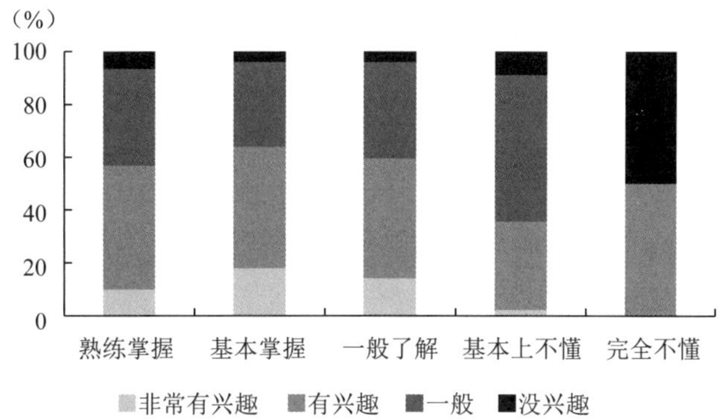

图 2 旅游管理类专业学生创新知识与学生态度

2. 学生创新创业能力欠缺

问卷结果显示，37.7% 的学生表示只参加过一次相关实践，有 32.9% 的学生从未参加过。学生参与度不高的原因在于学生基础理论知识的缺乏，71% 的学生态度消极并认为培养创新创业能力是困难的。而在创新知识的掌握上，36% 的学生认为自己只是简单了解，更有 33% 的学生表示基本不了解。可见由于学生缺乏参加相关创新创业活动的热情，难以得到创新创业能力训练。

3. 学校创新创业教育的课程设置和宣传力度不够

学校创新创业课程的设置缺乏科学性和针对性，无法满足学生需求。调查中有 41.8% 的学生对学校开设的创业课程有兴趣，有 52.5% 的学生认为目前开设的课程对自己的帮助十分有限。此外学校在创新创业政策的宣传上也有所不足，45.1% 的学生对创业政策只停留在听说过的层次。出现这种状况的原因，在于高校的创新创业教育还停留在传统的课堂说教阶段，而课外创新创业实践活动开展与宣传仍较为缺乏。

4. 学生的创新创业实践效果有待进一步提升

在调查中发现，旅游学院的大学生参加的实践活动多集中在社团活动、校外兼职和各种比赛，而科研活动和学术研究占比很小，只有 10% 的学生参与或申请过旅游管理专业相关的创新创业项目，大部分学生还是缺乏完整系统的专业实践。学校应该构建创新创业的校企合作平台，与企业合作提供种类丰富的校外实践活动。

（四）结论与思考

问卷调查结果表明，为适应不断变化的旅游市场和行业需求，虽然旅游学院基于自身优势和条件，对旅游管理专业学生创新创业意识的提升和能力的培养，进行了积极的实践和探索，但是高校大学生创新创业能力的培养仍不容乐观，学生创新创业意识、创新实践活动参与度、学校创新创业教育体系设置等方面仍存在不足。

在调查中发现，旅游学院的大学生参加的实践活动多集中在社团活动、校外兼职和各种比赛，而科研活动和学术研究占比很小。具体来看，旅游管理类大学生参加创新创业课程学习、创业竞赛和创新创业社会活动的比例相对较高，分别占到总人数的 25%、22% 和 21%，而参加单位实习、从事学术研究、参与科研项目和其他活动的比例分别为 13%、9%、5% 和 5%。所有学生中仅有 10% 的学生参与或申请过旅游专业相关的创新创业项目，大部分学生还是缺乏完整系统的专业实践。学校应该构建创新创业的校企合作平台，与企业合作提供种类丰富的校外实践活动。

五、旅游管理类大学生创新创业能力的提升路径

21 世纪以来，越来越多的企业由劳动密集型向知识密集型转变，这就对高等院校的毕业生技术应用能力提出了更高的要求，高等院校的人才培养方式由复合型、研究型向应用型转变。当前，旅游本科院校的人才培养质量仍然跟不上时代需求，尤其在创新创业实践能力提升方面。因此，迫切需要高等院校在学生创新创业意识培养、课程体系完善、师资队伍建设等方面寻找对策，开拓新路，适应现代旅游产业发展的人才战略，培养出能胜任现代旅游业发展的旅游管理高素质人才，促进区域旅游产业转型升级。基于旅游学院旅游管理类专业学生创新创业能力培养的实践探索以及调查问卷反映出的主要问题，并参考借鉴国内外创新创业能力培养模式及经验，我们提出旅游管理类专业大学生创新创业能力提升措施。

（1）创新创业实践教育体系构建

党的十八大对创新创业人才培养作出重要部署，国务院办公厅印发实施了《关于深化高等学校创新创业教育改革的实施意见》，提出“全面部署推进创新创业教育改革，着力推动高校更新观念，完善课程设置，创新教学模式，强化实训实践，将创新创业教育融入人才培养全过程”。因此，需要高度重视高等教育创新创业培养工作，将其作为高校教育改革的重要抓手，在实践和探索过程中逐步建立创新创业实践教育体系[58]。在借鉴国外先进的创新创业教育经验的基础上，针对我国高校创新创业面临的具体问题和挑战，我们认为需要从构建科学的课程教育体系，创建与完善“双师型”的师资队伍体系，建立完善的创业实践体系，选择多样的教育模式体系与创业教育机制等方面尝试与探索创新创业实践教育体系的构建。

（2）构建创新创业教育课程体系与课堂教学模式

创新创业教育课程体系是指以创业基础知识、专业知识与实践知识等综合性知识为内容，以课堂与课外教学活动为载体的有机整体[59]。以旅游管理专业为例，创新创业教育课程体系需要对现有课程体系进行改革和完善，而不仅仅是在现有教学培养计划的体系内添加几门创新创业课程，或者仅在现有课程讲授过程中融合一定的创新创业教育

知识。第一，需要构建系统的创新创业课程体系，各院校在自身教育体制下，开发出创新创业的必修课与选修课，将创新创业课程纳入学分制当中。在全校范围内对创新创业课程体系进行层次划分，再开展创新创业通识课程，然后根据学生专业和能力的差异，开设有针对性的培训课程，并鼓励学生在完成课堂学习之后从事课外实践。第二，创新创业教育必须将创业教育与专业教育结合起来，既要教会学生具有创新意识和创业能力，又要培养学生的专业操作和实践能力，脱离了专业教育的创新创业教育只能是“无源之水”。因此创业教育与专业教育的融合，就是把旅游管理类专业课程纳入到创业课程的体系中，打造出多层次的课程体系。

旅游管理类创新专业创业教育课程体系需要在课堂教育模式进行实践、检验与完善。创新创业授课应该突破传统、单一的课堂讲授与室内实践操作的模式，倡导从课堂教学、课外辅导两方面进行模式改革与创新[59]。课堂教学方面，在专业教师创业与实践基础知识讲解的基础上，引入企业相关中高层管理者、一线员工进课堂“现身说教”，利用企业案例分析在商业模式建构、创业团队搭建、融资、品牌宣传等方面对学生进行实战指导，并对学生创业团队课堂模拟训练中的创业各个环节进行点评与指导。课外实践方面，坚持以学生为本的创业理念，强调“实习＋赛事”的教育模式，提升学生旅游管理应用创新能力。具体而言，可以加强与旅游行业、酒店行业知名企业的合作，为学生构建实习实践平台，积极推动将具有先进理念的技能竞赛植入课程体系，倡导“以赛促学、以赛促教、以赛促改”，组织学生参加各类学生专业竞赛活动和创新、创业竞赛活动。

（3）加强“双师型”师资队伍建设

高校旅游管理人才培养的质量和成果很大程度上取决于教师，再加上旅游管理类专业具有应用型、实践性强的特点，因此必须加强创新创业教育师资队伍建设，培养和引进一批既能进行学科理论教学，又能指导学生进行实践的“双师型”教师。目前，本科高等院校教师以高等教育博士毕业生为主，因此理论知识雄厚，能够为创新创业实践提供理论支持，但是实践经历与技能相对缺乏，且技术研发能力弱，科研成果不能及时转化并服务社会[60]。这表明高校中具备“双师型”资质和能力的教师相对缺乏，需要构建地方“双师型”师资队伍：第一，学校利用自身条件和环境，利用学校内部构建“双师型”教师培训体系、外部聘请企业与行业专家为“双师型”教师、倡导专业教师去旅游部门或企业实践与培训等形式进行专业技能锻炼、要求教师参加相关部门专业技能考核并获得“双师型”教师资质等具体途径推动创建完善的教师培养模式。第二，学校可利用自身的教师优势和校内外实践教学基地优势，组建“双师型”教师培训基地，为“双师型”教师的专业培训、学历提升、资格认证、考核鉴定等工作提供保障。第三，完善现有教师评价、考核、激励制度，在考核教师学科专业性、学术科研成果的基础上，引入教师专业性、技术性的实践操作能力等考核指标，引导教师参加各种“双师型”资质考试，并通过绩效奖励、职称评定优先推荐等激励政策对创新创业教育表现优异老师给予奖励。

（4）营造创新创业学校氛围，培养和鼓励创新创业学生团队

创新创业环境与氛围的营造，是大学生创新创业意识与能力提升、创业成果产生的重要驱动力和基本保障，具体可以从以下方面进行推进：①加大创新创业意识的宣传力度，结合校园广播、宣传栏、微信公众号、班级活动等方式，增强旅游管理类学生创新创业意识。②结合课堂创新创业知识与技能培养以及学术交流、赛事活动、创业大讲堂、企业实地参观等课外活动，调动与强化学生的创新创业意识，如旅游管理专业的学生，可以组织模拟导游比赛、旅游线路设计大赛、组织专业学生赴景区实习讲解、组织学生去旅游公司实习、利用学校场地开展小型"会展"，进行线上与线下销售等活动方式。③建立大学生创新创业激励与奖励机制，设立创新创业基金项目，凡在学术交流、赛事活动、社会实践等方面取得成功均可获得相应的奖学金甚至是学分奖励。

创新创业活动的开展，离不开团队的合作，需要不同特长甚至是不同专业领域的学生一起团结合作，才能完成创新创业实践。学生创业团体对参与学生团队合作精神、创新创业能力的培养与提升，所发挥的作用是课堂教学所不能比拟的。倡导创新创业团队建设也是在学生中普及创新创业意识，培养学生创新创业实战能力的重要途径。在创新创业团体建设过程中，学校充分给予学生自主发展权利，并给予一定的资金支持和政策奖励。在学校设立专门的学生创新团体管理部门，安排学校旅游管理专业老师以及创新实践指导教师，对学生团队创建包括团队文化、创新创业素质、团队管理制度、团队结构、社会资金的引入与运转等方面进行培训、指导及适当管理[61]。通过创新创业团体的建设与管理，在全校形成示范效应，不断提升学生创新创业意识。

参考文献：

［1］曹胜利，高晓杰．创新创业教育培养新时代事业的开拓者——中国高等教育学会创新创业教育研讨会纪要［J］．中国青年科技，2007（156）：51-56.

［2］董云飞，郑丽波．培养大学生创新创业能力的策略思考［J］．黑龙江社会科学，2014（5）：157-159.

［3］董婷，王唯．基于研究型大学视角的创新创业教育人才培养体系的构建与实践——以南京大学"三三制"本科人才培养为例［J］．创新与创业教育，2016（1）：41-43.

［4］施险峰．新时期培养大学生创新创业能力的实践与探索［J］．管理观察，2009（11）：8-9.

［5］睢利萍．高等教育大众化背景下大学生创新创业能力的培养［J］．中国成人教育，2013（14）：17-19.

［6］卜姝华．论大学理科学生创新能力的培养［J］．科教文汇，2008（11）：31.

［7］苏晓晋，武珺，曹瑛．大学生创新创业能力现状及培养途径［J］．中国高校科技，2011（11）：76-77.

［8］施颂华．深圳大学生创新创业能力培养探析［J］．特区实践与理论，2010（4）：91-94.

[9] 张媚 . 个性化教育视角下大学生创新创业能力培养研究［ D ］. 长安大学，2016.
[10] 杨延朋 . 基于互联网 + 的大学生创新创业能力培养策略研究 [J]. 山东社会科学，2016（S1）：321–322.
[11] 贾淑红，王晓宇 . 创新创业能力与创新能力的培养［ J ］. 河北理工大学学报（社会科学版），2006（1）：139–140.
[12] 张洪儒，谢志英 . 大学生创新教育培育与高职专业教育体系的相融性［ J ］. 继续教育研究，2012（5）：111–112.
[13] 王丽芹，刘凤先 . 高校创新人才培养的路径及其制度创新［ J ］. 理论导刊，2009（2）：94–95.
[14] 李勇，洪倩，赵雅甜 . 工商管理类大学生的创新创业能力提升策略研究 [J]. 中国商贸，2014（9）：186–188.
[15] 唐根丽，王艳波 . 大学生创新创业能力培育路径研究 [J]. 四川理工学院学报（社会科学版），2011，26（3）：76–79.
[16] 孙方红，徐萃萍，鲍亚楠，等 . 大学生创新创业能力“特色平台”的构建与实践［ J ］. 创新与创业教育，2016，7（1）：35–37+40.
[17] 孙畅 . 经济管理类专业创业教育实践教学体系构建 [J]. 实验室研究与探索，2014，33（1）：247–251.
[18] 薛祯祯，陈雅 . 基于创新训练计划的大学生创新能力培养方式研究 [J]. 时代教育，2015（13）：170–171.
[19] 陈晶晶，何云峰，马瑞燕 . 农科高校大学生创新创业能力培养的实践与反思 [J]. 中国成人教育，2014（9）：59–61.
[20] 鲁保富 . 论教育现代化与大学生创新创业能力培养［ J ］. 实验技术与管理，2008（2）：143–147.
[21] 陈建 . 基于 SWOT 分析法下的高职学生创业能力培养的研究［ J ］. 职教论坛，2014（18）：27–31.
[22] 何婷婷，高彦怡 . 完善大学生创新创业能力培养机制的研究 [J]. 中国成人教育，2013（12）：27–29.
[23] 王桂莲，周海波，潘佳卉，等 . 包装工程人才创新创业能力培养途径的研究［ J ］. 经济师，2014（5）：19–20.
[24] 孙滢悦，石丹，董阿丹 . 基于 CDIO 教育理念的旅游管理专业学生创新创业能力培养［ J ］. 湖北函授大学学报，2017，30（22）：1–2+8.
[25] 曹剑辉，周合兵，罗一帆 . 大学生创新创业教育模式［ J ］. 实验室研究与探索，2010（8）：195–198.
[26] 李梁 . 地方应用型本科院校土建类大学生创新创业能力培养模式探索［ J ］. 教育与职业，2014（6）：50–52.

[27] 马慧敏 . 大学生创新创业能力三位一体培养体系研究[J]. 教育理论与实践，2012，32(36)：12-14.

[28] 阚兴辉 . 产学研合作提高应用型人才创新创业能力 [J]. 中国高校科技，2014 (9)：86-87.

[29] 王慧 . 关于高职电子商务创新创业实践平台的构建 [J]. 职教论坛，2011 (29)：43-44，47.

[30] 王云涛 . 大学生创新创业能力提升之系统工程论 [J]. 学术交流，2013 (10)：213-216.

[31] 贺坤，赵扬，张志国，等 . 风景园林专业创新创业实践教学平台构架[J]. 实验室研究与探索，2014，33 (9)：184-187，219.

[32] 梁小婉，沈小娟，林峰 . 高职实训基地与学生创新创业能力的实证研究[J]. 实验技术与管理，2010，27 (2)：10-12，20.

[33] 左军 . 地方本科院校工科学生创新创业能力培养的实践探索[J]. 中国大学教学，2010(9)：81-83.

[34] 王方国 . 基于实践教学改革的大学生创新创业能力培养研究 [J]. 高教学刊，2015 (3)：64-65，67.

[35] 徐红罡，张朝枝 . 中外旅游教育比较分析与启示 [J]. 旅游学刊，2004 (S1)：26-30.

[36] 马勇，唐娟 . 旅游管理专业人才培养模式与质量保证体系研究 [J]. 旅游学刊，2003 (S1)：127-130.

[37] 王颖 . "十二五"背景下我国旅游管理专业人才培养模式构建研究[J]. 当代教育理论与实践，2013 (4)：38-40.

[38] 黄潮，何燕 . 服务地方发展的创新创业人才培养的实践路径研究——以玉林师范学院旅游管理专业为例 [J]. 科技视界，2017 (3)：56-57.

[39] 周圩 . 创新创业教育与旅游管理专业教育深度融合的探究 [J]. 旅游纵览（下半月），2017 (11)：222-223.

[40] 张培茵，赵阳，石长波 . 关于旅游人才培养模式和教育方法的思考与实践 [J]. 旅游学刊，2004 (S1)：113-116.

[41] 马宏丽 . 基于行业需求的高校旅游管理类专业人才培养模式创新 [J]. 教育教学论坛，2013 (41)：108-110，94.

[42] 徐波 . "互联网 +" 战略下的旅游管理专业大学生创新创业策略研究 [J]. 时代金融，2017 (33)：261，264.

[43] 江露露 . 美国大学生创新创业教育实践——基于《创新和创业型大学：聚焦高等教育创新和创业》的分析 [J]. 世界教育信息，2016 (21)：20-26，33.

[44] 包水梅，杨冬 . 美国高校创新创业教育发展的基本特征及其启示——以麻省理工学院、斯坦福大学、百森商学院为例 [J]. 高教探索，2016 (11)：62-70.

[45] 刘荣 . 美日大学创新创业教育的特点及启示 [J]. 学校党建与思想教育，2017 (3)：94-

96.
[46] 魏东初 . 国外大学生创业教育的经验与借鉴 [J]. 思想教育研究，2013（7）：106-109.
[47] 田玉敏 . 国外高校创新创业教育的理念、模式与路径 [J]. 中国国情国力，2016（4）：64-66.
[48] 邵蕾，谢春山 . 国外高等教育改革的路径探讨 [J]. 广东农工商职业技术学院学报，2016（2）：54-58.
[49] 路萍，张娟 . 国外高职院校旅游管理专业人才培养模式研究 [J]. 求知导刊，2016（12）：139-140.
[50] 李双 . 国外高校创新创业教育模式对我国高校的启示 [J]. 亚太教育，2016（31）：272.
[51] 张培茵，赵阳，石长波 . 关于旅游人才培养模式和教育方法的思考与实践 [J]. 旅游学刊，2004（7）：113-116.
[52] 林雪治 . 应用型高校创新创业教育课程体系构建研究 [J]. 河北农业大学学报，2015（10）.
[53] 水梅，张昊詹，碧华宇，等 . 美国创新创业教育课程建设研究 [J]. 经济研究导刊，2015（6）：252-253.
[54] 程丹，赵建，詹增荣 . 国外高校协同创新创业教育模式探讨及其对我国的启示 [J]. 科技创业月刊，2014，27（12）：42-44.
[55] 傅维利，陈静静 . 国外高校学生实践能力培养模式研究 [J]. 教育科学，2015（1）：52-56.
[56] 郝杰，吴爱华，侯永峰 . 美国创新创业教育体系的建设与启示 [J]. 高等工程教育研究，2016（2）：7-12.
[57] 范志勇，刘雨桐 . 国外大学生实践能力培养模式思考与借鉴 [J]. 商业经济，2017（1）：173-175.
[58] 王菡，周慧玲，郭莉 . "五位一体"创新创业实践教育体系构建分析 [J]. 北京教育：高教，2017（2）：61-63.
[59] 马永斌，柏喆 . 创新创业教育课程生态系统的构建途径——基于清华大学创业教育的案例分析 [J]. 高等工程教育研究，2016（5）：137-140.
[60] 钱淑霞，于彦华，李青澍，等 . 高等教育转型背景下地方本科院校"双师型"教师队伍建设初探——以吉林农业大学为例 [J]. 黑龙江畜牧兽医，2017（13）：257-259.
[61] 曾晴，高建华，胡晶晶 . "互联网 +"时代高职学生创新创业团队建设研究 [J]. 科技创业月刊，2018，31（3）：73-76.

旅游高职高专院校核心专业竞争力排名研究报告（2018）

中国旅游协会旅游教育分会　浙江省旅游发展研究中心
浙江旅游职业学院高职教育研究所

旅游高职高专院校核心专业竞争力排行榜是最早针对国内旅游高职高专院校的核心专业进行重点评价的排行榜。2015 年，由中国旅游协会旅游教育分会委托，浙江省旅游发展研究中心、浙江旅游职业学院高职教育研究所承担的中国 22 所旅游高职高专核心专业竞争力排行榜发布，在全国范围内对 22 所旅游高职高专院校进行排名，客观反映出各省各地旅游高等职业教育的发展水平。2018 年，中国旅游协会旅游教育分会、浙江省旅游发展研究中心及浙江旅游职业学院高职教育研究所对国内 24 所旅游高职高专院校的 15 个核心专业进行调查，形成 2018 年 24 所旅游高职高专院校核心专业竞争力排行榜。

一、研究情况

为了向学生和社会人士了解旅游类专业发展和质量提供全面、科学、合理、客观的参考，中国旅游协会旅游教育分会、浙江省旅游发展研究中心、浙江旅游职业学院高职教育研究所联合进行旅游高职高专院校核心专业竞争力研究，每三年公布一次评价排名。

对比 2015 年旅游高职高专院校核心专业竞争力排名研究，2018 年旅游高职高专院校核心专业竞争力排名研究在以下四个方面作出调整：

（一）调查院校

本次研究以全国 24 所独立建制旅游高职高专院校作为研究对象进行分析，其中新增院校 3 所，分别是广东酒店管理职业技术学院（2016 年建校）、三亚中瑞酒店管理职业学院（2017 年建校）、江苏旅游职业学院（2017 年升格为高职院校）；减少院校 1 所，是桂林旅游高等专科学校（2016 年升格为本科院校）。

（二）调查专业

本次研究以旅游高职高专院校的15个核心专业作为研究对象进行分析，其中新增专业2个，分别是国际邮轮乘务专业（600302）和高尔夫球运动与管理专业（670405）。因本次参评院校分别达到9所与5所，所以将两个专业纳入本次研究范围。

（三）评价时间

本次研究所有统计数据时间截至2017年12月31日。

（四）数据来源

本次研究得到中国旅游协会旅游教育分会和会员单位的大力支持，2017年4—6月进行数据采集，7—8月全面核查数据的真实性、准确性和合理性。原始数据主要来自于评价院校的直接数据采集，项目组通过发函的方式，直接与评价对象取得联系，获取相关数据和信息。本次评价中70%的基础数据来自于此项调查。此外通过评价院校的官方网站、教育和旅游有关行政管理部门的数据资料、第三方机构等渠道获取数据（见表1）。

表1　24所旅游高职高专院校及参加排名专业名单一览

	院校名称	参加排名专业	专业数
1	上海旅游高等专科学校	旅游管理、酒店管理、休闲服务与管理、餐饮管理与服务、烹调工艺与营养、西餐工艺、会展策划与管理、旅游英语、旅游日语	9
2	浙江旅游职业学院	国际邮轮乘务管理、空中乘务、旅游管理、导游、旅行社经营管理、景区开发与管理、酒店管理、休闲服务与管理、餐饮管理与服务、烹调工艺与营养、西餐工艺、会展策划与管理、旅游英语、旅游日语、高尔夫球运动与管理	15
3	南京旅游职业学院	空中乘务、旅游管理、导游、旅行社经营管理、酒店管理、餐饮管理与服务、烹调工艺与营养、西餐工艺、会展策划与管理、旅游英语、旅游日语、高尔夫球运动与管理	12
4	山东旅游职业学院	国际邮轮乘务管理、空中乘务、旅游管理、导游、旅行社经营管理、景区开发与管理、酒店管理、餐饮管理与服务、烹调工艺与营养、西餐工艺、会展策划与管理、旅游英语、旅游日语、高尔夫球运动与管理	14
5	郑州旅游职业学院	国际邮轮乘务管理、空中乘务、旅游管理、导游、旅行社经营管理、景区开发与管理、酒店管理、休闲服务与管理、餐饮管理与服务、烹调工艺与营养、西餐工艺、会展策划与管理、旅游英语、旅游日语、高尔夫球运动与管理	15
6	河北旅游职业学院	国际邮轮乘务管理、空中乘务、旅游管理、导游、旅行社经营管理、酒店管理、休闲服务与管理、烹调工艺与营养、旅游英语、旅游日语	10
7	郑州商贸旅游职业学院	空中乘务、旅游管理、酒店管理	3
8	陕西旅游烹饪职业学院	旅游管理、酒店管理、餐饮管理与服务、烹调工艺与营养	4
9	太原旅游职业学院	空中乘务、国际邮轮乘务管理、旅游管理、导游、景区开发与管理、酒店管理、烹调工艺与营养、西餐工艺、会展策划与管理、旅游英语	10

续表

	院校名称	参加排名专业	专业数
10	山西旅游职业学院	空中乘务、旅游管理、导游、景区开发与管理、酒店管理、烹调工艺与营养、会展策划与管理、旅游英语、旅游日语	9
11	黑龙江旅游职业技术学院	国际邮轮乘务管理、空中乘务、旅游管理、导游、旅行社经营管理、酒店管理、烹调工艺与营养、西餐工艺、会展策划与管理	9
12	青岛酒店管理职业技术学院	国际邮轮乘务管理、空中乘务、旅游管理、酒店管理、会展策划与管理、烹调工艺与营养、西餐工艺	7
13	江西旅游商贸职业学院	空中乘务、旅游管理、导游、酒店管理、旅游日语	5
14	长沙商贸旅游职业技术学院	空中乘务、旅游管理、导游、酒店管理、休闲服务与管理、餐饮管理与服务、烹调工艺与营养、西餐工艺、会展策划与管理	9
15	湖南高尔夫旅游职业学院	空中乘务、旅游管理、酒店管理、休闲服务与管理、高尔夫球运动与管理	5
16	三峡旅游职业技术学院	国际邮轮乘务管理、空中乘务、旅游管理、旅行社经营管理、导游、景区开发与管理、酒店管理、休闲服务与管理、烹调工艺与营养、会展策划与管理、旅游英语	11
17	三亚航空旅游职业学院	空中乘务、酒店管理、烹调工艺与营养	3
18	安徽旅游职业学院	空中乘务、旅游管理、导游、酒店管理、旅游英语	5
19	重庆旅游职业学院	空中乘务、旅游管理、旅行社经营管理、导游、景区开发与管理、酒店管理、烹调工艺与营养、旅游英语	8
20	云南旅游职业学院	空中乘务、旅游管理、旅行社经营管理、导游、景区开发与管理、酒店管理、休闲服务与管理、餐饮管理与服务、烹调工艺与营养、西餐工艺、旅游英语	11
21	舟山群岛新区旅游与健康职业学院	空中乘务、导游、酒店管理、休闲服务与管理	4
22	三亚中瑞酒店管理学院	国际邮轮乘务管理、旅游管理、酒店管理、西餐工艺	4
23	江苏旅游职业学院	酒店管理、旅游管理、烹调工艺与营养	3
24	广东酒店管理职业技术学院	空中乘务、酒店管理、餐饮管理与服务、烹调工艺与营养、西餐工艺、会展策划与管理	6

二、评价指标

评价指标与2015年首次评价保持一致，包括5项高职旅游类专业竞争力评价的基本指标：专业规模、专业生师比、高级职称比、新生报到率、毕业起薪率，以及标志性成果加分项目，即“5+1”的评价指标。专业规模权重为10%，师资队伍权重（专业生师比、高级职称比）为30%，应用型人才培养质量（新生报到率、毕业起薪率）权重为

60%，标志性成果不纳入权重比例，但作为加分指标纳入评价体系（见表2）。

表2　高职高专旅游类专业评价指标体系

指标类别	指标内容	分值区间	观测点释义	分值
基本指标	专业规模	0~10分	全日制在校学生规模达400人以上	10
			全日制在校学生规模	每40人计1分
	专任教师生师比	0~15分	在校学生与专业教师数量比例20∶1以内	15
			40∶1以内	10
			40∶1以上或专业规模在40人以下	5
	高级职称比例	0~15分	专业教师高级职称比30%以上	15
			达到20%以上	10
			20%以下	5
	新生报到率	0~30分	新生报到率达到95%以上	30
			达到90%以上	20
			未达90%	10
	毕业起薪率	0~30分	毕业后一年跟踪调查人均月起薪水平超过3000元	30
			毕业后一年跟踪调查人均月起薪水平2500~3000元	20
			毕业后一年跟踪调查人均月起薪水平2500元以下	10
加分指标	国家项目、教学资源	0~5分	国家社科/自然基金项目	每项3分（A）
			国家教学团队、国家教学名师、央财支持的重点专业、实验实训室	每项2分（B）
			教育部人文社科项目、国家旅游局项目	每项1分（C）
	国家级成果奖	0~5分	国家优秀教学成果奖	一等奖3分（D1） 二等奖2分（D2）
			教育部优秀科研成果奖、国家旅游局优秀科研成果奖	一等奖3分（E1） 二等奖2分（E2）

三、排名说明

本排行榜对全国24所旅游类高职院校所开设的15个旅游类专业进行调研与数据采集，并按相应权重进行统计与分析，按照某一专业的综合得分高低排出参评院校的名次。为方便查询，排行榜公布的顺序以专业代码从小到大升序排列，同时根据专业的综合得分进行星级备注，90分（含）以上标注五星，80分（含）以上标注四星，70分（含）以上标注三星，60分（含）以上标注两星，60分以下标注一星。

当参评院校为10所及以上时，榜单公布前10名，当参评院校为5~9所时，榜单公布前5名，当参评院校为5所以下时，榜单公布前3名，其中名次相同的院校，按字母顺序排列。

四、结果分析

根据数据采集结果和评价指标体系，本研究最终成果是《24 所旅游高职高专院校核心专业竞争力排行榜（2018）》（附件）。根据排名情况，结合 2015 年排名情况进行对比分析，得出以下结论：

（一）“五星联盟”院校在旅游高等职业教育中的“领头雁”效应依然持续

旅游高职院校发展格局比较合理，持续保持金字塔形状的以“五星联盟”院校为引领的旅游高等职业教育院校发展梯队。从两次旅游高职高专院校核心专业竞争力排名来看，“五星联盟”院校仍然引领旅游职业教育发展。15 个核心专业中最具竞争力的榜首，除湖南高尔夫旅游职业学院的高尔夫球运动与管理专业外，其他 14 个专业全部都被五星联盟院校占据（见表 3），其中浙江旅游职业学院排名第一的专业 8 个、上海旅游高等专科学校排名第一的专业 3 个、南京旅游职业学院排名第一的专业 2 个、山东旅游职业学院排名第一的专业 1 个。传统“五星联盟”院校在旅游职教界有着很强的竞争实力和良好的社会口碑，“领头雁”效应在当下及很长时间内依然会持续存在，整体实力变动不会很大。

表 3　15 个核心专业排名第一的院校一览

序号	专业名称	2015 年排名第一院校	2018 年排名第一院校
1	空中乘务	浙江旅游职业学院	浙江旅游职业学院
2	旅游管理	桂林旅游高等专科学校	上海旅游高等专科学校
3	导游	浙江旅游职业学院	浙江旅游职业学院
4	旅行社经营管理	山东旅游职业学院	山东旅游职业学院
5	景区开发与管理	浙江旅游职业学院	浙江旅游职业学院
6	酒店管理	山东旅游职业学院	南京旅游职业学院
7	会展策划与管理	浙江旅游职业学院	上海旅游高等专科学校
8	休闲服务与管理	浙江旅游职业学院	浙江旅游职业学院
9	餐饮服务与管理	浙江旅游职业学院	上海旅游高等专科学校
10	烹饪工艺与营养	南京旅游职业学院	南京旅游职业学院
11	西餐工艺	上海旅游高等专科学校	浙江旅游职业学院
12	旅游英语	浙江旅游职业学院	浙江旅游职业学院
13	旅游日语	浙江旅游职业学院	浙江旅游职业学院
14	国际邮轮乘务管理	—	浙江旅游职业学院

续表

序号	专业名称	2015 年排名第一院校	2018 年排名第一院校
15	高尔夫球运动与管理	—	湖南高尔夫旅游职业学院

不仅如此，除青岛酒店管理职业技术学院的酒店管理专业、江苏旅游职业学院的烹饪工艺与营养专业各自在本专业排名第二外，排行榜前三名基本都被“五星联盟”院校包揽。

（二）旅游高职高专院校“新秀”崛起，旅游高等职业教育格局趋向多元

排行榜上排名进步最大的专业是云南旅游职业学院的景区开发与管理专业，从2015年第10名上升到2018年的第3名，成功晋升全国景区开发与管理专业前三甲（见表4）。专业评价从一星到四星，说明该学院在该专业内涵建设上夯实基础，实现突飞猛进。排名进步较大的有：郑州旅游职业学院的空中乘务专业、山东旅游职业学院的旅游管理专业和导游专业、太原旅游职业学院的旅游管理专业等。特别值得一提的是湖南高尔夫旅游职业学院的高尔夫球运动与管理专业和江苏旅游职业学院的烹饪工艺与营养专业，首次参加专业排名，分获两个专业排名的第一和第二，前者具备较好的高尔夫球运动与管理专业的基础和资源并持续将该专业作为重点专业发展，后者则与该校前身扬州市烹饪学校的基础密切相关。

另外，上海旅游高等专科学校和浙江旅游职业学院的餐饮服务与管理专业，不仅在排名上仍保持在前两位，而且专业评价得分进步较大，从三星升至五星。三峡旅游职业学院与黑龙江旅游职业技术学院的旅行社经营管理专业进入前五。

表 4　排行榜增幅较大的专业

学校名称	专业名称	2015 年排名	2018 年排名	排名变化
云南旅游职业学院	景区开发与管理	10（一星）	3（四星）	↑7
郑州旅游职业学院	空中乘务	10（四星）	5（五星）	↑5
山东旅游职业学院	旅游管理	6（五星）	2（五星）	↑4
山东旅游职业学院	导游	7（四星）	3（五星）	↑4
太原旅游职业学院	旅游管理	9（四星）	6（五星）	↑3

随着国家示范、国家骨干、优质校等国家级建设工程的实施，各省也纷纷开展同类项目的培育和建设工作，加上旅游职业教育界的交流频繁，各院校之间的交流、学习、借鉴、竞争日益增多和加强，高职院校的层次性逐渐显现，院校之间也呈现出你追我赶的竞争局面。有的院校因为办学定位、地理位置等局限，渐渐被后来者赶超；有的专业则能抓住行业发展契机和利用学校发展平台，把握政策机遇，促进转型跨越，实现脱颖而出或更进一步。

（三）旅游业态变化促使旅游专业布局变化日益加快

与 2015 年排名相比，本次排名中新增了国际邮轮乘务管理专业和高尔夫球运动与管理专业。其中国际邮轮乘务管理专业参评院校达到 9 所，云南旅游职业学院因国际邮轮乘务专业 2018 年首次招生尚未参加本次排名研究。高尔夫球运动与管理专业参评院校达到 5 所。这与近年来邮轮行业和高尔夫球行业发展势头迅猛、社会需求旺盛密不可分。与此相反，景区开发与管理专业出现堪忧的发展情况，本次研究中参评院校从两年前的 11 所减少到本年度的 8 所，其中南京旅游职业学院、黑龙江旅游职业技术学院的景区开发与管理专业已经停招。这与景区行业面临转型升级的发展瓶颈、景区人才培养面临重大挑战息息相关。

（四）个别院校和专业数据不完整，导致专业评价存在局限性

本次排名评价中，部分院校及部分专业未直接反馈数据或数据提供不完整，部分院校及部分专业提供的数据科学性不足、异常度高，课题组通过网上和第三方获取的数据有较大的局限性，可能对个别专业的评价产生影响。尤其是个别实力较强的专业，如 2015 年排名评价中空中乘务专业排名第三的三亚航空旅游职业学院数据不完整，影响了空中乘务专业的调查评价结果。

五、研究建议

（一）进一步提高评价质量

课题组将本次排名结果与 2017 年教育部、原国家旅游局公布的全国职业院校旅游类示范专业点进行了比对，24 所院校中，河北旅游职业学院、青岛酒店管理职业技术学院、黑龙江旅游职业技术学院的旅游管理专业，太原旅游职业学院、云南旅游职业学院、浙江旅游职业学院的导游专业，上海旅游高等专科学校、南京旅游职业学院、江西旅游商贸职业学院、山东旅游职业学院、郑州旅游职业学院的酒店管理专业，上海旅游高等专科学校的会展策划与管理专业，长沙商贸旅游职业技术学院、浙江旅游职业学院的景区开发与管理等专业被评为示范专业，以上 12 所院校的 16 个专业进入排行榜，上榜率达到 88%，间接验证本次排名评价研究有较好的可信度、有效度。

（二）进一步提高数据的可靠性

评价排名在数据获取时存在局限性，为更加科学、合理、客观、公正地评价旅游高职院校的核心专业发展状况，各旅游高职院校应承担起为旅游高等职业教育整体质量提升的使命和责任，以更加积极、认真、开放的态度参与专业调查评价。

（三）进一步深化研究成果的分析

五星联盟院校间专业排名比较均衡，各院校各有传统优势专业，竞争格局合理。其他旅游高职院校专业排名波动比较大，个体偶然因素影响大，竞争力的构成要素不稳定。公办旅游高职院校和民办旅游高职院校间差距比较大，民办院校专业竞争力普遍不如公办院校开设专业。旅游高职院校发展的主要方向应促进院校交流合作，准确寻求办学定位，合理布局优势专业。

（四）进一步指导院校专业的设置

旅游职业教育指导部门要研究和做好专业布局的指导工作，应及时调整竞争力不强、落后于行业需求和现代职业教育要求的专业，关注和支持旅游新业态下新专业的发展，旅游高职院校应重视夯实专业发展基础、规范专业发展路径、凸显专业特色、注重专业效益。

附　件

24所旅游高职高专院校核心专业竞争力排行榜

中国旅游协会旅游教育分会
浙江省旅游发展研究中心
浙江旅游职业学院高职教育研究所
二〇一八年八月

关于高职高专旅游类专业核心竞争力排行榜的说明

本排行榜对全国 24 所旅游类高职院校所开设的 15 个旅游类专业进行调研与数据采集，并按相应权重进行统计与分析，按照某一专业的综合得分高低排出参评院校的名次。为方便查询，排行榜公布的顺序以专业代码从小到大升序排列，同时根据专业的综合得分进行星级备注，90 分（含）以上标注五星，80 分（含）以上标注四星，70 分（含）以上标注三星，60 分（含）以上标注两星，60 分以下标注一星。

当参评院校为 10 所及以上时，榜单公布前 10 名，当参评院校为 5~9 所时，榜单公布前 5 名，当参评院校为 5 所以下时，榜单公布前 3 名，其中名次相同的院校，按字母顺序排列。

特此说明。

中国旅游协会旅游教育分会
浙江省旅游发展研究中心
二〇一八年八月三十日

高职高专旅游类核心专业竞争力评价指标体系

指标类别	指标内容	分值区间	观测点释义	分值
基本指标	专业规模	0~10分	全日制在校学生规模达400人以上	10
			全日制在校学生规模	每40人计1分
	专任专业教师生师比	0~15分	在校学生与专业教师数量比例为20∶1以内	15
			在校学生与专业教师数量比例为30∶1以内	12
			为40∶1以内	10
			为40∶1以上	5
	专任专业教师高级职称比例	0~15分	专业教师高级职称比30%以上	15
			专业教师高级职称比20%以上	12
			达到10%以上	10
			10%以下	5
基本指标	新生报到率	0~30分	新生报到率达到90%以上	30
			新生报到率达到80%以上	25
			达到75%以上	20
			75%以下	10
	毕业起薪率	0~30分	毕业后一年跟踪调查人均月起薪水平超过3000元	30
			毕业后一年跟踪调查人均月起薪水平超过2500元	25
			毕业后一年跟踪调查人均月起薪水平2000元以上	20
			毕业后一年跟踪调查人均月起薪水平2000元以下	10
加分指标	科研项目 教学资源	不限	国家社科/自然基金项目	每项3分（A）
			国家级教学团队、国家级教学名师	每项2分（B）
			教育部人文社科项目、国家旅游局项目	每项1分（C）
	教科研成果奖	不限	国家级教学成果奖	特等奖5分（D1） 一等奖3分（D2） 二等奖2分（D3）
			教育部优秀科研成果奖、国家旅游局优秀科研成果奖	一等奖2分（E1） 二等奖1分（E2）

600302　全国旅游院校

国际邮轮乘务管理专业排名

学校	得分	星级	排名
浙江旅游职业学院	90	★★★★★	1
山东旅游职业学院	87	★★★★	2
郑州旅游职业学院	85	★★★★	3
太原旅游职业学院	71	★★★	4
河北旅游职业学院	65	★★	5

备　注：参评院校 9 所

600405　全国旅游院校

空中乘务专业排名

学校	得分	星级	排名
浙江旅游职业学院	98	★★★★★	1
南京旅游职业学院	97	★★★★★	2
山东旅游职业学院	95	★★★★★	3
三亚航空旅游职业学院	94	★★★★★	4
郑州旅游职业学院	90	★★★★★	5
太原旅游职业学院	88	★★★★	6
河北旅游职业学院	86	★★★★	7
三峡旅游职业技术学院	84	★★★★	8
青岛酒店管理职业技术学院	76	★★★	9
郑州商贸旅游职业学院	75	★★★	10

备　注：参评院校 20 所

640101　全国旅游院校

旅游管理专业排名

学校	得分	星级	排名
上海旅游高等专科学校	97	★★★★★	1
山东旅游职业学院	95	★★★★★	2
青岛酒店管理职业技术学院	94	★★★★★	3
南京旅游职业学院		★★★★★	
浙江旅游职业学院	93	★★★★★	5
太原旅游职业学院	92	★★★★★	6
河北旅游职业学院	90	★★★★★	7
江西旅游商贸职业学院	90	★★★★★	
黑龙江旅游职业技术学院	85	★★★★	9
三峡旅游职业技术学院	84	★★★★	10

备　注：参评院校 21 所

640102　全国旅游院校

导游专业排名

学校	得分	星级	排名
浙江旅游职业学院	96	★★★★★	1
南京旅游职业学院	94	★★★★★	2
山东旅游职业学院	92	★★★★★	3
郑州旅游职业学院	90	★★★★★	4
太原旅游职业学院	89	★★★★	5
云南旅游职业学院		★★★★	
河北旅游职业学院	87	★★★★	7
三峡旅游职业技术学院		★★★★	

续表

学校	得分	星级	排名
山西旅游职业学院	84	★★★★	9
重庆旅游职业学院	83	★★★★	10

备 注：参评院校 15 所

640103 全国旅游院校

旅行社经营管理专业排名

学校	得分	星级	排名
山东旅游职业学院	96	★★★★★	1
浙江旅游职业学院	94	★★★★★	2
郑州旅游职业学院	92	★★★★★	3
三峡旅游职业技术学院	85	★★★★	4
黑龙江旅游职业技术学院	76	★★★	5

备 注：参评院校 9 所

640104 全国旅游院校

景区开发与管理专业排名

学校	得分	星级	排名
浙江旅游职业学院	96	★★★★★	1
山东旅游职业学院	95	★★★★★	2
云南旅游职业学院	87	★★★★	3
郑州旅游职业学院	85	★★★★	4
太原旅游职业学院	83	★★★★	5

备 注：参评院校 8 所

640105 全国旅游院校

酒店管理专业排名

学校	得分	星级	排名
南京旅游职业学院	95	★★★★★	1
青岛酒店管理职业技术学院	94	★★★★★	2
上海旅游高等专科学校	93	★★★★★	3
浙江旅游职业学院		★★★★★	
山东旅游职业学院	92	★★★★★	5
郑州旅游职业学院	90	★★★★★	6
云南旅游职业学院	89	★★★★	7
太原旅游职业学院	88	★★★★	8

续表

学校	得分	星级	排名
江西旅游商贸职业学院	86	★★★★	9
河北旅游职业学院	82	★★★★	10

备　注：参评院校 24 所

640106　全国旅游院校

休闲服务与管理专业排名

学校	得分	星级	排名
浙江旅游职业学院	90	★★★★★	1
郑州旅游职业学院	79	★★★	2
云南旅游职业学院	76	★★★	3
三峡旅游职业技术学院	75	★★★	4
上海旅游高等专科学校	68	★★	5

备　注：参评院校 9 所

640201　全国旅游院校

餐饮管理与服务专业排名

学校	得分	星级	排名
上海旅游高等专科学校	96	★★★★★	1
浙江旅游职业学院	94	★★★★★	2
山东旅游职业学院	92	★★★★★	3
郑州旅游职业学院	90	★★★★★	4
云南旅游职业学院	74	★★★	5

备　注：参评院校 9 所

640202　全国旅游院校

烹调工艺与营养专业排名

学校	得分	星级	排名
南京旅游职业学院	95	★★★★★	1
江苏旅游职业学院	93	★★★★★	2
浙江旅游职业学院	92	★★★★★	3
上海旅游高等专科学校	90	★★★★★	4
郑州旅游职业学院	89	★★★★	5
山东旅游职业学院	85	★★★★	6
云南旅游职业学院	83	★★★★	7
青岛酒店管理职业技术学院	80	★★★★	8

续表

学校	得分	星级	排名
山西旅游职业学院	77	★★★	9
三峡旅游职业技术学院	75	★★★	10

备　注：参评院校 18 所

640205　全国旅游院校

西餐工艺专业排名

学校	得分	星级	排名
浙江旅游职业学院	94	★★★★★	1
上海旅游高等专科学校	90	★★★★★	2
南京旅游职业学院	86	★★★★	3
山东旅游职业学院	80	★★★★	4
青岛酒店管理职业技术学院	79	★★★	5
太原旅游职业学院	78	★★★	6
广东酒店管理职业技术学院	77	★★★	7
黑龙江旅游职业技术学院	75	★★★	8
长沙商贸旅游职业技术学院	72	★★★	9
郑州旅游职业学院	70	★★★	10

备　注：参评院校 12 所

640301　全国旅游院校

会展策划与管理专业排名

学校	得分	星级	排名
上海旅游高等专科学校	96	★★★★★	1
浙江旅游职业学院	93	★★★★★	2
山东旅游职业学院	91	★★★★★	3
青岛酒店管理职业技术学院	90	★★★★★	4
山西旅游职业学院		★★★★★	
太原旅游职业学院	88	★★★★	6
黑龙江旅游职业技术学院	85	★★★★	7
郑州旅游职业学院	78	★★★	8
长沙商贸旅游职业技术学院	75	★★★	9
南京旅游职业学院	74	★★★	10

备　注：参评院校 12 所

670204　全国旅游院校

旅游英语专业排名

学校	得分	星级	排名
浙江旅游职业学院	96	★★★★★	1
山东旅游职业学院	95	★★★★★	2
南京旅游职业学院	92	★★★★★	3
郑州旅游职业学院	90	★★★★★	4
上海旅游高等专科学校	89	★★★★	5
太原旅游职业学院	83	★★★★	6
河北旅游职业学院	82	★★★★	7
云南旅游职业学院	77	★★★	8
重庆旅游职业学院	70	★★★	9
山西旅游职业学院	68	★★	10

备　注：参评院校 12 所

670207　全国旅游院校

旅游日语专业排名

学校	得分	星级	排名
浙江旅游职业学院	95	★★★★★	1
山东旅游职业学院	92	★★★★★	2
上海旅游高等专科学校	91	★★★★★	3
郑州旅游职业学院	89	★★★★	4
江西旅游商贸职业学院	85	★★★★	5

备　注：参评院校 8 所

670405　全国旅游院校

高尔夫球运动与管理专业排名

学校	得分	星级	排名
湖南高尔夫旅游职业学院	92	★★★★★	1
山东旅游职业学院	89	★★★★	2
浙江旅游职业学院	79	★★★	3
郑州旅游职业学院	77	★★★	4
南京旅游职业学院	72	★★★	5

备　注：参评院校 5 所

从校企合作到产教融合

——以南京旅游职业学院酒店管理专业为例

周春林　洪　涛　孙爱民[①]

南京旅游职业学院在40年的办学历程中，深耕旅游酒店行业，继承并创新“前店后院、工学结合”的育人模式，不断完善校企合作育人机制，在酒店管理专业产教融合实践方面取得了一系列新成果。2012年以来连续8年在全国职业院校技能大赛酒店管理类赛项中保持全国第一方阵的位置，2013年、2017年两度获得江苏省教学成果奖一等奖，2014年获得国家级教学成果奖二等奖，2015年入选江苏省高职旅游类专业唯一A类品牌专业建设点，2016年酒店经营管理虚拟仿真实训平台入选江苏省高等职业教育产教深度融合实训平台，2017年酒店管理专业入选“全国职业院校旅游类示范专业点”、御冠教学酒店成为“全国旅游职业教育校企合作示范基地”。这些成绩的取得，与学校立足行业办专业，校企合作建专业、产教融合育人才密不可分。

一、校企合作的历史考察

（一）国际校企合作发展历程

一般认为校企合作思想的萌芽始于美国1862年通过的《莫里尔赠地法》，在法案中明确规定了受赠土地的大学有义务要教育从事农业及机械业有关的就业知识。20世纪初，以辛辛那提大学同几家大企业合作培养27名技术学生为开端，大学与企业的合作进入联合培养人才和建立科学研究实验室的阶段。

“二战”时期及之后，美国政府加大推进高校与企业合作，从“政府—企业—大学联合实验室”到“大学—工业合作中心”，直到建立隶属于大学的研究和开发园区。斯

---

① 周春林（1966— ），博士，教授，南京旅游职业学院院长，中国旅游协会旅游教育分会副会长；洪涛（1970— ），博士，副教授，南京旅游职业学院酒店管理学院院长；孙爱民（1979— ），硕士，讲师，南京旅游职业学院教务处副处长。

坦福大学的产学研合作及硅谷的成功是美国校企合作发展成熟期的标志。

从 20 世纪 80 年代开始，在政府的资助下，大学与企业合作建立工程研究中心，在大学里营造一种工业的环境，通过研究和开发培养应用型高层次专门人才。在职教领域，现代学徒制兴起，企业成为产学合作的主体。90 年代末至今，职业教育与普通教育整合，学校学习与企业学习整合，双元主体的产学合作成为潮流。

（二）我国校企合作发展历程

我国的校企合作经历了一个由点到面、由低到高、由浅入深的发展过程。高校与企业的合作发展可以追溯到 20 世纪 50、60 年代组织的“两弹一星”的军工研制实验。这种合作攻关是非单纯经济指向的，也不是利益主体之间的合作，而是计划经济体制下的国家调配，与当今的校企合作有着本质的区别。1985 年前后，党中央确立了“经济建设必须依靠科学技术、科学技术工作必须面向经济建设”和“教育必须为社会主义建设服务，社会主义建设必须依靠教育”的战略方针，校企双方在科学研究方面率先合作。1991 年中国产学研合作教育协会在上海成立。1997 年，党的十五大报告中再次强调“有条件的科研机构和大专院校要以不同的形式进入企业或与企业合作，走产学研合作的道路”。此阶段，校企合作主要以科技成果转移为主，成长了一大批高新技术企业和高新技术科技园。

进入 21 世纪，校企合作进入一个新的发展阶段。本着自愿互利、风险共担、利益共享的原则建立广泛的合作，表现形式更加灵活，合作层次更加深入。2010 年 6 月，教育部联合有关部门和行业协（学）会，共同实施“卓越工程师教育培养计划”，旨在培养创新能力强的高质量各类型工程技术人才，为建设创新型国家和人才强国战略服务。在职业教育领域，2008 年《教育部关于进一步深化中等职业教育教学改革的若干意见》明确提出“改革人才培养模式，大力推行工学结合、校企合作、顶岗实习”。2010 年《中等职业教育改革创新行动计划（2010—2012）》指出“坚持育人为本，以教产合作、校企一体和工学结合为改革方向”，并提出了“五个对接”，即“着力推进教育与产业、学校与企业、专业设置与职业岗位、课程教材与职业标准、教学过程与生产过程的深度对接，不断增强中等职业教育服务经济社会发展的针对性和实效性”。

二、党的十八大以来深化产教融合、校企合作的新政

党的十八大以来，《中共中央关于全面深化改革若干重大问题的决定》（2013）从国家发展全局的战略高度确立了未来一段时期我国发展现代职业教育的总体规划和重要方向，即“加快现代职业教育体系建设，深化产教融合、校企合作，培养高素质劳动者和技能型人才”。中央文件中首次出现“产教融合、校企合作”。从此，从顶层设计到具体实施，职业教育模式被高度凝练为“产教融合、校企合作”。

2014年，习总书记对职业教育工作做出重要指示，“要牢牢把握服务发展、促进就业的办学方向，深化体制机制改革，创新各层次各类型职业教育模式，坚持产教融合、校企合作，坚持工学结合、知行合一，引导社会各界特别是行业企业积极支持职业教育，努力建设中国特色职业教育体系。”其后，颁布《国务院关于加快发展现代职业教育的决定》（2014），第一次在国家层面提出职业教育“产教融合”的要求，这是对“产教结合”要求的进一步提升。《现代职业教育体系建设规划（2014—2020年）》明确提出了“推进产业文化进教育、企业文化进校园、职业文化进课堂”。

其后，职业教育产教融合、校企合作专项政策从宏观领域走向微观领域，政策和措施的操作性增强，既关注具体产教融合、校企合作形态，又确立了产教融合、校企合作实施的具体细则。如《教育部关于开展现代学徒制试点工作的意见》（2014）、教育部《关于深入推进职业教育集团化办学的意见》（2015）、《职业学校学生实习管理规定》（2015）、《职业学校教师企业实践》（2016）。

党的十九大之后，国务院办公厅印发《关于深化产教融合的若干意见》（2017，以下简称《意见》），鼓励企业依法参与举办职业教育、高等教育，深化“引企入教”改革，支持校企合作开展生产性实习实训，鼓励企业直接接收学生实习实训。推进职业学校和企业联盟、与行业联合、同园区联结。深化产教融合人才培养改革，将工匠精神培育融入基础教育等。

2018年，教育部等六部委共同发布《职业学校校企合作促进办法》（以下简称《办法》），明确了校企合作的机制为校企主导、政府推动、行业指导和学校企业双主体实施。职业学校和企业可以通过七种形式来开展校企合作活动：①根据就业市场需求，合作设置专业、研发专业标准，开发课程体系、教学标准以及教材、教学辅助产品，开展专业建设；②合作制订人才培养或职工培训方案，实现人员互相兼职，相互为学生实习实训、教师实践、学生就业创业、员工培训、企业技术和产品研发、成果转移转化等提供支持；③根据企业工作岗位需求，开展学徒制合作，联合招收学员，按照工学结合模式，实行校企双主体育人；④以多种形式合作办学，合作创建并共同管理教学和科研机构，建设实习实训基地、技术工艺和产品开发中心及学生创新创业、员工培训、技能鉴定等机构；⑤合作研发岗位规范、质量标准等；⑥组织开展技能竞赛、产教融合型企业建设试点、优秀企业文化传承和社会服务等活动；⑦法律法规未禁止的其他合作方式和内容。《意见》和《办法》的出台为“产教融合、校企合作”落地推进提供了依据、指明了方向。

三、产教融合、校企合作面临的困境

2013年，党的十八届三中全会提出“加快现代职业教育体系建设，深化产教融合、校企合作”，到2015年党的十八届五中全会提到“建设现代职业教育体系，推进产教融合、校企合作”，再到2017年党的十九大明确提出的“深化产教融合、校企合作”，国务院办公厅印发《关于深化产教融合的若干意见》一脉相承，充分说明我们党已经把坚持深化产教融合、校企合作作为职业教育改革的主要途径，我们国家也将其作为一项重要方针和重要制度安排来指导新时代我国职业教育的发展。

据说，“产教融合”这个词最早是2011年由无锡职业技术学院率先提出的。2011年，教育部提出职业教育产教融合的时候，还存在不同的声音，产教是否完全要融合到一起？[①] 从目前的实践来看，我国职业教育产教融合、校企合作还存在诸多问题和困难。在宏观层面，职业教育链、人才链与产业链、创新链尚未有机衔接，职业教育中的产教关系还没有实质性的变化。产教融合的运作平台尚未真正建成，比较典型的平台有职教集团和职教基地等也没有充分发挥作用，聚合度不高、成员利益关系不清、“集而不团”的问题比较普遍。在微观层面，产教融合组织管理模式和内部运行机制未能有效建立，行业、企业办学在现有制度环境中被边缘化，企业参与校企合作积极性不高、参与程度不深，行业组织作用发挥不强，职业院校自我创新的环境、动力、机制及人力资源也不足。

四、南旅院校企合作、产教融合的实践

（一）先锋探索阶段：前店后院、院店一体

1978年，南京旅游职业学院的前身——江苏省旅游学校开创了我国酒店管理职业教育的先河，最早的两届毕业生中有在美国大学从事旅游酒店研究的教授，有在国内和国际知名酒店集团担任掌门的董事长或总裁，更多的毕业生成为旅游酒店企业的中坚骨干。学校酒店管理专业的另一支源头是20世纪90年代国家旅游局在南京建立的金陵旅馆管理干部学院和中心大酒店，当时就借鉴瑞士洛桑酒店管理学院的模式，实行“前店后院、院店一体”的教学与经营模式，成为中国早期酒店业人才培养和培训的摇篮。在政府的支持下，两校选派酒店管理专业教师赴瑞士、新加坡集训，编写了中国最早的酒店服务与管理系列教材，以“做中国洛桑”为目标，推进学校和专业建设。2001年，两校合并，中心大酒店从学院剥离，划归政府，“前店后院、院店一体”人才培养模式探索告一段落。

（二）内涵建设阶段：校企合作、理实一体

酒店管理专业不能没有自己的实习酒店或实习餐厅。学校一方面加强与金陵饭店等企业的合作，另一方面在校内建设仿真性实习餐厅，为学生搭建学习实践平台。合并后的两校2007年转制升格为南京旅游职业学院，2008年启动新校区建设，系统规划酒店

① 林宇．在“高职创新发展行动计划实施工作暨骨干专业（群）建设研讨会”上的讲话，2018-06.

管理专业实训基地和教学实习酒店。PA 实训室、布草实训室建设分别得到艺康公司和康乃馨公司的支持，其他专项技能实训室 2010 年被列为“中央财政支持的职业教育实训基地建设项目”。2011 年，在境内外知名酒店（集团）的支持下，国内首家高校酒店博物馆开馆。2012 年，御冠教学酒店奠基，专业教师全程参与酒店建设和筹备工作。2013 年，在旅游行指委的指导下，在南京洲际和苏州书香酒店集团的支持下，校企协办首届全国职业院校技能大赛西餐宴会服务赛项，以赛促教，以赛促学。跟踪和研究酒店信息通信技术应用，与中长石基等企业合作，建成酒店信息系统实训室和酒店财会电算化实训室。校企合作的领域不断扩大，除了传统的学生企业实习外，还共建实训室，共同举办技能竞赛活动等。校企合作内涵更加丰富，共同组织培训，共同研发理实一体课程和校企合作教材，先后有 14 部教材入选“十二五”职业教育国家规划教材。

（三）集成推广阶段：产教融合、院店一体

从 2013 年秋季学期开始，策划并举办“酒店文化周”活动，推进企业文化进校园。每学期一届，至今已经举办 10 届，越来越多的酒店企业走进校园。2014 年，企业冠名的“洲际英才班”获得东区冠军团队。2015 年，酒店管理专业入选江苏省 A 类品牌专业建设点。2016 年，酒店经营管理虚拟仿真实训平台入选江苏省高等职业教育产教深度融合实训平台，与广州问途、江苏卓越公司合作开发酒店在线营销系统和酒店运营虚拟仿真实训系统，创造性建设相关实训室。同时完成了教育部“酒店管理专业企业生产实际教学案例库”建设。依托御冠酒店，重建“前店后院”育人模式，开展“一店（御冠酒店）两院（酒店管理学院、烹饪与营养学院）”现代学徒试点项目，系统建立学生“识岗—跟岗—顶岗”现代酒店学徒模式，《中国教育报》以“南京旅游职业学院工学结合塑酒店现代学徒制新模式”（2018 年 6 月 20 日 08 版）为题进行了专门报道。2017 年，酒店管理专业入选“全国职业院校旅游类示范专业点”、御冠酒店成为“全国旅游职业教育校企合作示范基地”“洲际英才班”获洲际集团年度校企创新合作奖。2018 年，学院代表队在“万礼豪程未来职业挑战赛”勇夺亚军，是全国唯一进入总决赛的高职院校代表队，同时学校还获得“最受行业欢迎奖”。

五、产教融合的酒店管理专业文化建设

（一）更新理念建设专业文化

产教融合是推进产业文化进教育、企业文化进校园、职业文化进课堂、培育特色专业文化的有效途径。“产教融合”包含两层递进含义。第一层为制度上的合作，即行业、企业与高职教育共同作为人才培养主体，基于组织层面开展显性的校企合作活动；第二层为文化上的融合，即专业自身的教学和课程文化与行业文化融合，形成高职特色的专

业文化，以专业文化来影响学生的专业意识和职业素养。专业文化是专业的灵魂和旗帜，是专业发展的驱动力。专业文化包括专业理念、专业精神、专业方向、专业品牌以及师生对专业的认同度和凝聚力等。基于广义课程层面的产教深度融合将“文化”因素纳入到专业建设和教学中，强调专业文化的重要意义，防止片面强调技术导向和岗位适应，这是专业建设、产教融合、校企合作的深层表达。酒店管理专业毕业生高流动率、企业低停留率警示我们要重视和加强专业文化建设。

（二）校企合作开设专业文化课程

专业文化课不同于传统的“专业概论”课。专业文化课程是专业或专业群的通识课，旨在培养学生的专业素养和职业迁移能力。对学生进行专业文化教学，能够让学生了解专业发展历程，专业与社会各个系统的关系，尤其是专业与行业的关系，从而实现对专业的深层次理解，加深职业认同度和职业信心。因此，学校专门开设专业文化课程“酒店概论”，精选校企教师，突出“文化育人”。课程团队精心设计“走近酒店系列讲座”，邀请酒店的高管定期深入课堂，给学生介绍和推广国际知名酒店文化，实现企业文化进校园、职业文化进课堂（见表 1）。

表 1　2017 年秋季学期“走近酒店系列讲座”

品牌酒店集团	时间	地点	主讲人
洲际酒店	10月19日星期四下午1：30	图书馆报告厅	南京绿地洲际酒店人力资源总监林媛
香格里拉酒店	10月26日星期四下午1：30	二号教学楼报告厅	南京香格里拉大酒店人力资源总监徐蓓
四季酒店	11月2日星期四下午1：30	图书馆报告厅	上海浦东四季酒店人力资源总监丁妍
半岛酒店	11月9日星期四下午1：30	图书馆报告厅	上海半岛酒店人力资源总监程红月
万豪国际酒店	11月16日星期四下午1：30	图书馆报告厅	南京华泰万丽酒店人力资源总监夏思
文化东方酒店	11月23日星期四下午1：30	图书馆报告厅	上海浦东文化东方酒店学习与发展部经理刘淼玥、餐饮副总监高瑾
丽思卡尔顿酒店	11月23日星期四下午1：30	二号教学楼报告厅	南京丽思卡尔顿酒店人力资源总监程喜林
希尔顿全球国际酒店	11月30日星期四下午1：30	图书馆报告厅	南京万达希尔顿酒店人力资源总监李琨

（三）提升课程和教学的文化内涵

将专业文化教育渗透到专业教学的全过程中，采取项目化教学、案例教学，在教学中提高学生专业文化认知水平，使学生具有良好的职业技能、职业行为、职业心态和职业道德。通过专业文化在教学中的渗透来加强课程与教学的文化内涵，从而促进专业文化的提升，实现文化内涵和专业技能的双提高。专业文化教育的渗透必须依靠教师，因而教师的行业经验、行业履历、行业认知和认同显得尤为重要。因此，组织教师访谈校友与雇主、开发酒店企业生产实际教学案例库；推荐师生阅读行业名著传记《四季酒店云端筑梦》《威尔逊和他的假日酒店》《里兹－卡尔顿标定奢华》《毫无保留》《鼎泰豊有温度的完美》和《总裁狮子心》等；举办读书会和课程报告会，师生分享和传承酒店专业文化。

（四）精心设计专业文化实践活动

专业文化实践包括富有专业文化气息的实践环境创设和具有丰富专业文化内涵的实践活动开展。举办与行业、企业相关的校园主题活动，如酒店文化周、烹饪文化节或直接到企业开展各类活动，使学生直接感知企业文化或行业文化，能切身感受和体会专业文化。邀请相关企业进校园，连续举办 10 届酒店文化周；组织学生参加万礼豪程项目，赴企业参观体验；组织志愿者参加江苏发展大会（2016）、青奥会（2014）和亚青会（2013）志愿服务；竞标成为第二届夏季青年奥运会青奥村住宿服务供应商，师生共同高质量服务来自全球各地的运动员和教练员。依托御冠酒店情境化工作场所，打造“一店两院”“双岗”（教学岗、酒店岗）“双师”（教师、师傅）教学团队，系统建立学生“一日识岗、一月跟岗、一轮顶岗”的现代酒店学徒模式。通过企业文化来实现教育文化与行业文化的结合，或者说行业文化不断向专业文化融入。

六、结论与讨论

（一）主要结论

产教融合、校企合作是职业教育的基本形态，也是指导新时代我国职业教育发展的重要方针和重要制度安排。专业文化建设是深化产教融合、校企合作的重点领域，旅游酒店类专业文化建设意义独特、载体丰富、任重道远。产教融合、校企合作的关键点在于激发参与主体的主动性和积极性，难点在于参与主体做到知行合一。

“适合的教育才是最好的教育。”南京旅游职业学院坚持立德树人，继承和发扬“前店后院，院店一体”育人传统，加强专业文化建设，从一元到多元，从校企合作到产教融合，从低维迈向高维，不断探索酒店管理专业校企协同育人的新机制、新载体，取得了丰硕成果，充分证明职业教育“产教融合、校企合作”制度安排的科学性和前瞩性。

（二）产教融合的再认识

第一，产教融合不同于传统意义上的校企合作，它对接的不是某个企业的标准，而是强调标准的社会性。“产教融合”中的“产”，指的是产业或行业。“产教融合”的标准并不在乎与多少个企业合作，而是在于专业、课程的标准是否代表产业最新的技术水平，办学的体制机制是否符合产教深度融合的要求。

第二，产教融合不同于传统意义上的以仿真模拟为主的或单项技能的实训、实习，它是在真实工作环境中的实干真做，但又是教学计划的组成，是在学校或企业教师指导下有目的、有组织、有要求的教学活动。如何有效考核评价是面临的新问题，因为学习与工作难解难分，做人与做事交织揉搓，专业技能和通用能力的学习融为一体。

第三，产教融合不同于传统意义上的顶岗实习，它需要在专业层面，自觉、自然、有效地融入有关的产业活动，同时把产业理念、产业技术、产业文化、产业力量引入教学活动，参与育人过程，最终实现从物质到精神、从制度到文化的全面融合，进而推动高职教育的运行和发展模式发生质的变革。

酒店管理专业校企合作由来已久，对如何推进产教深度融合无论在认识还是实践上可能都会有很大的差异。我们要深刻领会《关于深化产教融合的若干意见》和《职业学校校企合作促进办法》的精神，以专业文化建设为主线，聚集行、政、校、企四方力量，积极主动推进校企合作、产教融合的各项实践。不怕路长，只怕心老。教育部学校规划建设发展中心陈锋主任提出的“酒店智慧学习工场”理念以及“让学生置身于酒店美学工业场景，以产业升级、需求为导向，以人才能力成长为主线，以全要素场景为核心，构建多元主体开放协同办学和发展的机制，让学生、教师、大学适应未来可能发生的高等教育重大变革”的思想①值得我们借鉴，也为酒店管理专业从校企合作走向产教深度融合提供了另外一种视角。

参考文献：

[1] 赵玖香．校企合作发展历程及研究现状概述［J］．齐齐哈尔工程学院学报，2011，5（2）．

[2] 刘立新．德国职业教育产教融合的经验及对我国的启示［J］．中国职业技术教育，2015（30）．

[3] 彭银年，孟巧红．产教融合背景下高职院校校企合作办学的思考与实践［J］．职教论坛，2016（14）．

[4] 潘家俊．关于产教融合的再思考［J］．中国培训，2017（9）．

[5] 朱永坤．“产教融合”视域下高职“专业文化”的特征及建设策略［J］．职业技术教育，2017（10）．

[6] 罗汝珍．职业教育产教融合政策的制度学逻辑分析［J］．职业技术教育，2017（16）．

[7] 孟凡华，郭丹．十八大以来中国特色现代职业教育政策推动报告［J］．职业技术教育，2017（24）．

[8] 罗汝珍．职业教育产教融合的价值判断、现实困境及路径选择［J］．职业技术教育，2017（25）．

① 陈锋．在“中国旅游协会旅游教育分会年会暨国际旅游教育研讨会”上的讲话：从美好产业到美好教育——推动旅游酒店智慧学习工场建设．2017-12.

Part 5

第五部分

典型案例

旅游学科建设与青年科研人才培养

——全国旅游管理博士训练营策划与实施[①]

何　莽[②]

1. 博士训练营的缘起

2013 年年初，有感于当时国内旅游管理高层次博士生人才培养整体师资不足，培养质量不够高的状况，中山大学旅游学院院长保继刚教授在澳大利亚布里斯班的一次学术会议上，跟时任香港理工大学酒店及旅游业管理学院的副院长宋海岩教授交流了举办旅游管理博士学术训练营的想法，二人一拍即合，当场决定由中山大学旅游学院与香港理工大学酒店及旅游业管理学院联合发起，两个学院轮流承办，每年举办一次不以营利为目的的“旅游管理博士生训练营”。之所以保继刚教授与宋海岩教授能够一拍即合，既有他们二人对国内外旅游发展前景及旅游科研背景的共同感受，也有他们对旅游学科建设和青年科研人才培养的共同愿景。

2. 策划背景及愿景

2.1 旅游学科共识及研究范式有待建立

三十年来，我国旅游研究成果和知识生产呈现爆发式增长，但旅游学科研究方法及范式、学科内核及边界等学术问题尚未形成共识，成为旅游学科建设最需解决的问题。尤其是在旅游消费需求旺盛和旅游产业高速发展的背景下，对旅游学的知识需求和科研经费持续增加，旅游研究已然成为社会显学。然而，旅游学者间的学术对话仍不够广泛深入、交流平台也较为有限，旅游学术共同体虽然正在形成，但尚不够成熟、彼此联系

① 注：本文主要根据历届博士训练营活动宣传资料和中山大学何莽副教授个人微信公众号“何出此言”上推送的以下文章整理而成：1. 保继刚教授的《博士训练营的初心与使命》（2018-05-18）；2. 何莽与王君怡共同写作的《全国旅游管理博士学术训练营：旅游研究的新生力量在这里汇聚》（2018-07-10）；在此一并对原作者和历届博士训练营活动组织者们致谢。

② 何莽：副教授、博士生导师，中山大学旅游学院副院长，研究方向：康养旅游、运动休闲、旅游扶贫与目的地治理。

不够紧密，这些皆不利于旅游学科建设。

在旅游学科迫切需要构建自己的学科体系和研究范式、形成旅游学术共同体的背景下，建立旅游研究者之间沟通和交流的平台，尤其是增强年轻一代旅游学者科研能力，凝聚他们的学术共识，则更为重要。中国旅游管理博士训练营的策划与实施正是基于这样的背景和愿景：为不同学科背景的青年学者提供学术交流和思想碰撞的平台，提升旅游学科生力军——旅游管理专业博士研究生的学术能力，提高青年旅游学者的知识生产能力，以促进旅游学术共识的形成。

2.2 多学科交叉背景下的博士研究生培养

回溯到 2013 年，虽然国内外的旅游研究成果在大幅增长，但旅游管理专业科班出身的博士们，在基金项目申请和论文发表方面并未展现出应有优势，学术竞争力未得到体现。这主要因为，国内各高校的旅游管理博士点大多脱胎于地理学、历史学、民族学、社会学、经济学和管理学等不同母学科，因缺乏学科范式和学术共识，在基金申报中找不到学科认同，在论文发表上较难获得期刊认可，导致成功率偏低。

多学科交叉其实是旅游学科建设的优势，可以丰富旅游学科的内涵，是赖以繁荣发展的基点。但如果没有形成学术共识和认同，多学科交叉培养旅游博士的方式则可能存在一些问题。比如，各个学科话语体系、研究方法和核心理论存在较大差异，因此，基于不同学科发展起来的各高校的旅游管理学科，很难形成统一的学科范式与共识。在此情况下，各高校培养的旅游博士在专业素养和学术规范存在较大差异。很多旅游专业的博士，甚至对旅游的核心概念都没有完整深刻的认识，学术范式与共识的缺失，这无疑是旅游学科建设的阿喀琉斯之踵。

2.3 将多学科培养不足转变为跨学科融合优势

基于上述背景，全国旅游管理专业博士生训练营的发起者，保继刚和宋海岩两位教授将目标设定为：提升旅游管理博士生的学术科研能力，发挥旅游学跨学科融合发展优势。希望加强训练博士研究生的学术规范和科研能力，引导青年学者真心热爱旅游学术，肩负起为旅游学科发展贡献知识、服务于旅游产业发展的历史使命。

3. 博士训练营的方案策划

3.1 训练内容及方式

博士训练营的训练内容和方式多种多样，除了讲授包括“旅游与哲学”、“旅游研究思想发展史”、“国内外旅游研究动态”、“旅游研究方法”、“跨学科研究方法（如高级计量经济学方法、社会网络分析、实验和案例研究等方法在旅游学中的应用）”、“旅游研究论文（英文）写作规范和研究设计”和“实地调研常用方法、技术与范例”等多个专题的内容外，还开展博士生的研究设计指导、旅游研究热点及难点问题的圆桌讨论、典型旅游目的地现场调研技术示范、实地考察、论文写作指导等活动。不管是以“工具”、“方法”为核心的训练内容，还是推动思想交流与碰撞的旅游哲学思辨式课程，都能实现和增强跨学科的知识生产与融合。

3.2 学员与师资来源

一、学员报名与审核

博士训练营在大陆以学术研讨会的方式接受参会申请，在香港以学术训练班的形式招生。在大陆举办时要求报名者必须符合以下条件：

1. 报名条件（条件 1 和 2 满足一项则可，条件 3 和 4 的材料均需提交）

（1）国内外高校旅游管理专业的在读博士研究生或在站博士后研究人员；

（2）中国旅游协会旅游教育分会会员单位的优秀青年教师；

（3）报名者须有 1 名旅游管理或相关专业的教授推荐，并征得所在学院同意（以报名申请表上的盖章为准）；

（4）按要求提交 5000 字左右的研究设计或 10000 字左右的学术论文，并通过主办方组织的专家组评审。

2. 报名及选拔程序

（1）凡申请参加学术训练营的博士生，需要填写并寄送报名申请表和教授推荐信等材料。

（2）所有通过资格初审的博士生，需提交研究设计报告；

（3）训练营组委会组织专家对所有已提交的研究设计报告进行评审，并依据评审结果择优录取。

由中山大学承办的每届训练营报名人数皆过百人，不仅申请者十分积极地准备研究设计，学术导师们对提供的研究设计的评审和反馈也十分认真。

二、学员报名与审核

学术训练营的授课老师采用邀请方式，重点利用发起方在旅游学科上的科研优势、师资力量及国际学术资源，由承办方广泛邀请了中外知名的专家学者，对全国旅游管理专业（含港澳地区）博士生及热衷于中国旅游研究的海外博士生进行集中式的学术训练，让国内外旅游学界的新秀们能更好把握现代旅游的学术发展动态和最新研究成果，拓宽国际学术视野和提高研究创新能力。每届学员及师资结构详见实施过程介绍及培训效果分析。

3.3 训练营经费来源

全国旅游管理博士训练营在发起之时就明确不以营利为目标。经费主要来源于学员的报名费，不足部分由承办方自行解决。也就是说，博士训练营是目前没有政府和企业现金资助的项目。由于国内每年旅游管理专业博士生数量有限，因担心报名人数不够导致收费不足支付授课老师薪酬，为降低中大旅游学院承办风险，训练营发起人保继刚教授当时向中山大学旅游学院及会务组承诺，若学费不足以支撑训练营运转，将由他个人来支付差额部分。此外，中山大学旅游学院的许多老师皆自愿义务参与，为博士训练营的顺利开展提供了大力支持。

4. 训练营的具体实施

目前，全国旅游管理博士训练营已经成功举办了五届。第一、三、五届在中山大学举办，第二、四届在香港理工大学举办。

4.1 第一届学术训练营：旅游研究方法论

第一届中国旅游管理博士学术训练营以“旅游研究方法论”为主题，不仅邀请到包括保继刚教授、徐红罡教授、孙九霞教授、张朝枝教授在内的中山大学旅游学院各位大牌教授，还广泛邀请国际知名教授前往授课，如香港理工大学酒店及旅游业管理学院宋海岩教授、美国华盛顿州立大学接待业管理学院 Gursoy 教授、美国威斯康星州立大学白水分校徐国暄教授、香港理工大学酒店及旅游业管理学院肖红根助理教授、美国俄勒冈大学苏晓波助理教授等国际知名学者来担任学术导师。

首届学术训练营共举办了 10 场专题学术报告会、8 场与名家互动对话、12 场分组讨论会等学术训练活动，就旅游研究的学术思想发展史、旅游研究的定量方法和定性方法、旅游研究论文（英文）写作规范和研究设计、实地调研常用方法、技术与范例等问

图 1　第一届中国旅游管理博士学术训练营合影

题进行了系统的讲授。

首届学术训练营的成功举办为此后各届博士训练营的顺利开展打下了坚实的基础。

4.2 第二届学术训练营：促进旅游与酒店业学术研究

第二届中国旅游管理博士学术训练营以“促进旅游与酒店业学术研究”为主题，于2015年8月3日至8月8日在香港理工大学酒店及旅游业管理学院举办。该届学术训练营邀请到香港理工大学的田桂成教授、宋海岩教授、徐惠群教授、罗振雄教授和中山大学旅游学院的保继刚教授、徐红罡教授授课，同时还邀请到英国萨里大学酒店及旅游管理学院副院长李刚教授等知名学者担任学术导师。

第二届学术训练营通过为期一周的学术训练活动，帮助全国旅游管理专业的博士生熟知并掌握最先进的旅游研究方法，系统提升面对复杂现象与问题的研究能力。

4.3 第三届学术训练营：旅游基础理论与研究方法创新

第三届中国旅游管理博士学术训练营以“旅游基础理论与研究方法创新”为主题，于2016年7月20日至30日在中山大学珠海校区举办。本届学术训练营的师资力量更为雄厚，学科背景也更加多样。中国内地的授课专家主要有中山大学旅游学院的保继刚教授、徐红罡教授、孙九霞教授、张朝枝教授、曾国军教授、赖坤副教授，还有中山大学社会学与人类学院王宁教授、东北财经大学旅游与酒店管理学院谢彦君教授；海外授课专家有香港理工大学酒店及旅游业管理学宋海岩教授、徐惠群教授和美国俄勒冈大学苏晓波副教授、美国天普大学旅游与酒店管理学院杨旸助理教授等。

第三届学术训练营共举办了13场专题学术讲座，5场分组讨论会等活动。从旅游基础理论、科学问题提出、研究方法选择、技术路线设计和论证过程组织等方面对旅游研究方法论进行系统讲授，并对学员们在科研过程中的困惑和疑问进行详细解答（图2）。

图2　第三届旅游管理博士学术训练营实况

4.4 第四届学术训练营：利用先进研究方法提高学术能力

第四届中国旅游管理博士学术训练营以“利用先进研究方法提高学术能力”为主题，于2017年8月7日至8月12日在香港理工大学酒店及旅游业管理学院举办。授课专家主要有香港理工大学酒店及旅游业管理学院的田桂成教授、宋海岩教授、徐惠群教授、罗振雄教授、麦乐文教授、Lorenzo Masiero博士和中山大学旅游学院的徐红罡教授、刘逸博士等知名学者担任学术导师。

第四届博士学术训练营举办了多场有关旅游研究方法的系列专题讲座，以及有关研究方法应用的互动讨论和专题研讨会。授课内容一方面涉及有关青年学者职业生涯的自我发展、研究操守等问题，另一方面对问卷设计艺术及科学、次级数据研究、旅游的复杂研究方法、旅游及酒店研究定量方法和学刊论文撰写等问题进行讲授。

4.5 第五届学术训练营：建立共同的文化根基与精神基础

第五届中国旅游管理博士学术训练营以“建立共同的文化根基与精神基础”为主题，于2018年8月3日至11日在广州举办。本届学术训练营所邀请的授课专家可谓群星云集，中国内地授课专家有中山大学旅游学院保继刚教授、孙九霞教授、黄业坚教授、曾国军教授，中山大学社会学与人类学院王宁教授，对外经济贸易大学王永贵教授、北京航空航天大学欧阳桃花教授；海外授课专家主要有香港理工大大学酒店及旅游业管理学院宋海岩教授、香港中文大学工商管理学院戴先炽副教授、萨里大学旅游与酒店管理学院李刚教授及西澳大利亚埃迪科文大学黄松山教授。

第五届博士训练营举办了11场专题讲座，1场专题论坛，2场研究设计讨论，及百名博士前往世界文化遗产地江门进行实地调研。授课内容从科研伦理、英文论文写作规范、到如何进行基金申报，定量与质性研究方法，更从多学科融合的视角来介绍研究方法，主要涉及行为科学实验研究方法、工商管理研究选题与设计、旅游流动研究方法、大小数据混合应用方法等，构成一个完整的层层递进的知识体系。

在授课专家和工作人员的共同努力下，中国旅游管理博士学术训练营的社会影响力逐年增强，第五届博士训练营相比以往四届具有更大的影响力，共有122名来自国内外各大高校的博士与学者报名参加，获得参营学员和旅游学界的广泛赞誉。中国旅游管理博士学术训练营的成功举办打破了区域和校际的界限，建立起全国旅游管理专业博士生学术交流的平台。

5. 博士训练营的效果评价

在博士训练营发起人保继刚教授的建议下，我们组织了一项针对往届参训学员的在线调研，对历届学员结构和后续学术生涯发展进行统计分析，以此评估博士训练营成效，具体如下：

5.1 多元化的学员结构增加了跨学科交流

我们统计了第一届和第三届参训学员所在院校、来自省份和学科背景等信息。其中，学员参训时的身份背景（如是否为在读博士、所在院校和来自省份）数据来源于训练营期间对学员基本信息的统计，学员的学科背景是通过在中国知网查询该学员硕士毕业论文中的学位授予专业确定的，部分未查到硕士毕业论文的学员数据未统计在内。

5.1.1 在读博士生为主体，青年教师积极参与

中国旅游管理博士学术训练营的学员以在读博士生居多。根据对往届参训学员的调研结果来看，参训学员中 73% 为各大高校的在读博士生，23% 为青年教师，有少部分学员为在站博士后（图 3）。

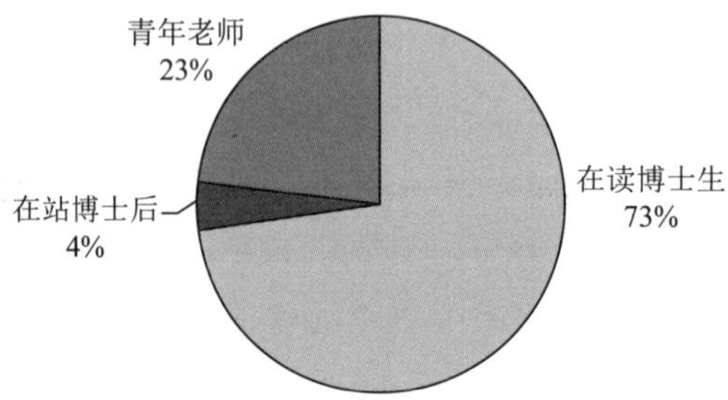

图 3　中国旅游管理博士学术训练营往届学员身份比例

5.1.2 基本涵盖国内绝大多数旅游专业博士点

中国旅游管理博士学术训练营吸引了来自全国 60 余所高校的博士生和青年教师参与。超过 60% 的参训学员来自 985 或 211 高校，其中又以来自 985 高校的学员居多（图 4）。

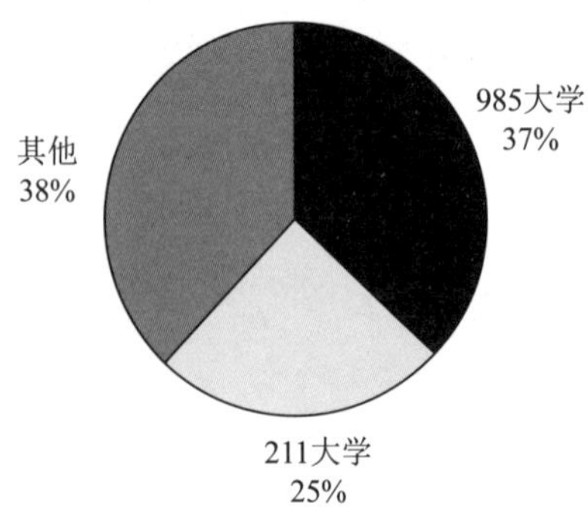

图 4　中国旅游管理博士学术训练营往届学员所属高校比例

来自 985 高校的参训学员以中山大学、四川大学、华南理工大学等学校的学员居多（图 5），来自 211 高校的参训学员以陕西师范大学、新疆大学、上海财经大学等学校的

学员居多（图6）。

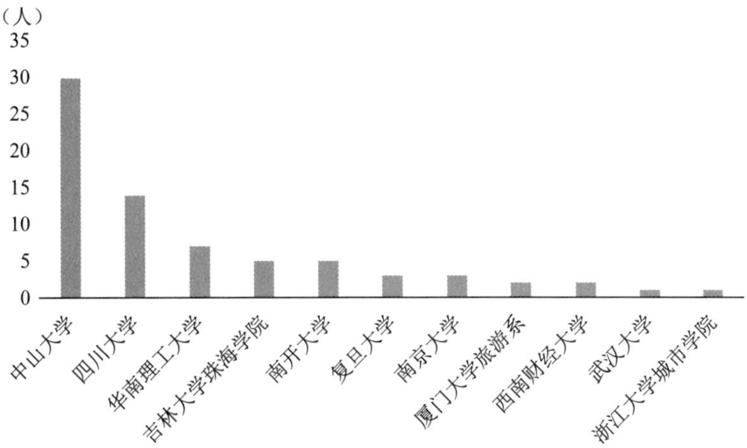

图5　985高校参训学员数量

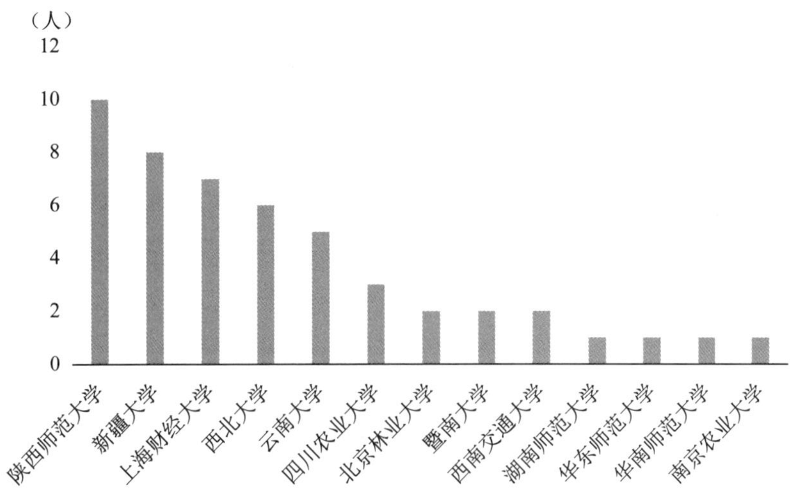

图6　211高校参训学员数量

参训学员所属的高校基本涵盖了具有“旅游”研究方向博士点的高等院校，部分青年教师来自于具有旅游管理硕士点或本科专业的高等院校。此外，中国旅游管理博士学术训练营也吸引了来自澳门城市大学、澳门科技大学、台湾“国立”交通大学、法国亚眠大学，第五届博士训练营更是吸引了来自日本东京大学、台北大学、韩国圆光大学、英国Newcastle University等高等院校博士生，国际影响力日益提升。

参加博士训练营的青年学者来自全国不同省份或地区，其中来自广东省、陕西省、四川省、上海市、福建省的参训学员人数最多（图7）。一方面，这些地区旅游业较为发达，对旅游专业人才需求较大；另一方面，这些地区分布有我国旅游相关专业排名前列的高校，如：中山大学、四川大学、华东师范大学等，形成了我国旅游研究和博士生培养的几处高地。

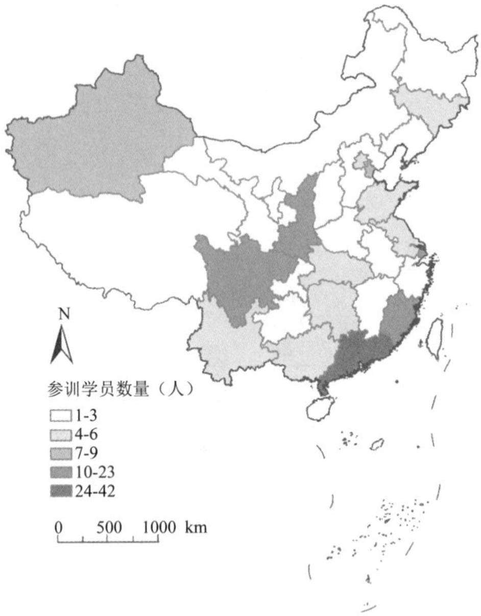

图 7 中国旅游管理博士学术训练营往届学员地区分布

5.1.3 母学科背景差异促进了跨学科交流与融合

旅游学科具有多学科交叉的特性，从事旅游研究的学者往往具有不同的学科背景，中国旅游管理博士训练营学员的学科背景同样十分多样。调查统计了 145 位参训学员的学科背景（以学员硕士毕业时学位授予专业为准），发现参训学员的学科背景涉及 12 个一级学科，24 个二级学科。

从一级学科来看，管理学、地理学学科背景的学员数量最多，分别占全部学员数量的 66.2% 和 17.9%（图 8）。此外，还有不少学员具有经济学、社会学、史学、哲学、生态学等学科背景。

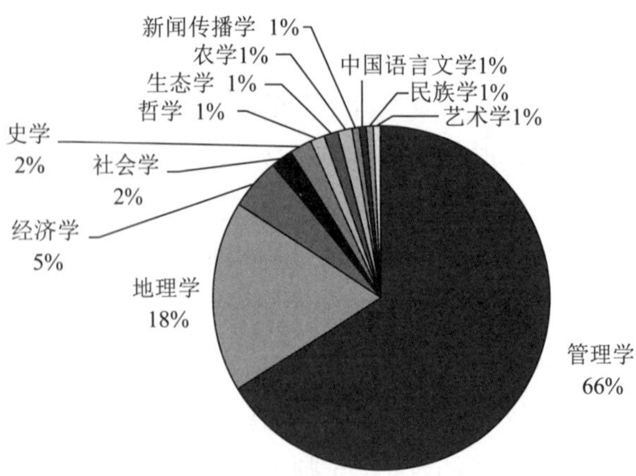

图 8 参训学员学科背景一级学科构成比例

从二级学科来看，管理学学科背景的参训学员中，又以旅游管理专业学员数量最多，占全部管理学背景学员数量的86.5%，还有部分学员具有企业管理、酒店管理等学科背景（图9）。旅游管理专业T–generation一代已逐步成为我国旅游研究青年学者中的中坚力量。地理学学科背景的参训学员中，以人文地理学背景的参训学员居多，还有部分学员为自然地理学背景。经济学学科背景的学员涉及产业经济学、区域经济学、世界经济学等二级学科。

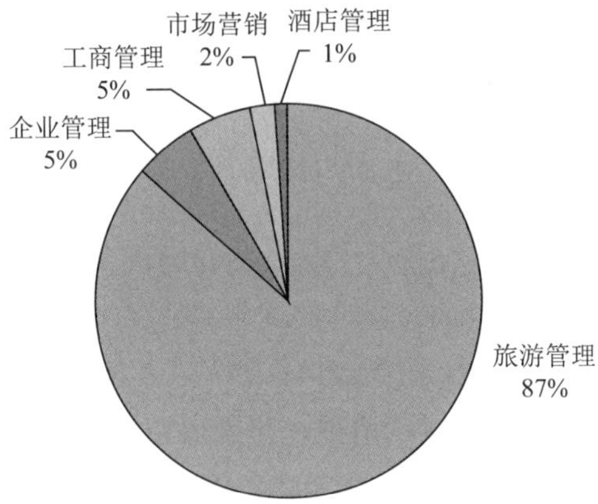

图9　管理学背景学员二级学科背景构成比例

从事旅游相关研究的博士生和青年教师具有十分多样的母学科背景，表现出旅游学科的多学科交叉、跨学科融合发展的特征。中国旅游管理博士训练营作为青年学者思想交流的平台，为碰撞出新思想、新知识提供了良好的环境和契机。这些青年学者齐聚一堂，不仅受到了规范的学术训练，促进达成旅游学术共识和形成学术共同体，更碰撞出思维的火花，提高了旅游学术研究的创造力和知识创新能力，为旅游学科建设和提升跨学科融合能力做出贡献。

5.2 参训学员对训练效果高度认同

从调研结果来看，参训学员对博士训练营的生活念念不忘，充满感激。通过整理“何处此言”公众号发布的有关训练营日志下的评论，并通过问卷调查的方式收集了参训学院对博士训练营的印象和感受。根据收集到的文本数据中词汇的出现频率制作成词云图（图10）。图中词汇的大小反映该词汇在评论中出现频率的大小，可以看出学员对博士训练营的印象主要集中在师资力量、培训内容、学术氛围、活动组织四个方面。

图 10 历届学员评价内容词云图

5.2.1 师资力量雄厚

从师资力量上看，中国旅游管理博士学术训练营云集了来自国内外旅游研究领域的“大咖”。各位学术导师非常具有奉献精神，毫无保留地传授学术知识，分享自己的研究心得。参训学员纷纷为导师们的学术修养和人格魅力所折服。如中山大学的王珂博士谈他对训练营的感受时说：“训练营的老师们都很友善，很认真负责，知识点讲解得很到位。Cathy Xu 讲问卷的课程让我印象最深刻”。中国旅游管理博士学术训练营不仅仅是对博士生学术素养的训练，更是一种学术传承，使新一代的年轻学者逐步肩负起为旅游学科发展贡献知识的使命。

5.2.2 活动内容丰富

从培训内容上看，中国旅游管理博士学术训练营以旅游研究中的理论问题、方法论问题为重点，培训内容丰富形式多样。从旅游研究范式到具体方法在旅游研究中的应用，再聚焦于旅游地理学、旅游人类学等具体领域，都由该领域的学术专家开展专题讲座。训练营还通过分组讨论和实地调研等活动让青年学者的思想相互碰撞，在实践中发现问题解决问题。中山大学的王命盛博士认为“理论教学与课外实践相结合”是博士训练营给他留下的最深刻的印象。重点突出且丰富多样的培训内容使学员得到了非常扎实和全面的学术训练。

5.2.3 学术氛围浓厚

从学术氛围上看，一方面中山大学严谨的治学氛围给学员留下非常深刻的印象，另一方面，参训学员之间交流和合作也是博士训练营中的一道特色风景。新疆大学的何绍丽副教授参加过第一届训练营，在调研问卷中写道，“各位大师的真知灼见让我们受益匪浅；各位学员的深入交流对我们的思考亦有很大帮助”。参加博士训练营的学员来自不同地区、不同学校，具有不同的学术背景，通过培训期间的相互交流不仅打破区域和校际界限，促进旅游学术规范化发展和理论共识的达成，更发挥出了旅游学跨学科融合发展优势。

5.2.4 活动组织有序

从活动组织上看，中国旅游管理博士生训练营的活动组织十分有序，活动安排紧凑充实。华侨大学的焦念涛博士在评价博士训练营活动组织时说“活动安排很合理，训练营期间的每日报道非常及时”。由学生志愿者组成的工作人员认真负责，很好的协助老师完成服务和组织任务，为中国旅游管理博士生训练营的成功举办提供了支撑和保障。

5.3 参训学员的后续发展及综合评价

中国旅游管理博士学术训练营已成功举办了五届，参训的学员总数超过了同期全国旅游管理专业博士点授予博士学位总数一半以上。从接受跟踪调研的学员来看，第一届全国旅游博士训练营的学员大多在三年时间内顺利取得博士学位；博士毕业后仍从事旅游研究的，大多拿到了国家或省部级科研项目并取得研究成果，其中已有不少学员在旅游学界崭露头角。这表明学员们参加博士训练营，不仅提升了旅游研究能力和水平，更学会从多学科融合视角去看旅游研究，如果未来学术之星需要多学科背景，将很可能来自旅游管理学科，如果旅游学界有新星升起，将很有可能从学术训练营中诞生。

6. 展望与期望

正如保继刚教授在网络文章《博士训练营的初心与使命》中所言：如果说举办博士训练营的初心，是要提升旅游管理博士生的学术科研能力，增强旅游学术规范和理论共识，发挥旅游学跨学科融合发展优势，我们可以肯定地说，这个最初目的已经达到。然而，初心通常背负前行的使命，旅游学者应奉献于科研事业，为学科发展贡献力量，我们肩负着培育旅游学界未来之星的使命。我们诚心希望每一位博士训练营的学员，真心热爱旅游学术，肩负起推动旅游学科发展的使命。

中大旅游学院的人才培养目标是“培养有思想的行业精英”，这与举办全国旅游管理博士生训练营的初心一致，也和旅游学者的使命同向。中国旅游管理专业博士训练营的主要发起人，中山大学旅游学院院长保继刚教授表示：期望全国旅游管理专业博士训练营能够长期办下去，成为一个品牌性的旅游学术平台，期望旅游学界新秀们能够在这里成长，也期望影响未来旅游发展的思想在此孕育，让我们一起服务和引领这个时代。

坚持产教融合　走城市型、应用型大学办学之路

——北京联合大学与首旅集团国家级大学生校外实践教育基地建设

严旭阳[①]

产教融合是区域经济发展和产业转型升级的迫切需要，也是应用型本科高校发展的重要途径，更是培养高素质应用型人才的必然要求。作为北京市属综合性大学，北京联合大学以“努力建设高水平、有特色、北京人民满意的城市型、应用型大学”为目标，以培养适应国家，特别是首都经济社会发展需要的高素质应用型人才为己任，自建校以来，始终坚持产教融合的发展理念，为国家培养20万余名毕业生，许多毕业生已成为政府部门、大型企业的领导和业务骨干。

作为行业特征极为明显和极具特色的学院之一，旅游学院自建院以来，就始终坚持依托旅游行业，服务旅游行业，在近40年的办学过程中，逐步形成了鲜明的产教融合发展特色，与大型旅游集团、酒店集团开展产教融合，取得了较好的成果。尤其是，旅游学院与首旅集团的产教融合发展成效显著，于2013年获批国家级大学生校外实践教育基地。

一、产教融合的思路

作为北京市属高校，要立足北京，与北京共成长，要扎根行业，把企业需求作为人才培养的目标和支撑。作为北京旅游企业，应服务北京，推动北京经济社会发展，要支持教育，有社会责任感。共同的目标、使命和责任，都聚焦在推动北京城市的发展和应用型人才的培养上。因此，学校坚定走城市型、应用型的发展道路，而要走城市型、应用型的发展道路就要进行产教融合。正因为有共同责任作为合作基础，所以，旅游学院与首旅集团进行了近40年的产教融合发展。在总结其他院校产教融合经验的基础上，旅游学院与首旅集团在丰富合作模式 、拓宽广度深度、加大融入程度、科研合作双向、

---

① 严旭阳，经济学博士，教授。北京联合大学旅游学院常务副院长兼党委副书记，中国旅游协会旅游教育分会副会长。

增加社会服务上下功夫（见图 1）。

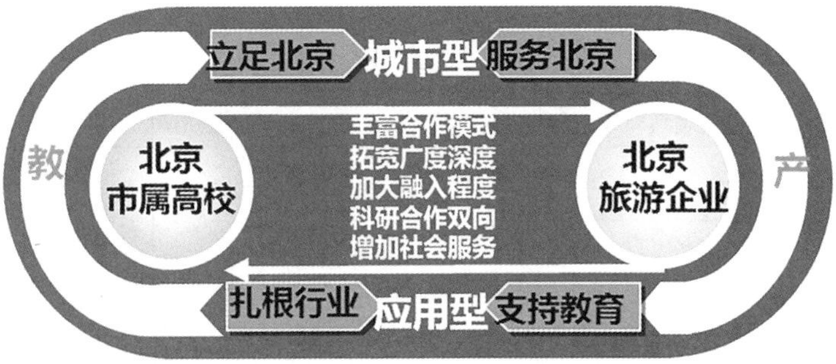

图 1　产教融合发展思路图

二、产教融合的特点

旅游学院与首旅集团的产教融合体现出时间久、合作紧、范围广、融入深四个特点，体现在人才培养的全方位和全过程中。

（一）产教融合时间久

旅游学院与首旅集团的合作历时 40 年之久，其间经历了几个重要时期。初期从 1978 年至 1997 年，旅游学院建院之初与首旅集团下属企业开始了广泛合作。发展期从 1998 年至 2007 年，首旅集团 1998 年成立后，就与北京联合大学签订了战略合作意向书。2004 年，双方共同成立了全聚德餐饮管理学院。2007 年，双方共同成立了北京联合大学产学研合作指导委员会。成熟期从 2008 年至今，2008 年双方合作承担了奥运会服务保障工作。2009 年，双方获批北京市级校外人才培养基地。2012 年，双方签订校企人才培养发展战略框架协议。2013 年，双方获批国家级校外人才实践教育基地。

（二）产教融合合作紧

旅游学院与首旅集团的产教融合合作紧密。在 40 年合作中，组织形式不断升华，从 1998 年签订战略合作意向书，到 2004 年成立全聚德餐饮管理学院；从 2007 年成立产学研合作指导委员会，到 2012 年签订校企人才培养发展战略框架协议。40 年中，尽管双方领导有所更换，但组织机构依然存在，依然发挥主导作用，这得益于共同成立的委员会。产学合作指导委员会的决策层，由学校主管校长和首旅集团董事长担任；管理层的办公室人员由学校教务处及相关院系领导和企业部门经理担任；执行层是项目小组，人员包括专业负责人、相关专业教师和首旅集团人力资源总监、高级技术人员和高级管理人员（见图 2）。

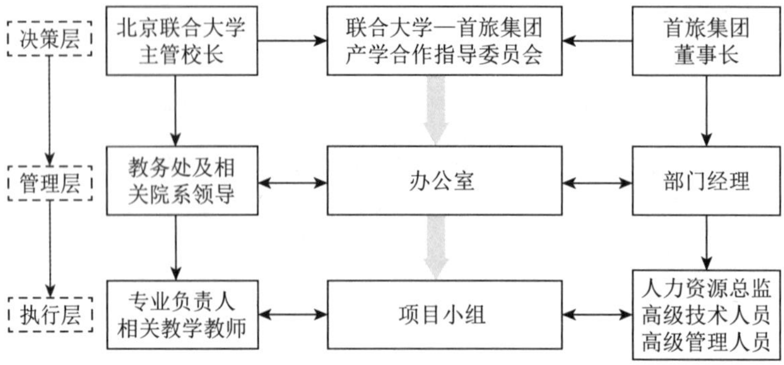

图 2　产教融合组织结构图——产学合作指导委员会

（三）产教融合范围广

首旅集团是以旅游商贸服务业及相关产业为核心的战略性投资运营集团，业务板块涵盖“食、住、行、游、购、娱”六大要素，这为双方的合作提供了广泛的领域。以学生实践为例，首旅集团可在其下属的酒店业、餐饮业、商业、景区管理、旅行服务等领域为学生每年提供充足的实习实践岗位，同时具备良好后勤保障条件。除实习实践和顶岗实习外，2011 年，学院与中国全聚德（集团）股份有限公司签订“合作办学协议书”，开办了酒店管理（餐饮管理方向）高职专业“全聚德订单班”，建立企业导师制度，校企深度融合的实习、实训基地；创设“全聚德集团定单培养”项目奖学金等。学院为全聚德集团成功培养了 3 届毕业生，学生在全聚德集团的留任率达到 50% 以上，留任的学生直接进入集团的人才发展储备库，为学生未来的职业发展奠定了良好的发展基础。

（四）产教融合融入深

旅游学院与首旅集团的合作涵盖人才培养、科学研究和社会服务三大方面，且融入程度较深。

1. 人才培养

在人才培养方面，学校和企业双方均受益。学校受益，体现在实施“蓝色之路”培养计划，共同确定人才培养目标、共同制订人才培养方案、共同编写课程教材、共同培养师资队伍、共同参与人才培养过程。如双方确定了培养旅游专业高素质应用型管理人才的培养目标，共同组织修订了 2015 版培养方案实践教学计划，共同编写了《第一代餐厅服务应用型培训课件》。尤其是，学院与首旅集团双方共同研发及实施了“三阶段、四融入”的应用型人才培养体系。“四融入”是指在全部课程中，融入了人文素质、经济意识、信息技术和国际化视野的知识。“三阶段”即把大学四年分成三个阶段，第 1 至第4学期是博识基础、产业认知阶段，在校内进行基础课程实践，到企业进行行业认知；第5学期是专业交叉、行业体验阶段，在校内学习专业课程，到企业进行行业实践；第6至第8学期是职业定向、项目训练阶段，在校内进行定向课程实践，到企业进行职业定向训练等，最终实现旅游管理实践教育体系的课程设置面向旅游产业发展，以理论学习、校内实践、校外实践为进阶步骤，基于“三阶段”培养，实现由基础知识和认知，到专业知识和实践，再到定向项目与训练的全过程培养，逐步深化知识和实践能力，使学生既具备旅游人才必需的知识和综合素质，又具有旅游管理职业能力（见图3）。

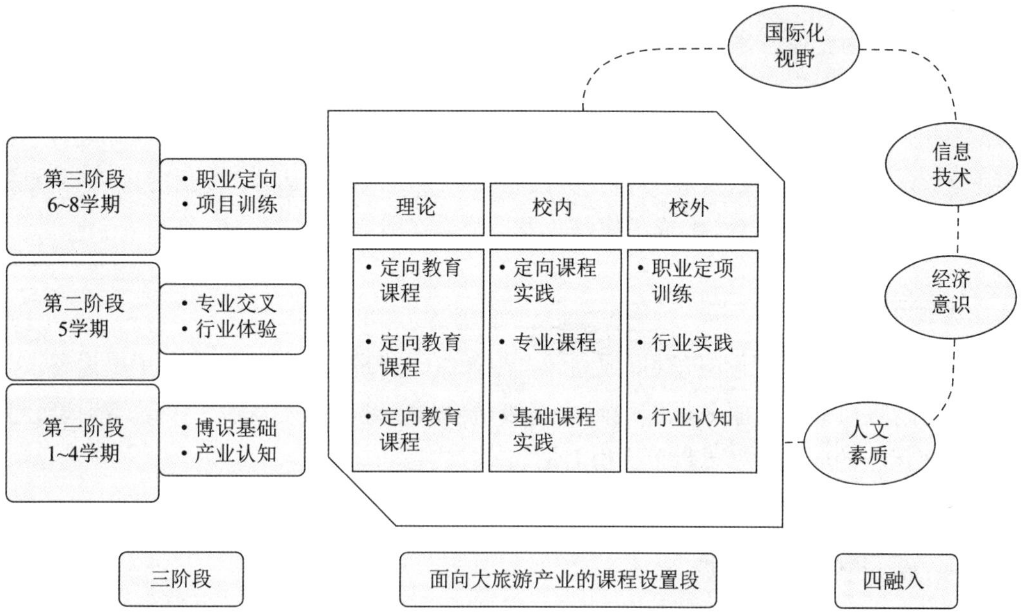

图3　“三阶段、四融入”的应用型人才培养体系

在人才培养全过程中，实现了“五双”培养，即双班主任——学院和企业各有一个班主任；双导师——学院和企业各有一名导师；双基地——学院和企业；双课程——在校课程和企业课程；双教材——学院教材和企业实习教材，过程中充分体现了校企的“双主体”责任。

在此过程中，校企双方共同培养了师资队伍。学院特聘首旅集团首席培训师等10余名高管为60余名青年教师讲授旅游产业实践前沿、旅游企业运营实务等进行教师实践能力助推培训。双方为中青年教师搭建实践能力提升平台，选派20多名教师分别到旅游策划企业、旅行社、酒店、商业中心、集团培训中心等机构挂职锻炼。从而建成一支整体素质好，理论基础和教学基本功扎实以及旅游行业实践经验丰富的实践教师队伍。

企业受益，体现在协助企业举办了两届“匠人之星”职工技能大赛。在比赛模式设计上，学院相关教师与集团所属企业各工种高级技师、专业领军人物进行深入研讨，明确比赛目标，确定比赛方案，最终形成较规范、可沿用的教材，为比赛搭建培训辅导及考核体系。决赛环节，学院相关专业教授、骨干教师担任评委，从前沿方向与发展趋势上对比赛选手进行针对性指导。以技能大赛为契机，首旅集团形成了《北京首都旅游集团有限责任公司技能人才奖励激励工作实施办法》，为企业未来发展奠定了更为坚实的人才基础。此外，学院支持企业开展培训项目，如举办了餐饮业内训师高级培训班、高级英语培训班等。

2. 科学研究

旅游学院为企业开展了全聚德顾客消费者心理研究、全聚德市场营销定位研究项目，并积极参与推动以环球影城为代表的首旅集团主导的重大项目。而且，学校领导和首旅集团主要领导担任主任编委，院领导和骨干老师、集团总部部室总经理等参与、合作编写《合作创意与景区发展》和《现代服务管理：战略、运营与技术》两本专业书籍，促进应用型人才培养，形成了旅游业发展前沿实践成果。

3. 社会服务

旅游学院与首旅集团依托共同成立的全聚德餐饮管理学院，共同举办了奥运餐饮与膳食营养高级研修班、服务标准国际化高级研修班、迎奥运餐饮服务手语培训班，为2008 年奥运会的成功举办贡献了一份力量。

三、产教融合效果

旅游学院与首旅集团产教融合发展取得了良好的效果，主要体现在五个方面。第一，由于双方的良好合作，共同获批了国家级大学生校外实践教育基地。第二，促进旅游学院与洲际酒店集团的合作，并获批了“北京联大——洲际集团市级实践教育基地”。第三，产教融合的经验和做法也促进旅游学院旅游实践教学中心的建设，并于 2016 年获批了国家级实验教学示范中心的建设。第四，提升了学生创新创业能力，学生在全国旅游院校国家级、省部级大赛中斩获多项奖项。第五，截至目前，首旅集团聘用了 592 名旅游学院毕业生，在管理岗位任职的占绝大多数，其中高管 19 人，中层以上管理岗位 201 人。大体分布情况是：酒店板块 194 人，餐饮板块 90 人，商业板块 83 人，汽车板块 82 人，旅行社板块 42 人，还有 100 人左右分布于其他类型企业。

四、产教融合的经验

旅游学院与首旅集团多年的产教融合发展取得成功的经验，从宏观上来说有三点：第一，挖掘校企双方的利益切合点，建立“互利共赢”模式；第二，建立校企合作长效机制，建立稳固的组织机构，不随双方领导和人员的更换而变动，定期交流沟通，不断深化合作；第三，肩负协同创新服务社会责任，共同服务和推动城市经济发展。

从微观上来说，有以下五个方面：一是学校的学科专业建设要与产业转型升级相适应，要随着城市经济社会发展和行业需求的变化而调整；二是校企协同育人要发挥“双主体”责任，要体现在人才培养目标定位、培养方案制订、教材开发、教学设计、课程设置、实习实训等各环节中；三是强化应用型人才实践教学培养体系建设，加大实践教学课时；四是通过教师企业挂职实践、企业导师培训等方式打造“双师双能型”师资队伍；五是对于企业人才培养来说，要强化企业职工在岗教育培训，实现人才可持续发展。

中外合作办学机构与旅游管理一流学科建设

——国际化学术共同体的探索与实践

史 达[①]

在我国目前高等院校旅游管理学科的办学实践中，把学科建设与中外合作办学机构全维度、立体化相结合的典型案例还比较少见。有的高校重点突出与国外高校的科研合作，人才培养方面以学生交流交换为主，外方优质教育资源引入不充分，没有建立中外一体的治理结构；有的高校以中外合作办学为重点，注重了旅游管理专业人才的培养，但学科点并不归属在中外合作办学机构，导致高水平师资队伍建设和学术研究方面比较薄弱，个别教师单兵作战，游离在主学科之外。

自从国家提出一流学科的建设目标以来，学科建设是旅游管理专业未来发展的方向和必然趋势；而借力于国际化办学，引进优质教育资源，也是教育部门、社会公众均十分关切的重点内容。那么，如何让中外合作办学与旅游管理一流学科建设产生化学反应呢？东北财经大学对此进行了突破式的创新和探索。

东北财经大学萨里国际学院和旅游与酒店管理学院均设有旅游管理专业。在长期的办学实践中，两个学院都取得了良好的办学效果。萨里国际学院是我校与旅游管理专业世界排名前五、英国及欧洲排名第一的萨里大学合作成立的中外合作办学机构。自2007年成立至今，萨里国际学院的旅游管理专业双学位项目（2011年获AACSB认证）一直采取全英文授课。萨里国际学院通过其平台资源，为旅游管理学科成功引进了一位外专千人，一位长江学者讲座教授，目前还积累了多名外专千人和长江学者讲座教授的资源。2016年11月，萨里大学校长逯高清教授在接待来访的中国国务院原副总理马凯一行时，高度称赞："萨里—东财的合作被广泛地当作跨国教育合作的典范。"

旅游与酒店管理学院同国家文化和旅游部、辽宁省旅发委、大连市旅发委分别联合设立了中国旅游研究院旅游基础理论研究基地、辽宁旅游产业发展研究中心、大连旅游产业发展研究所，开展了大量的学术研究和政策咨询，具备了良好的科研基础。根据

---

① 史达：经济学博士，英国曼彻斯特大学、加拿大西安大略大学访问学者，教授，博士生导师。东北财经大学旅游与酒店管理学院院长、东北财经大学萨里国际学院院长，中国旅游协会旅游教育分会副会长。

《中国大学及学科专业评价报告（2017—2018）》的排名指标，东北财经大学的旅游管理专业位居辽宁省第一，全国第二。同时，旅游与酒店管理学院的部分博士、硕士研究生课程等也一直采取全英文授课，已经具备了很好的国际化氛围。

2016 年 12 月，学校重组旅游管理学科资源，将萨里国际学院和旅游与酒店管理学院合署办公。通过制度创新，两个学院在保持一定相对独立性的基础上，对学术研究资源、中外教学资源、行业资源、校友资源等进行深度整合，将全球顶尖与全国领先的旅游管理专业进行对接，最终以中外合作办学机构为平台，以旅游管理学科为依托，将全球化的核心教育资源、本土化的产业资源进行云集，努力实现一流学科建设与中外合作办学的互恰和共赢。

一、与英方充分沟通，达成致力于发展旅游管理专业的共识

在萨里国际学院成立的 11 年里，中英双方在人才培养等方面已经取得了很大的成绩。但面对中国致力于发展一流学科的态度，英方反应较慢，较保守。英方担心现有合作格局变化之后，其利益受到损失。英方副校长甚至直接询问："英方有什么好处？"相较于中国高等教育领导者的战略思维和前瞻思维，英方更关注于具体的细节，纠结于具体的事务。当我方建议先讨论一揽子框架协议的时候，英方总是回避这个话题，而是希望从单个教师间的科研合作开始，且行且观察。

英方办学相对保守，这也是好事，说明英方对教学质量比较重视，对学术质量和学术声誉要求较高。所以，我们反复向英方说明情况，让其认识到它所面临的巨大的学术资源和学术合作潜力。通过双方在一年间的不断互访、互动，目前中英双方终于达成了共识并签署了合作协议：未来双方的合作，除了坚持已有的成功经验外，主要是以"双一流"为目标，全面深入开展学术合作。

萨里大学酒店与旅游管理学院（全球排名第四）已经邀请东北财经大学参加了它们的全球学术体系，并正在开展人工智能和大数据方面的合作研究；东北财经大学和萨里大学还共同与香港理工大学（旅游管理专业全球排名第一）等多所全球旅游管理专业顶尖院校开展合作研究、博士生培养和教师交流交换；在社会服务方面，我们也邀请了萨里大学的教师作为辽宁省和大连市的智库专家，共同为地方经济建设出谋划策；东北财经大学还积极邀请萨里大学共谋在海南的进一步发展。两校在 7 月 13 日共同参加了海南省在英国伦敦举行的招商会，目前正在积极商讨合作的形式和内容。这种以人才培养为核心，以学科建设为提升，以社会服务为引导的全方面合作正在逐步形成常态。

二、建立科研沟通机制，打造高端学术平台

就目前中国高校的中外合作办学机构而言，大多数都与母体高校中其他学院的关联

度不高。即便是已有的合作，也多发生于因课程讲授而引起的师资流动和交流。这种流动是单向的、不稳定的。为打破这种局面，萨里国际学院主动承担了嫁接英方资源和本国母体资源的责任。学院通过和英方的不断沟通，打消英方的顾虑，兼顾英方的学术利益和经济利益，已经成功地把英国萨里大学的商学院、酒店和旅游管理学院、法学院与我校的工商管理学院、会计学院、旅游与酒店管理学院和法学院进行了全面的对接，两校完全打破了院系的边界，每年 9 月份在东财联合举办面向全球学者的中英 workshop。2018 年 9 月举办第二届中英联合 workshop。

旅游与酒店管理学院原本就拥有完整的本硕博的学科体系，在旅游管理学科方面也有大量的学科资源和优势，与国际上一大批知名学者保持着长期的学术联系。在两院合署办公之后，旅游与酒店管理学院发挥了学科网络优势，目前已经将中国旅游研究院、东北财经大学和英国萨里大学相契合，并正在争取与欧洲的旅游数据中心相对接，将旅游管理的学术平台向全球化、高端化拓展。因此，双方的合属极大地推动了专业与学科的结合、国际化与本土化的结合。

东北财经大学旅游学科的国际化平台建设，已经吸引了一大批名校毕业生申请和加盟学院。学院利用国际化办学的财务优势，制定了师资引进的特殊政策和科研奖励办法，仅在一年时间内就有两名分别来自美国和英国的海外优秀教师加盟。萨里国际学院—旅游与酒店管理学院正在建立网状的、开放的科研合作团队，从而构建起连接东北财经大学与萨里大学之间的学术沟通机制，进而充分发挥双方优势，将旅游管理学科建设成为国内一流、国际知名、特色鲜明、理论贡献突出的重点学科，使其在未来的学科评估中，在学生国际交流、优秀毕业生、课程教学质量和社会服务特色与贡献等多个方面对旅游管理专业做出更大的贡献。

三、提升本硕博全梯次人才培养的质量

东财和萨里大学在人才培养、学术交流和社会声誉方面都取得了很多成绩。东财输送到英国萨里大学的学生，其学业表现优于其他所有学生，得到了英方的充分首肯。2007—2017 年，萨里国际学院已经在人才培养、专业建设、学业支持、就业校友、学生活动等多个方面取得了丰硕的成果，并成为中外合作办学领域里的一个典范和样板。

两院合署之后，在本科人才培养方面，萨里国际学院把在人才培养方面的国际化经验向旅游与酒店管理学院辐射，为旅游与酒店管理学院增加外籍教师讲授的英语语言和专业课程，拓展学生的国际化视野；招收高质量的国际学生，并使其融入国内学生的课堂中，真正实现学生来源和课堂教学的国际化。职业发展与就业指导是大学的核心功能之一。萨里国际学院—旅游与酒店管理学院参照西方大学的常用办学组织架构，在学院内增设了“职业发展与校友中心”，专门致力于学生的实习实训、校企合作、职业指导、校友联络等工作，同时也为教师开展学术研究和企业咨询提供服务，从而真正架接起高

校与社会相对接的桥梁。

在硕士人才培养方面，对学术型硕士和专业学位硕士的培养目标、培养定位进行深入研究，分别制订科学合理的培养方案。对于专业型硕士而言，修订、完善硕士研究生培养方案，加强教学计划的实践性，大力引入校外导师，逐年扩大专业学位硕士研究生的招生规模。对于学术型硕士而言，加大政策支持力度，吸引优秀生源，为学生提供学术交流、国际交流等方面的资金支持，致力于培养具有国际视野和跨文化交流能力的旅游管理专业研究生。

在博士人才培养方面，通过与萨里大学、香港理工大学的商谈，正在合作培养旅游管理专业博士研究生；重视博士后工作，将其视作引进和培养学术骨干后备力量，加强学科建设的重要任务。在博士后培养上，制定相关激励政策，为博士后研究人员提供各类有利的工作条件；在博士研究生培养上，强化学术研究导向，制定了远高于学校的考核标准，不断提高博士生培养水平。

四、积极开展“一带一路”硕士人才培养

“丝绸之路”来华留学生中国政府奖学金项目重点支持高新技术、基础能源、现代服务、政策与金融四大领域的人才培养。旅游业是这四大领域之一的现代服务业的重要组成部分，旅游业在“一带一路”发展中发挥着重要作用。因此，两院合署之后，充分发挥比较优势，主动对接国家“丝绸之路”奖学金项目，并成功获批该项目的支持，以培养沿线国家旅游管理硕士专业的留学生。

为了更好地开展此硕士项目，我院和大连市旅发委达成战略合作。我校于 2017 年 12 月 7 日与大连市旅发委正式签署了《战略合作协议书》，联合培养“一带一路”旅游管理专业硕士留学生。东北财经大学负责课程的设计与实施，大连市旅游发展委员会负责实践教学的设计与安排。根据协议，合作双方成立了“丝绸之路旅游管理高端人才培养项目”联合指导委员会。大连市旅发委已经向联合指导委员会提供了 1 份 24 人名单，包含 8 位有丰富旅游工作经验的行政管理人员、8 位酒店经理人、8 位景区负责人。“联合指导委员会”从建议名单中选出 5~10 位作为“丝绸之路旅游管理高端人才培养项目”的荣誉导师。选聘的荣誉导师每个学期会安排至少两次给本项目的留学生作行业实践前沿主题报告。同时，联合指导委员每学期安排本项目学生参观大连的旅游企事业单位两次，还将为有意愿的留学生提供企业实习机会。

为了更好地进行此项目的教学工作，我院以留学生教学班为单位设立班主任，以留学生生源国为基础设立辅导员，以项目为主体设立项目负责人，建立了切实可行的“班主任 + 辅导员 + 项目负责人”的留学生管理模式，实行条块结合、点面结合、立体交叉的管理服务机制。班主任、辅导员和项目负责人之间各有分工，各有侧重，各有交流，做到信息共享、责任分担，一种立体化、网格化、无缝隙的管理模式植根于来华留

学教育服务实际中。

从培养规模来看，本项目 2017 年第一批已经招收 11 人，2018 年第二批录取工作已经完成，预计培养 15 人。从培养质量来看，第一届所培养的留学生高度认同中国"一带一路"发展，尊重和热爱中国文化。他们将广泛地就职于中国及沿线国家的旅游及相关行业，将在中国与沿线国家的沟通、交流与合作中发挥积极作用。学院计划通过 5 年左右时间的努力，将本项目打造成沿线国家来华留学教育的品牌项目。

五、牵头大连市旅游智库，发挥咨政议政作用

社会服务功能是两院合署后的另一个重要工作。我院与大连市旅发委创建了包括知名学者、旅游企业高管和地方旅游政府部门资深管理者的大连旅游智库。该智库以咨询服务、研究课题为纽带、以成果报告、内参为载体，以任务凝聚专家，发挥人才作为第一资源的支撑和引领作用。

双方成立了大连市旅游智库领导小组，主要负责智库全面建设及组织领导工作，并督促智库履行职责、发挥作用，领导小组组长由大连市旅发委主任担任。领导小组下设秘书处，秘书长由东北财经大学萨里国际学院—旅游学院院长担任，秘书处设在东北财经大学，负责旅游智库的组织、协调和日常管理工作。双方成立大连市旅游智库学术委员会，主要负责旅游智库的科研规划、科研队伍建设和科研成果鉴定、评审及推荐工作。此外，双方还成立大连市旅游智库专家顾问委员会。在市旅游专家库基础上，进一步整合国内外旅游学界、业界、政界的智力资源，形成由高端旅游人才组成的专家顾问团，为大连市旅游发展战略和重大问题建言献策、提供咨询意见。经我校推荐，萨里大学的多名专家成了智库的外国专家，他们所开展的咨询活动已经被大连市旅发委采用。

此外，我院还积极探索旅游智库"旋转门机制"。以智库作为合作交流的平台，建立旅游智库中的学者专家到基层、旅游企业、旅游政府部门挂职，鼓励智库中的政府部门专家、来自旅游企业的专家担任高校或科研机构的客座研究员或外聘教授，促进学界、政界与产业界的常态性对话和讨论等机制，加强智库内政界、学界和产业界成员的战略互动，促进智库加强理论与实践的结合，形成并扩大这项机制在全国的示范效应。

学校把旅游与酒店管理学院和萨里国际学院进行合署办公，这是一个非常具有前瞻性的举措。两个学院充分发展学科优势和国际化资源，在文化融合、平台搭建和模式创新方面进行了全新的探索。萨里国际学院—旅游与酒店管理学院后续的发展，就是要始终坚持以育人为核心目标，对标双一流学科建设，整合政企资源，创建一个旅游管理人才培养的国际共同体。

打造中国应用型酒店管理高等教育的中瑞模式

——北京中瑞酒店管理学院人才培养实践

高松涛[①]

一、办学背景

中瑞酒店管理学院的建立是中国酒店行业发展的需要，也是中国高等教育改革与发展的需要。随着我国旅游业的迅猛发展，在中国经济转型与消费升级的大背景下，据中投顾问发布的《2018—2022 年中国酒店业投资分析及前景预测报告》显示，未来几年仍将是酒店业加速发展的黄金时期[②]。随着行业的快速持续发展，人力资源供给问题日益突出，专业的酒店高级管理人才短缺尤为严重。目前国内的高星级酒店总经理队伍中，受过酒店管理专业全日制本科教育的总经理凤毛麟角。因此，提升酒店业管理水平的关键是人，而根本出路就在教育。

2018 年 4 月 17 日，文化和旅游部人事司发文称，2017 年国内开设酒店管理专业的本科院校有 222 所，全国共招生 1.4 万人[③]。中国酒店管理专业的高等教育与中国酒店产业的发展同时起步，30 多年来也取得了一些成就，但从整体上看，还是不能满足行业的需求。其核心问题是学院传授的知识与酒店业的实践脱节情况比较严重，这一点在酒店管理专业本科教育中表现得最为突出，以传统模式培养出来的学生难以在酒店行业立足和发展。中国酒店行业急需以行业需求为导向的酒店专业本科教育。

二、基本情况

中瑞酒店管理学院（以下简称中瑞）成立于 2008 年，是经教育部批准，实施本科

---

① 高松涛：博士，中瑞酒店管理学院院长，海南三亚中瑞酒店管理职业学院院长，中国旅游协会旅游教育分会副会长。

② 中投顾问，2018—2022 年中国酒店业投资分析及前景预测报告［R］. 北京：中投顾问，2018-04.

③ 2017 年全国旅游教育培训统计 . 中华人民共和国国家旅游局［EB/OL］. http：//www.cnta.gov.cn/zwgk/tzggnew/201804/t20180419_863656.shtml.2018-04-17/2018-06-10

层次学历教育的新型全日制普通高等学院（独立学院）。建一所特色鲜明、亚洲一流的酒店管理大学，是中瑞的办学目标，也是中瑞创建者的办学初衷。中瑞致力于通过人才培养助力中国酒店产业进步，力争用十年左右的时间成为亚洲最好的酒店管理学院。学院融入业界、育人教书，践行“知行合一、学以致用”的校训，着力将学生们培养成为具有良好职业道德、职业素养、职业技能，管酒店、干酒店，在酒店受欢迎、留得住、能发展的高级管理人才。

学院师生共同确定的核心价值观：“尊重、专业、责任”在师生日常工作学习中得到不断的贯彻落实，在此基础上学院进一步强调培养学生每个人要有“一项兴趣爱好 + 一项健康运动习惯”。培养学生掌握三个方面的能力：Hand（动手）、Head（用脑）、Heart（有心），培养两个方面的习惯：Health（健康身心）、Happiness（快乐学习工作生活），简称 5H。中瑞专注于一个酒店管理专业办学，做精品大学。学院现有在校生 3186 人，专职教师 216 人，其中 60% 是具有丰富从业经验的酒店高级管理人员。双师型师资队伍建设，教师既是讲师，又是部门经理。学生既是学习者，也是经营管理者，还是消费者。

三、打造中国应用型酒店管理高等教育的中瑞模式

（一）符合业界实际的课程设置

按照教育部对高校课程设置的要求，在中国酒店业界专家、学者的参与下，中瑞借鉴了国际前沿的酒店管理学院课程设置，设计并践行了符合中国国情的酒店管理专业人才培养方案。从专业类课程的设置来看，中瑞课程安排从酒店操作技能入门，继而接触运营管理和商务知识课程，最后过渡到高级管理技能的学习。第三学期和第六学期在世界知名酒店和企业的两次实习赋予学生宝贵工作经验，在职场中占领先机。最后一学年撰写应用型毕业论文，确定专业方向，助推职业发展。

第一和第二学期

侧重于酒店基础运营（Fundamentals of Hospitality Operation），核心课程包括理论和实践教学交叉的中西餐烹饪、葡萄酒品鉴、餐饮服务、客务服务、财务基础、营养学、旅游学概论等。

第三学期

进入国际高端品牌酒店一线运营顶岗实习（Internship），是对大一所学理论和实操技能的应用、检查和反馈。

第四和第五学期

酒店管理阶段，学习未来管理者核心本领，将商务知识与酒店实际运营相结合，核心课程包括统计学、经济学、商务沟通、市场营销、人力资源管理、财务管理、厨政管

理、餐饮服务管理、客务服务管理等。小组合作完成作业（Group Work）将作为锻炼学生沟通合作、人际交往和领导能力的重要方法。

第六学期

面向酒店或企业的运营管理实习，单位和岗位与学生选定的专业方向相关联，积累的职场管理经验为最后一年的学习做足准备。

第七和第八学期

战略视野阶段（Strategic vision），学习的侧重点从日常经营管理上升到战略管理，要求学生能够识别竞争机会并创造性地制定企业的长期发展战略。核心课程包括战略管理、商法、旅游经济学、主题餐厅和专业方向课程等。这一阶段的实践教学主要以创业计划、管理咨询项目或应用型研究课题的形式开展，需要学生综合运用四年所学的有关知识和理论，开展社会调查，解决酒店经营管理活动中所面临的实际问题。

四年的教学计划要使学生对酒店经营管理知识的掌握，实现从感性到理性、从微观到宏观、从经验到科学的提升、从实践到认识的飞跃。这个四年计划要达到的目标，是使我们的毕业生能够较快胜任酒店初中级管理岗位的工作要求，成为酒店日常经营业务的有效经营决策者与管理者，并具备酒店高级战略决策者的发展潜力。

（二）实践理论融合的教学团队

教师是教育质量的关键，教师发展是教育质量提升的有效途径，教师从非专业、准专业走向专业化是现代教育的发展趋势。然而目前，专业课程师资的职业性基础并不乐观。在国内传统大学，酒店管理专业教师欠缺酒店实际工作经历的现象普遍存在，而这种情况在国外同类高校中难以想象。如何高效培养既通晓业界运营管理实践又兼备学界教学研究能力的专业教师一直是制约学院发展的难题。

为此，中瑞进行了大力度的改革创新，在坚持建设独立自主师资队伍的同时，坚持引进专业人才，建立“双师型”教师队伍。专职教师中，具有丰富实际工作经验的酒店高级管理人员百余名，促进了教学与实践的融合。对于业界来的教师，根据其工作阅历和学历背景，制订了相应的职称评聘体系，可评聘为讲师、副教授或教授。

根据专业课程设置的需要，聘请了外教和有海外教育或工作背景的教师 21 名。中瑞教师在寒暑假期或指定时间到企业挂职学习锻炼、回炉更新业界前沿知识，社会酒店企业管理人员不定期到学院开展讲座、沙龙、座谈，参与课程进修学习。支持教师将自己的理论知识和实践结合，旨在教学中能够给学生传授更加贴近业界的鲜活知识。

中瑞设立由总督学、专职教学督导和兼职督导组成教学督导委员会，以中瑞教学标准为抓手，教学执行层与质量保证层相互配合，开展教学过程监控、评价及持续改进。

（三）自主开发编写的前沿教材

目前国内出版的酒店管理专业本科教材大多千篇一律，与业界实际相差甚远，不太满足教学需要。为此，中瑞投入近百万元，在学院顾问委员会的直接领导下组织经验丰富的业界教师和理论教师，编写符合业界实际、高质量、有特色的专业教材。学院现有自编校本特色教材 29 门，其中 10 门正在修订，计划 2018 年出版。自筹资金编印《酒店评论》刊物，2015 年 1 月创刊，目前已经出版 15 期。

中瑞顾问委员会的业界资深专家每周来校听课，加入教材编写工作组，参与周教材编写例会，引入业界的最新实践。此外，中瑞顾会参与日常中瑞教学活动、为师生开设专题讲座等，充分了解人才培养方案、课程设置、学情教情的基础上深度参与教材编写，使中瑞教材既紧密结合业界实际，又符合中国应用型高等教育教学规律的“秘诀”。

中瑞高度重视产教研工作，遵循“学以致用，用以致研，研以致教，教以致学”的原则，鼓励应用型研究。中瑞积极开展社会服务（十年来，中瑞先后为万豪酒店、洲际酒店、人民大会堂宾馆、北京建银饭店、厦门海悦山庄酒店、共青团甘肃省委、三亚蜈支洲岛度假中心、沈阳凤凰饭店等提供了咨询与培训服务）、学院实习就业平台定期反馈业界资讯与前沿动态，是教材更新源源不断的“一手素材”。

（四）“学院即酒店”的校园文化

中瑞以学生为本，以教师为核心。在中瑞，首要是育人，倡导“育人教书”，强调“教书先育人，育人先育己”；要求教师要德才兼备，以德为先，实行“师德一票否决”；要求学生做正派人、干正经事，遵纪守法，遵守校规，尊重老师、同学，感恩父母。注重培养学生的职业道德、职业素养、职业技能，使学生形成正确的价值观，做好公民、做对社会有用的人。

十年磨一剑，中瑞形成了独特的办学模式，其核心就是“学院即酒店”，坚持以职业素养为导向的养成式教育，培养学生的酒店人习惯、酒店人意识和酒店人气质，使学生在校期间不仅学知识和技能，更重要的是在行为规范和职业素养上及早进入“酒店工作状态”。中瑞注重实践教学，并以此为重点，配置各种软硬件。学院拥有实体运营的教学酒店，建筑面积 12000 余平方米，生产加工制作设备齐全，运营设施完备，设有中餐厅、西餐厅、中厨房、西厨房、瑞格风味餐厅、宴会厅、瑞士吧、瑞星吧、红酒雪茄吧、瑞图吧、瑞体吧、咖啡工作室、小火锅、38 间四星级标准客房、接待大堂……学生可以身临其境地学习和操作，真正实现教学、生产、销售、服务、体验于一体。

为此，全院师生员工一律穿商务正装、佩戴名牌，在着装、发式、礼节礼貌、行为举止等日常行为规范方面完全参照酒店实际标准，全体教师 8 小时坐班，课上是教师，课下是经理，言传身教。

学生自我管理，参与学院管理。全院所有活动都由学生组织管理，并纳入教学计划，教师幕后指导，鼓励学生把错误全都犯在校内，如校内的中西餐厅、酒吧、客房、宴会厅等全部由学生经营管理。同时 40 多个学生社团的 2000 多名会员，通过各种方式参与学院活动和管理。学生每天早上六点半起床，清扫校园，出早操，志愿者每天对进入教学区的学生和教师进行仪容仪表检查，及时督导纠正错误的行为。

学院设立师生纪律委员会，即学生法庭和教师法庭。对违规违纪的师生，由陪审团成员根据控辩双方的陈述，进行投票表决。陪审团成员由电脑随机抽取，必要时邀请当事人家长参加。家校联动，共同育人。

四、办学成果初显

经过不懈的努力，中瑞不断探索旅游酒店业管理人才培养产教融合之路，办学成果得到初显。学院办学模式与办学特色得到酒店行业和高校同行的高度认可。

2017 年 11 月，中瑞在 2017 最佳东方高峰论坛上获得了“旅游服务业 2017 优秀人才培养院校”的荣誉称号。中瑞学生毕业后在各行业大放光彩：连续 5 年就业率保持在 95% 以上；每年约 50% 的毕业生就职于酒店旅游业及相关服务行业；约 35% 的毕业生就职于银行、投资、地产、传媒、教育、政府机关、环保、医药、电信等公司企业；约 12% 的毕业生选择出国深造；约 3% 的毕业生选择创业或灵活就业。

2017 年 5 月，中瑞在“一带一路”国际合作高峰论坛领导人圆桌峰会中出色完成会议服务和餐饮服务。会后表彰大会上，凯宾斯基亚洲区首席运营官、北京凯燕国际饭店管理有限公司总经理 Mr. Michael Henssler 发言时，讲道：“当我们接到‘一带一路’峰会会议承接任务的时候，我们意识到一个重要问题，我们需要帮助，根据多年的合作关系，想到的第一个能够帮助我们的就是中瑞，这个亚洲最好的酒店管理学院会帮助我们很好地完成任务。1500 个代表 3000 多名来宾，130 多个国家、30 多位国家领导人，这是从来没有过的盛会，你们在书写历史上一个激情的篇章。我衷心感谢大家参与了这个活动，没有各位这个活动不会这么成功。未来有重大活动还会继续和中瑞合作。”

由于学院办学特色突出，经过国内外考察，世界 500 强中国交通建设股份有限公司的全资子公司中交海洋投资控股有限公司主动联系学院，将投资 13 亿元建设的位于海南省的三亚中瑞酒店管理职业学院全权委托中瑞酒店管理学院进行管理、运营，确保将其打造为具备国际一流水准的国际性酒店与旅游管理学院，服务海南国际旅游岛建设的国家战略。2016 年，学院派出运营团队，参与三亚中瑞的筹建。经过团队的努力，2017 年通过海南省教育厅专家组的评估，海南省政府正式发文同意设立三亚中瑞酒店管理职业学院，并在教育部审批备案。在北京中瑞酒店管理学院的全面支持下，三亚中瑞酒店管理职业学院于 2017 年正式开始招生，第一批 600 名学生已经在校园生活学习。得益于成熟的“中瑞模式”，目前该学院运行良好，在海南省高等教育改革探索方面发挥了积极作用。

五、结语

回顾十年来的创新实践，我们最深切的体会是，作为应用型的高等院校，学生既是我们的“客户”，又是我们的“产品”，我们不能自我封闭在象牙塔内，按照传统的逻辑去生产用人单位不认可的“产品”。只有融入业界，深入了解客户的需求，并不断地加以分析研究，我们培养的学生才能够真正适应行业的需要。

在未来，中瑞将从打造中瑞 IP 的四个纬度（课程设置、教学团队、前沿教材、校园文化）持续发力，坚持公益性办学，加大投入，全院师生共同努力，为把中瑞酒店管理学院建设成为有中国特色的“师生喜爱、业界认可、政府放心、人民满意”的应用型大学而努力！

桂林旅游学院发起建立中国—东盟旅游教育联盟，共建区域旅游教育共同体

张海琳[①]

一、联盟简介

（一）成立背景

由于地缘相近，文化相通，人民相亲，中国始终将东盟作为周边外交的优先方向。2017年恰逢东盟成立50周年，中国—东盟建立对话关系26周年，为促进双边关系全面提质升级，2016年9月老挝万象举行的第19次中国—东盟领导人会议上，双方领导人一致同意将2017年确定为中国—东盟旅游合作年。2017年，中国—东盟互访人数已近4000万人次，每周有2700架次航班往来于中国与东盟之间，彼此已成为最重要的旅游合作伙伴和客源地。在此大背景下，桂林旅游学院联合中国—东盟中心，共同发起成立中国—东盟旅游教育联盟。

（二）联盟介绍

中国—东盟旅游教育联盟（The China - ASEAN Tourism Education Alliance，CATEA）由桂林旅游学院、中国—东盟中心联合中国和东盟18所代表性旅游院校及企业共同发起，是在自愿基础上结成的非政府组织。联盟主张助力“一带一路”建设，共建中国—东盟旅游教育共同体，围绕加强中国和东盟旅游院校、校企合作，提高人才培养质量，服务区域经济建设和社会发展，更好地为本地区旅游合作、文化交流、产业发展和社会进步做出贡献。

在教育部、国家旅游局等上级部门直接指导支持下，经过认真遴选，积极沟通，华侨大学旅游学院、南开大学旅游与服务学院、桂林旅游学院、上海旅游高等专科学校、四川旅游学院、广州大学旅游学院、北京联合大学旅游学院、新加坡东亚管理学院、越

---

① 张海琳，桂林旅游学院教授，中国旅游研究院东盟旅游研究基地常务副主任，研究方向为区域旅游合作与跨文化交际。

南下龙大学、老挝国立旅游与酒店管理学院、缅甸国立工商学院、柬埔寨国立管理大学、菲律宾将军市系统技术学院、泰国川登喜大学、马来西亚泰莱大学、印度尼西亚特里沙克蒂旅游学院、文莱大学、广西维伯教育管理服务有限公司和桂林旅游股份有限公司 19 家中国—东盟地区有代表性旅游高校与企业，首批加入了联盟，秘书处设在桂林旅游学院，负责联盟日常联络与协调工作。

（三）成立过程

为扩大影响力，联盟发起单位一致决定在 2017 年 7 月 29 日第 10 届中国—东盟教育交流周开幕期间，隆重举办联盟成立大会暨首届中国—东盟旅游教育国际论坛。活动在位于贵阳的交流周永久会址举行，来自教育部、国家旅游局、中国旅游研究院、中国—东盟中心、广西旅发委和首批入盟单位的嘉宾、媒体代表等 100 余人出席活动。成立大会由桂林旅游学院校长程道品主持，中国—东盟中心秘书长杨秀萍首先致辞。她指出，此次与桂林旅游学院共同发起成立旅游教育联盟，是中心推动中国—东盟人文交流的重要举措，联盟成立只是一个良好开端，未来的发展需各方大力支持和共同努力。她希望所有成员能发挥各自优势，推动中国—东盟旅游和教育合作不断迈上新台阶，并表示中国—东盟中心愿与大家携手努力，为深化中国—东盟人文交流做出新的贡献。此外，教育部国际司副司长王慧、时任国家旅游局人事司副司长余昌国、广西旅发委主任甘霖、东盟院校代表新加坡东盟管理学院院长蔡顺强、中国院校代表桂林旅游学院党委书记林娜分别致辞。入盟单位领导共同签署了《入盟宣言》，宣告联盟正式成立。

活动当天的论坛会聚了中国—东盟旅游业知名学者、企业家和教育专家。中国旅游研究院院长戴斌、泰国川登喜大学副校长 PORNCHANIT KAEW-NATE、原南开大学旅游与服务学院院长白长虹、老挝国立旅游与酒店管理学院校长 SAYSAVATH CHASANE、桂林旅游学院校长程道品围绕“融合 · 共享 · 发展——构建中国—东盟旅游教育共同体”的主题做了精彩的主题演讲。与会专家学者及企业代表还就“一带一路”与旅游教育新使命、新业态背景下旅游创新创业教育、校企合作与国际化旅游人才培养等主题进行了专题讨论。联盟成立大会暨论坛的成功举办，吸引了新华网、新浪网、《中国旅游报》及其他多家国内外媒体的关注和跟踪报道。

二、项目特色

（一）引领建立1+N+10合作机制

作为新近升本的旅游院校，桂林旅游学院紧扣中国—东盟旅游教育发展大势与自身区位优势，抓住有利时机，联合中国—东盟中心及东盟 18 所代表性旅游院校及企业，借助中国—东盟教育交流周这一国家级权威合作平台，发起成立了联盟，在本地区旅游教育国际交流合作中占得了先机。这一合作机制可总结为 1（桂林旅游学院）+N（中方合作院校及企业）+10（东盟 10 国合作院校及企业），1+N+10 机制成功运转，凸显了桂林旅游学院领导班子在日趋激烈的国际合作竞争中的洞察力和执行力，为中国旅游国际教育探索了新的发展模式（见图 1）。

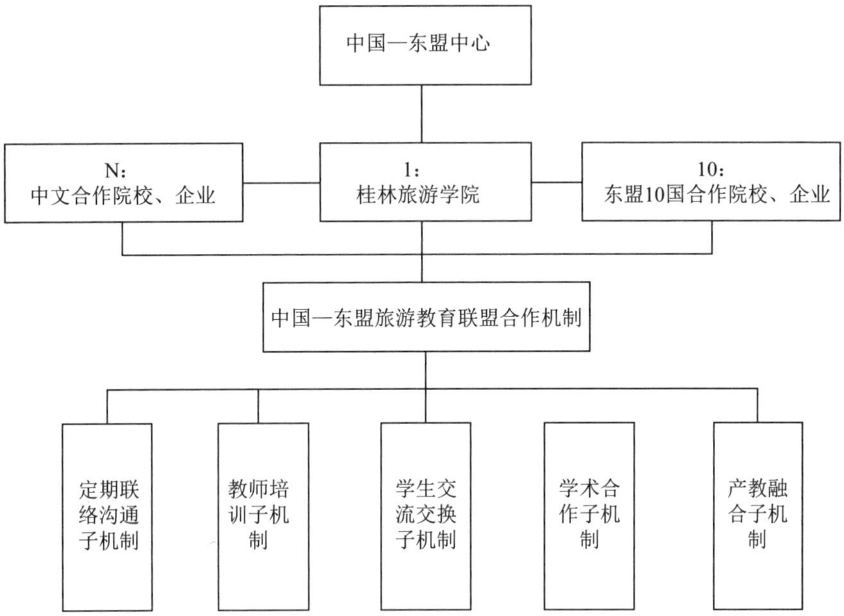

图 1　联盟 1+N+10 机制运行图

（二）协同培养高水平国际化旅游人才

联盟成员单位为中国和东盟 10 国具有代表性的旅游类高校和企业，在培养具有竞争力和国际视野的综合性旅游人才方面积累了丰富经验。联盟通过跨行业、跨区域强强联合，共享中国—东盟近年来在旅游、经贸和人文交流方面的成果以及本地区优秀旅游教育资源。联盟利用中国—东盟中心这一政府间国际组织平台，积极联络教育部、国家旅游局、中国旅游研究及省级主管部门，寻求支持，凝聚政、学、研、企各方力量，协同培养高水平国际化旅游人才。

（三）促进旅游教育多领域交流合作

联盟致力于产、教、学、研相结合，积极探索中国—东盟旅游教育高水平交流合作新路径。联盟秘书处（桂林旅游学院）同时作为中国旅游研究院东盟旅游研究基地、广西旅游大数据中心，在东盟旅游科学研究方面具有独特的优势。联盟在促进合作办学、师生互换，合作开发课程和人才培养模式等传统国际教育交流合作的同时，将合作拓展至新型智库建设，分别于 2017 年 12 月和 2018 年 5 月，联合成员单位成立了中印尼旅游研究院，东南亚南亚旅游研究中心和中国—东盟旅游协同创新中心等新型智库，为本地区政府开展资政服务，并直接服务产业。

（四）多模式共建中国—东盟旅游教育共同体

联盟是在自愿基础上结成的非政府组织，联盟每年定期举办学术论坛等活动，积极促进教育资源和校企协作平台共享。目前，已建立了形式多样的联盟成员单位合作机制和模式，例如，桂林旅游学院与联盟成员单位印度尼西亚特里萨克蒂旅游学院共同在印度尼西亚首都雅加达建立了中国—印度尼西亚旅游商学院，开展了一对一旅游教学科研合作。桂林旅游学院与印度尼西亚特里萨克蒂旅游学院，泰国的川登喜大学和马来西亚泰莱大学等建立了一对多、多对多师生交换机制等，定期举办师生交换项目，使联盟合作成果直接惠及一线教师和学生。

三、工作成绩

联盟自 2017 年 7 月成立以来，在促进联盟成员全方位交流、合作办学、科学研究和社会服务等方面完成了以下主要工作，有力推动了中国—东盟旅游教育共同体的构建。

（一）交流互访

1. 2017 年 9 月，四川旅游学院参加由泰国驻成都总领事馆主办的泰国国际教育展暨川泰国际教育合作洽谈会，助推两国教育交流与发展。

2. 2017 年 10 月，华侨大学旅游学院拜访了泰国驻厦门领事馆，并就合作事宜进行了交流。

3. 2017 年 10 月，菲律宾旅游部区域主管到访联盟秘书处，马来西亚林肯大学到访联盟秘书处，就来华留学生的招生、专业方向、实习需求进行了深入沟通。

4. 2017 年 11 月，泰国博仁大学一行到访联盟秘书处，就中泰学生交换生等合作项目进行了深入探讨。

5. 2017 年 12 月，中国—东盟中心秘书长杨秀萍到访联盟秘书处，实地了解办学及其与东盟国家交流合作情况，积极评价联盟为促进中国—东盟教育、旅游合作所做的积极贡献。

6. 2018 年 4 月 15—16 日，联盟 2018 年会暨第二届中国—东盟旅游教育论坛在桂林旅学院举办，联盟成员单位代表、国内外旅游专家、嘉宾近 100 人齐聚桂林，交流商讨联盟发展大计，审议通过联盟章程、2018 工作计划，确定 2019 年联盟成员大会将在印度尼西亚首都雅加达举办，印度尼西亚特里沙克蒂旅游学院具体承办。

（二）学术交流

1. 2017 年 9 月，联合国世界旅游组织第 22 届全体大会在成都拉开帷幕，桂林旅游学院校长程道品率联盟代表团参加会议，会议期间与世界旅游组织执行主任卡洛斯、世界优秀旅游目的地委员会总干事方贝达及多国旅游专家进行了工作交流，介绍了联盟发展情况以及近年来在旅游教育国际化方面取得的成绩，并与相关国际旅游组织领导在区域合作、资源共享和旅游可持续发展研究等领域进行了探讨。

2. 2017 年 10 月，印度尼西亚特里沙克蒂旅游学院作为协办单位参加在中国无锡举行的第四届旅游与酒店管理国际学术论坛。

3. 2018 年 3 月，印度尼西亚特里沙克蒂旅游学院在雅加达主办“旅游、美食和旅游目的地”国际会议。

4. 2018 年 5 月，联盟派出代表团赴海口参加“一带一路”与东盟教育合作论坛，向与会嘉宾交流介绍了联盟学术交流合作成果。

（三）合作办学

1. 2017 年 9 月，为推动教育更好地服务于“一带一路”建设，深化校企合作发展，桂林旅游学院与广西维伯教育在中国桂林签署合作办学协议，共同举办“一带一路学院”。

2. 2017 年 9 月，桂林旅游学院 45 名交换生赴泰国清迈大学学习，19 名应用泰语专业的学生赴泰国博仁大学交换学习。

3. 2017 年 11 月，桂林旅游学院与印度尼西亚特里沙克蒂旅游学院举行合作备忘录签字仪式，启动中印尼旅游商学院、中印尼旅游研究院等合作项目。

4. 2017 年 12 月，第 5 届泰国川登喜大学交换生汉语短期培训班在桂林旅游学院正式开班。

（四）社会服务

1. 2017 年 9 月，四川旅游学院选派烹饪专业师生服务金砖国家峰会，2018 年 1 月，参与美国国家地理频道纪录片拍摄，宣传中国—东盟旅游景点及风情。

2. 2017 年 11 月，中国—东盟中心与菲律宾旅游部共同主办中国—东盟生态旅游发展研讨会，来自联盟专家与本地区其他旅游业界代表汇集一堂，共同为中国—东盟生态旅游和可持续发展建言献策。

3. 2017 年 11 月，第二届柬埔寨旅游业拓展中国客源市场暨“致力服务中国游客战略”培训班在柬埔寨金边举行，联盟专家受邀参会并发表专题演讲，本次活动共培训柬埔寨学员 200 多人次。

4. 2018 年 5 月 14 日，联盟派出专家赴新加坡开展“迎接中国游客”旅游从业者能力培训班，该培训班由中国—东盟中心和新加坡国家旅游局共同举办，与会代表就深化与中新旅游企业合作、进一步开拓中国客源市场、丰富旅游产品供给、提升旅游服务品质等议题同授课教授交换看法，现场气氛活跃，受到听众好评。

四、下步工作

联盟成立近一年以来合作成果显著，为夯实合作基础，各方商定了未来三年的工作目标，包括以下要点：

（一）完善机制

联盟将依据中国—东盟旅游教育发展态势和工作需要，逐步完善各项管理制度，主要包括成员联络沟通机制、师生交换交流机制、优秀教育资源、信息与人才共享机制等。

（二）合作办学

广泛开展学历与非学历教育合作，共同开发课程、教材、教案，探讨跨境联合人才培养模式，三年内结合中国双一流学科建设，共同开发“旅游管理”等优质专业硕士课程。

（三）校企合作

加强校企间学生实习实训合作，建立校企创新创业合作机制，与行业联合制定行业规范与标准，计划三年内建立中国—东盟校企合作及联盟院校校友网络，为联盟院校学生跨境实习就业、创新创业项目等搭建平台。

（四）智库建设

以联盟已经建立的中国—东盟旅游研究基地，中国—印度尼西亚旅游研究院等平台为基础，联合联盟内部科研力量，未来三年每年建设 1~2 个跨境研究平台，凝聚研究方向，每年定期发布产业蓝皮书和研究报告，逐步建成本地区有影响力的旅游产业智库。

在上级部门关心指导下，成员单位精诚合作，顺应中国—东盟旅游产业和教育发展大趋势，联盟一定会不断发展壮大，中国—东盟旅游教育共同体的构建目标将更为清晰，各项事业的发展必将呈现特色鲜明、千帆竞发的良好局面，搭建中国—东盟民心相通桥梁，为服务区域经济与人文交流发挥日益重要的平台作用。

高职旅游教育混合所有制办学的探索与实践

——以浙江旅游职业学院千岛湖校区为例

雷明化[①]　王文辉[②]　张慧彦[③]　周高华[④]

高职院校混合所有制办学是当前职业教育办学模式在产教融合、校企合作实践基础上的创新与发展。2014 年 2 月，李克强总理主持召开国务院常务会议研究部署加快发展现代职业教育，首次于国家层面提出职业教育进行混合所有制办学的改革思路。随后颁布的《国务院关于加快发展现代职业教育的决定》《现代职业教育体系建设规划（2014—2020 年）》以及 2015 年颁发的《高等职业教育创新发展行动计划（2015—2018 年》等一系列官方文件中多次重申职业教育探索混合所有制办学的要求。

混合所有制办学的概念解读在其诞生之初不可避免地受到经济学相关概念的影响，随着各地高职院校的探索深入，创新的形式从原有侧重于产权结构和资本构成多元化发展到注重多种资本融合后治理机制的研究，对于投资也不再限于资金的投入，知识、技术、管理、设备等要素均为投入的形式。混合所有制办学对于盘活职业教育资源、创新资源配置模式，实现社会资源和职业教育有效供给的良性互动，提高人才培养质量具有重要的现实意义。

本文以浙江旅游职业学院 2015 年开办的千岛湖校区为例，探索高职旅游教育混合所有制办学的创新路径。

一、与地方政府合作办学的路径探索

浙江旅游职业学院千岛湖校区由浙江旅游职业学院和淳安县人民政府共同投资建设，于 2015 年 9 月建成投入使用。坐落在国家 5A 级旅游景区千岛湖畔，规划面积 500 亩，建设用地 165 亩，建筑面积 4.5 万平方米，截至 2018 年 6 月，在校生共有 1002 名。

① 雷明化，浙江旅游职业学院千岛湖校区管委会主任，硕士，副教授，研究方向：酒店管理，高职教育 .

② 王文辉，浙江旅游职业学院千岛湖校区办公室主任 .

③ 张慧彦，浙江旅游职业学院千岛湖校区教务办主任，硕士，讲师，研究方向：高校教学管理 .

④ 周高华，浙江旅游职业学院千岛湖校区教师，硕士，研究方向：酒店管理 .

（一）共同投资校区建设

校区基本建设资金为 2.5 亿元左右。主体建筑部分由千岛湖旅游集团有限公司和浙江旅游职业学院共同投入建设，资金投入比例为 2∶1。体育馆、实验实训和教学仪器设备、图书资料、行政办公设施设备的购置、后勤物业配套等由浙江旅游职业学院投资建设。

（二）共同参与校区管理

千岛湖校区设立了独立的二级管理机构——千岛湖校区管理委员会，由 1 名院领导分管，设管委会主任、副主任各 1 名，下设行政、教务和学工三个办公室。管委会主任、教务办主任、学工办主任由浙江旅游职业学院采取公开选拔的方式产生，负责教学管理和教学组织。管委会副主任和行政办主任从当地政府部门择优选调，负责与地方政府联络、行政管理等事宜。加强干部交流，打通干部使用渠道，每两年交流 1~2 名干部，密切双方的联系与合作。淳安县政府成立浙江旅游职业学院千岛湖校区联络办，由分管旅游的副县长兼任联络办主任，联系旅游的县府办办公室副主任兼任联络办副主任，具体负责浙江旅游职业学院千岛湖校区有关工作的衔接。淳安县委、县政府主要领导多次召开专题协调会，及时解决千岛湖校区建设发展中存在的问题。

（三）共同享有校区资源

校区教学场馆等教育教学资源，向淳安县公众有序开放使用。积极为淳安县输送旅游人才，为淳安县旅游业发展提供科研支持、人员培训等服务，每年为淳安县输出实习见习学生 1000 人次以上，每年为淳安县旅游业从业人员提供培训 2000 人次以上，每年为淳安县提供志愿者服务 3000 人次以上。做好毕业学生就业指导工作，鼓励毕业生在淳安就业，留在淳安县就业的千岛湖校区应届毕业生，工作满一年后（以协议或合同为准），每人一次性奖励 5000 元。鼓励校区教师积极开展社会服务，组织师生深入开展调查研究，每年为完成淳安县旅游产业研究课题若干项，为淳安县旅游发展提供参考。

（四）共同谋求联动发展

为推动新一轮联动发展，2017 年开始，淳安县设立千岛湖国际酒店管理学院发展专项资金，每年给予千岛湖校区 200 万元专项资金，连续支持 5 年（2017—2021 年）。专项资金用于人才引进、科研、实验室建设、改善师生生活等方面。学院积极适应千岛湖旅游业快速发展的态势，着力提升校区的内涵，更好地为淳安县旅游业发展提供智力支持和人才支撑。继续加大校区投入，每年投入 500 万元以上，提升办学质量。积极引进博士研究生以上高层次人才，提高校区的科研水平。进一步深化校地合作，探索校校合作、校企合作等多种模式，提高千岛湖校区的使用效率。积极宣传千岛湖，通过举办中国旅游院校五星联盟院（校）长论坛、浙江省旅游协会旅游教育分会年会、全国旅游职业院校校长协作会年会等旅游行业的重要会议和高层论坛，进一步扩大淳安旅游的知名度。努力帮助千岛湖提升国际化水平，打造国际化品牌，浙江旅游职业学院将浙江省人民政府批准成立的“中澳国际酒店管理学院”整体从杭州校本部迁到淳安办学，利用外籍教师集聚的优势，成立外籍教师服务队，为淳安县产业发展、英语教学等提供服务。

二、中澳国际化混合办学的实践探索

浙江旅游职业学院与澳大利亚威廉·安格理斯学院自 2006 年起开展中澳合作项目，经过 10 年的发展和积累，于 2016 年经省政府批复同意，设立中澳国际酒店管理学院，并于 2017 年起开设三个中澳合作专业（酒店管理、旅游管理、西餐工艺），在千岛湖校区集中办学，目前中澳合作专业学生数为 315 名。中澳合作办学也是我校进行混合所有制办学的路径之一。

（一）共同建立“双主体”会商机制

成立“联合管理委员会”，中方代表 4 人，澳方代表 3 人，主任由中方院长担任，副主任由澳方校长担任，每学期对机构整体发展情况进行汇报商讨，对重大决策事项进行研讨。联合管理委员会任命千岛湖校区管委会主任为中澳国际酒店管理学院院长，中澳双方各配 1 名副院长和 1 名教学主管，形成中澳“双主体”的管理模式。

（二）共同参与教学管理

中澳国际酒店管理学院建立了由企业专家、高校知名教授、校内专家、澳方专家组成的联合教学委员会。每学期召开会议，对机构内专业人才培养方案进行研讨，并与时俱进地开展修订，澳方高层管理团队每年一次教学督导，共商发展。另外，按照澳大利亚技能质量署评估要求，共同建立符合双方标准的教学质量管理体系，制定透明、兼容的质量标准，对教学质量进行全过程监控。

（三）共同投入教学资源

除了中方对校区办学的软硬件投入以外，澳方也积极投入教学资源。投入 20 万澳元开发 ASQA 远程网络教学资源平台 E-couch，对澳大利亚安格里斯文化元素的校区融入进行整体设计与上墙，对西餐西点实训室的建设进行设计和指导等，共同创造国际化的教学资源和环境。此外，中澳双方每年从学生学费中各提取 750 元 / 生，作为中澳合作专业学生专项经费，用于学生雅思培训与考试、赴澳游学研修、赴澳留学专升本等方面的资助和奖励。

（四）共同打造国际化师资团队

澳方每年派遣 10 余名教师常驻中国任教，中澳双方教师形成教学拍档，双方共同制订人才培养方案、共同编写核心专业课程双语教材。每年选派中方教师赴澳大利亚开展为期 6 周的专业课程培训，每年安格里斯学院派遣专家赴中国为中方教师开展为期 4 周的澳大利亚 TAE 培训和澳大利亚教师资格培训，提升教师的国际视野和专业教学水平。经过资源整合与发展，目前已形成了中澳专业教师相互融合（1/3 澳方师资 +2/3 中方师资），以专业带头人、教学骨干为核心，澳大利亚 TAFE 执教资格为基础的国际型师资团队。

三、与企业合作办学的改革探索

2015 年千岛湖校区成立伊始，与千岛湖绿城喜来登酒店、千岛湖洲际度假酒店、振石大酒店实现深度校企合作，建立企业制学院的同时，在教学改革、深度合作方面进行了共同探索。

（一）共同管理企业制学院联合委员会

2015 年年底，校区与合作酒店成立企业学院联合委员会，分别由校区管委会主任、副主任、教师代表及三家酒店总经理、高层管理者共同组成。企业学院联合委员会每季度在校区召开一次例会，主要商议决定推进校企合作的重大事项，包括投资实训基地、谋划人才培养、教学改革等，如遇到紧急突发事件，召开视频电话会议。此外，企业学院联合委员会成员会出席所有重要的校企合作活动，如订单班开班仪式、开学典礼、表彰大会、毕业典礼等。

（二）共同投资实训基地

为进一步开拓优质校企合作资源，开启基地共享模式。三家酒店各自出资 20 余万元对企业订单教室和调酒实训室、中餐实训室及客房实训室进行装修设计和文化氛围的布置，包括设备和软装，如酒杯、餐具、棉织品等，为学生创造一个模拟真实工作的学习环境。酒店可以每月安排酒店员工来校区开展培训工作；与此同时，酒店需提供场地供学生在真实的环境中完成见习和实习的教学任务。

（三）共同谋划人才培养

主要有设置企业奖学金和师资共享模式。其一，作为校区可以享受到三方面的企业资源：首先，根据企业订单班奖励计划，每年给班级内成绩优异的学生提供 3000~15000 元不等的奖学金；其次，实行“行业导师制”，由企业高管与学生结对子，每位行业专家结对 3~5 名学生，在学习、生活、实践、实习、就业等各方面给予指导，使学生更深入地感受和认同企业文化；最后，企业导师或高管赴校区定期开展讲座，进行企业文化、职业技能等方面的培训、授课等。其二，作为企业可以享受到两方面的校区资源：首先，校区会定期派优秀的教师到酒店做调研并给予酒店针对性的理论指导；其次，校区会定期派不同专长的老师为企业开设培训课程，包括前厅、餐饮、客房、管理等模块的内容。另外，校区会提供三家酒店员工学历深造的途径。

（四）共同参与教学改革

校区与三家酒店共同制订人才培养方案，酒店在三年的培养方案中全过程参与人才培养、教学改革、专业建设等，共同探索人才培养方式的改革与创新。根据高职教育的新形势、新要求，结合千岛湖当地的产业特色，着眼于培养拥有国际化视野的高星级品牌酒店高级服务人才和中基层管理人才，千岛湖校区特色酒店管理的“五化融合”产学交叉人才培养模式，即教学过程职业化、人才培养立体化、酒店参与全程化、教学实践岗位化、教学平台多元化，融理论与实践、课堂教学与实训、实景与实境、学校与酒店实习为一体的人才培养模式，突出学生专业知识与职业能力逐渐提高的过程。为此，改变传统的单一学期制，在第二、第三学期实行长短学期相结合的模式，并在酒店管理专业订单班试行。一学期共 16 周，前 10 周和后 6 周分别为长学期和短学期，长短学期之间放假一周。长学期为课堂理论模块，短学期为企业实践模块，强化“工学融合、校企合作”。在长学期阶段，学生在校学习基础理论知识，在短学期阶段，采取“3+2+2”的模式，即学生每周在酒店见习实践 3 天，学习理论课 2 天，休息 2 天，校区专职教师负责学生课堂理论模块的教学，酒店管理人员负责学生企业见习实践模块的教学和培训，并由双方共同考核评价。长短学期教学实现了将课堂搬到酒店，学生边学习边工作。在短学期的专业实践课程学习过程中，酒店为每位学生设定岗位模块并循环流动，实行“岗位即课程”，实现“学生即准员工”。

四、结语

混合所有制改革作为一种新的办学模式，是高等职业院校相关利益主体在不确定的环境下制度创新过程，不可避免地受到现有的法律、制度、政策的约束，制约着混合所有制的深入发展。浙江旅游职业学院千岛湖校区的混合所有制办学实现了资本投入多元化，治理机制长效化，但是在产权利益分配、多元主体参与度等方面还存在一些无法回避的现实问题，未来将进一步遵循现代经济发展、高职教育、产权制度的要求，完善内部治理结构，建立起“产权明晰、多方参与、科学决策、民主管理和运行高效”的现代学校制度。

高职酒店管理专业“分阶段、任务式、智能化”顶岗实习管理模式创新与实践

刁洪斌[①] 徐 莉[②] 石媚山[③] 王 超[④] 李云鹏[⑤]

顶岗实习一直是我国职业教育讨论的热点和教学的难点，近年来，教育部多次发文进行专项规范和督导。不契合学生成长规律和职业发展规律的实习管理模式、不科学不规范的实习管理方案，直接导致我国高职酒店管理专业学生经过实习阶段后出现职业心态不好、对口就业率低、职业发展后劲不足的不良现象。

经过多年的办学实践，青岛酒店管理职业技术学院以提高顶岗实习管理实效、促进学生综合职业能力提升为目标，以“建构主义学习理论”为基础，以“校企协同育人、智能化教学管理”为理念，校企合作，建立了基于学生心理成长和职业发展的“高职酒店管理专业‘分阶段、任务式、智能化’顶岗实习管理模式”。该模式改革的基本思路是根据学生心理成长规律，在关键的时间点，在合适的时间段，实施恰当的课程任务，提升学生职业兴趣，激发学生学习动力，引导学生酒店职业认同，不断提升学生综合职业能力，让学生在酒店行业留得下、用得上、发展得好。

一、“分阶段、任务式、智能化”顶岗实习管理模式体系构建

（一）实施“分阶段”管理方式

根据实习期学生的心理状态变化规律，将实习期划分为“职业认知适应期、技能熟练波动期、心理稳定成熟期、情绪倦怠浮躁期”四个阶段（见图 1），并依据各阶段的特点相应地建立工作 SOP，实施标准化程序管理，明确每个周期中学校、企业的管理任务，进行对应的教学管理、专业指导和心理辅导。

---

① 刁洪斌，青岛酒店管理职业技术学院副院长，教授。
② 徐莉，青岛酒店管理职业技术学院旅游与酒店管理学院党总支副书记，副教授。
③ 石媚山，青岛酒店管理职业技术学院旅游与酒店管理学院副院长，讲师。
④ 王超，酒店管理专业骨干教师，讲师。
⑤ 李云鹏，酒店管理专业实习指导教师，讲师。

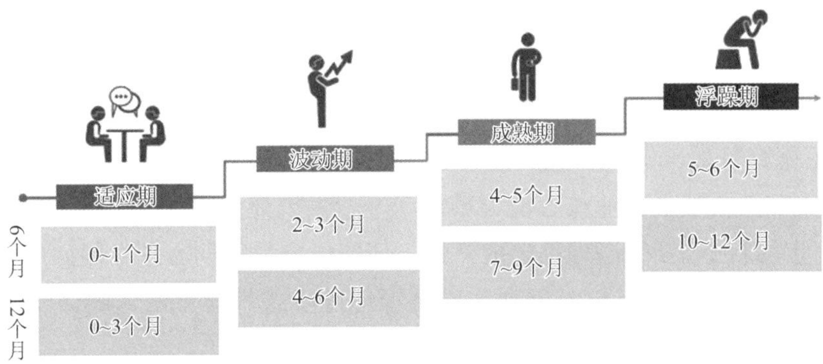

图 1　酒店管理专业顶岗实习四阶段心理周期示意图

第一，职业认知适应期。学生在实习的第一阶段（第一个月。以六个月实习期为例，下同）为职业认知适应期。这个阶段的专业指导以提升专业认知能力为目标，专业学习以认知类任务为主。校企双方管理入职培训，关注吃、住、行等基本生活条件，使学生的生活得到较好保障为主，帮助学生平稳适应新环境。

第二，技能熟练波动期。实习的第二个阶段（第二至第三个月）为技能熟练波动期。在第二个阶段，学生因为对基本技能的掌握比较熟练，会产生认知偏差，对实习的必要性产生怀疑。针对第二阶段的认知偏差，专业课程任务以“兴趣引导”“问题导向”为主，引导学生去了解他熟悉的环境中更深层次的管理问题和专业知识，当学生发现自以为很熟悉的领域还有很多自己不懂的问题的时候，就会产生对知识的好奇和渴望，进而忽略对环境的厌倦，从而实现培养专业能力的目标。

第三，心理稳定成熟期。实习的第三个阶段（第四至第五个月）为心理稳定成熟期。这个阶段，学生已经完全适应酒店的生活环境和工作模式，但同时会出现两极分化的现象，即有的学生积极向上努力工作，而有的学生十分厌倦酒店工作。此阶段企业要考虑对表现突出的同学给予更多的交叉培训、轮岗学习的机会，学校要加强对学生世界观和就业观的引导，对产生负面情绪的学生要重点关注，同时对学生的优异表现给予鼓励。

第四，情绪倦怠浮躁期。实习的最后一个阶段（第五至第六个月）为情绪倦怠浮躁期。临近实习结束，学生心情浮躁，需要教师引导学生考虑自己的职业生涯发展，引导学生考虑自我职业生涯管理。企业要帮助学生全面了解行业信息，提供优质就业岗位，增加督导层岗位职责培训，帮助学生为职业发展打下良好基础。

（二）采取“任务式”管理策略

通过校企协作，依据心理变化的四个阶段，有针对性地构建了一整套课程任务体系，针对性培养学生的综合职业素养和职业发展能力，并有效干预学生的职业心理正向成长，培养学生酒店行业的职业兴趣、职业认同、职业精神以及良好的职业心态。

根据能力要求，对学生顶岗实习期间的课程任务进行了总体构划，建立了促进学生“学思并举、知行合一”的系统化课程任务体系，具体归纳为“一种管理机制”（基于学分制的课程管理）、“两种教学方法”（网络教学和真实工作情境教学）、“三大教育目标”（德育目标、知识目标、能力目标）、“四个教学模块”（专业认知能力模块、专业基本能力模块、专业核心能力模块、专业发展能力模块）。并根据职业认知适应期、技能熟练波动期、心理稳定成熟期、情绪倦怠浮躁期心理发展四阶段，分别采用观察认知、兴趣引导、任务驱动、项目管理进阶式教学方法，确保学习效率和效果。

（三）开发“智能化”管理平台

为配合实习管理及课程任务实施，联合知名教育信息化企业，校企合作开发了具有知识产权的智能化移动管理工具 APP——“实习宝”，具有实习任务智能提醒、实习数据智能分析、实习管理智能诊断、实习表现智能评价、实习总结智能报表等功能。在专业课程学习上，能够实现任务发布有提醒、任务完成有奖励、学习过程智能化、成绩评定过程化。在实习管理上，实现了信息沟通实时化、管理过程痕迹化、过程评价数据化。该工具充分契合顶岗实习的管理特色，有力支撑顶岗实习工作的顺利实施，在提高管理水平和效率的同时，降低管理成本，构建了集学生、企业、指导教师、岗位师傅、家长和辅导员为一体的全方位的360° 智能化动态管理机制。

（四）构建多维评价体系

为规范整个实习过程，提升实习管理工作实效，建立了“三主体、三主线、三闭环”实习管理质量满意度评价体系。

建立了以三大主体——学生、企业、指导教师既为测评主体又为测评对象的实习管理质量满意度评价模型，该模型以教师专业指导和过程管理、学生专业学习和过程表现、企业培训和管理为关键评价指标。分三条评价主线——学生对企业和教师的满意度、企业对学生和教师的满意度、教师对学生和企业的满意度开展评价测评，学生、教师的测评结果反馈于各自的工作绩效评价，企业的测评结果反馈于企业与学校合作融合度评价。最终分别形成学生管理、实习指导教师管理、企业实习生管理的三个管理闭环。使用“三主体、三主线、三闭环”评价模型，依托智能化实习管理 APP——实习宝进行测评，实现了快捷、高效、准确。“三主体、三主线、三闭环”的顶岗实习质量评价体系使学生实习质量满意度逐年提升，管理质量连年提高。

二、“分阶段、项目式、智能化”顶岗实习管理模式教学作用

（一）实施“分阶段”管理方式，解决了顶岗实习管理粗放、教学内容针对性不强、职业心理波动干预措施不当的问题

在实习的不同阶段，学生有不同的职业心理变化，并且具有很强的规律性。只有准确把握学生不同阶段的职业心理特点，才能有针对性地实施教学任务，策略性地实施职业心理波动正向干预，从而契合“教”与“学”的心理规律，发挥教学最大效能。

（二）采取“任务式”管理策略，解决了顶岗实习学生职业素养培养不到位、职业能力培养不足的问题

在顶岗实习过程中，往往对学生的岗位知识和操作技能的教学关注较多，对学生的职业心态和职业发展能力的提升关注较少，造成只是让学生感受到一线岗位的工作艰辛，而没有正确认识到一线岗位经历是走向成功的必经之路。针对学生知识学习、技能培养、职业心态转变、职业素养养成、职业精神培育、职业发展能力挖掘等系列要求，综合设计了一整套课程任务体系，针对性培养学生的综合职业素养和职业发展能力。

（三）开发“智能化”管理平台，解决了顶岗实习传统管理效率低下的问题

酒店管理专业往往存在实习人数多、实习地点分散、实习指导教师人手不足的现象，造成管理效率低下，对实习生的教学支持不足。智能化移动管理工具 APP——“实习宝”创新了顶岗实习管理方式，形成了稳定的运行机制和成熟的管理流程，充分发挥实习管理大数据作用，在提高实习管理效率、提升实习效果、规范校企合作、深化专业学习等方面取得了显著成效。

三、“分阶段、项目式、智能化”顶岗实习管理模式创新成果

（一）创新性提出了学生实习期心理周期四阶段理论

依据学生成长规律、教育教学规律及职业发展规律，结合学生实习期间的职业心理变化规律，提出了实习期“适应期—波动期—成熟期—浮躁期”四阶段理论，为实习管理及实习教学任务的安排提供了理论依据，保证了实习管理和实习教学的针对性和有效性。

（二）建立了促进学生“学思并举、知行合一”的系统化课程任务体系

在实习期“适应期—波动期—成熟期—浮躁期”四阶段的基础上，依照学生成长规律和职业能力形成规律，融合职业能力发展、职业精神和情感价值观教育，设计了系统化的具有探究性、引导性的课程任务体系，通过任务体系的实施，促进了学生的全面发展和综合职业能力提升。

（三）开发了智能化移动实习管理工具

为配合实习管理及课程任务实施，校企合作开发了具有知识产权的，具有实习任务智能提醒、实习数据智能分析、实习管理智能诊断、实习表现智能评价、实习总结智能报表的移动管理工具 APP——“实习宝”。该工具充分契合顶岗实习的管理特色，有力支撑顶岗实习工作的顺利实施，在提高管理水平和效率的同时，降低管理成本。

四、“分阶段、项目式、智能化”顶岗实习管理模式教学成效

（一）提高了实习满意度，改善了行业流失率，促进了行业停留率

自 2009 年以来，校内共有 9000 余名学生受益，在本成果作用下，学院酒店管理专业实习年离职率在 3%~4%，远低于全国年离职率 30% 左右的平均水平。学生对专业高度认同，毕业后行业对口就业率达 90% 以上，远高于全国平均水平。学生毕业后职业态度好，学生成长速度快，毕业三年行业留任率稳定在 70% 以上。留任在行业的 80% 的学生毕业三年晋升到基层管理岗位，30% 的学生毕业五年晋升到中层管理岗位，展现出了良好的职业发展能力。

（二）建立了实习管理标准（SOP）及操作手册，成为院校和企业实习管理工作指南

本项目的“实习生管理工具包”涵盖了实习管理过程中的重要环节和关键点，建立了可推广、可复制的管理标准（SOP），管理标准重视过程管理，尤其是强化了对实习酒店的过程性管理，建立了由 100 多个指标组成的测评指标体系，确保酒店能够落实实习生管理的企业责任。

“实习生管理工具包”目前已经成为洲际酒店集团大中华区旗下所有酒店人力资源部的工作指南，并且在和洲际酒店集团合作的全国 46 家院校进行推广使用，起到了很好的示范效应。

（三）推广了创新案例，形成了示范效应，取得了教改及科研系列成果

经常有兄弟院校到校专题学习顶岗实习管理模式，多次受邀在全国各类研讨会和相

关活动中进行专题报告。与企业合作开发的实习宝 APP1.0 上线以来，得到了国内兄弟院校的广泛认可，先后有 300 多家院校试用该 APP 进行实习生管理。本项目成果获得山东省省级教学改革项目（重点）1 项、山东省职业教育教学成果奖一等奖 1 项、全国旅游职业教育教学指导委员会教学成果奖一等奖 1 项。在核心期刊发表论文 2 篇，省级期刊发表 1 篇。开发的智能化移动管理工具获山东省商业集团有限公司 2017 年度“优秀创新项目”。依托本成果的《信息化环境下高职实习教学模式探索》项目，获批教育部首批信息化试点院校，并以优秀成绩通过验收，项目案例入选教育部信息化教学典型案例。向兄弟院校推广百余次，得到大家的一致普遍认可。

五、结语

学生顶岗实习是实现职业教育培养目标，增强学生综合能力的基本环节，是教育教学的核心部分。职业院校应当遵循学生成长规律和职业能力形成规律，科学组织、依法实施；应当坚持理论与实践相结合，强化校企协同育人，依据学生职业心理成长规律，借助现代信息化管理手段，将职业精神养成教育贯穿学生实习全过程，促进职业技能与职业精神高度融合，服务学生全面发展，提高技术技能型人才培养质量和职业发展能力。

基于效能提升的中职酒店实习教学体系构建与实践

邓　敏　郝　臻　罗长春①

广东省旅游职业技术学校（简称“广东旅校”）牵头完成“基于实习效能提升的中职酒店实习教学体系构建与实践”课题，着眼于高星级饭店运营与管理专业实习教学难点问题，构建中职酒店实习教学体系，落实实习教学活动及过程标准化，服务实习教学教师和企业培训人员的教学实施，深度推进校企合作和产教融合。历经 9 年实践探索，4 年检验推广，课题获 2017 年广东教育教学成果特等奖。

一、研究背景

近年来，实习教学问题社会关注度高，尤其是实习教学目标模糊、形式单一、内容空洞、管理松散等问题。广东旅校高星级饭店运营与管理（原名酒店服务与管理）专业基于办学传统、产教融合人才培育形式与集团化发展的校企协同育人机制，成功探索了“中职酒店实习教学体系”，着力提升实习教学人才培养效能。

学校创办于1984年，本专业开办于1990年，始于为白天鹅宾馆订单培养专业人才。1999 年开始组织学生到高星级酒店开展为期 1 个月的跟岗实习。2000 年，与企业合作实施“企业课堂”教学形式，将部分课程的教学、实训放到实习企业中去，逐步实现产教一体。2003 年，学校成立校企合作理事会，100 多家成员单位均为广东省内著名旅游企业。2004 年，本专业开始对实习管理改革、实习教学模式、实习教学课程体系以及实习教学机制等一系列问题进行探索实践，基于效能提升的中职酒店实习教学体系研究拉开序幕。2012 年，广东旅游职业教育集团成立，产教融合共育人才实现又好又快发展，实践研究走向纵深。

① 邓敏：广东省旅游职业技术学校高级讲师；郝臻：广东省旅游职业技术学校讲师；罗长春：广东省旅游职业技术学校高级讲师。

二、研究目标

1. 实现酒店实习规范化、标准化，解决顶岗实习教学“痼疾”。

2. 构建实习教学管理模式，明确学生实习期间应完成的学习任务，和校企双方实习管理和实习教学的职责，提高学生岗位技能和综合素质。

3. 厘清并细化实习内容、学习方式和评价考核问题，规范细化实习内容，丰富实习教学形式，建立即时考核和反馈机制。

三、研究过程

（一）反思经验，模式初步成型（2004—2007年）

基于广东旅校校企合作理事会，2003 年学校组建课题组，派送酒店专业骨干教师赴各酒店进行实习教学和实地调研，收集大量一手资料。以建构主义理论和缄默知识理论为指导，对实习教学主体责任、师资、课程建设、教学场所等问题进行深入思考和研究。2007 年，酒店实习教学管理“双任务，双导师”（简称“两双”）模式形成，明确实习任务、导师职责及其相关管理措施，并逐步推广到各校企合作单位应用与检验。本阶段研究解决了实习教学“谁来教、怎样教”的问题。

（二）多元研究，优化体系架构（2007—2014年）

第二阶段研究主要抓手是“3 项课题”和“重新反思实践”，成效突出，优化了实习教学体系。

1. 实习教学标准的基础：专业教学标准

2012 年，学校受全国旅游职业教育教学指导委员会委托，牵头开发《高星级饭店运营与管理专业教学标准》（下称《标准》。由全国 18 所旅游院校和企业 32 位专家团队历时两年完成，实地走访优质酒店 15 家。2014 年，《标准》由教育部发布。《标准》厘清了专业教学目标、实施要求以及评价标准等问题，明确了实习是本专业教学进程的必要组成部分，倡导以校企合作为基础的工学结合人才培养模式，是实习教学标准体系的重要一环。

2. 实习教学实施的技术支撑：实习教学平台

为夯实酒店专业实习教学“两双”模式实施基础，2013 年提出并加快推进“企业课堂”建设，两年内建成企业课堂 8 个。经过深刻反思，为突破制约实习教学活动的时空限制，随后重点加强网络化实习教学平台建设，充实教学体系与素材，创新教学形式。2014 年，学校与广州蓝豆科技公司合作，开发酒店实习培训软件系统，基本实现实习培训电子化管理和远程督学。

3. 实习教学内容体系：教学资源

为解决“学什么”的问题，2013 年学校派出专业教师驻南沙大酒店实施“岗位培训知识要点资源库”研发工作。研究以客房部工作为切入点，合作开发酒店工作岗位培训要点库，梳理了实习教学内容要点。在此基础上，出版一体化实习教材《客房实习生：从生手到能手》。

（三）研究深化，丰富体系（2014—2018年）

在前两阶段研究基础上，新课题研究重点是丰富实习教学体系的范围与内涵，科学化流程设计等。

1. 实习教学标准完善的途径：全国专业顶岗实习标准研发

2014 年，学校受教育部委托，牵头研制《职业院校酒店管理专业（中高职）顶岗实习标准》。调研了 168 所中高职校、110 家酒店，全国职业院校专业教师和行业专家 34 人，历时两年，2016 年教育部颁布实施。标准明确实习教学目标与任务、内容与要求、实习教学方式、考核与评价等，填补了空白，成为全国专业实习执行标准，是实习教学的重要制度保障。

2. 实习教学运行机制：实习效能研究

2014 年，学校申报全国旅游职业教育教学指导委员会课题——“旅游中职教育实习效能提升及其运行机制创新研究”。课题系统分析了旅游中职实习课程设置及开发、实习内容标准化、教与学、评价模式、要素配置等问题，从宏观、中观、微观三个层面提出了实习效能提升的途径，构建了效能提升模式与机制。

3. 实习教学体系的深化：2015 年系列课题

学校申报全国旅游职业教育教学指导委员会课题——“工作过程导向下的酒店实习技能技术要点开发与应用”。课题以全国中职七金联合体学校骨干教师和企业专家为主力，完成了酒店前厅部实习技能技术要点的规范、归纳和整理，出版配套教材。

申报广东省教育厅专项课题——“高星级饭店运营与管理一体化实训室数字化课程学习系统构建”，实施酒店实习培训一体化系统平台升级建设，完善了平台功能、提升学习可获得性，实习教学内容体系和技术平台更加成熟。

四、核心成果和推广应用

（一）核心成果

本项目研究成果丰富：2 个国家标准、3 个省级课题研究报告、1 个系统平台、2 个资源库、2 本配套创新教材、10 篇核心研究论文，物化成果与实施效果，形成较强的影响力。

形成基于实习效能提升的酒店实习教学体系核心成果如下。

该体系以专业教学标准为指引，以“两双”实习教学模式为载体，校企双方配置师资与资源，开发酒店实习教学要点库（形成配套教材）、酒店管理一体化的网络化实习平台，形成酒店实习教学机制创新体系（见图 1）。

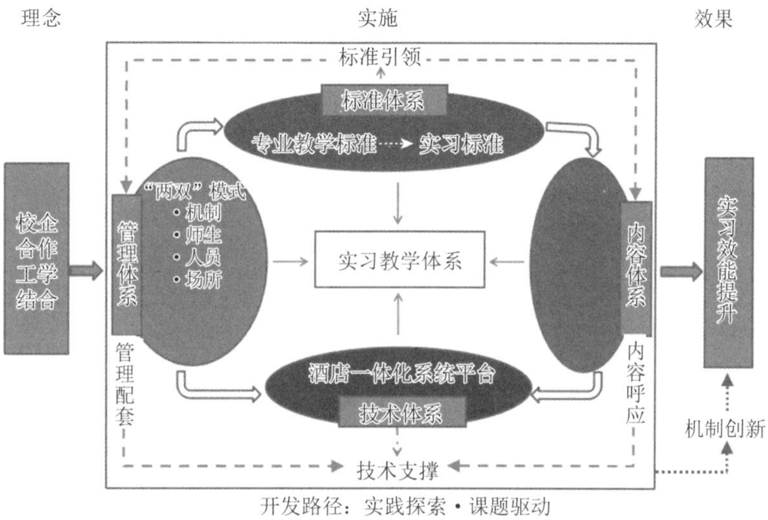

图 1　基于实习效能提升的酒店实习教学体系

标准体系——《高星级饭店运营与管理专业教学标准》和《职业院校酒店管理专业（中高职）顶岗实习标准》，对实习全过程、全方位予以规范，为实习教学提供制度保障。

管理体系——酒店实习教学管理“两双”模式。实习“双任务”是“学校文化育人和企业岗位育人”双目标，倡导“学校课堂延伸到企业”的环境熏陶教育和为实现“学生向准职业人转化”的生产岗位实践锻炼，提升学生岗位技能和综合素质。校企“双导师”整合校企资源，师资共同配置，明确双方导师职责。开展业务培训，实施实习教学有效管理。

技术体系——酒店管理一体化实习平台系统。该系统基于 B/S 结构即浏览器和服务器结构构建，工作界面通过 WWW 浏览器来实现，将系统功能实现的核心部分集中到服务器上。系统具有课堂任务、教学计划、教学总结、学生档案、课程资源、通用设置、培养目标、论坛、作业系统等板块。基于手机 APP 的培训学习，便于实习生利用碎片化时间开展学习，学习内容与进度可控，学习效果可量化。

内容体系——数字化资源库和一体化配套教材。数字化资源库将企业实习内容与学校教学内容对接，就客房部、前厅部等主要岗位群，建立入职培训、业务培训、交叉培训、管理培训和语言培训五类资源，1766 个技能技术要点，实现了培训内容体系化、要点化;《客房部实习生：从生手到能手》《前厅部实习生：从生手到能手》等配套教材，科学设置不同学习阶段的知识技能要求，循序渐进。

创新体系——“实习效能提升路线规划”“实习机制”“企业课堂”。实习效能提升路线规划将实习教学活动标准化，教学实施模式化和教学评价体系化；从宏观、中观、微观角度创新实习机制，组建旅游职教集团，整合各方利益，在人才共育方面达成共识，在实习教学过程中引进现代管理学精细化管理模式，提高效率；“企业课堂”将现代职业教育的学徒制与学校课堂教育结合，确保实习生充实实习、安心实习、幸福实习。

（二）推广应用

1. 校、企、生三赢，学生成才率高

广东旅游职教集团成员采用酒店实习教学体系，全国范围内 10 所院校、13 家酒店推广“两双”模式，安装使用酒店管理一体化实习平台系统及要点库数字化资源。

实习生稳固率、对口就业意愿提高明显。近三届学生就业率达 100%，对口就业率分别为 87.9%、88.9%、88.6%，平均起薪点分别为每月 2000 元、2400 元、2900 元，一年后平均月薪 4863 元、5023 元、5327 元。年均 200 人前往中国澳门、美国塞班、迪拜、日本、马尔代夫、印度尼西亚等地海外就业。

成果在首批全国现代学徒制试点班（南沙大酒店）应用，30% 的学生在 1 年后晋升见习主管，促进学生职业素质和能力成长，缩短人才成长周期。

2. 专业建设成果丰硕，绩效显著

完成教育部课题 3 个：2 个国家标准和 2 本全国旅游教材；省级以上课题 3 个；10 多篇论文和多本教材。4 名专业教师入选国家旅游局万名旅游英才计划，4 名入选全国技能大赛专家库，获省级以上奖项 56 人次。学生参加专业技能比赛获省级以上奖项 54 人次。

本专业 2007 年建成广东省重点专业，2014 年建成国家示范校重点建设专业，2015 年教育部现代学徒制试点专业，2017 年全国旅游行指委高星级饭店运营与管理专业委员会主任单位，2017 年国家旅游局“全国职业院校旅游类高星级饭店运营与管理专业示范点”。

3. 专家肯定，媒体聚焦

成果得到教育部、国家旅游局、广东省教育厅、广东省旅游局、广州市教育局、广东省职教学会、广东省旅游饭店协会及酒店企业等领导、专家的充分肯定与高度评价。

在2014年酒店管理专业产教融合现场会、全国旅游类专标培训会（共5期）、全国现代学徒制试点工作培训班（共4期）介绍经验、全国旅游院校校企合作示范基地现场会在南沙大酒店召开。《中国教育报》《中国旅游报》《南方日报》等媒体深度报道。

4. 示范辐射，影响面广

近年来，上百批同行到学校参观交流，了解实习教学实施办法。教师应邀赴新、云、川、陕、青、辽、湘、琼、鄂等地交流，帮扶省内外中职学校6所。学校成为全国技能竞赛基地、师资培养基地，承办全国中职校酒店服务大赛3届、导游赛1届，省级技能竞赛7项；承办全国性培训5次，如2014年酒店管理产教融合会、全国旅游类专标培训、2015年全国中职德育工作会、2016年全国酒店骨干师资班等。

五、体会和思考

（一）职教科研应扎根于实践，应用于实践

“基于实习效能提升的酒店实习教学体系构建与实践”课题属于应用型研究，课题发端于校企合作和实习管理中的实践思考，致力于实习教学活动及过程的标准化，树立实习管理的规范，以期对专业实习教学实践产生较强的指引作用和推广价值。研究中关于实习教学内容的成果，为教师提供了具体的教学材料，为企业员工培训提供了参考素材。对于职业院校来说，实践是课题研究的灵感源泉，“从实践中来，到实践中去”，“实践”贯穿研究全过程。

（二）校企共建研究团队，共享理念、优势互补

项目主要研发单位有4家，汇聚中职学校、酒店企业、高等院校和网络科技公司的智慧结晶。有利于搜集各方观点和意见，充分地讨论与求证，方便了团队成员从各自优势领域创造研究环境和条件，如实习合作企业提供课题推广“试验田”和实习教学内容资料，高等院校提供更高的学术指导，科技公司创新本课题体系的支撑平台，理论与实践紧密结合，促进课题研究工作。

（三）大课题衍生小课题，小课题充实大课题

随着“基于实习效能提升的酒店实习教学体系构建与实践”项目研究的深入，新问题引发新的思考，研究领域越来越广阔。一个大课题衍生一系列小课题。各类校级、省级乃至国家级科研课题最终导向大课题问题的解决。课题成果体系中，涵盖了2个全国标准、3个省级课题研究报告。大课题研究的丰富、深化和立体离不开多层次、多角度的小课题研究，大课题统领小课题，小课题充实大课题。

中国旅游协会旅游教育分会简介

中国旅游协会旅游教育分会经民政部登记注册（中国旅游协会统一社会信用代码：511000005000041714），于2003年开始筹备，于2008年9月25日正式成立。分会聚集了全国知名度高、影响力大、引领旅游学科建设的旅游教育机构，涵盖了各层次、各类型旅游院校，目前会员总数达到800多家。

分会现任会长为中山大学旅游发展与规划研究中心主任、长江学者特聘教授保继刚。现任副会长分别是：北京大学城市与环境学院旅游研究与规划中心主任吴必虎，北京第二外国语学院校长助理、研究生处处长邹统钎，北京联合大学旅游学院常务副院长、党委副书记严旭阳，北京第二外国语学院中瑞酒店管理学院院长高松涛，南开大学旅游与服务学院书记徐虹，东北财经大学旅游与酒店管理学院副院长史达，上海师范大学副校长、上海旅游高等专科学校校长康年，南京旅游职业学院院长周春林，浙江工商大学旅游与城乡规划学院院长易开刚，浙江旅游职业学院党委书记王昆欣，华侨大学旅游学院院长黄远水，山东旅游职业学院党委书记陈国忠，青岛酒店管理职业技术学院党委副书记、院长姜玉鹏，郑州旅游职业学院书记李书峰，广东省旅游职业技术学校校长曾小力，桂林旅游学院校长程道品，四川旅游学院副校长陈云川，四川省旅游学校党委书记、校长赵晓鸿，云南旅游职业学院副院长符继红，云南大学工商管理与旅游管理学院书记田卫民，西安外国语大学旅游学院院长潘秋玲，新疆大学旅游学院院长瓦哈甫·哈力克。

本分会以旅游教学科研为中心，人才培养为目标，积极发挥桥梁和纽带作用，努力搭建多种交流平台，促进旅游教育领域的改革发展。分会已先后出版5册《中国旅游教育年度报告》，2016年将其更名为《中国旅游教育蓝皮书》，受到会员单位的一致好评。分会2014年组织制定的《旅游类专业学生旅行社实习规范》《旅游类专业学生景区实习规范》和《旅游类专业学生饭店实习规范》三项行业标准，已经国家旅游局发布实施。2016年完成《旅游类专业学生会展实习规范》和《旅游类专业学生烹饪实习规范》两项行业标准制定，已通过国家旅游局评审待发布。分会深入开展专题调研工作，形成了《旅游管理一级学科研究》《旅游高职高专院校核心专业竞争力评价指标及排名研究（2015）》《旅游高职高专院校核心专业竞争力排名研究报告（2018）》等一批研究成果。分会于2018年8月成立旅游学科建设专家委员会，发挥各方协同作用，汇聚学界力量，共同推动旅游管理一级学科建设。

本分会成立以来已成功举办10届全国旅游院校服务技能大赛（导游、饭店两类，各5届）。2015—2017年，连续三年举办全国高等院校旅游创新策划大赛。从2014年开始，连续5年主办或支持举办全国大学生红色旅游创意策划大赛。分会积极推动旅游人才培养质量提升和旅游师资队伍建设。目前已成功举办5届中国旅游管理博士学术训练营。连续4年举办全国旅游院校“旅游管理”“酒店管理”“会展管理”“景区与休闲”及“实践教学专题”师资培训班，已有2390名教师参加了培训。举办中国旅游教育智力援疆援藏活动，协助中国旅游协会组织专家举办中国旅游大讲堂走进内蒙古、新疆等地授课。这些活动在院校、企业和政府部门很受欢迎。

本分会服务院校发展，精心策划中国旅游教育论坛，主题分别为：2014 年“社会转型与旅游教育改革”，2015 年“旅游教育目标的思考：科学与社会”，2016 年“旅游院校发展的价值：责任与使命”，2017 年“全球旅游教育：变化、挑战、前景”。2017 年论坛是我国首次成规模地集中邀请全球旅游教育及相关研究机构参加的国际会议，覆盖面广，参与度高，邀请国际及港澳 35 所世界知名旅游院校及相关机构、46 位资深旅游教育的专家学者，与国内旅游院校的专家学者们进行深入探讨。论坛为世界旅游教育领域搭建了交流对话的平台，展示了中国旅游教育的发展成果，扩大了本领域国际合作，对于中国旅游教育以整体形象走向世界，具有里程碑意义。

本分会支持协助不同类型的会员单位组织专题性、区域性研讨会、交流会，支持和指导分会的全国旅游职业院校校长协作会、中国旅游院校五星联盟、全国旅游培训机构年会等开展工作。

今后，分会将更加努力推动旅游教育的创新发展，为我国经济社会和旅游业发展提供人才和智力支撑。

如何申请加入中国旅游协会旅游教育分会

一、入会资格

1. 开设旅游相关专业的学校、院系。

2. 各地旅游培训中心。

3. 与旅游教育相关的企业单位。

二、入会步骤

1. 在线填写入会申请表

登陆中国旅游教育网（http://www.cteweb.cn/），先进行注册，然后点击“申请入会”，填写《中国旅游协会旅游教育分会入会申请表》。

2. 信息核实

提交申请表后 3 个工作日内，分会工作人员会电话联系核实各项信息。

3. 缴纳会员费

新入会的会员均为普通会员，按照分会的管理办法规定，普通会员需每年缴纳会费 1500 元。申请入会的单位须在进行信息核实后一周内缴纳本年度会费。详细汇款信息请见中国旅游教育网—协会工作—《关于缴纳 2018 年度会费的通知》。

4. 入会成功

收到会费后，分会将开具统一发票，快递给负责人或联系人。会员牌匾将于年底统一寄出。

中国旅游协会旅游教育分会

责任编辑：郭海燕
责任印制：冯冬青
封面设计：鲁　筱

图书在版编目（CIP）数据

中国旅游教育蓝皮书. 2017-2018 / 中国旅游协会旅游教育分会编. -- 北京 : 中国旅游出版社, 2018.10
ISBN 978-7-5032-6122-0

Ⅰ. ①中… Ⅱ. ①中… Ⅲ. ①旅游教育－研究报告－中国－2017-2018 Ⅳ. ①F590-05

中国版本图书馆 CIP 数据核字（2018）第 240054 号

书　　名：中国旅游教育蓝皮书2017—2018

作　　者：中国旅游协会旅游教育分会编
出版发行：中国旅游出版社
（北京建国门内大街甲9号　邮编：100005）
http://www.cttp.net.cn　E-mail:cttp@mct.gov.cn
营销中心电话：010-85166503
排　　版：北京旅教文化传播有限公司
经　　销：全国各地新华书店
印　　刷：北京工商事务印刷有限公司
版　　次：2018年10月第1版　2018年10月第1次印刷
开　　本：787毫米×1092毫米　1/16
印　　张：21.5
字　　数：470千
定　　价：68.00元
I S B N　978-7-5032-6122-0